哲学社会科学繁荣计划

2011—2021

本书出版承蒙厦门大学哲学社会科学繁荣计划、厦门大学研究生院提供资助，谨致谢忱

周东平 主编

# 晋书·刑法志

## 译注

人民出版社

# 目录

前

言

# 一、《晋书·刑法志》解题

## （一）《晋书》解题

《晋书》一百三十卷，包括帝纪十卷，志二十卷，列传七十卷，载记三十卷，旧题唐太宗御撰（因唐太宗曾亲自给宣帝司马懿、武帝司马炎二纪及陆机、王羲之两传写了四篇史论之故）。其实，《晋书》的修纂，掌其事者为"司空房玄龄、中书令褚遂良、太子左庶子许敬宗"，由他们负责对修史事务的统筹安排。[1]《旧唐书·经籍志》题"许敬宗撰"，同书《许敬宗传》也有"朝廷修《五代史》及《晋书》，……皆总知其事"的记载，可知该书实际上应由许敬宗负责总纂，而地位更高的司空房玄龄、中书令褚遂良不过挂名以示重视。迟出的《宋史·艺文志》则题"房玄龄撰"，中华书局 1974 年版《晋书》亦题唐房玄龄等撰。此外，《旧唐书·令狐德棻传》曰："当时同修一十八人，并推德棻为首"，则令狐德棻的具体作用颇大。《晋书》的叙事始于司马懿，终于刘裕取代东晋为止，记载两晋王朝近两百年的兴亡史，并用"载记"的形式，兼叙东晋末年北方少数民族入主中原所建立的割据政权"十六国"的事迹。

两汉以来迄于隋朝的史书，皆为私人史家倾多年乃至毕生之力的审慎独立著述。晋代开始到唐代之前，已有晋之王隐、陆机，南朝齐之臧

---

1　参见王溥：《唐会要·史馆上》"修前代史"，上海古籍出版社 1991 年版，第 1288 页。

荣绪、梁之萧子云等约二十多种晋史承其余绪（其中属于纪传体的有八家。另，沈约、郑忠、庾铣三家《晋书》唐初已亡佚），但以"制作虽多，未能尽善"。唐太宗李世民在《修晋书诏》中也指出，当时尚存的晋史"十有八家，虽存记注，而才非良史，事亏实录"，故下诏重修，以达到"览古今之事，察安危之机"[1]的目的。《晋书》的修撰是在周、隋、梁、陈、齐五朝史皆已修毕的唐太宗晚年开始的，即从贞观二十年（646年）闰三月开始[2]，至二十二年（648年）七月前成书，历时不过两年有余。根据《唐会要》卷63《史馆上·修前代史》的记载，参加编写的前后有二十一人，其中房玄龄、褚遂良、许敬宗三人为监修，其余十八人是令狐德棻、敬播、来济、陆元仕、刘子翼、卢承基、李淳风、李义府、薛元超、上官仪、崔行功、辛丘驭、刘胤之、杨仁卿、李延寿、张文恭、李安期和李怀俨。其修史体例，出自敬播的拟订，惜未流传下来。

在官修史书体制下，《晋书》成于众人之手：既有掌其事者，又有详其条例、量加考正者，还有分工撰录者，各司其职。其之所以能够迅速修成，与修纂者之间分工明确，互相配合是分不开的。但它毕竟不同于两汉以来私人长年撰著乃至家族承其余绪而修成的史书，不再是一人之著述。相比于此前官修"五代史"之一的《隋书》耗时十六年之久而

---

1　吴兢：《贞观政要》卷第十《灾祥》。

2　《旧唐书·房玄龄传》认为是在贞观十八年（644年）开纂，内田智雄也赞同该说，参见［日］内田智雄编，冨谷至补：《譯注　中國歷代刑法志（補）》，创文社2005年（1964年初版），"解题"第3页。谢瑞智甚至认为《晋书》的重编起于唐太宗贞观十七年（643年），参见谢瑞智注译：《晋书刑法志·序》，（中国台湾）文笙书局1995年版，第1页。但据《玉海》卷46《诏令门》载贞观二十年《修晋书诏》，知其误，参见吴鈺鈺：《〈晋书〉的编书时间、作者及与其有关的几个问题》，《福建学刊》1992年第3期。另，朱大渭在《〈晋书〉的评价与研究》（《史学史研究》2000年第4期，第44页）一文中，将该贞观二十年误换算为公元662年。

言，《晋书》可谓短时间内仓促成书。加上其成书时间上距晋朝也有约二百年之久，以致《晋书》前后矛盾，失去照应，叙事错误、疏漏，指不胜屈。

当时修史，主要以臧荣绪《晋书》作为蓝本，兼采笔记小说的记载，稍加增饰。对于其他各家的晋史，和大量的诏令、仪注、起居注，以及文集等有关史料，虽也曾参考过，却没有充分利用和认真加以选择考核。成书之后，即被时人讥为"好采诡谬碎事，以广异闻；又所评论，竟为绮艳，不求笃实"[1]。唐人刘知几在《史通·论赞》里也訾议："大唐修《晋书》，作者皆当代词人，远弃史、班，近宗徐、庾。夫以饰彼轻薄之句，而编为史籍之文，无异加粉黛于壮夫，服绮纨于高士者矣。"不重视史料的甄别去取，而一味追求华文丽句。故《四库全书总目》评议《晋书》时说："其所褒贬，略实行而奖浮华；其所采择，忽正典而取小说。"自有其道理。

《晋书》虽然存在上述缺点，在正史中的学术地位也不算高，但由于官修御撰的特殊地位，当时"言晋史者，皆弃其旧本，竞从新撰"，于是唐代以前的诸家晋书迅速亡佚无存，它成为迄今唯一流传下来的晋史，所以是研究两晋历史的一部主要参考书，包含着不少可供我们利用的资料。如二十四史之中《晋书》特有的三十卷《载记》就颇具价值，因崔鸿《十六国春秋》已亡佚，它就成了解十六国汉族、少数民族之间的阶级、民族关系的重要史料。又如赵翼《廿二史劄记》卷七"晋书"条虽沿袭"好采诡谬碎事，以广异闻"的成说，但也指出："然当时史官，如令狐德棻等，皆老于文学，其纪传叙事，皆爽洁老劲，迥非《魏》、《宋》二书可比；而诸僭伪载记，尤简而不漏，详而不芜，视

---

1 《旧唐书·房玄龄传》。

《十六国春秋》，不可同日语也。"给予比较高的评价。

20 世纪 80 年代以来，随着史学史研究的深入，对《晋书》持肯定意见者渐多。如认为它能够较为完整系统地表述两晋错综复杂的历史格局，内容上"甚为详洽"，突出大一统的政治思想，对民族关系有较公允的处理，以及叙事头绪清楚，主次分明，行文言简意赅，绝少繁冗浮躁之风。[1]

相比于《晋书》的"纪"、"传"部分，其二十卷十篇的"志"系出专门家之手笔，多由专人编写，选材精当，文笔流畅，堪称佳作。"十志"系统地介绍了东汉以来天文、地理、律历、礼、乐、职官、舆服、食货、五行、刑法等方面的历史发展概貌，如《天文》、《律历》、《五行》三志均出自李淳风之手，尤为当时所赞。像《律历志》所记载的几种历法，就是我国科学史上的重要资料。总的说，《晋书》"十志"具有很高的学术价值，当然也有遗漏讹误之处。如《廿五史补编》所收《晋书》校补志即有 11 种之多，清代学者特重视对《晋书》之地理、艺文两志的校正和补阙，清末民初的吴士鉴也著有《补晋书经籍志》。

### （二）《晋书·刑法志》解题

二十五史共有《刑法志（个别称"刑罚志"、"刑志"）》十四篇。在《晋书》中，《刑法志》[2] 为卷三十，志第二十，篇幅约一万四千余言，

---

1　参见朱大渭：《〈晋书〉的评价与研究》，《史学史研究》2000 年第 4 期。

2　该《刑法志》作者历来不详。陈俊强推测《晋书·刑法志》的作者或许就是李延寿（参见《汉唐正史〈刑法志〉的形成与变迁》，《台湾师大历史学报》第 43 期，2010 年 6 月）。龙大轩等人通过出土碑文《大唐故刑部郎中定州司马辛君墓志铭并序》的记载，结合传世文献详加考证，认为该墓志的志主辛骥，字玄驭，正是《唐会要》记载的《晋书》分撰人之一的刑部员外郎辛邱驭，亦是《晋书·刑法志》的真正作者。参见龙大轩、秦涛：《〈晋书·刑法志〉作者考——以唐代辛骥墓志为新证》，《河北法学》2014 年第 6 期。

在该书"十志"中颇具特色。该志从成文时间上说,是正史中继《汉书·刑法志》和《魏书·刑罚志》后的第三篇《刑法志》,但从叙述内容的时序上说,则是继踵《汉书·刑法志》后的第二篇[1],且有意效法《汉书·刑法志》,记述了自远古以至魏晋的法律思想和法制发展概貌,尤其保留了先秦法家李悝《法经》的篇目和内容片段,为我们研究先秦法律和李悝思想提供了重要线索和素材。[2]志文对东汉、曹魏、两晋三代约三百九十余年的刑政法制的变迁记述得较详细。尽管东汉法制的记述中,有不少与《后汉书》相关列传的记载重复,但毕竟弥补了《后汉书》未立《刑法志》的缺憾。而《三国志》未设"志"类,有关曹魏时代的刑罚议论、魏律制定过程及其内容等,尤其《魏律序略》,端赖本志才得以管中窥豹。由于《晋律》本身也失传,本志在研究晋律时更具有不可替代的作用,如张斐的《进律注表》(或曰《注律序》)涉及法律

---

1  张警:《〈晋书·刑法志〉注释》(成都科技大学出版社 1994 年版)之"前言"称该志"是我国正史中,继《汉书》以后,第二篇刑法志",并不准确。也有人认为《魏书·刑罚志》……延续《汉书·刑法志》、《晋书·刑法志》的编纂风格,则其成书先后时序显属失当。陈俊强探讨了《晋书》为何要设立《刑法志》的原因,并认为:《刑法志》的书写,自《汉志》的"刑主法从"变为《魏志》的"详刑略法",再变为《晋志》、《隋志》的"刑法并重",名符其实的《刑法志》于焉确立,并为后世继承(《汉唐正史〈刑法志〉的形成与变迁》,《台湾师大历史学报》第 43 期,2010年 6 月)。

2  这方面有诸多讨论,如杨一凡总主编:《中国法制史考证》甲编第二卷马小红主编《历代法制考  战国秦汉法制考》之"战国秦法制史考证综述"(《法经》考),中国社会科学出版社 2003 年版,第 490—502 页;[日]广濑薰雄:《秦漢律令研究》"第二章'晋書'刑法志に見える法典編纂説話について",汲古书院 2010 年版,第 41—75 页(广濑氏检讨了相信李悝《法经》、商鞅六律、萧何九章律的事实的观点与《晋书·刑法志》所见的法典编纂故事之间的关系,赞同贝塚茂树《李悝法經考》中从目录学角度认为《晋书·刑法志》关于《法经》的一段记述的原文是来自张斐《汉晋律序注》的观点,但将《晋书·刑法志》的成书时间误置于《魏书·刑罚志》之前及由此引发的相关论述,不够严谨);[日]堀毅:《秦漢時代における法の儒教化》,《中央学院大学法学論叢》第 24 卷第 1、2 期,第 11—37 页,2011 年 2 月。

解释、刘颂上表论及律法断罪，都是值得探讨的。本志对于这一阶段肉刑存废、刑罚体系的变化、法典篇章体系的演变等，也有详尽记载，对理解汉唐间法制的发展变化极具参考、启发意义。因此，是一篇值得认真研读的《刑法志》。

## 二、《〈晋书·刑法志〉译注》的基础 工作是以"轮读会"的形式展开

### （一）何为轮读会

此次注释的基础工作，非个人以一己之力完成，而是采用集体协作的轮读会形式来完成。在此，有必要简单介绍一下这一活动。

1. 何谓轮读会

所谓轮读会，就是集中相关人员，精读同样的教材或资料，就其内容交换相关意见。一般事先由班长（班头）分配好各个阶段的责任人（班员责任的落实），每个班员就其负责的相关内容进行解读，以让其他参与者能够理解的形式讲解、发表。

2. 轮读会的执行方式、程序

（1）事前的组织准备。轮读会的时间段一般是固定的，可以每周一次（如周五下午 14：30—17：30），或每月 1—2 次。视轮读内容的需要，轮读会可以持续数年乃至十余年，甚至更长时间（如我曾经参加过的由日本关西大学法学部奥村郁三教授主持的《令集解》轮读会，发轫于 1979 年，最初的地点是在该校东西学术研究所，后因奥村郁三教授退休，移至关西学院大学，由林纪昭教授主持，迄今依旧坚持着每月一

次、用时半天的轮读活动。轮读对象是吉川弘文馆刊行的新订增补国史大系本《令集解》［约970多页］，每次半天约能精读2页，每年以约20多页的进度推进，迄今已坚持了30多年)。

正式开始之前，一般有招募公告或事先的联络，并先有一次全体的碰头会。班长事先就轮读资料的分配进行说明，班员领取各自的轮读任务（以后可以随时补充或修正进程，或商议再续）。

（2）每次轮读会之前。各班员就自己承担的指定轮读内容，搜集相关文献、参考论著，做成讲解稿，并尽可能就自己承担的内容进行解说和答疑。为此，也可以就某些疑难问题做些小纸条、笔记等辅助性的知识点或思考点的说明。

轮读者完成以上准备工作后，将这些资料发给轮读会的具体操作者，由其负责打包在轮读会前（一到二天）通过电子邮件传送给全体参加人员。

（3）轮读会当天。在分发（或者提前在上一次轮读时就分发）打印的相关轮读材料后，班长就当日轮读事项作简单说明（此程序亦可省略），责任人随后就自己负责的部分，在讲解稿的基础上进行解说（可分段进行）。（分段）解说结束时，参加者可自由质疑其中存在的问题，责任人对此进行答疑，其他人可以跟进质疑，或补充说明疑点和材料的不足。最后班长可以（不是必须的）概括本次轮读的意义、残存问题点等。

（4）事后的完善。轮读者在轮读后，接受各种批评建议，经过再次修订后，可以在下回轮读时，补充答疑中未尽妥善的部分，以便完善自己负责的部分。

（5）班员依次轮读，直至完成目标。

### （二）日本法史学界的轮读会

轮读会是日本人文社会科学界广泛采用的行之有效的研究活动。近二十多年来，我国也陆续有采用该形式而展开的相关学术活动。这里仅就笔者的观察或经历，择要介绍几例。

1. 简牍研究班

目前，出土的简牍数量估计在 70 万—100 万支之多，第二次世界大战后对其研究也已有几十年的历史了。

按照日本京都大学冨谷至教授在《文書行政の漢帝国》（名古屋大学出版会 2010 年版，中译本为《文书行政的汉帝国》，江苏人民出版社 2013 年版）一书的"跋"中所说，日本简牍学研究到他那个时代已经产生了三代有代表性的学者。下面简单介绍一下，因为他们先后都与简牍学的轮读会发生过关系。

（1）1951 年，以日本京都大学人文科学研究所森鹿三为组长的共同研究班——"汉简研究"发轫。森鹿三先生和藤枝晃先生可谓日本简牍学的第一代核心。当时，全日本从事简牍研究的人员不过 30 位（这个数字也就大约相当于前几年京都大学人文科学研究所和关西大学的汉简轮读班各自的人数），而且整个 20 世纪 50 年代，他们几乎都处于艰苦的研究环境中，因为没有看到过一枚简牍的图版照片，更不用说亲眼目睹简牍实物。当时，他们只能利用中国商务印书馆在 1949 年付梓出版的劳榦先生的释文（《居延汉简考释·释文之部》）所提供的简牍材料进行研究。但正是这个研究班，后来被誉为"日本汉简研究专家的摇篮"，如作为日本简牍学第二代核心的大庭脩、永田英正，以及剑桥大学教授的鲁惟一，均为该班班员。

（2）1953 年 3 月，日本《东洋史研究》第 12 卷第 3 号将居延汉简研究班的成果作为特辑出版，作为班员的大庭脩先生的论文《关于汉代的因功次晋升》亦收入其中。自此，大庭脩与中国简牍学结下长达半个世纪的不解之缘，成就非凡。他秉持"地道的考证比高深的理论更有意义"的理念，在他主持并指导下的日本关西大学汉简研究班发足于20世纪70年代，既十分活泼又踏踏实实、循序渐进地研读简牍，是既出研究成果又培养后继人才的学术团体。大庭脩先生的主要著作如《秦汉法制史の研究》（创文社1982年版，中译本为《秦汉法制史研究》，上海人民出版社1991年版；新译增补本于2017年由中西书局出版）、《漢简研究》（同朋舍出版社1992年版，中译本为《汉简研究》，广西师范大学出版社2003年版）均与简牍学有关。永田英正则著有《居延漢简の研究》（同朋舍出版社1989年版，中译本为《居延汉简研究（上下)》，广西师范大学2007年版）等著作。

（3）受教于大庭、永田两先生的冨谷至、籾山明教授是日本简牍学的第三代核心。他们出生于20世纪50年代，相比于前二代学者，他们的研究环境大为改善，如简牍数量的飞速递增和内容的多样化，实物观察、实地调查烽燧成为可能，尤其是电脑在数据处理方面可以发挥强大的功能（如量化研究的推进。当然，电子数据催生了大量机械组合同类简牍的电脑味十足的论文，是其负面因素）。他们是目前日本简牍学和秦汉法制史研究的领军人物。

（4）我在日本的轮读经验。20世纪90年代中期，我曾在日本京都留学，经佛教大学杉本宪司教授介绍，参加了梅原郁教授主持的京都大学人文科学研究所的轮读会，时间是每周五上午，当时轮读的资料是《敦煌汉简释文》（吴礽骧、李永良、马建华释校，甘肃人民出版社1991年版。该书收集了敦煌汉简2484枚，并加以释校，后面还附有发掘报告和索引表）。此外，我还参加前述关西大学法学部奥村郁三教授主持的《令集解》轮读会。

进入 21 世纪，我偶尔有到京都大学人文科学研究所进行学术交流，还会参加冨谷至教授主持的《二年律令》等轮读会。

2.《譯注　中國歷代刑法志》、《譯注　續中國歷代刑法志》等

两《译注》是始于 1956 年的共同研究成果。其轮读会成员以中国哲学研究者为主体，专业上与汉简研究、法史研究还是存在距离。换言之，参加该译注工作的人士都是二战前大学毕业，并且属于中国学中思想史、历史等特定领域中出类拔萃的学者，主要以历来所谓中国学的"京都学派"的学者为中心。他们每周定期集会，希望将持续了近五百回（497 次）之久、轮读迄于隋唐阶段《刑法志》的成果整理成文字留给后学。其最终结果就是公诸于世、嘉惠后学的《譯注　中國歷代刑法志》（创文社 1964 年版，2005 年［補]）、《譯注　續中國歷代刑法志》（创文社 1971 年版，2005 年［補]），内容是先对《汉书》、《晋书》、《魏书》、《隋书》、《旧唐书》、《新唐书》各《刑法（罚）志》予以提要介绍，再依次罗列原文、日译、注，还有索引。这可以说是一种平面、静态的研究形式，读者可以通过阅读译注，对中国隋唐之前相关时期的法制、刑罚、司法等立体的、动态的、活生生的情形进行再构成。

其后，京都大学梅原郁教授率领团队，又轮读完成了《訳注　中国近世刑法志（上、下）》（创文社 2002 年版、2003 年版）。

3. 中国传统法典如唐律等的轮读会

以日本京都大学人文科学研究所为代表的轮读会，从 20 世纪 40 年代就开始组织"《元典章》读书班"，几十年来长期坚持不懈地精细研读，完成《校定本〈元典章·刑部〉》、《校定〈元典章·兵部〉》和《元典章年代索引》等一批工具书及专题论文等整理成果，直到 2010 年才基本读毕。

曾经在京都大学人文研持续进行的唐律轮读会，最后完成了由唐律

研究会编、布目潮沨等制作的《唐律索引稿》（彙文堂 1958 年版）；唐律研究会编《唐律疏議校勘表》（彙文堂 1963 年版）及其《補遺》（彙文堂 1964 年版）。

此外，日本学界还有东京大学池田温教授主持的律令研究班，其成果是《唐令拾遗補》、京都大学梅原郁教授主持的《名公书判清明集》轮读会、中央大学池田雄一教授主持的《奏谳书》轮读会、早稻田大学工藤元男教授主持的《二年律令》轮读会等法史研究活动。

4. 对汉语学界的影响

受日本轮读会或读书会等集体学术活动的影响，台湾大学高明士教授主持的《唐律读书会》已经显现极大的成就，令法史学界刮目相看。中国政法大学徐世虹教授主持的中国法制史基础史料（如《二年律令》、《睡虎地秦墓竹简》等）研读会，中国社会科学院历史研究所黄正建教授主持的《天圣令》读书会，华东政法大学张伯元、王沛教授主持的金文、楚简读书会，西南政法大学龙大轩教授主持的知远读书会（如《尚书》、《唐律疏议》、简牍）等，在大陆法史学界也都是有影响的。

**（三）我们的《晋书·刑法志》轮读会**

1. 举办轮读会的目的与意义

我们的轮读会，完全出于加强厦门大学法学院法律史学专业的学科建设、提高同学的相关专业素养等目的而举行的，每周五下午，相关师生相聚一堂，共同讲读、研讨相关问题。轮读会当初设定的目标之一，是对《晋书·刑法志》精耕细读，以释疑解难、梳理源流、阐释法意。

首次轮读会于 2012 年 10 月 12 日下午两点半在厦门大学法学院办公楼 519 会议室举行，我和朱腾老师（现为中国人民大学法学院副教授）、水间大辅老师（日本早稻田大学文学博士、武汉大学简帛研究中心博士后、厦门大学历史学博士后，现为日本中央学院大学法学院副教授)，以及法律史学等相关专业研究生共十余人参加。我首先对为何采用"轮读会"的形式作了简要说明，介绍了东瀛日本学术界轮读会的运作和功效，以及中国台湾、大陆地区仿效此种读书会的做法等概况，并简要解说轮读材料的选择和相关背景。随后，水间大辅老师按照他在早稻田大学参加轮读会的做法，领读由其主讲的《刑法志》首段内容，并对志文史料的今译、疑难字句的注释等问题逐句解说，在引经据典和比较诸说的基础上，提出自己的一些观点和看法。老师或同学可以随时交互质疑乃至提出异见，砥砺研磨，议论热烈，直至6点多才告一段落。尤其三位老师发表的见解或点评时的交锋，使同学们深感学识的培植实非易事，板凳需坐十年冷，踏实学风见功夫，受益匪浅。

轮读会事前需要投入大量精力的充分准备，轮读过程中不论师生身份，唯正误是纠的科学平等精神，以及钩沉索隐、现场辩驳的治学路径，给大家耳目一新的感觉，有助于同学们强化科研训练和提升学习氛围，也为我院法律史研究提供了新的平台与方法。尽管近五年来，老师们有些人事变动，尤其同学们多已毕业，走上新岗位，但迄今我们依然坚持着！

2.《晋书·刑法志》轮读的基本情况

与前四史有诸家详尽注释的情况不同，《晋书》在历史上并没有什么重要的注释书。目前主要有唐朝何超的《晋书音义》三卷，引用包括字书在内的很多散佚古书，注重音义，对于古典文献和文字音韵的研究很有帮助；清代有二十余位学者对《晋书》作了校勘、补正、考异、商榷等工作，如钱大昕《廿二史考异》、王鸣盛《十七史商榷》、赵翼《廿二史劄记》、卢文弨《群书拾补》、张熷《读史举正》、周家禄《晋书校勘记》、丁国钧《晋书校文》、劳格《晋书校勘记》、李慈铭《晋书札记》

等，尤以周、丁、劳三氏校勘成就最为突出；清末民初吴士鉴、刘承干的《晋书斠注》一百三十卷，汇集前人的校勘成果，并征引《汉书》、《宋书》、《资治通鉴》、《世说新语》、《艺文类聚》等约300余部文献中的大量本体内容以及注引材料，旁征博引，校勘了不少文字讹误。但对理解文义助益无多。

我们这次《晋书·刑法志》轮读会采用的工作底本是中华书局1974年版的《晋书》（全10册），排版字体原为竖排繁体，轮读时改为横排简体。由于先学已有许多相关研究注释该《刑法志》的成果，遂成为我们轮读时的基本参考书籍，主要有：

（1）[日] 内田智雄编，冨谷至补：《譯注 中國歷代刑法志（補)》，创文社2005年版（1964年初版）。

（2）陆心国：《晋书刑法志注释》，群众出版社1986年版。

（3）高潮、马建石主编：《中国历代刑法志注译》（高潮、张大元负责《晋书·刑法志》部分)，吉林人民出版社1994年版。

（4）张警：《〈晋书·刑法志〉注释》，成都科技大学出版社1994年版。

（5）谢瑞智注译：《晋书刑法志》，（中国台湾）文笙书局1995年版（后修订并收入谢瑞智、谢俐莹注译：《中国历代刑法志（一）汉书·晋书·魏书》，文笙书局2002年版)。

（6）[韩] 林炳德：《譯注 晉書〈刑法志〉（Ⅰ）—（Ⅲ)》，《中國史研究》第二一——二九辑，2002—2004年。

我们也借助常用古籍，如二十四史的相关部分，《唐律疏议》、《唐六典》、《通典》、《唐会要》、《资治通鉴》，以及近人沈家本的《历代刑法考》、程树德的《九朝律考》、刘俊文的《唐律疏议笺解》等论著，还有新出土的《睡虎地秦墓竹简》、《二年律令》等，以丰富译注的内容。

此外，北京爱如生数字化技术研究中心的《中国基本古籍库》全文检索版大型数据库也是我们常用的数据库之一。

我们的读书班大约保持着12—15人的规模，其中有三位老师，其余为法史、法理的博士生、硕士生。每周五下午2：30—5：30轮读，从2012年10月12日开始，每周一次（寒暑假除外），至2013年12月27日，《晋书·刑法志》读书班才结班。全志共分为26个段落，每一个段落通常需要2—3次轮读方可读完，基本上每位成员要负责两轮左右的轮读领讲。

《晋书·刑法志》轮读结束后，根据读书会上的意见、注释体例以及出版社对译注的要求，各位成员利用业余时间，继续修订、校对所负责的段落。在把各自负责的部分汇集衔接成文后，由我再次校读订正并统一体例。

《〈晋书·刑法志〉译注》由周东平主编，参加轮读、译注工作的老师和博士研究生、硕士研究生如下：

周东平、水间大辅、朱腾；李勤通、姚周霞、崔超；罗喆、白超、雷桂旺、余慧萍、林汝婷、钟晓玲、彭星元、李萌。

随着轮读会的进展，西南政法大学俞荣根老师惠赐所藏张警的《〈晋书·刑法志〉注释》供我们复制参考，华中科技大学李力老师主持的"法律史料整理与研究工作坊"邀请我作《〈晋书·刑法志〉轮读会漫谈》的报告，柳立言、刘欣宁老师邀请我在台湾"中研院"史语所作了《晋隋间〈刑法志〉所见法律文明转型》的报告，《中国古代法律文献研究》（第九辑）发表了由我执笔的读书会阶段性成果《〈晋书·刑法志〉校注举隅》，还有许多同仁以不同的方式支持和鼓励我们。现在，终于可以将该译注奉献学界，一方面因有纪念意义而感到欣慰，另一方面更期望借此接受学界批评，以便改进。

## 三、《晋书·刑法志》轮读会的几点粗浅体会

### （一）句读问题

在轮读过程中，我们发觉中华书局版《晋书·刑法志》至少存在几处句读不妥的文句（下引文字加下划线处，辨析详见各该相关注释），值得再斟酌。如，第 926 页："毌丘俭之诛，其子甸妻荀氏应坐死，其族兄颙与景帝姻，通表魏帝，以匄其命。"第 928—929 页："卑与尊斗，皆为贼。斗之加兵刃水火中，不得为戏，戏之重也。"第 930 页："贼燔人庐舍积聚，盗赃五匹以上，弃市；即燔官府积聚盗，亦当与同。"

### （二）释义问题

释义准确与否，是我们目前看到市面上诸《晋书·刑法志》注释本中问题最多的。在轮读中，我们或者对存有歧义之处表明自己倾向于某种意见并说明理由；或者对既有意见加以补充完善；或者提出自己的见解以纠正前人讹误。切忌望文生义，力求注释精确。下面谨择数例（下引文字加下划线处）予以说明。

1.第 915 页："取譬琴瑟，不忘衔策，拟阳秋之成化，若尧舜之为心也。"

有人认为"阳秋"是"仿效《春秋》注重褒贬来实施教化"的意思，晋代因简文帝（司马昱）的郑太后名字叫"春"，这里避讳改"春"为"阳"，甚至直接认定"仿佛秋日骄阳能助长万物"，显失其"比拟

春与秋均完成万物化育"之应有意义。

2. 第 917 页："汉自王莽篡位之后，旧章不存。"

对"旧章不存"，诸注释本均作字面意义上的注解和今译。我们认为，这仅仅是追述王莽改制废绝汉代典章制度的夸张说法，实际上汉制并非荡然无存、了无踪迹可循。如以《后汉书·光武帝纪上》的记载为例：更始帝任命刘秀为行司隶校尉后，"于是置僚属，作文移，从事司察，一如旧章"。至洛阳后，"除王莽苛政，复汉官名"。再如《后汉书·循吏列传序》也记载刘秀"至天下已定，务用安静，解王莽之繁密，还汉世之轻法"。

3. 第 924 页："《盗律》有劫略、恐猲、和卖买人，科有持质，皆非盗事，故分以为《劫略律》。"

对"和卖买人"，或解释为是以诱骗等手段买卖人口；或认为其与"略人"、"略卖人"有区别，《梁律》称作"诱口"、"诱略人"，《唐律》有"和诱"，"和诱，谓和同相诱，减略一等。"也有人认为是由直系尊属同意，出卖子女为奴婢，他人知情而买之谓。我们赞同这样的意见："得到良民自己的儿女或他人的同意，将他们作为奴婢卖给第三者，第三者知其事情而买下。"并征引《譯注　中國歷代刑法志》冨谷至补注（第 265 页）的意见：相对于第三方即买方"知情"而买，以《魏书·刑罚志》所见北魏宣武帝之诏"律称和卖人者，谓两人诈取他财"为据，认为"和卖人"的"和"是指与被卖人有合意的情况，未必需要与买主有合意。我们认为其解释可从。

4. 第 930 页："法律中诸不敬，违仪失式，及犯罪为公为私，赃入身不入身，皆随事轻重取法，以例求其名也。"

对于"入身"，多解释为到手，"不入身"即指未到手。按：唐律中赃物有"入己"、"入私"和"不入己"、"入官"的区分，其处刑亦有轻重之差，或渊源于此。《唐律疏议·职制律》规定："赃重入己者，以枉法论，至死者加役流；入官者，坐赃论。"又："'入私者，以枉法论'，称'入私'，不必入己，但不入官者，即为入私。"可见入私包括入己、不入己（即入他人）两种情形。据此，"赃入身不入身"句的意思应指：赃物入身即为自己所得，不入身即非为自己而为他人所得。理由如下：一是若意指"入手与否"，则宜表达为"入身未入身"而非"入身不入身"。二是与前句"为公为私"句相对应，均为职务犯罪时的轻重之分。三是释为"入手与否"仅具有犯罪"既遂"、"未遂"之意，而释为赃物"为己所得"、"非为己而为他人所得"，才与犯罪"为公"、"为私"一样，均属官员犯罪的情况，且处刑上有轻重之差，故才特别提出。后文"皆随事轻重取法"正是对此类情况的总结。

### （三）疑难依旧的存疑问题

对《晋书·刑法志》，除了追求尽可能明确化的释义外，限于水平，依然存有一些疑难无解之处。兹举数例（下引文字加下划线处）：

1. 第 920 页："汉兴以来，三百二年，宪令稍增，科条无限。又<u>律有三家</u>，说各驳异。刑法繁多，宜令三公、廷尉集平律令，应经合义可施行者，大辟二百，耐罪、赎罪二千八百，合为三千，与礼相应。其余千九百八十九事，悉可详除。"

"律有三家"之"三家"所指何人？或认为已无可考；或认为仍然可考，但具体所指又各不相同。因此，目前无法确定"三家"所指何人。

2. 第 920—921 页："臣（应劭）窃不自揆，辄撰具《律本章句》、《尚书旧事》、《廷尉板令》、《决事比例》、《司徒都目》、《<u>五曹诏书</u>》及《<u>春秋折狱</u>》，凡二百五十篇，蠲去复重，为之节文。"

"五曹"虽指尚书台下分职治事的五个官署，但"曹"的数量和名称在各时期有所不同。那么，汉献帝建安元年时的应劭为何不按现行的六曹而只按五曹撰具《五曹诏书》？可能的解释是《后汉书》应劭本传李贤注引东汉卫宏《汉旧仪》所记五曹是汉成帝时设置的，而卫宏是光武帝时期的人，撰《汉旧仪》时或许光武帝还没有变其为六曹；或者光武帝已经变革各曹，但卫宏还是沿用旧有的五曹设计，故应劭所撰《五曹诏书》也沿用西汉传统的五曹。具体原因仍无法究明。

3. 第 925 页："凡所定增十三篇，就故五篇，合十八篇，于正律九篇为增，于旁章科令为省矣。"

对于"故五篇"，各家说法未必一致，我们也无新见，仍旧存疑。

4. 第 929 页："故律制，生罪不过十四等，死刑不过三，徒加不过六，囚加不过五，累作不过十一岁，累笞不过千二百，刑等不过一岁，金等不过四两。"

"累笞不过千二百"：《太平御览·刑法部八》引张斐《律序》："累笞不过千二百。"注曰："五岁徒加六等，笞一千二百。"按，据《汉书·刑法志》的记载，文帝以笞刑代替肉刑之后，景帝又对笞刑进行改革，笞刑最高为二百下。若按《太平御览》的记载，笞刑作为髡钳五岁刑的附加刑累加可至一千二百下，则笞刑由汉至晋的过渡未免太大，并且很难想象正常人在被笞千余下之后还能保全性命。所以这里的"笞"宜作他解。对此，宁汉林的观点是：《律表》中所讲的"累笞不过千二百"，应是讯囚时，以笞作为刑具进行拷讯，累加不能超过一千二百，拷满不承，取保释放。[1] 但是，即使讯囚之"笞"与笞刑之"笞"标准不同，以唐律"拷囚不得过三度，数总不得过二百"的标准

---

1 参见李光灿主编，宁汉林著：《中国刑法通史》第四卷，辽宁大学出版社 1989 年版，第 178 页。

为参照来看，讯囚累笞达一千二百下后囚犯还能生存，也是难以想象的。所以这种观点亦缺乏说服力，此问题暂且存疑。

### （四）轮读中若干思考举隅

#### 1．《刑法志》中的理想与现实

《刑法志》代表了中国古代法律史编纂的传统。以《汉书·刑法志》为例。汉朝在否定秦朝法治主义的基础上建立，及至武帝更强调"独尊儒术"，但其法律、刑法制度实质上仍援用秦制。理论上高唱反对秦朝法治主义的汉朝法制，其实与秦并无二致。这就是在现实与理想、文与质、经与权、死法与活法的二元论基础上展开的汉帝国的政治。可以说，出土的文字资料反映的是现实（质），而班固的《汉书·刑法志》则是反映理想（文）的文献史料。

对于班固，鉴于他是活跃在礼教主义风靡世俗的东汉时期，并且是支持儒家思想的史学家，我们不更容易理解注入如此理想的《刑法志》的性质吗？同时，我们在阅读《汉书·刑法志》时，也必须心存如下通念：

《汉书·刑法志》作者班固的意图，并不是为了正确地记述西汉一朝的刑罚、法律制度的实态和现实，只不过是从儒家思想的角度（或曰滤色镜）来论述法——经常与礼对峙而被相提并论的法，或称为刑。只要打开《汉书·刑法志》，随处可见礼与刑、德与法并举的例子即一目了然。而且，仅仅接触制度史资料，犹如隔靴搔痒，不能充分理解所谓的法。而《刑法志》的行文跌宕起伏，也说明了《刑法志》不是制度之"志"，而是政治思想之"志"。[1]

---

1　参见［日］内田智雄编，冨谷至补：《譯注　中國歷代刑法志（補)》"解說"，创文社 2005 年版，第 258—260 页。

《晋书·刑法志》涉及东汉梁统、陈宠上书、复肉刑议论等皆可作如是观。至于律典的经书化、"征文"与"曲当"等问题，也可以在这条延长线上来考虑。[1]

2.法律条文的继受

从秦律到汉律的递嬗，可以窥见其间的继承性。这种继承、连续自秦而汉，经由三国曹魏、西晋，更及于北魏，这也被新出土的简牍所证明。换言之，晋律、北魏律乃至唐律的各条条文，其渊源出自秦汉律者不在少数。试以《晋书·刑法志》（第925页，引文下划线为笔者所加）"<u>正</u>杀<u>继母</u>，与亲母同，防<u>继</u>假之隙也"为例：

正：古音意与"定"同，此处是指正法治罪。《三国志·魏书·三少帝纪》："付廷尉，结正其罪。"后文"正篡囚弃市"之"正"与之同义。所谓的正，应指改正法规，或指严正法的适用。

继母：父亲的继配，又称后母、假母。《仪礼·丧服》："继母如母。"贾公彦疏："谓己母早卒或被出之后，继续己母。"《汉书·衡山王刘赐传》："元朔四年中，人有贼伤王后假母者。王疑太子使人伤之，笞太子。"师古注："继母也。一曰父之旁妻。"

《二年律令》：

> 子贼杀伤父母，奴婢贼杀伤主、主父母妻子，皆枭其首市。
>
> （34）

> 子牧杀父母，殴詈泰父母、父母、叚（假）大母、主母、后母，及父母告子不孝，皆弃市。
>
> （35）

---

1　参见［日］冨谷至：《从汉律到唐律——裁判规范与行为规范》，薛夷风译，《法律史译评》2014年卷，中国政法大学出版社2015年版，第128—144页。（原文为"漢律から唐律へ——裁判規範と行為規範——"，《東方學報》（京都）第八十八冊，2013年。）

妇贼伤、殴詈夫之泰父母、父母、主母、后母、皆弃市。(40)

在汉律贼律的其他条文，如《二年律令》第 40 简等条文中所言的"后母"，是与父母并列，因此，可以认为后母与继母的意思相同。

从《二年律令》第 34 简的简文可以窥见子贼杀伤父母时，应处以枭其首于市的刑罚，从第 35 简可以确认子对父母的贼杀伤未遂（殴击等轻伤害行为）的，以及詈骂以父母为首包括继母等尊长的，应处以弃市之刑。

在《二年律令》中，可以看到子殴詈继母的明文，无法看到杀害继母的条文。但对尊亲属的杀伤、伤害，在汉律中的规定比凡人之间的贼杀、贼伤处罚严重，这无需等待出土资料的证实，人们很容易想象在汉律中应该存在着许多相关的条文吧。

继假：指继母、假子。假子是夫的前妻之子或妻的前夫之子。《汉书·王尊传》："美阳女子告假子不孝，曰：'儿常以我为妻，妒笞我。'"王先谦《汉书补注》引沈钦韩注："前妻之子也。"

《通典·刑法四·杂议上》记载了一个事例："汉景帝时有继母杀父而子为父报仇，又杀继母者。依律，杀母以大逆论，景帝疑之。时武帝年十二，答谓：继母如母，缘父之故，比之于母。今继母无状，手杀其父，则下手之日母恩绝矣，宜与杀人同，不宜与大逆论。景帝从之。"从此例可以看出汉律对继假间关系的处理并不全面，于是《魏律》作了新的修改，强调母子名分，以维护礼制。

全句意思：修正杀继母之罪的法律为与杀亲母同罪，这是为了防止继母与继子之间的间隙。即把历来漠视的作为杀母罪的规定，进一步细化明确为杀害继母与亲母同罪。

3.法律术语的精确化

法律条文中所见的各种各样的法律术语的严密性具有何种意义呢？

以定义的方式揭示其内涵与外延是法解释领域的基本问题，而对术语进行定义就会产生某种程度的弹幅，因此，围绕法解释的学说也就应运而生。这无论在当代或在古代，都是围绕着法律和法律学的不变境况。

中国古代对于法律语义和条文的解释，首推唐律的注释、解释书——《唐律疏议》。但同类著作早在秦代便已存在，如解释书《法律答问》。之所以命名为"答问"，是因其取自问答体的形式，《唐律疏议》仍然也有部分采用问答体，可见其一致之处。

《晋书·刑法志》引明法掾张斐的《晋律注》（即前文《进律注表》）所定义的法律术语，及其所处背景的法律思想，在中国法制史的法律术语解释上，占有极其重要的地位。于此不惮其长地引用其中的一部分：

> 其知而犯之谓之故，意以为然谓之失，违忠欺上谓之谩，背信藏巧谓之诈，亏礼废节谓之不敬，两讼相趣谓之斗，两和相害谓之戏，无变斩击谓之贼，不意误犯谓之过失，逆节绝理谓之不道，陵上僭贵谓之恶逆，将害未发谓之戕，唱首先言谓之造意，二人对议谓之谋，制众建计谓之率，不和谓之强，攻恶谓之略，三人谓之群，取非其物谓之盗，货财之利谓之赃：凡二十者，律义之较名也。

这里以定义"故"为始，以及"失"、"谩"、"诈"、"不敬"、"斗"、"戏"、"贼"、"过失"、"不道"、"恶逆"、"戕"、"造意"、"谋"、"率"、"强"、"略"、"群"、"盗"、"赃"等二十种法律术语，无论哪个术语都始终存在于从秦汉直至明清的中国法条中，其中一些还成为律的篇名。换言之，此处所列举的术语，也可以说是中国传统法的关键字（key word），可以毫不夸张地说它包含了中国法的本质。

这些不过是在公元 3 世纪的晋《泰始律》中的定义。可是，各个术语所具有的意义，与秦律、汉律并无不同。还应注意的是，从秦汉律中看到的个别的法律术语，并不是单独的存在，而是与复数的术语存在对应关系，需要在相对的关系中来定义和理解。换言之，A 术语的背面被设想存在着 B 或者 C 术语，A 应该作为不是 B 或 C 的 A 之意来理解。例如，上引张斐《晋律注》中"不和谓之强"（不是基于合意的称为"强"）这一"强"的定义，具有与"和"相对的关系，如"强奸"、"和奸"、"和卖买"等就与其有了关联性。

再有，A、B、C 是表示某种行为的不同样态的术语，同时必须注意 A 还在别的术语群如 A、D、E 中具有相对的语义。冨谷至曾举"斗"、"戏"、"贼"与"盗"、"贼"等术语及其相关的相对语为例，并引用秦汉律，详细说明从秦汉律经晋律直至唐律一直承续的相同法理及其意义。[1]

# 四、《〈晋书·刑法志〉译注》的注释体例

## （一）引用以下专门注释书籍时，均采用简注方式：

1.［日］内田智雄编，冨谷至补：《譯注　中國歷代刑法志（補）》，創文社 2005 年版（1964 年初版）。底本为武英殿本光绪十年上海同文书局影印。——（引用时简称）内田氏：《译注》，第 ×× 页。

---

[1] 参见 ［日］内田智雄编，冨谷至补：《譯注　中國歷代刑法志（補）》"解說"，創文社 2005 年版，第 266—275 页；［日］冨谷至撰，薛夷风译：《论出土法律资料对〈汉书〉、〈晋书〉、〈魏书〉"刑法志"研究的几点启示》，《法律史论集（第六卷）》，法律出版社 2006 年版。

2.陆心国：《晋书刑法志注释》，群众出版社 1986 年版。底本为中华书局版。——陆氏：《注释》，第 ×× 页。

3.高潮、马建石主编：《中国历代刑法志注译》（高潮、张大元负责《晋书·刑法志》部分），吉林人民出版社 1994 年版。底本为中华书局版。——高氏：《注译》，第 ×× 页。

4.张警：《〈晋书·刑法志〉注释》，成都科技大学出版社 1994 年版。未说明底本来源。——张氏：《注释》，第 ×× 页。

5.谢瑞智注译：《晋书刑法志》，（中国台湾）文笙书局 1995 年版。未说明底本来源。——谢氏：《注译》，第 ×× 页。

**（二）引用以下常用工具书，亦均采用简注方式：**

1.长孙无忌等：《唐律疏议》，刘俊文点校，中华书局 1983 年版。——《唐律疏议（亦可加"·名例律"之类)》，第 ×× 页。

2.刘俊文：《唐律疏议笺解》，中华书局 1996 年版。——刘俊文：《唐律疏议笺解》，第 ×× 页。

3.杜佑：《通典》，王文锦等点校，中华书局 1988 年版。——《通典·××·××》，如《通典·刑法一·刑制上》。

4.李林甫等撰：《唐六典》，陈仲夫点校，中华书局 1992 年版。——《唐六典·××××》，如《唐六典·尚书刑部》。

5.司马光编著：《资治通鉴》，胡三省音注，中华书局 1956 年版。——《资治通鉴》卷 ××《×× 纪》"×× 年"条（如《资治通鉴》卷一百九十五《唐纪十一》"贞观十四年十二月"条。若有引胡三省音注时，则在"×× 年"条后加"胡三省注"字样）。

6.沈家本：《历代刑法考》，邓经元、骈宇骞点校，中华书局 1985 年版。——沈家本：《历代刑法考（可加"·刑法典·刑制上"之类)》，

第 ×× 页。

7. 程树德：《九朝律考》，中华书局 2003 年版。——程树德：《九朝律考（可加"·汉律考一"之类)》，第 ×× 页。

### （三）出土文献的引用体例

1. 引用形式

（简牍名称)《(文献名称)·(篇名)》(案例号码)："……"(第 ×—× 号简)

有些学者把简号记为"简 ×"(比如说，简 59）。若是引学者之文，则从之。

2. 引以下出土文献的简文均用简体字，特殊用字从简文。

（1）睡虎地秦简，简号、图版和释文均据睡虎地秦墓竹简整理小组编：《睡虎地秦墓竹简》，文物出版社 1990 年版。

（2）张家山汉简，图版、简号、案例号码和释文均据彭浩、陈伟、工藤元男编：《二年律令与奏谳书》，上海古籍出版社 2007 年版。但该书有些竹简的图版不明确，还需要参照张家山二四七号汉墓竹简整理小组编：《张家山汉墓竹简〔二四七号墓〕》，文物出版社 2001 年版。

（3）居延汉简（1930—1931 年出土。没有篇名，故引用时不需要记载篇名。下同），简号、释文均据谢桂华、李均明、朱国炤：《居延汉简释文合校》，文物出版社 1987 年版。

（4）居延汉简（1972—1982 年出土），统一称为"居延新简"(没有篇名），图版、简号和释文均据甘肃省文物考古研究所等编：《居延新简》，中华书局 1994 年版。

（5）敦煌汉简（没有篇名），图版、简号和释文均据甘肃省文物考古研究所编：《敦煌汉简》，中华书局 1991 年版。

**（四）其他情形**

1.引用中国常见古籍（日文常见古籍加［日］），为节约篇幅计，本书的二十四史（一律引用中华书局标点本，以下各书如有中华书局版，亦尽量采用）、四书五经或十三经、先秦诸子著作或佚名文献，可不标明作者，采取《×××·××》的注释形式。以上书籍如引用非中华书局版的，则注明版本信息。

2.引用相对比较生僻的古籍，则注明：（作者所在）朝代、作者、书名、卷次（或卷名）及版本。如果是已出版的这类古籍的影印本或整理标点本（在作者后面适当处标明整理标点者），标明页码。

3.对古籍善本、珍本、抄本等文献史料，尽量注明藏本。

4.引用近代、现代人士撰写的专著或主编、编辑整理及整理的古籍成果，注明作者、书名、出版社及版本、页码。

**附　记**

本书稿在校对中，得到厦门大学法学院硕士研究生马琳、宋阳、黄佩欣、任佳鑫、赖慧芸同学的帮助。人民出版社法律与国际编辑部编审李春林老师对本书倾注大量心血。在此一并致谢！

周东平

2017 年 9 月 15 日

《晋书·刑法志》译注

【原文】

传曰："齐之以礼，有耻且格。"[1] 刑之不可犯，不若礼之不可踰，[2] 则

【注释】

1 "齐之以礼，有耻且格"：出自《论语·为政》："道之以政，齐之以刑，民免而无耻。道之以德，齐之以礼，有耻且格。"意为：用政令来引导民众，用刑罚来惩治民众，则民众只是暂时地免于罪过，却没有廉耻之心。用德教来引导民众，用礼来整治民众，则民众不但知廉耻而且归正道。

2 刑之不可犯，不若礼之不可踰：这条记载应是基于儒家思想。比起"刑"来，儒家思想比较重视"礼"。

昊岁比于牺年，[3]宜有降矣。若夫穹圆肇判，[4]宵貌攸分，[5]流形[6]播其喜怒，

---

3　昊：少昊，又作"少皞"，黄帝之子。传说中的古代帝王，有些文献称为"五帝"之一。"少昊时代已设官纠民，并设有爽鸠氏司寇。古人认为以政纠民，便是时世衰落的表现。"（张氏：《注释》，第2页。）

牺：伏牺，又作"伏羲"、"庖牺"、"宓羲"等，传说中的古代帝王，有些文献称为"三皇"之一，创造八卦、书契与网罟等，制定嫁娶礼制。"其时，事简民纯，不施赏罚，而民不为非。"（张氏：《注释》，第2页。）

4　若夫穹圆肇判：若：至于。夫：为句首语气词，表示另提一事。穹圆：天。《文选》载南朝宋谢惠连《七月七日夜咏牛女》李善注："穹，天也。"《淮南子·本经训》高诱注："圆，天也。"肇：开始。判：分开。

5　宵貌攸分：内田氏认为是指"与天地之貌（形态）相似的人类从此（天地）分出来"。（［日］内田氏：《译注》，第61页。）《汉书·刑法志》："夫人宵天地之貌。"应劭注："宵，类也。头圆象天，足方象地。"高氏亦以这些记载为据，认为"宵貌"是指人似天地之貌。（高氏：《注译》，第53页。）相对于此，陆氏认为是指"人们的容貌从洪荒初辟就各不相同"。（陆氏：《注释》，第3页。）

按："穹圆肇判，宵貌攸分"应是基于上引《汉书·刑法志》的记载撰写，因此内田氏及高氏的解释是正确的。

6　流形：《周易·乾》："云行雨施，品物流形。"高亨注："流犹动也。水动曰流，引申之，他物之动亦曰流。流形谓运动其形体。此二句言天有云行雨降，万物受其滋育，始能运动形体于宇宙之间。"（参见高亨：《高亨著作集林》第2卷，清华大学出版社2004年版，第59页。）

禀气⁷彰其善恶，则有自然之理焉。念室后刑，衢樽先惠，⁸将以屏除灾

---

7　禀气：天赋的气性。《论衡·气寿》："人之禀气，或充实而坚强，或虚劣而软弱。"《汉书·礼乐志》："天禀其性而不能节也。"颜师古注："禀谓给授也。"

8　念室后刑，衢樽先惠：《三国志·魏书·钟会传》："今国朝隆天覆之恩，宰辅弘宽恕之德，先惠后诛，好生恶杀。"其中有与"后刑"、"先惠"类似的表达。念室：据有些文献，夏时称"狱"（监狱）为"念室"。如《初学记·政理部·狱》引西晋张华《博物志》："夏曰念室，殷曰动止，周曰稽留。"衢樽：《淮南子·缪称训》："圣人之道，犹中衢而致尊邪？过者斟酌，多少不同，各得其所宜。"

害，引导休和，取譬琴瑟，[9]不忘衔策[10]，拟阳秋之成化，[11]若尧舜之为心

---

9　取譬琴瑟：与此类似的表达见于《汉书·董仲舒传》："窃譬之琴瑟不调，甚者必解而更张之，乃可鼓也；为政而不行，甚者必变而更化之，乃可理也。"高氏认为："这里以弹琴瑟比喻理国政，需张弛协调、赏罚得当"。（高氏：《注译》，第53页。）

10　衔策：本来为马嚼子与马鞭之意，但在古典文献中常借喻用刑法统治民众。如《汉书·张敞传》："武应曰：'驭黠马者利其衔策。梁国大都，吏民凋敝，且当以柱后惠文弹治之耳。'秦时狱法吏冠柱后惠文，武意欲以刑法治梁。"

11　拟阳秋之成化：内田氏认为"是比拟春与秋均完成万物化育"。（［日］内田氏：《译注》，第61页。）林炳德亦认为是"类似于春秋阳光帮助万物化育"的意思。(参见［韩］林炳德：《譯註　晉書〈刑法志〉(Ⅰ)》，《中國史研究》（韩国）第21辑，2002年。）谢瑞智也认为阳秋即春秋（谢氏：《注译》，第5页）。相对于此，陆氏认为是"仿效《春秋》注重褒贬来实施教化"的意思，晋代因简文帝（司马昱）的郑太后名字叫"春"，这里避讳改"春"为"阳"。（陆氏：《注释》，第4页。）张氏同此意（张氏：《注释》，第3页）。但唐人在此是否应该为晋人避讳？殊值得怀疑。而高氏则认为"仿佛秋日骄阳能助长万物"（高氏：《注译》，第56页），更属望文生义。

按：这段记载主张为了统治民众，虽然应尽量不用刑罚，但依然需要刑罚。也就是说，为了统治民众，需要"不用刑罚"与"用刑罚"两个方面的政策。此处所说的"春"与"秋"应是借喻这种政策的两面性，即为了化成万物，需要春与秋两个季节，与此一样，为了统治民众，需要这两种政策。再联系到《唐律疏议·名例律》所谓"德礼为政教之本，刑罚为政教之用，犹昏晓阳秋相须而成者也"，可以确认内田氏的解释比较正确。此处所说的"阳秋"应指春与秋，而不指《春秋》一书，更不指秋日骄阳；拟字应释为仿效之意。

也。[12]郊原布肃，轩皇有䡩野之师；[13]雷电扬威，高辛有触山之务。[14]陈乎

---

12　尧：传说中的古代帝王，五帝之一。帝喾之子，姓伊祁氏，名放勋，号陶唐。从其兄帝挚受禅帝位，都于平阳，命羲氏、和氏制定历法。

舜：传说中的古代帝王，五帝之一。冀州人。帝颛顼六世之孙，姓姚，名重华，字都君，号有虞。受帝尧之命摄行政治，尧死后，即位为帝。命禹治水。

若尧舜之为心也：从内田氏注：“是仿效尧舜对宽严双方的用心。”（［日］内田氏：《译注》，第61页。）

13　轩皇：黄帝。传说中的古代帝王，有些文献称为五帝之一，又有些文献称为三皇之一。少典之子，姓公孙，名轩辕，号有熊。相传讨伐了不服从炎帝神农氏的诸侯。后来讨伐炎帝与蚩尤，替炎帝为帝。

轩皇有䡩野之师：《逸周书·尝麦解》：“蚩尤乃逐帝，争于涿鹿之河，九隅无遗。赤帝大慑，乃说于黄帝，执蚩尤，杀之于中冀。以甲兵释怒，用大正顺天思序，纪于大帝，用名之曰绝䡩之野。”

14　高辛：帝喾。传说中的古代帝王，五帝之一。黄帝的曾孙，姓姬，名夋，号高辛。帝颛顼死后，即位为帝。都于亳。

高辛有触山之务：《淮南子·原道训》：“昔共工之力触不周之山，使地东南倾。与高辛争为帝，遂潜于渊，宗族残灭，继嗣绝祀。”

兵甲而肆诸市朝，[15]具严天刑[16]，以惩乱首，论其本意，盖有不得已而用之者焉。是以丹浦兴仁，[17]羽山咸服。[18]而世属浇偗，事关攸蠹，政失

---

15　陈乎兵甲而肆诸市朝："陈乎兵甲"是指起兵讨伐反贼，"肆诸市朝"是指将罪人处刑后，在朝廷与集市陈其尸体示众。《国语·鲁语上》："臧文仲言于僖公曰：'夫卫君殆无罪矣。刑五而已，无有隐者，隐乃讳也。大刑用甲兵，其次用斧钺，中刑用刀锯，其次用钻笮，薄刑用鞭扑，以威民也。故大者陈之原野，小者致之市朝，五刑三次，是无隐也。'"韦昭注："甲兵，谓臣有大逆，则被甲聚兵而诛之，若今陈军也。"又云："（大者陈之原野）谓甲兵、斧钺也。（小者致之市朝，）刀锯以下也。其死刑，大夫以上尸诸朝，士以下尸诸市。"

16　天刑：上天的法则。《国语·鲁语下》："少采夕月，与大史、司载纠虔天刑。"韦昭注："刑，法也。"

17　丹浦兴仁：《吕氏春秋·恃君览·召类》："尧战于丹水之浦，以服南蛮。"高诱注："丹水在南阳。"

18　羽山咸服：《尚书·舜典》："流共工于幽州，放驩兜于崇山，窜三苗于三危，殛鲧于羽山，四罪而天下咸服。"

礼微，狱成刑起，则孔子[19]曰："听讼吾犹人也，必也使无讼乎！"[20]及周氏龚行，[21]却收锋刃，[22]祖述生成，宪章尧禹[23]，政有膏露，威兼礼乐，或观

---

19　孔子（公元前551—前479年）：鲁人，名丘，字仲尼。儒家学派创始人，弟子众多。

20　"听讼吾犹人也，必也使无讼乎"：语出《论语·颜渊》。

21　周氏龚行：周氏：周朝。我国古代部落名、国名、朝代名均可系"氏"字，如：陶唐氏，以及下文的夏后氏、汉氏等。又，人物称号也可系"氏"字，如后文的左氏、郑氏等，以示尊重。龚行：《尚书·牧誓》："今予发惟恭行天之罚。"《后汉书·班彪列传下》李贤注引《尚书》将"恭行"作"龚行"。

22　却收锋刃：《史记·周本纪》："纵马于华山之阳，放牛于桃林之虚；偃干戈，振兵释旅，示天下不复用也。"据《史记》等文献，这是周朝在克殷后实施的措施。

23　禹：传说中的古代帝王。帝颛顼之孙，鲧之子。姓姒，名文命。受帝舜之命治水。舜死后，即位为帝，国号为夏。

辞以明其趣，或倾耳以照其微，或彰善以激其情，或除恶以崇其本。[24]
至夫取威定霸，[25]一匡九合，[26]寓言成康，不由凝网，[27]此所谓酌其遗美，

---

24　或观辞以明其趣……或除恶以崇其本：陆氏认为是说明处理讼事
所采用的几种方式。（陆氏：《注释》，第6页。）但也可以认为是说明统治
民众的方式。

25　取威定霸：《左传·僖公二十七年》："冬，楚子及诸侯围宋。宋公
孙固如晋告急。先轸曰：'报施救患。取威定霸，于是乎在矣。'"

至夫取威定霸：内田氏的译文中对"至夫取威定霸"之前补充有"如
齐桓公那样"之语。（[日]内田氏：《译注》，第63页。）这或是因为下文
的"一匡"与"九合"在文献中皆是指齐桓公的功绩而言。

26　一匡九合：《论语·宪问》："管仲相桓公，霸诸侯，一匡天下，民
到于今受其赐。"又云："桓公九合诸侯，不以兵车，管仲之力也。"

27　成：指西周成王。武王之子，姓姬，名诵。即位时年少，由其叔
父周公旦摄政。平定管叔、蔡叔等的叛乱，建设洛邑。

康：指西周康王。成王之子，名钊。平定东夷，征伐鬼方。

寓言成康：借成康之世作比喻来说明。成康之世被视为成康之治。《史
记·周本纪》："故成康之际，天下安宁，刑错四十余年不用。"裴骃《集
解》引应劭曰："错，置也。民不犯法，无所置刑。"

凝网：指法网严密。《盐铁论·刑德》："昔秦法繁于秋荼，而网密于
凝脂。"但"凝网"作为一个词仅见于唐代及其以后的文献，如《旧唐
书·王志愔列传》引王志愔《应正论》："其大抵云为国者以严致平，非以
宽致平者也。然则称严者不必踰条越制，凝网重罚，在于施隐括以矫枉，
用平典以禁非。"

齐桓公带来盛世却不是依靠法律，而与其九合诸侯、不以兵车似乎有
内在关联。但齐桓公"寓言成康，不由凝网"一事，未见于其他文献。

而爱民治国者焉。若乃化蔑彝伦，道睽明慎<sup>28</sup>，则夏癸之虔刘百姓，<sup>29</sup>

---

28　明慎：明察审慎。《周易·旅》："君子以明慎用刑，而不留狱。"

29　夏癸：指夏桀王。帝发之子，名履癸。相传其实施暴政，为商汤王所讨伐，夏朝灭亡。

虔刘：杀戮。《左传·成公十三年》："芟夷我农功，虔刘我边陲。"

夏癸之虔刘百姓：《史记·夏本纪》："帝桀之时，自孔甲以来而诸侯多畔夏，桀不务德而武伤百姓，百姓弗堪。"

商辛之毒痛四海，[30]卫鞅之无所自容，[31]韩非之不胜其虐，[32]与夫《甘

--------

30　商辛：指商纣王。帝乙之子，姓子，名受。相传实施暴政，为周武王所讨伐，商朝灭亡。

商辛之毒痛四海：《尚书·泰誓下》："今商王受狎侮五常，荒怠弗敬。自绝于天，结怨于民。斮朝涉之胫，剖贤人之心。作威杀戮，毒痛四海。"

31　卫鞅（公元前？—前338年）：战国中叶法家代表人物。卫国人，姓公孙，名鞅，又称卫鞅。因后来封地在商，又称商鞅或商君。原是魏相公叔痤的家臣，后来到秦国，受到秦孝公的信任。在秦孝公支持下实施大规模的法制改革（即所谓"商鞅变法"）。变法实行十多年，使秦国富强，为后来秦国统一六国奠定了基础。秦孝公死后，受到秦国贵族诬陷以及秦惠文王的猜忌，被车裂。

卫鞅之无所自容：《史记·商君列传》："公子虔之徒告商君欲反，发吏捕商君。商君亡至关下，欲舍客舍。客人不知其是商君也，曰：'商君之法，舍人无验者坐之。'"

32　韩非（公元前？—前233年）：战国时期韩国诸公子之一。跟荀况学习，后来成为法家思想的集大成者，其著作为秦王政所赏赞。韩非作为韩国使者入秦时，因李斯等毁谤而被投狱后自杀。

韩非之不胜其虐：内田氏译为"韩非只得壮烈牺牲"。（[日] 内田氏：《译注》，第63页。）陆氏认为是指秦始皇信奉韩非的学说统一中国，专任刑罚，百姓受不了暴虐的统治。（陆氏：《注释》，第7页。）相对于此，张氏认为是指韩非不能制止对他的陷害。（张氏：《注释》，第7页。）

按：《史记·韩非列传》："秦王以为然，下吏治非。李斯使人遗非药，使自杀。韩非欲自陈，不得见。秦王后悔之，使人赦之，非已死矣。""不胜其虐"应指韩非无法忍受冤枉而自杀，与前句"卫鞅之无所自容"对举。张氏意见庶几近之。

棠》<sup>33</sup>流咏，未或同归。秦文初造参夷，<sup>34</sup>始皇加之抽胁，<sup>35</sup>囹圄如市，

---

33　《甘棠》：《诗经·国风·召南》中的一篇："蔽芾甘棠，勿翦勿伐，召伯所茇。"郑玄笺："召伯听男女之讼，不重烦劳百姓，止舍小棠之下而听断焉。国人被其德，说其化，思其人，敬其树。"

34　秦文：秦文公（公元前？—前716年），襄公之子。公元前766—前716年在位。讨伐戎，得周遗民。

参夷：指夷三族，即对罪人的"三族"处以死刑。《汉书·刑法志》颜师古注："参夷，夷三族。"三族：《汉书·高帝纪下》张晏注："父母、兄弟、妻子也。"如淳注："父族、母族、妻族也。"以后诸家说法不一。有些学者认为三族是指父母、妻子、同产，又有些学者认为是指比父母、妻子、同产更为广泛的亲属。贾丽英、水间大辅均介绍了这些先前研究的观点。（参见贾丽英：《秦汉家族犯罪研究》，人民出版社2010年版，第251—252页；朱腾、王沛、［日］水间大辅：《国家形态·思想·制度——先秦秦汉法律史的若干问题研究》，厦门大学出版社2014年版，第246—247页。）

秦文初造参夷：《史记·秦本纪》："（文公）二十年，法初有三族之罪。"小仓芳彦认为，这条记载非史实，三族刑到战国时期才制定。（参见［日］小仓芳彦：《族刑をめぐる二、三の問題》，载氏著：《春秋左氏伝研究》，论创社2003年版。后译为中文《围绕族刑的几个问题》，徐世虹译，收入杨一凡总主编：《中国法制史考证》丙编第一卷［日］籾山明卷主编《日本学者考证中国法制史重要成果选译·通代先秦秦汉卷》，中国社会科学出版社2003年版。）

35　始皇（公元前259—前210年）：秦庄襄王之子，姓嬴，名政，公元前246—前210年在位。他统一了六国，由秦王成为秦朝初代皇帝，并将郡县制扩大到全国，统一度量衡、货币与文字等，讨伐匈奴、百越，修筑长城。

悲哀盈路。[36]汉王以三章之法以弔之，[37]文帝以刑厝之道以临之，[38]于

----

始皇加之抽胁：《汉书·刑法志》："秦用商鞅，连相坐之法，造参夷之诛；增加肉刑、大辟，有凿颠、抽胁、镬亨之刑。"内田氏认为《汉书·刑法志》没有说明秦始皇时设定了"抽胁"之刑。（[日]内田氏：《译注》，第 65 页。）除了《汉书·刑法志》以外，"凿颠"、"抽胁"与"镬亨"等刑罚均未见于汉代及此前的传世文献与出土文献。栗劲认为，现在尚难以证实凿颠等刑罚的存在，很可能并非法定常刑。（参见栗劲：《秦律通论》，山东人民出版社 1985 年版，第 243 页。）

36　图圄如市，悲哀盈路：《汉书·刑法志》："至于秦始皇……赭衣塞路，图圄成市，天下愁怨。"

37　汉王以三章之法以弔之：《史记·高祖本纪》："（沛公）与父老约，法三章耳：杀人者死，伤人及盗抵罪。余悉除去秦法。"此处"汉王"指汉高祖（公元前 256—前 195 年），姓刘，名邦，字季，建立西汉，公元前 202—前 195 年在位。

38　文帝：西汉文帝（公元前 202—前 157 年），高祖之子，名恒。原为代王，吕氏被诛灭后，即位为皇帝。公元前 180—前 157 年在位。

文帝以刑厝之道以临之：《汉书·文帝纪》班固论赞："（文帝）断狱数百，几致刑措。"文帝废除了连坐制与肉刑。《史记·孝文本纪》载汉文帝元年"除收帑诸相坐律令"。《汉书·刑法志》载西汉文帝十三年废除肉刑："当黥者，髡钳为城旦舂；当劓者，笞三百；当斩左趾者，笞五百；当斩右趾及杀人先自告，及吏坐受赇枉法，守县官财物而即盗之，已论命复有笞罪者，皆弃市。"但受笞者率多死，效果很不理想。"外有轻刑之名，内实杀人。"故西汉景帝继续减轻笞刑："其定律：笞五百曰三百，笞三百曰二百。……笞三百曰二百，笞两百曰一百。"

时百姓欣然，将逢交泰[39]。而犴逐情迁，科随意往，[40]献琼杯于阙下，[41]

---

39　交泰：指万物之气融通，万物通泰。《周易·泰》："天地交，泰。后以财成天地之道，辅助天地之宜，以左右民。"王弼注："泰者，物大通之时也。上下大通，则物失其节，故财成而辅助，以左右民也。"

40　犴：《集韵·去声·翰韵》："豻……或作犴，亦省。"《汉书·刑法志》："原狱刑所以蕃若此者，礼教不立，刑法不明，民多贫穷，豪杰务私，奸不辄得，狱犴不平之所致也。"服虔注："乡亭之狱曰犴。"臣瓒注："狱岸，狱讼也。"颜师古注："《小雅·小宛》之诗云'宜岸宜狱'，瓒说是也。"因此，虽然"犴"原有乡亭中的监狱之意，但至少此处所说的"狱犴"应为"狱讼"之意，"犴"亦应指狱讼。

科：从内田氏注："科刑。"（［日］内田氏：《译注》，第 63 页。）

犴逐情迁，科随意往：陆氏认为是指"狱讼的事跟着文帝的感情而迁移，法律条文随着他的意图而改易"。（陆氏：《注释》，第 8 页。）但下文所列的故事不限于文帝。故此处所说的"情"、"意"均应是皇帝、大臣等为政者的感情、意图，而不限于文帝。

41　献琼杯于阙下：指西汉初新垣平向文帝诈献玉杯事。《汉书·郊祀志上》："其明年，（新垣）平使人持玉杯，上书阙下献。平言上曰：'阙下有宝玉气来者。'已视之，果有献玉杯者，刻曰人主延寿。"

徙青衣于蜀路，⁴²覆醢裁刑，⁴³倾宗致狱。⁴⁴况乃数囚于京兆之

---

42　徙青衣于蜀路：内田氏认为是指汉高祖时以庶人身份流放梁王彭越到蜀地而言。即事兼地名、身份。（[日] 内田氏：《译注》，第65页。）高氏同此说。（高氏：《注译》，第55页。）张氏认为指彭越流徙到蜀郡青衣（张氏：《注释》，第9页），青衣仅作地名解。相对于此，陆氏认为是指汉文帝时流放淮南王到蜀地。（陆氏：《注释》，第9页。）谢氏指出有梁王彭越和淮南王两案例，但仍认为是指淮南王刘长。（谢氏：《注译》，第14—15页。）

按：内田氏的解释是正确的。第一，"青衣"一词没有见于有关淮南王的记载，而见于有关彭越的记载。《史记·彭越列传》："太仆亡走汉，告梁王与扈辄谋反。于是上使使掩梁王，梁王不觉，捕梁王，囚之雒阳。有司治反形已具，请论如法。上赦以为庶人，传处蜀青衣。"第二，这条词组之下有"覆醢裁刑"。据史料，彭越的尸体被"醢"（见后注43），而淮南王没有，是在辎车中绝食而死。

青衣：《彭越列传》所说的"青衣"是地名，在今四川省名山县北，且有江名青衣江。内田氏认为是指彭越被贬降到"青衣"的身份一事，与地名的"青衣"连起来巧妙暗用。（[日] 内田氏：《译注》，第65页。）但是，彭越去蜀时穿着青衣一事，尚未见于其他史料。

43　覆醢：《礼记·檀弓上》："孔子哭子路于中庭。有人弔者，而夫子拜之。既哭，进使者而问故。使者曰：'醢之矣。'遂命覆醢。"彭越的尸体被"醢"，见《史记·黥布列传》："夏，汉诛梁王彭越，醢之，盛其醢徧赐诸侯。"内田氏谓："今此处使用'覆醢'一词，应是说明新垣平与彭越的处刑均使听此故事的人怀着与孔子一样的悲伤。"（[日] 内田氏：《译注》，第65页。）

44　倾宗致狱：指彭越与新垣平皆被处以三族刑。《史记·彭越列传》："于是吕后乃令其舍人告彭越复谋反。廷尉王恬开奏请族之。上乃可，遂夷越宗族，国除。"同书《孝文本纪》载后元元年："其岁，新垣平事觉，

夜，<sup>45</sup> 五日于长安之市，<sup>46</sup> 北阙相引、中都继及者，亦往往而有

夷三族。"对彭越、新垣平的处罚可以说皆属于"犴逐情迁，科随意往"。彭越以谋反被问罪，高祖首先赦免为庶人，流放到蜀地，后来接受吕后的说辞，最终处以三族刑。关于新垣平的夷三族，三族刑于文帝元年（公元前 179 年）被废除，至少在新垣平案发生的文帝后元元年（公元前 163 年）没有适用三族刑的法律根据。(参见［日］水间大辅：《汉初三族刑的变迁》，朱腾、王沛、［日］水间大辅：《国家形态·思想·制度——先秦秦汉法律史的若干问题研究》，厦门大学出版社 2014 年版。)但新垣平最终却被夷三族，足以证明确实是"犴逐情迁，科随意往"。

45　数因于京兆之夜：内田氏认为是指西汉王章女儿的故事而言，如《汉书·王章传》："书遂上，（王章）果下廷尉狱，妻子皆收系。章小女年可十二，夜起号哭曰：'平生狱上呼因，数常至九，今八而止。我君素刚，先死者必君。'明日问之，章果死。"但其又指出，这只不过是修辞性的说法，其实是指大将军王凤陷王章于大逆罪而言。(［日］内田氏：《译注》，第 65 页。)相对于此，陆氏认为是指西汉赵广汉治京兆的功绩而言，如同书《赵广汉传》："广汉为人彊力，天性精于吏职。见吏民，或夜不寝至旦。尤善为钩距，以得事情。……郡中盗贼，闾里轻侠，其根株窟穴所在，及吏受取请求铢两之奸，皆知之。"(陆氏：《注释》，第 9 页。)

按：内田氏说可从。

46　五日于长安之市：《汉书·张敞传》："为京兆九岁，坐与光禄勋杨恽厚善，后恽坐大逆诛，公卿奏恽党友，不宜处位，等比皆免。而敞奏独寝不下。敞使贼捕掾絮舜有所案验。舜以敞劾奏当免，不肯为敞竟事，私归其家。人或谏舜。舜曰：'吾为是公尽力多矣。今五日京兆耳，安能复案事？'敞闻舜语，即部吏收舜系狱。是时冬月未尽数日，案事吏昼夜验治舜，竟致其死事。舜当出死，敞使主簿持教告舜曰：'五日京兆竟何如？冬月已尽，延命乎？'乃弃舜市。会立春，行冤狱使者出。舜家载尸，并编

焉。<sup>47</sup>而将亡之国，典刑咸弃，刊章以急其宪，<sup>48</sup>适意以宽其网，桓灵之

---

敞教，自言使者。使者奏敞贼杀不辜。天子薄其罪，欲令敞得自便利，即先下敞前坐杨恽不宜处位奏，免为庶人。"内田氏认为"五日于长安之市"事实上是指为了让张敞连坐大逆罪，公卿上奏其免官而言。（[日]内田氏：《译注》，第66页。）

47　北阙：宫城北门。臣下上书奏事或谒见皇帝，均由此门出入。《汉书·高帝纪下》颜师古注："未央殿虽南向，而上书奏事谒见之徒皆诣北阙。公车司马亦在北焉。是则以北阙为正门。"后来还用为宫城、朝廷之意。

中都：内田氏认为是京师之意。（[日]内田氏：《译注》，第66页。）相对于此，高氏认为是指"中都官狱"，即京师所设的监狱。（高氏：《注译》，第55页。）

北阙相引、中都继及者，亦往往而有焉：内田氏认为是指"在北阙或中都的群臣之间，往往有将人牵引入罪的人"。（[日]内田氏：《译注》，第64页。）陆氏认为是指"汉代朝廷中的狱讼互相牵连，嗣续涉及首都的重大案件，也是不时发生的"。（陆氏：《注释》，第58页。）高氏认为是指"这种刚在朝廷做官、接着便身陷京都监狱的情形，当时也常常发生"。（高氏：《注译》，第56页。）

按：王章与张敞皆不合适于"刚在朝廷做官、接着便身陷京都监狱"，故至少不能同意高氏的解释。

48　刊章：内田氏认为是指在要逮捕人时，特意删除逮捕证上的控告人姓名，如《后汉书·孔融列传》李贤注："刊，削也。谓削去告人姓名。"（[日]内田氏：《译注》，第66页。又，《后汉书·党锢列传》李贤注："刊，削。不欲宣露并名，故削除之"。张氏认为："削去本章上原告姓名，以皇帝旨意直接逮捕，这样来加强其执法。"（张氏：《注释》，第9页。）

按：此处是讲将亡之国弃法典于不顾，只根据统治者的意图来执法。

季，<sup>49</sup> 不其然欤！ <sup>50</sup>

（［日］水间大辅注）

---

49　桓：东汉桓帝（公元132—167年）。蠡吾侯刘翼之子，名志。大将军梁冀暗杀质帝后，拥立刘志为皇帝（公元146—167年在位）。后来桓帝与宦官一起诛灭梁冀及其宗族。因信任宦官，引起宦官的专横，在位时发生了第一次党锢之禁。

灵：东汉灵帝（公元156—189年）。解渎亭侯刘苌之子，名宏。桓帝死后，窦太后与其父城门校尉窦武立其为帝（公元167—189年在位）。在位时发生了第二次党锢之禁及黄巾之乱等。

50　不其然欤：据文献，桓帝、灵帝时确有"刊章以急其宪，适意以宽其网"的情况，如《后汉书·党锢列传》云："又张俭乡人朱并承望中常侍侯览意旨，上书告俭与同乡二十四人别相署号，共为部党，图危社稷。……灵帝诏刊章捕俭等。"同书《宦官·曹节列传》云："光和二年……时连有灾异，郎中梁人审忠以为朱瑀等罪恶所感，乃上书曰：'……今以不忍之恩，赦夷族之罪，奸谋一成，悔亦何及？臣为郎十五年，皆耳目闻见，瑀之所为，诚皇天所不复赦。愿陛下留漏刻之听，裁省臣表，埽灭丑类，以答天怒。……'章寝不报。"

【今译】

　　经传云："用礼来整齐民众，则民众既知廉耻且归正道。"让民众不犯法，不如让民众不越礼，如此说来，少昊的时代不如伏牺的时代。至于开天辟地后，与天地之貌相似的人类从天地分出来，承受其形体而具有喜怒之情，承受其气性而显现善恶之心，此乃自然之理。夏时称狱为念室，不优先刑罚，而古时圣人将酒桶放在街中，让行人随意斟酒，优先施与恩惠，均是为了摒除灾害，且将社会引导到安定和平。如弹琴瑟，张弛协调，不忘控制民众的马嚼子与马鞭，是仿效春与秋均化成万物，并是尧舜的用心。在郊野布列战阵之例，有黄帝的綮野之役。如雷电一样显示威势之例，有高辛的触山之务。布下阵势进攻，在集市或朝廷陈尸示众，严肃执行天罚，以惩罚为首作乱的人，推论其本意，大概是有不得已而为之的原因。因此，帝尧在丹浦兴起仁义之师，帝舜诛鲧于羽山使天下信服。然而，后来世间的安宁只依靠侥幸。世事败坏，政道失落，礼制衰微，刑狱与刑罚出现。于是孔子云："审理诉讼，我和别人差不多，但一定要使民众停息诉讼。"到了周朝恭敬地履行天命，收起武器，遵循前人养育万民的道理，效法尧、禹的做法，故其政道如甘露那样使民众受惠，又施行礼乐而树起威望。有时通过观察民众的言词来明察其旨趣，有时通过听取其言词来查看其微言，有时通过彰明善行来激发真情，有时通过铲除恶行来推崇道义。至于树立声威、奠定霸业，九合诸侯，一匡天下，仍寄托于成、康之政，不凭严密的法网，这就是所谓的酌取遗存的优良传统来爱民治国。至于实施教化时忽视伦常，实行治道时违背明察审慎，就像夏桀杀戮百姓，商纣祸害天下，商鞅无容身之地，韩非受不了秦国的暴虐，这些与那《甘棠》所咏唱的比较，属于不同的归向。秦文公创造了夷三族刑，秦始皇又增加了抽胁之刑，因此监狱如集市一样挤满囚犯，悲哀之声充塞道路。汉王刘邦制定三章之法，以安抚民众，汉文帝尽量不用刑罚，无为而治，以此统治民众。于是百姓欢悦，以为将遇太平之世。然而，狱讼随着为政者的感情而迁移，科罪随着他们的意图而变化。如新垣平在宫阙下奉献玉杯，彭越被流放到蜀地青衣，他们最终皆遭受如孔子倒掉肉酱（意指遭受被剁成肉酱）那样悲痛的刑罚，其全宗族均被系入狱。何况又有京兆尹王章遭诬陷被处死，应在五天后被罢免的京兆尹张敞将贼捕掾絮舜处死刑于长安的集市中。在北阙、中都的群臣之中，往往有陷人于刑的人。而在即将灭亡的国家，法律皆被废弃，删除逮捕证上的控告人姓名以严厉急速地处理。另一方面，为了符合为政者的意图而放宽执法。汉桓帝、灵帝那样的末世不就是这样的吗？

（［日］水间大辅译）

【原文】

魏明帝[51]时，宫室盛兴，[52]而期会[53]迫急，有稽[54]限者，帝亲召问，

---

【注释】

51　按：此处中华书局版直接紧跟前文，但为阅读方便，特另起一段。

魏明帝（公元204—239年）：三国魏文帝曹丕之子，名曹叡，字仲元，公元226—239年在位，为政颇有建树，擅诗文，尚学术，与曹操、曹丕并称魏之"三祖"。

52　宫室盛兴：魏明帝当政后期，大兴土木。据《三国志·魏书·明帝纪》，太和六年九月"治许昌宫，起景福、承光殿"；青龙三年三月"大治洛阳宫，起昭阳、太极殿，筑总章观"；同年七月"洛阳崇华殿灾"，八月"命有司复崇华，改名九龙殿"。故《明帝纪》"评曰"："于时百姓彫弊，四海分崩，不先聿修显祖，阐拓洪基，而遽追秦皇、汉武，宫馆是营，格之远猷，其殆疾乎！"

53　期会：《说文解字》："期，会也。"《玉篇》："期，巨基切，会也。"又，《唐律疏议·职制律》："诸公事应行而稽留，及事有期会而违者，一日笞三十，三日加一等，过杖一百，十日加一等，罪止徒一年半。"疏议曰："凡公事应行者……但事有期限者，以违限日为坐；无限者，以付文书及部领物后，计行程为罪。"可见，期会即指时限或期限。

54　稽：《说文解字》："稽，留止也。"其意当为拖延、推迟，上引《唐律疏议》条文可参。

言犹在口,身首已分。王肃[55]抗疏[56]曰:"陛下之所行刑,皆宜死之人也。然众庶不知,将为仓卒,[57]愿陛下下之于吏而暴[58]其罪。均其死也,

---

55　王肃(公元195—256年):字子雍,东海(今山东省郯城县西南)人。著名经学家,曾注《尚书》、《论语》、《左传》等,因为司马昭之岳父,故其注本在晋时皆被列于学官。

56　抗疏:《汉书·扬雄传下》有"独可抗疏,时道是非"诸字。颜师古注:"抗,举也,谓上之也;疏者,疏条其事而言之。"以此观之,陆氏注"直率地向上分条陈说自己意见"可从。(陆氏:《注释》,第11页。)

57　将为仓卒:陆氏引《汉书·刘歆传》"孔安国献之,遭巫蛊仓卒之难,未及施行"及《论衡·祸虚》"仓卒之世,以财力相劫杀者众",以为此处"仓卒"二字乃事变、祸乱之意,故"将为仓卒"一句意指"可能造成突然的事变"。(陆氏:《注释》,第11页。)与此不同,内田氏将此句译为"可能会认为陛下轻率地处人以死罪"。([日] 内田氏:《译注》,第66页。)

按:《汉书·司马迁传》:"书辞宜答,会东从上来,又迫贱事,相见日浅,卒卒无须臾之间得竭指意。"文颖注:"卒,言急也。"颜师古注:"卒卒,促遽之意也,间隙也"。足见"卒"有仓促之意。又,《汉书·薛瑄传》:"会邛成太后崩,丧事仓卒,吏赋敛以趋办。"其中的"仓卒"二字亦当指仓促、匆忙。此种用例并不少见,如《汉书·王嘉传》云"临事仓卒乃求,非所以明朝廷也";《三国志·蜀书·先主传》载"此大事也,不可仓卒";《晋书·阎缵列传》曰"自今已后,诸有废兴仓卒,群臣皆得辄严,须录诣殿前,面受口诏,然后为信"等。最具参考价值者为《三国志·魏书·王肃传》所载"景初间,宫室盛兴,民失农业,期信不敦,刑杀仓卒"一语,其中的"仓卒"亦当理解为匆忙、仓促之意。揆之众多用例及上下文,"将为仓卒"中的"仓卒"应释为轻率、匆忙、仓促之意,而"将为仓卒"四字的释义亦当以内田氏注为佳,未必指事变、祸乱。

58　暴:意指暴露、使显明。《荀子·劝学》:"虽有槁暴,不复挺者,𫐓使之然也。"杨倞注:"𫐓曲槁枯,暴干挺直也。"清钱绎《方言笺疏》卷

不汙宫掖，不为搢绅惊惋，不为远近所疑。[59]人命至重，难生易杀，气绝而不续者也，是以圣王重之。孟轲[60]云：'杀一不辜而取天下者，仁者

---

十三："暴曝古今字。"《战国策·燕策二》："寡人之使骑劫代将军者，为将军久暴露于外，故召将军且休计事。"鲍彪本注："暴曝同。"

59　均其死也，不汙宫掖，不为搢绅惊惋，不为远近所疑：其：语助词。汙：污的异体字。宫掖：掖指皇宫旁边的旁舍，宫掖则泛指皇宫内部。搢绅（同缙绅）：《汉书·郊祀志上》："其语不经见，缙绅者弗道。"李奇曰："缙，插也，插笏于绅。绅，大带也。"意为插笏于腰间，借指士大夫等地位较高的人。

按：有关此四句的解释，陆氏注及高氏注可从。陆氏注："这四句委婉地说明在皇宫内杀死臣下，会造成十分严重的后果。"高氏注："同样是处死刑，但不会血溅殿廷，不使臣僚惊诧，不致被远近百姓怀疑。"（陆氏：《注释》，第11页。高氏：《注译》，第56页。）

60　孟轲（公元前372—前289年）：战国中期鲁国邹（今山东省邹县）人，著名儒家学者。其言论被后学汇集为《孟子》七篇。

不为也。'[61]"

世祖武皇帝[62]接三统之微[63]，酌千年之范，[64]乃命有

---

61　杀一不辜而取天下者，仁者不为也：出自《孟子·公孙丑上》："行
一不义，杀一不辜而得天下，皆不为也"。

62　世祖武皇帝：晋武帝司马炎（公元236—290年），字安世，司马昭
长子，公元265—290年在位。他代魏自立，灭吴而结束三分天下的局面，
并在当政时期颇有政绩。

63　接三统之微：先秦典籍多有尚三代者，西汉儒家董仲舒则综合先秦
学说并以阴阳五行论解释三代史及君权天授观，其结论之一即为三统说。
所谓三统，亦称三正或三微，意指夏、商、周三代在正月上的不同规定。
它们分别以寅、丑、子为岁首，并与人统、地统、天统相对应。事实上，
三统说的本质是一种政权合法性理论，三正之"正"意味着君主即位均在
正月，三微之"微"则表明岁首万物皆微，故因君主之即位而逐渐兴旺。
如此一来，岁首或者说历法为天意的表达，君主在岁首即位以支配万物也
就意味着承天命而有天下、代天养成万物，所以《尚书大传》曰："必以三
微之月为正者，当尔之时，物皆尚微，王者受命，当持微理弱，奉成之义
也"，董仲舒则命之以"大一统"。为此，君主需在制度设计上全面保持
与其统序的对应关系以展示受有天命之意，如以寅为岁首者色尚黑，故曰
黑统；以丑为岁首者色尚白，故曰白统；以子为岁首者色尚赤，故曰赤统。
《春秋繁露·三代改制质文》对此有详细说明。此处论道"接三统之微"
不用说即在于证明晋代魏而立的正当性。陆氏注以五行相生说释此语："魏
土德，代汉；晋金德，代魏。"（陆氏：《注释》，第12页。）

按：东汉尚火德，魏与晋皆受前代之禅让，故本诸五行相生说的陆氏
之论可从。

64　酌千年之范：陆氏认为，此语意指晋武帝仿照古代典范而受禅于
魏。（陆氏：《注释》，第12页。）高氏注："酌用千余年来的规范。"（高氏：
《注译》，第57页。）内田氏则主张释为"参酌古代的模范政治"。（[日]内

司 <sup>65</sup>，大 明 刑 宪。<sup>66</sup> 于 时 诏 书 颁 新 法 <sup>67</sup> 于 天 下，海 内 同

---

田氏《译注》，第 67 页。）

按：《礼记·坊记》："上酌民言，则下天上施。"郑玄注："酌，犹取也。"《汉书·礼乐志》："武王作武，周公作勺。勺，言能勺先王之道也。"颜师古曰："勺，读曰酌。酌，取也。"故，"酌"有采择之意。但是，"酌"也确有参酌之意，如《晋书·陆机列传》："斟酌时宜，在乱犹显，意不忘忠，时献微益，此第四人也。"《增修礼部互注韵略》亦曰："酌……又参酌、审慎、度量也。""范"可指法则、典范，故言仿照或参酌古代政治及酌用古代典范于此处似乎皆可通。惟以上下文观之，"接三统之微"已明禅让之事，若以"酌千年之范"再言禅让，则恐略显重复，而"酌用千余年来的规范"云云又稍显笼统，故此处似宜采纳内田氏之说为佳。

65　有司：官吏的代称。

66　大明刑宪：《说文解字》："朙，照也。从月从囧。凡朙之属皆从朙。""明"，本意为"照"，可引申为"尊"，如《礼记·礼运》曰："故君者所明也，非明人者也"，孔颖达疏："明犹尊也"；亦可引申为修明、严明，如《商君书·农战》云："善为国者，官法明，故不任知虑"。有关"刑"与"宪"，据《尔雅》"柯、宪、刑、范、辟、律、矩、则，法也"，二者皆等同于律、法。由此可知，"大明刑宪"有大力尊崇或修明法律之意。征之史料，晋武帝在位时期，西晋确曾制定具有历史意义的法律，如泰始四年颁行的《泰始律》与《泰始令》。以学界目前的观点论，至少在晋之后，律与令二者并非皆为刑法典，故不可混同，所谓"律以正刑罪，令以存事制"。所以，如采陆氏注，以为"大明刑宪"意指"大力阐明指定刑律"（陆氏：《注释》，第 12 页），则恐遗漏晋武帝时《泰始令》确立之事实。然则，以"刑宪"泛指法律或许更为恰当，内田氏即云："命官员大力修正法令"。（[日] 内田氏：《译注》，第 67 页。）

67　新法：当指泰始四年所颁行之《泰始律》与《泰始令》。陆氏、高

轨[68]，人甚安之。条纲虽设，称为简惠[69]，仰昭天睠，[70]下济[71]民心，道有

---

氏据《晋书·刑法志》："凡律令合二千九百二十六条，十二万六千三百言，六十卷，故事三十卷……泰始三年，事毕，表上……四年正月，大赦天下，乃班新律。"认为泰始四年所颁行者仅为"律"（分别见陆氏：《注释》，第 12 页；高氏：《注译》，第 57 页）。内田氏认为是"新法令"（内田氏：《译注》，第 67 页）。然而，《晋书·武帝纪》载"又律令既就，班之天下"云云，可知"新法"当包含"律"与"令"二者。

68　轨：《说文解字》："轨，车辙也。"又，"轨"可由此引申为法度、规矩之意，如《淮南子·原道训》："是故圣人一度循轨，不变其宜，不易其常。"

69　简惠：从陆氏注："简，简省。惠，仁慈。"（陆氏：《注释》，第 13 页。）《晋书·武帝纪》载，晋武帝在颁布新法时已指明："将以简法务本，惠育海内。"

70　仰昭天睠：睠：《诗经·小雅·大东》："睠言顾之，潸焉出涕。"毛传："睠，反顾也。"唐陆德明《经典释文》："睠，音眷，本又作眷。"故，陆氏注："睠，眷的古字，关心、关怀。对上明示皇天的眷顾，也就是上顺天意。昭，显示。"可从。（陆氏：《注释》，第 13 页。）

71　济：救助、满足。《周易·系辞上》："知周乎万物，而道济天下。"

法而无败，德俟刑而久立。[72] 及晋图南徙，百有二年，[73] 仰止前规，挹其

---

72　道有法而无败，德俟刑而久立：陆氏谓："道，道德。败，毁坏。道与德，法与刑互文见义。全句的意思是道德有了刑法相配合，就不受毁伤，可以长久地实施。俟，等待。这里是依靠的意思。"（陆氏：《注释》，第 13 页。）

按：此种解释虽有其理，但或有可改进之处。在中国古代学者的观念中，道与德二者大概不可等而视之。《论语·里仁》载，"朝闻道，夕死可矣"；"吾道一以贯之"。其中的"道"显然是比"德"更为抽象的概念。又，《老子》第一章云："道可道，非常道"；同书第三十八章则曰："失道而后德，失德而后仁，失仁而后义，失义而后礼"。由此亦可见，"道"与"德"二者不可混同。即便到宋明时代，理学家多被概称为"道学家"，此"道"字也是带有本体意味的抽象概念。以唐人既重儒又尚道的国家意识形态观之，陆氏以"道"与"德"为互文似有不妥。进一步言之，综合前注 66 所引《尔雅》文句，"道"与"德"、"法"与"刑"皆为抽象与具体对称的词汇。此句可参酌高氏注："治道依凭法则而永远存在，德政仰赖刑罚而长久确立。"（高氏：《注译》，第 57 页。）

73　及晋图南徙，百有二年：陆氏注："图，版图，借指国家的疆域。南徙：指西晋灭亡，首都由洛阳迁到建康（今江苏省南京市）。百有二年：从晋元帝司马睿到晋恭帝司马德文，共十一个皇帝，其中晋恭帝元熙二年，刘裕废去恭帝代立，因此减少一年，称为'百有二年'。"（陆氏：《注释》，第 13 页。）有关"图"，《周礼·夏官·职方氏》云："掌天下之图，以掌天下之地。"郑玄注："图若今司空郡国与地图也"。可见，"图"有版图、地图之意。谢氏将"晋图"释为"晋室"（谢氏：《注译》，第 19 页），意通，但或为其引申义；张氏释为晋朝的基业，并引《唐律疏议·名例律》："大唐皇帝，以上圣凝图。"注："图，基业也。"可从。（张氏：《注释》，第 12 页。）

流润，[74]江左无外，蛮陬来格。[75]孝武[76]时，会稽王道子[77]倾弄朝权，其所树

_____

74　仰止前规，挹其流润：陆氏注："仰止，仰望、向往的意思……挹，汲取、舀。流润，遗留、流传。这两句是说向往着西晋时代的法律规范，汲取中间流传的恩泽。"高氏注本及内田氏注本皆倡大致相同之说，可从。（陆氏：《注释》，第13页；高氏：《注译》，第57页；[日]内田氏：《译注》，第67页。）

75　江左无外，蛮陬来格：陆氏注："江左，指长江东面的地区，这里是指东晋所管辖的地域。无外：《公羊传·隐公元年》：'王者无外。'何休解诂：'明王者以天下为家，无绝义。'这句的意思是东晋系全国公认的君主。蛮，指南方的少数民族，当时晋自以为是华夏的正统，因而用轻蔑的称呼。陬，角落。来格，来到。这里有归附的意思。"高氏注本及内田氏注本亦倡大致相同之说，可从。（陆氏：《注释》，第13页；高氏：《注译》，第57页；[日]内田氏：《译注》，第67页。）

76　孝武：东晋孝武帝司马曜（公元362—396年），字昌明，公元373—396年在位。在他在位的公元383年，东晋与前秦之间爆发了著名的淝水之战，东晋取胜。

77　会稽王道子：司马道子（公元364—402年），简文帝之子、孝武帝的同母弟。初封琅邪王，后迁会稽王，曾任司徒、扬州刺史等职，并都督军事，代谢安主政。据《晋书·会稽文孝王道子列传》，"于时孝武帝不亲万机，但与道子酣歌为务"，故司马道子得以"窃弄其权。凡所幸接，皆出自小竖。郡守长吏，多为道子所树立……官以贿迁，政刑谬乱。又崇信浮屠之学，用度奢侈，下不堪命"。并且，司马道子与东晋权臣、谯国桓氏代表人物桓玄有隙，终至元兴元年为桓玄所杀。

之党，货<sup>78</sup>官私狱，烈祖愔迷，<sup>79</sup>不闻司败<sup>80</sup>，晋之纲纪大乱焉。

---

78　货：《玉篇》："货，呼卧切，卖也。"前注引《晋书·会稽文孝王道子列传》曰："官以贿迁，政刑谬乱。"

79　烈祖愔迷：按中华书局版《晋书·刑法志》"校勘记"［一］所示，"孝武帝庙号'烈宗'，'祖'字误"，故此处的"烈祖"即指东晋孝武帝司马曜。又，陆氏认为，"愔，昏的异体字，意指混乱"，可从。（陆氏：《注释》，第 14 页。）

80　司败：《左传·文公十年》："臣归死于司败也。"杜预注："陈楚名司寇为司败。"孔颖达正义："言归死于司败，主刑之官，司寇是也。《论语》有陈司败，知陈楚同此名也。"又，《史记·仲尼弟子列传》："陈司败问孔子曰：'鲁昭公知礼乎？'孔子曰：'知礼。'"裴骃《集解》引"孔安国曰"："司败，官名。陈大夫也。"

按：征之出土的包山楚简，"司败"确曾频繁出现于"受期"简中，亦有如"王厶司败遏"一般的文字。因此，"司败"为楚官名无疑。又，《论语》中既有"陈司败"，则"司败"为陈、楚共有之官名亦当可确认。至于其性质是否如杜注及孔疏所言为"司寇"，学界尚有不同观点。彭浩以"受期"简为"受理各种诉讼案件的时间与审理时间及初步结论的摘要记录"，故认为"司败"在整个诉讼过程中发挥重要作用，无论在中央政府还是在县廷皆从事实质性的诉讼业务。与彭浩不同，陈伟认为，"受期"简是"左尹官署给对被告负责任的人或被告本人所下指令的记录"，那么司败的职责只不过是押送诉讼当事人，而非实质性的审判；并且，参与押送者还有除司败以外的官吏，所以司败仅为介入诉讼业务的众多官吏之一。如此看来，孔安国注似乎比杜注及孔疏更准确。不过，有关司败的性质，目前尚无定论，杜注、孔疏及孔安国注皆可备一说。此处参酌前后文暂将"司败"释为"司法官吏"。（有关司败性质的探讨，可参见彭浩：《包山楚简反映的楚国法律与司法制度》，湖北省荆沙铁路考古队编：《包山楚简》

传曰"三皇设言而民不违，五帝画象而民知禁"，[81] 则《书》所谓"象以典刑，[82]

---

（附录二二），文物出版社 1991 年版；陈伟：《关于包山"受期"简的读解》，《江汉考古》1993 年第 1 期，后收入氏著：《燕说集》，商务印书馆 2011 年版；陈伟：《包山楚简初探》，武汉大学出版社 1996 年，第 47—57 页；[日] 广濑薰雄：《包山楚簡に見える証拠制度について》，郭店楚简研究会编：《楚地出土資料と中國古代文化》，汲古书院 2003 年版，第 347—389 页；张伯元：《出土法律文献丛考》，上海人民出版社 2013 年版，第 170—184 页。）

81　三皇设言而民不违，五帝画象而民知禁：象通像。《公羊传·襄公二十九年》何休注："孔子曰：'三皇设言民不违，五帝画像世顺机。'"又，清人乔松年辑《纬攟·孝经纬·孝经钩命决》："三皇无文，五帝画象。"三皇：《史记·秦始皇本纪》以为天皇、地皇、泰皇也，《白虎通·号》论道"三皇者，何谓也？谓伏羲、神农、燧人也；或曰伏羲、神农、祝融也"，《吕氏春秋·孝行览·孝行》高诱注倡伏羲、神农、女娲也，《帝王世纪》又曰伏羲、神农、黄帝也，可谓众说纷纭。实则，三皇仅为后人理想化的古代君主而已。设言：陆氏谓："陈述说法。"（陆氏：《注释》，第 15 页。）高氏谓："以言语训诫。"（高氏：《注译》，第 58 页。）以前后文观之，后者更为明确，可从。五帝：《史记·五帝本纪》以为黄帝、颛顼、帝喾、帝尧、帝舜也，《汉书·武帝纪》颜师古注以为伏羲、神农、黄帝、尧、舜也，《帝王世纪》以为少昊、高阳、高辛、尧、舜也，亦可谓说法众多。画象，见注 82。

82　象以典刑："象以典刑，流宥五刑，鞭作官刑，扑作教刑"之语见《尚书·舜典》。典：常也，如《左传·文公六年》杜注就说："典，常也。""象以典刑"大致有四说：其一，以常刑为治法。《尚书》孔安国传："象，法也。法用常刑，用不越法。"其二，以画象公布刑法。《唐律疏议·名例律》云："逮乎唐虞……画象以媿其心"；《北堂书钞·刑法部中·象刑三》载："唐虞象刑，画衣冠异章服"；《朱子语类》卷七十八《尚书一》亦曰："问象以典刑，如何为象？此言正法象，如悬象魏之象；或谓画为五刑之状，亦可"。其三，象征性刑罚，如本段下文"犯黥者皁其巾，犯劓者丹其服，犯膑者墨其体，犯宫者杂其屦，大辟之罪，殊刑之极，布其衣裾而无领缘，投之于市，与众弃之"。其四，以天象为常法。《汉书·刑法志》班固云："所谓'象刑惟明'者，言象天道而作刑，安有菲屦赭衣者哉？"《贞观政要·封建》戈直注："象，如天之垂象以示人。"

考象刑诸论，除《尚书》孔安国传云"法有常刑，用不越法"颇有影响外，争论最多的观点当为象征性刑罚说。然而，自古以来，学者多怀疑所谓象征性刑罚的存在，如《荀子·正论》即评说曰："是不然。以为治邪？则人固莫触罪，非独不用肉刑，亦不用象刑矣。以为人或触罪矣，而直轻其刑，然则是杀人者不死，伤人者不刑也。罪至重而刑至轻，庸人不知恶矣，乱莫大焉。凡刑人之本，禁暴恶恶，且惩其未也。杀人者不死，而伤人者不刑，是谓惠暴而宽贼也，非恶恶也。故象刑殆非生于治古，并起于乱今也。"以常理论，如对恶劣的犯罪行为仅施加以服饰等为表征的象征性刑罚，确乎姑息养奸，鼓励为恶，故《荀子》所论可谓一针见血。不过，象刑论之所以能成为战国时期的"世俗之说"，似乎亦有其现实根源。杜正胜就从睡虎地秦简所记城旦春、鬼薪白粲等刑徒的服饰之别展开推论，认为象刑论乃废除肉刑之先声，与劳役刑之兴起密切相关。此说值得注意。(参见杜正胜：《编户齐民：传统政治社会结构之形成》，联经出版事业公司1991年版，第273—277页。)

流宥五刑，[83] 鞭作官刑，[84] 扑作教刑[85]"者也。然则犯黥者阜其

---

83　流宥五刑：宥：《尚书》孔安国传："宥，宽也。以流放之法宽五刑。"五刑：《国语·鲁语上》云："大刑用甲兵，其次用斧钺，中刑用刀锯，其次用钻笮，薄刑用鞭扑，以威民也。故大者陈之原野，小者致之市朝，五刑三次，是无隐也。"又，《尚书》孔安国传云："五刑，墨、劓、刖、宫、大辟"；《史记·五帝本纪》裴骃《集解》引马融注亦曰："五刑，墨、劓、刖、宫、大辟。"

按：据滋贺秀三的研究，上古时代的肉刑具有耻辱意味，受刑者如同被本部族之族众驱逐一般。鞭扑等既名之以"薄刑"，当与用刀锯、钻凿实施的肉刑有别，于个体形象并无损害，不足以显示耻辱之意。若以流放代替鞭扑，则不啻从本非驱逐者转向被驱逐者，此或为刑法之加重，难以视之为"宥"。同理，因为肉刑有驱逐之意，以流放来代替肉刑在刑罚的本旨上并无变化，但在身体的保全上似可称之"宥"。由此观之，此处的五刑当以释为"墨、劓、刖、宫、大辟"为佳。（有关滋贺氏的观点，参见［日］滋贺秀三：《中國上代の刑罰についての一考察——誓と盟を手がかりとして——》，《石井良助先生還歷祝賀法制史論集》，創文社 1976 年版；后收入氏著：《中國法制史論集　法典と刑罰》，創文社 2003 年版。后译为中文《中国上古刑罚考——以盟誓为线索》，刘俊文主编：《日本学者研究中国史论著选译》（第八卷　法律制度），姚荣涛、徐世虹译，中华书局 1992 年版。）

84　鞭作官刑：鞭：从陆氏注："鞭，鞭笞。"（陆氏：《注释》，第 15 页。）《唐律疏议·名例律》："书云：'鞭作官刑。'犹今之杖刑也。"

85　扑作教刑：扑：从陆氏注："扑，榎楚，即山楸和牡荆两种树木，古代用来作为责打的刑具"。（陆氏：《注释》，第 15 页。）《史记·五帝本纪》裴骃《集解》："扑，榎楚也。扑为教官为刑者。"《礼记·学记》："夏、楚二物，收其威也。"孔颖达疏："夏楚二物，收其威也，学者不勤其业，师则

巾，<sup>86</sup>犯劓者丹其服，<sup>87</sup>犯膑者墨其体，<sup>88</sup>犯宫者杂其屦，<sup>89</sup>大辟<sup>90</sup>

---

以夏楚二物以笞挞之。所以然者，欲令学者畏之，收敛其威仪也。"蔡沈《书集传》卷一："扑作教刑者，夏楚二物，学校之刑也。"故陆氏及高氏皆认为，"扑作教刑"意指教官对不勤学业的生员的处罚。（陆氏：《注释》，第15页；高氏：《注译》，第59页。）张氏、谢氏也以为是作为学校的刑罚。（张氏：《注释》，第14页；谢氏：《注译》，第28页。）然而《唐律疏议·名例律》："笞者，击也，又训为耻。言人有小愆，法须惩诫，故加捶挞以耻之。汉时笞则用竹，今时则用楚。故书云'扑作教刑'，即其义也。"可见，"扑作教刑"只是说轻刑以示惩戒之意，未必仅适用于教官对生员的惩处。内田氏谓"作扑刑以为实施教育的刑罚"，其说优于前面诸家之注。（[日]内田氏：《译注》，第68页。）

86　犯黥者皁其巾：陆氏注："黥，即墨刑，在额颊上用刀刺刻，再涂上墨。皁，皂的异体字，用墨涂黑。巾，头巾。这是说触犯黥刑的人，用皁巾来作为标记。"高氏注及内田氏注亦大致与此相同，可从。（陆氏：《注释》，第15页；高氏：《注译》，第59页；[日]内田氏：《译注》，第68页。）

87　犯劓者丹其服：从陆氏注："劓，割去鼻子的刑罚。丹，染成浅赤色，动词。"（陆氏：《注释》，第15页。）

88　犯膑者墨其体：陆氏谓"膑，剔去膝盖骨的刑罚。墨，用墨涂黑，动词"。（陆氏：《注释》，第15页。）谢氏同此解。（谢氏：《注译》，第25页。）恐不妥。前后文皆言以穿着而区别所受之刑，此处却云"用墨涂黑"，未免格格不入。因此，当从张氏、高氏及内田氏注，释为以黑布裹住膝盖。（张氏：《注释》，第15页；高氏：《注译》，第59页；[日]内田氏：《译注》，第68页。）

89　犯宫者杂其屦：从陆氏注："宫，破坏男女生殖机能的刑罚。杂，错杂，动词。屦，古时用麻、葛等制成的鞋子。"（陆氏：《注释》，第15页。）

90　大辟：死刑。辟：法，刑。《汉书·百官公卿表上》颜师古注："大辟，杀之也。"

之罪，殊刑[91]之极，布其衣裾而无领缘，[92]投之于市，与众弃之。[93]舜

---

91　殊刑：典籍中多云"殊死"。《汉书·高帝纪下》："今天下事毕，其赦天下殊死以下。"如淳曰："死罪之明白也。《左传》曰'斩其木而弗殊'。"韦昭曰："殊死，斩刑也。"颜师古曰："殊，绝也，异也，言其身首离绝而异处也。"《北堂书钞·刑法部下·死刑九》引《晋律注》曰："枭斩弃之于市者，斩头也。令上不及天，下不及地也。"可见，殊刑或者说殊死是指令受刑者身首异处的死刑。

关于殊死，学界近年有论争。张建国认为，殊死是受刑者的身体从颈部或腰部被分断，枭首、腰斩均属于此。（参见张建国：《秦汉弃市非斩刑辨》，《北京大学学报（哲学社会科学版)》1996 年第 5 期，后收入氏著：《帝制时代的中国法》，法律出版社 1999 年版。）冨谷至批评张建国的观点，认为殊死是指死刑，有时候是指死刑中最重的死刑。（参见［日］冨谷至：《生命の剝奪と屍體の處刑》，《江陵張家山二四七號墓出土漢律令の研究》，朋友書店 2006 年版。）陶安认为，殊死是指无疑应当处刑的死刑罪名，不能为恩赦的对象。（参见氏著：《秦漢刑罰體系の研究》，創文社 2009 年版，第 232—238 页。）但我们认为这里所说的"殊刑"，只不过是指极刑，也就是特别严重的刑罚（事实上是指死刑）。

92　布其衣裾而无领缘：从陆氏注："布，穿上麻葛制成的衣服，动词。领缘，衣领和衣服的边饰。"（陆氏：《注释》，第 16 页。）又，裾，衣服的前后襟。

93　投之于市，与众弃之：语出《礼记·王制》："刑人于市，与众弃之。"即弃市。《汉书·武帝纪》："左将军荀彘坐争功，弃市。"颜师古注："弃市，杀之于市也。"弃市刑是在市集公开执行，这当无疑问。目前主要的争议在于其处刑方式是砍头（斩首）还是绞杀。对此，沈家本认为："秦汉弃市乃斩首之刑；魏晋以下，弃市为绞刑。"（沈家本：《历代刑法考·刑法分考四》，第 139 页。）冨谷至同意"秦汉弃市乃斩首之刑"，认为秦汉

命皋陶<sup>94</sup>曰："五刑有服，五服三就，五流有宅，五宅三居。"<sup>95</sup>方乎

---

的法定正刑是腰斩和弃市两种。所谓的弃市，就是斩首，亦即切断首级的刑罚。（参见［日］冨谷至：《从终极的肉刑到生命刑——汉至唐死刑考》，周东平译，《中西法律传统》（第七卷），北京大学出版社 2009 年版，第3—19 页。原载［日］冨谷至编：《東アジアの死刑》，京都大学学术出版会 2008 年版，第3—48 页。）而张建国认为秦汉弃市非斩刑，从战国至魏晋自始至终并无变化，绞杀是弃市的唯一处刑方式。（参见张建国：《帝制时代的中国法》，法律出版社 1999 年版，第 160—179 页。）反映王莽时期政策的《额济纳汉简》："大恶及吏民诸有罪大逆无道、不孝子，绞。"（2000ES9SF4 ∶ 7）故汉代的弃市至少在王莽时期曾以绞为行刑方式。水间大辅亦同意张建国的观点。（参见［日］水间大辅：《从张家山汉简〈二年律令〉看秦汉刑罚研究的动向》，《中国史学》14，2004 年。）李均明也认为这样。（参见李均明：《张家山汉简所见刑罚等序及相关问题》、《简牍法制史料概说》，氏著：《简牍法制论稿》，广西师范大学出版社2011年版。）

此外，水间大辅也详细介绍了关于这个问题的先前研究。（参见［日］水间大辅：《秦漢刑法研究》，知泉书馆 2007 年版，第 19—24 页。）

94　皋陶：陆氏注："也作咎繇。传说中尧舜时代掌管狱讼的大法官。《尚书·舜典》：'帝曰皋陶，蛮夷猾夏，寇贼奸宄。汝作士。'《尚书》又有'皋陶谟'。"（陆氏：《注释》，第 16 页。）高氏注："人名，又写作'咎繇'。偃姓，相传为舜时主管司法的官吏。"（高氏：《注译》，第 58 页。）二说相似，惟据《尚书》、《史记·五帝本纪》，皋陶为舜当政时的大臣，所以后注较前注略显准确。

95　"五刑有服，五服三就，五流有宅，五宅三居"：语出《尚书·舜典》。孔安国分别释此四句为"五刑，墨、劓、剕、宫、大辟。服，从也。言得轻重之中正"，"既从五刑，谓服罪也。行刑当就三处，大罪于原野，大夫于朝，士于市"，"谓不忍加刑，则流放之，若四凶者"，"五刑之流，

前载，事既参倍。<sup>96</sup>夏后氏之王天下也，则五刑之属三千。<sup>97</sup>殷因于

---

各有所居。五居之差，有三等之居，大罪四裔，次九州岛之外，次千里之外"。然，关于"五服三就"，马融、郑玄等以"三就"为原野、市朝、甸师氏，内田氏注本亦从之。（［日］内田氏：《译注》，第70页。）但是，甸师氏为《周礼》中的官名，置于此处或有不妥。而且孔颖达疏指出："《鲁语》云：'刑五而已，无有隐者……故大者陈之原野，小者致之市朝，五刑三次，是无隐也。'孔用彼为说，故以'三就'为原野与朝、市也……案刑于甸师氏者，王之同族，刑于隐者，不与国人，虑兄弟耳，非所刑之正处。此言正刑，不当数甸师也。又市、朝异所，不得合以为一，且皆《国语》之文，其义不可通也。"所言亦可谓颇有根据，因此"三就"究竟为何者尚难明确。另，陆氏以为"服，指在犯法者衣服、帽子上加上徽识"，并且"三就"还有一说为象刑之三等，如《尚书大传》所示"唐虞之象刑，上刑赭衣不纯，中刑杂屦，下刑墨幪"。（陆氏：《注释》，第16页。）

按：以前后文观之，此处所说的当为从三皇五帝至夏后氏刑罚渐趋繁杂的一个阶段，如以象刑释"服"，似未见此时段较之前代的繁杂之处，所以此说恐难信从。又，陆氏认为，"宅，《史记》作度，量地给居住"，可从。（陆氏：《注释》，第16页。）

96　方乎前载，事既参倍：从陆氏注："方，比拟。载，开始，指原始阶段。参，同三，指多数。"（陆氏：《注释》，第16页。）

97　五刑之属三千：语出《尚书·吕刑》："墨罚之属千，劓罚之属千，剕罚之属五百，宫罚之属三百，大辟之罚其属二百，五刑之属三千。"

夏，有所损益。周人以三典<sup>98</sup>刑<sup>99</sup>邦国，以五听<sup>100</sup>察民情，左嘉右肺，<sup>101</sup>

---

98　三典：《周礼·秋官·大司寇》："大司寇之职，掌建邦之三典，以佐王刑邦国，诘四方。一曰刑新国用轻典，二曰刑平国用中典，三曰刑乱国用重典。"郑玄注："典，法也。"

99　刑：正也。《诗经·大雅·抑》："刑于寡妻，至于兄弟，以御于家邦"；亦可释为"成"，《礼记·大传》："百志成，故礼刑。"郑玄注："刑，犹成也。"

100　五听：《周礼·秋官·大司寇》："以五声听狱讼，求民情。一曰辞听，二曰色听，三曰气听，四曰耳听，五曰目听。"郑玄分别注"辞听"等五者为"观其出言，不直则烦"、"观其颜色，不直则赧然"、"观其气息，不直则喘"、"观其听聆，不直则惑"、"观其牟子视，不直则眊然"。（"牟"原作"眸"，阮校曰："大字本、展本、嘉靖本作'牟'，叶钞《释文》及钱钞本载《音义》同，当据正。按《说文解字》无'眸'字，汉人只用'牟'。"据改。参见李学勤主编：《周礼注疏》，北京大学出版社1999年版，第915页，注②。）

101　左嘉右肺：《周礼·秋官·大司寇》："左嘉石，平罢民焉；右肺石，达穷民焉。"嘉：嘉石也。《周礼·秋官·大司寇》："以嘉石平罢民。凡万民之有罪过，而未丽于法，而害于州里者，桎梏而坐诸嘉石，役诸司空。重罪旬有三日坐，期役；其次九日坐，九月役；其次七日坐，七月役；其次五日坐，五月役；其下罪三日坐，三月役。使州里任之，则宥而赦之。"郑玄注："嘉石，文石也。树之外朝门左。平，成也。成之使善"，"有罪过，谓邪恶之人所罪过者也。丽，附也。未附于法，未着于法也。木在足曰桎，在手曰梏。役诸司空，坐日讫，使给百工之役也。役月讫，使其州里之人任之，乃赦之。宥，宽也。"可见，嘉石乃置于外朝门左侧且有纹理的石块，民虽有恶行而未丽于法者将被囚于嘉石以劝其悔过。肺，肺石也。《周礼·秋官·大司寇》："以肺石远穷民。凡远近惸独老幼之欲有复于

事均镕造，[102]而五刑之属犹有二千五百[103]焉。乃置三刺[104]、三宥[105]、三

上而其长弗达者，立于肺石。三日，士听其辞，以告于上而罪其长。”郑玄注：“肺石，赤石也。穷民，天民之穷而无告者”；“无兄弟曰惸。无子孙曰独。复犹报也。上谓王与六卿也。报之者，若上书诣公府言事矣。长，谓诸侯若乡遂大夫。”可见，肺石乃置于朝门外右侧的赤色石块，民有困苦不堪而无处告诉者，可坐于其上，以向公府直陈其委屈。

102　事均镕造：镕：销熔、熔铸也，如《隋书·食货志》：“私家多镕钱。”镕造：用模型铸造。《汉书·董仲舒传》：“夫上之化下，下之从上……犹金之在镕，唯冶者之所铸。”内田氏注此句：“这些做法是仿效天地生育万物而形成的。”（［日］内田氏：《译注》，第69页。）此注虽有过度衍生之虞，但可备一说。

103　五刑之属犹有二千五百：此语当本于《周礼·秋官·司刑》：“司刑掌五刑之法，以丽万民之罪。墨罪五百，劓罪五百，宫罪五百，刖罪五百，杀罪五百。”

104　三刺：《周礼·秋官·小司寇》：“以三刺断庶民狱讼之中。一曰讯群臣，二曰讯群吏，三曰讯万民。听民之所刺宥，以施上服下服之刑。”郑玄注：“中谓正罪所定”；“刺，杀也，三讯罪定则杀之。讯，言也。”唐贾公彦疏：“云‘群臣’者，士已上。云‘群吏’者，府史、胥徒、庶人在官者。云‘万民’者，民间有德行不仕者。云‘刺杀，三刺罪定即杀之’，但所刺不必是杀，余四刑亦当三刺。直言杀者，举汉重者而言，其实皆三刺。是以下文云‘听民之所刺宥，以施上服下服之刑’，是兼轻重皆刺也。”又，《周礼·秋官·司刺》：“司刺掌三刺三宥三赦之法，以赞司寇听狱讼。壹刺曰讯群臣，再刺曰讯群吏，三刺曰讯万民。”

105　三宥：《周礼·秋官·司刺》：“司刺掌三刺三宥三赦之法，以赞司寇听狱讼……一宥曰不识，再宥曰过失，三宥曰遗忘。”郑玄注：“郑司农云：‘不识，谓愚民无所识而宥之。过失，若今律过失杀人不坐死。’玄

赦[106]之法：一刺曰讯群臣，再刺曰讯群吏，三刺曰讯万民；一宥曰不识，再宥曰过失，三宥曰遗忘；一赦曰幼弱，再赦曰老旄，三赦曰蠢

---

谓识，审也。不审，若今仇雠当报甲，见乙，诚以为甲而杀之者。过失，若举刃欲斫伐，而轶中人者。遗忘，若间帷簿，忘有在焉者，而以兵矢投射之。"贾公彦疏："先郑以为'不识，谓愚民无所识而宥之'，若如此解，则当入三赦蠢愚之中，何得入此三宥之内，故后郑不从也。云'过失，若今律过失杀人不坐死'者，于义是，故后郑增成之。云'玄谓识，审也'者，不识即不审。"

106　三赦：《周礼·秋官·司刺》："司刺掌三刺三宥三赦之法，以赞司寇听狱讼……壹赦曰幼弱，再赦曰老旄，三赦曰蠢愚。"郑玄注："生而痴騃童昏者。郑司农云：'幼弱、老旄，若今律令年未满八岁，八十以上，非手杀人，他皆不坐。'"贾公彦疏："三赦与前三宥所以异者，上三宥不识、过失、遗忘，非是故心过误，所作虽非故为，比三赦为重，据今仍使出赎。此三赦之等，比上为轻，全放无赎。先郑云'幼弱、老旄，若今律令年未满八岁，八十以上，非手杀人，他皆不坐'者，案《曲礼》云：'八十九十曰耄，七年曰悼，悼与耄，虽有罪不加刑焉。'与此先郑义合。彼亦谓非手杀人，他皆不坐也。云'未满八岁'，则未龀，是七年者。若八岁已龀，则不免也。"

愚。《司马法》[107]：或起甲兵以征不义，废贡职则讨，不朝会则诛，乱嫡

---

107　《司马法》：古代论述军礼与兵法的书籍。据《史记·司马穰苴列传》："齐威王使大夫追论古者司马兵法而附穰苴于其中，因号曰司马穰苴兵法。"可见，《司马法》成书于齐威王时期（公元前 4 世纪）。《汉书·艺文志》将《军礼司马法》百五十五篇列于礼书。隋唐时尚存有三卷，篇数不明。今传《司马法》五篇所载为后世之伪作，其内容颇有与《周礼》相合者。

庶则絷，变礼刑则放。[108]

（朱腾注）

---

108　或起甲兵……变礼刑则放：《太平御览·刑法部二·叙刑下》引《司马法》："先王之治，从天之道，设地之宜，乃作五刑以禁民僻；乃兴甲兵以讨不义；制瑞节以通使，巡狩省方以会诸侯、考不同。正礼，月正时历，名文章、车服比德逆天之时，乃征师于诸侯征之；不会朝过聘则刘；废贡职、擅称兵、相侵削，废天子之命则黜；改历史、衣服、文章，易礼变刑则放；娶同姓，以妾为妻，变太子，专罪大夫，擅立关，绝降交则幽；慢神省哀，夺民之时，重粟畜货，重罚暴虐，自伐，宫室过度，宫妇过数，则削地损爵。"又，贡职：即贡赋。朝会：朝为春季的惯例性参拜，会为因天子之命而随时召集的不定期朝见，二者有所不同。絷：拘执也。《楚辞·九歌·国殇》："霾两轮兮挚驷马，援玉枹兮击鸣鼓。"另，有关"废贡职则讨，不朝会则诛"，《孟子·告子下》亦有类似说法："一不朝，则贬其爵；再不朝，则削其地；三不朝，则六师移之。"

## 【今译】

魏明帝时，大力兴建宫室，期限又颇为紧迫。有逾期未完成者，明帝乃亲自讯问。被讯问者尚未把话说完，就已身首异处。王肃遂直言上奏："尽管陛下您的处刑对象皆为应处以死刑者，但民众并不了解情况，遂以为陛下用刑轻率。所以，臣敬请陛下把案件交给相关官员以彰显犯罪者的罪状。这样，虽结果同为处死，但殿廷将不为血所污，士大夫们不会惊愕、惋惜，众人的怀疑则将不复存在。人的生命极为珍贵，使人生存下来很困难，但要夺去他们的生命却很容易，人一旦丧命，就不能复生，因此圣王都重视人的生命。也正基于此，孟子云：'倘若为了得到天下，要杀一个无辜的人，仁者是不会如此而为的。'"

晋世祖武帝承三统循环的天命而有天下，遂参酌古代的模范政治，命令官员大力修明法令，其时下诏向天下公布新法。因之，举国法令统一，百姓安集。此类法令虽已设立，但颇为简省、仁慈，上足以承天意，下亦可顺民心。于是，治道因规则的存在而不致败坏，德政因刑律的辅助而得以长存。待晋朝基业南移，在此后的一百零二年间，朝廷仍崇奉前代的法规以承享其遗留的恩泽，因此江左全境沐浴王化，远方蛮夷诸国亦前来朝拜。不过，在孝武帝时，会稽王司马道子权倾一时，其党徒则收受贿赂而卖官、徇私裁判。孝武帝昏庸不省，不听司法官员的奏言，晋因此而朝纲大乱。

典籍上说："三皇以言语训诫，民则不违其训；五帝以画象代刑，民则遵守禁令。"这就是《尚书》所说的"以象刑为常刑，以流刑代替五刑以示宽宥，以鞭刑为治官之刑，以笞击来实施教诫"。既然如此，那么，当黥者应带黑色的头巾；当劓者应着红色的衣服；当膑者应以黑布裹住其膝盖；当宫者应穿粗糙的草鞋；犯有死罪者本应斩首，则令其穿无领及边饰的麻葛衣衫，并投往闹市以受众人之鄙弃。随后，舜曾命令皋陶："被处以五刑者伏法受惩，但他们须被分置于三处就刑；若以流刑代替五刑，受流刑者当有固定处所，所以须按其罪状将他们流配至远近不等的三个地域。"与前代相比，此时的刑罚可以说已经成倍地复杂化了。至夏朝统治天下时，有关五刑的规定有三千条。殷商承接于夏，并对前代法律有所损益。至周时，周人以轻、中、重三种法典分治各诸侯国，以五种听讼方法探察受审者所诉之情状，并于朝门外左右两边分别设置嘉石和肺石。其制度设计可谓精心熔铸而成，但涉及五刑的法律还有二千五百条。于是，周人又确立了三刺、三宥、三赦之法："三刺"是指定罪前先询问群臣，再询问众小吏，最后还要询问广大百姓；"三宥"是指对打击错误者、非故意犯罪者、疏忽犯罪者予以宽宥；"三赦"是指对违法的七岁以下幼弱儿童、八十岁以上的老年人及天生痴呆或弱智者加以赦免。《司马法》又说，对违背道义者应派兵征伐，对不尽纳贡职责者亦应攻讨，对不遵守朝会规定者应加以诛戮，对变乱嫡庶关系者应予拘执，对随意更改礼刑体制者则应放逐。

（朱腾译）

【原文】

传曰："殷周之质，不胜其文。"[109] 及昭后徂征，[110] 穆王斯耄，[111] 爰

---

【注释】

109 殷周之质，不胜其文：语出《礼记·表记》："虞夏之质，殷周之文，至矣。虞夏之文，不胜其质；殷周之质，不胜其文。"质：本质、质朴、朴实。文：文辞、文采、文饰。古代典籍经常文、质并提，《论语·雍也》："子曰：质胜文则野，文胜质则史，文质彬彬，然后君子。"质常常表现为事物的内容、本质、精神、根源，文是与之相对的事物的形式、外表、仪式。陆氏谓："文又引申成礼乐法度，各种爵赏刑罚。"（陆氏：《注释》，第 18 页。）内田氏谓："在此表示法律、刑罚增多而复杂化。"（[日]内田氏：《译注》，第 72 页。）可从。儒家提倡"文质得中"。清刘宝楠《论语正义》卷七："礼，有质有文。质者，本也。礼无本不立，无文不行，能立能行，斯谓之中。"

110 昭后徂征：昭后：周昭王姬瑕，西周第四代国王。西周青铜器铭文多称他为邵王。据夏商周断代工程的考证，周昭王是公元前 995 年左右的人，在位 19 年，卒于公元前 977 年。（参见李勇：《〈授时历〉对天再旦、天大曀的年代问题研究》，《文博》2001 年第 2 期。）徂：《尔雅》："徂，往也。"徂征：前往征讨。《尚书·大禹谟》："惟时有苗弗率，汝徂征。"《尚书·胤征》："胤后承王命徂征。"《史记·周本纪》："昭王之时，王道微缺。昭王南巡狩不返，卒于江上。其卒不赴告，讳之也。"《左传·僖公四年》记载齐伐楚时管仲责问楚子使："昭王南征而不复，寡人是问。"即指此事。陆氏谓"到外地巡视"（陆氏：《注释》，第 18 页），不够确切。

111 穆王斯耄：穆王：周穆王姬满，周昭王之子，西周第五代国王。《史记·周本纪》："穆王即位，春秋已五十矣"，"穆王立五十五年，崩"，据说在位有 55 年之久（夏商周断代工程定为公元前 976—前 922 年）。但目前发现的周穆王时期青铜器有纪年的只到 34 年，尚未发现 40 年以上的。周穆王致力于向四方发展，曾两征犬戎，东攻徐戎，并在涂山（今安徽怀

制刑辟，以诘四方，[112]奸宄弘多，乱离斯永，[113]则所谓"夏有乱政而作《禹刑》，商有乱政而作《汤刑》，周有乱政而作《九刑》"[114]者也。古者大

---

远东南）会合诸侯，巩固了周在东南的统治。斯：助词。耄：老，年高。《左传·隐公四年》："老夫耄矣，无能为焉。"《礼记·曲礼上》："八十、九十曰耄。"《尚书·吕刑》："惟吕命王，享国百年，耄。荒度作刑，以诘四方。"

112　爰制刑辟，以诘四方：爰：于是。刑辟：刑律。指穆王时制作的《吕刑》。《左传·昭公六年》："昔先王议事以制，不为刑辟，惧民之有争心也。"杨伯峻注："辟，法也。刑辟即刑律。"诘：问，责问，《左传·昭公十四年》："赦罪戾，诘奸慝"；整治，《周礼·天官·大宰》："大宰之职，掌建邦之六典，以佐王治邦国。……五曰刑典，以诘邦国，以刑百官，以纠万民。"四方：指各处，天下。《淮南子·原道训》："以抚四方。"高诱注："四方谓之天下也。"另一解释为四方之国。《诗经·大雅·民劳》："惠此中国，以绥四方。"内田氏即认为四方诸国。（内田氏：《译注》，第71页。）

113　奸宄弘多，乱离斯永：奸宄：为非作歹、犯法作乱之人。《尚书·康诰》："寇攘奸宄，杀越人于货。"《国语·晋语六》："乱在内为宄，在外为奸。"乱离：政治动乱，时局忧患，人民离散。整句意指，周自昭王、穆王之后，犯罪增多，时局动荡，人民离散的现象长期存在。

114　夏有乱政……而作《九刑》：出自《左传·昭公六年》所载郑国子产铸刑书，晋国叔向写信批评，并谓"三辟之兴，皆叔世也"。"叔世"或释为"俶世"，指朝代之始。乱：社会动荡、战争、武装骚扰。乱政：败坏政治。《国语·晋语三》："失刑乱政，不威。"韦昭注："有罪不杀为失刑，失刑则政乱，政乱则威不行。"另或释为治理政事。《尚书·盘庚中》："兹予有乱政同位，具乃贝玉。"孔安国传："乱，治也。此我有治政之臣，同位于父祖，不念尽忠，但念贝玉而已，言其贪。"《禹刑》：夏禹时制定的刑法，实际上不过是"夏刑"的代称。又据《周礼·秋官·司刑》："夏刑，大辟二百，膑辟三百，宫辟五百，劓、墨各千。"（李力认为，此处的夏刑实际是周刑的误读。参见李力：《夏商周法制研究评析》，《中国法学》1994

刑用甲兵，中刑用刀锯，薄刑用鞭扑。[115]自兹厥后，[116]狙诈[117]弥繁。武皇帝

---

年第 6 期。）但其具体内容已无从查考。《汤刑》：商汤时制定的刑法，实际上不过是商朝法律的总称，《竹书纪年》载："祖甲二十四年，重作《汤刑》。"《九刑》：《左传·昭公六年》杜预注："周之衰，亦为刑书，谓之《九刑》。"《左传·文公十八年》："有常无赦，在《九刑》不忘。"故应是周代刑书名，具体内容亦不得而知。另，古代的九种刑罚亦称九刑。《汉书·刑法志》："周有乱政而作九刑。"颜师古注引韦昭曰："谓正刑五（墨、劓、剕、宫、大辟），及流、赎、鞭、扑也。"而《周礼·秋官·司刑》"掌五刑之灋"贾公彦疏："九刑者，郑注《尧典》云：正刑五，加之流、宥、鞭朴、赎刑，此之谓九刑者。"与此略异。（参见刘笃才："乱政作刑"考释》，《辽宁大学学报（哲学社会科学版）》1986 年第 4 期。）

115　大刑用甲兵，中刑用刀锯，薄刑用鞭扑：语出《国语·鲁语上》："大刑用甲兵，其次用斧钺，中刑用刀锯，其次用钻笮，薄刑用鞭扑，以威民也。故大者陈之原野，小者致之朝市，五刑三次，是无隐也。"《汉书·刑法志》等亦引此文。甲兵：铠甲和兵器；泛指军事、战争。《诗经·秦风·无衣》："王于兴师，修我甲兵，与子偕行。"大刑用甲兵：张晏曰："以六师诛暴乱。"前志文"陈乎兵甲"意同此。斧钺：韦昭注："斩刑也。"刀锯：韦昭注："刀：割刑，锯：刖刑也。"鞭扑：颜师古注："扑，杖也。"

116　自兹厥后：从陆氏注："兹，此。厥，之。"（陆氏：《注释》，第 19页。）《尚书·无逸》："自时厥后，亦罔或克寿。"《诗经·商颂·玄鸟》："方命厥后。"

117　狙诈：狡猾奸诈。《后汉书·党锢列传序》："霸德既衰，狙诈萌起。"李贤注："《广雅》曰：'狙，狝猴也。'以其多诈，故比之也。"

并以为往宪犹疑，[118]不可经[119]国，乃命车骑将军、守尚书令、鲁公[120]征求英俊，刊律定篇云尔[121]。

---

118　武皇帝并以为往宪犹疑：武皇帝：见前注62。宪：见前注66。疑：《说文解字》："疑，惑也。"

119　经：《说文解字》："经，织也。"引申为治理、管理。

120　车骑将军：从陆氏注："武官名，汉文帝元年开始设置，魏晋时大多是一种名号，并非实职。"（陆氏：《注释》，第19页。）

守尚书令：守：张氏认为，守是"暂摄"、"暂时署理"的意思。职位较低的官，署理职位较高的官，叫"守"。（张氏：《注释》，第20页。）陆氏、谢氏均同此说。高氏则认为，守指代理职务，与摄同义。（高氏：《注译》，第60页。）内田氏注：所谓"守"，唐代指由官阶低而被任命官阶高的职位时，在其官职前冠以"守"字，但六朝时未必如此，毋宁是多以今日之"心得"而作为兼任之意使用；尚书令，《贾充传》作"尚书仆射"，仆射乃尚书令之次官。（[日]内田氏：《译注》，第72页。）

按：《晋书·贾充列传》云："转车骑将军、散骑常侍、尚书仆射，更封鲁郡公……（新律既班）后代裴秀为尚书令，常侍、车骑将军如故。"或"转"、或"为"尚书令，无"守"尚书令之说。故内田氏注可从。

鲁公：吴士鉴、刘承干注：《晋书斠注·刑法志》："按：鲁公，贾充也。唐人修旧晋史，史应著其名，此乃承用之文。"贾充（公元217—282年）：字公闾，平阳襄陵（今山西省襄汾县东北）人。三国魏时历任大将军司马、廷尉等职，亲附司马昭，参与代魏的秘密谋划。曾指使成济杀死魏帝高贵乡公曹髦。西晋初年，任司空、侍中、尚书令。深得晋武帝的宠信。见《晋书·贾充列传》。贾充奉命定晋律，是晋王司马昭时的事，魏国还没有灭亡，到晋武帝时新律方完成，所以改称武帝所命。

121　刊：《说文解字》："刊，剟也。"《广雅》："刊，削也。"引申为订正、修订。刊定：改正而成定本。据本志后文介绍："（泰始律）合二十篇，六百二十条，二万七千六百五十七言。……凡律令合二千九百二十六条，

汉自王莽[122]篡位之后，旧章不存。[123]光武[124]中兴，留心庶

---

十二万六千三百言，六十卷，故事三十卷。"云尔：语气助词，表示限制，如此罢了，如此而已。

122　王莽（公元前45—公元23年）：字巨君，魏郡元城（今河北省大名县）人。[按：谢氏注为"汉东平陵（今山东省历城县东）"（谢氏：《注释》，第41页）。陆氏注为"魏郡元城（今河南省临漳县）"（陆氏：《注释》，第20页）。张氏注为"魏郡元城（今河北省大名县）"（张氏：《注释》，第20页）。据《汉书·王莽传》、《汉书·元后传》，王莽高祖在东平陵，曾祖徙魏郡元城。据《辞海·历史地理分册》"元城"条，其在今河北大名。据"魏郡"条，魏郡治所在贵乡（今河北省临漳县）。据"东平"条，东平陵在今山东东平县等地。所以，张氏正确。]汉元帝皇后的侄子。汉平帝即位时只有九岁，元后以太皇太后临朝称制，以王莽为大司马，委政于莽。平帝死，立孺子婴为帝，王莽自称摄政王。公元八年，代西汉称帝，国号"新"。后农民起义军攻入长安，被杀。见《汉书·王莽传》。

123　旧章不存：诸注释本均作字面意义上的注解今译。(内田氏：旧的法令已经丧失；张氏：原先的典章法令，已不复存在；高氏：原来的典章已荡然无存；谢氏：旧的典章制度已不复存在。参见内田氏：《译注》，第72页；张氏：《注释》，第21页；高氏：《注译》，第63页；谢氏：《注译》，第36页。)

应该指出，这仅仅是追述王莽改制废绝汉代典章制度的夸张说法，实际上并非荡然无存、了无踪迹可循。如以《后汉书·光武帝纪上》的记载为例：更始帝任命刘秀为行司隶校尉后，"于是置僚属，作文移，从事司察，一如旧章"。至洛阳后，"除王莽苛政，复汉官名"。再如《后汉书·循吏列传序》也记载刘秀"至天下已定，务用安静，解王莽之繁密，还汉世之轻法"。

124　光武（公元前6—公元57年）：光武帝刘秀，字文叔，南阳蔡阳（今湖北省枣阳县西南）人。汉宗室的后代，创建东汉政权，在位三十三年。死后庙号世祖，谥号光武皇帝。

狱[125]，常临朝听讼[126]，躬决疑事。是时承离乱之后，法网弛纵，[127]罪名既轻，无以惩肃[128]。梁统乃上疏曰[129]：

———————————

125　庶：众多。庶狱：诸刑狱诉讼之事。《尚书·立政》："庶狱庶慎，惟有司之牧夫是训用违。"

126　临朝听讼：即在朝廷上亲自断案。或认为这似乎是秦汉以来人君录囚之首例。本志文亦说嗣后东汉明帝"常临听讼观录洛阳诸狱"，参见后文注182。录囚是中国古代皇帝或官员定期、不定期地赴狱中，查察狱中囚徒是否有冤屈或拖延审理的情形并及时予以纠正处理的制度。唯此处的"临朝听讼"未必仅是录囚，可能还包括奏谳、复审等。

127　法网弛纵：法网：比喻严密的法律制度。《后汉书·庞参列传》载庞参、梁懂"今皆幽囚，陷于法网"。弛纵：松散、放任。《后汉书·蔡邕列传》载蔡邕《陈政要七事疏》："纲网弛纵，莫相举察，公府台阁，亦复默然。"

128　惩：惩罚、警戒。肃：严正。惩肃：使警戒、端肃。《魏书·刑罚志》："此而不诛，将何惩肃"；《隋书·刑法志》："枭首轘身，义无所取，不益惩肃之理，徒表安忍之怀。"

129　梁统（公元前5—公元62年）：字仲宁，安定乌氏（今甘肃省平凉县）人。更始二年（公元24年），拜酒泉太守，后来归附光武帝，封高山侯，拜太中大夫。他曾多次上奏，请求整修旧存的法律，皇帝不加答复。梁统奏请改复旧典的事情，参见《后汉书·梁统列传》。

疏：条陈。《汉书·苏武传》："初，（上官）杰、（杰子）安与大将军霍光争权，数疏光过失予燕王。"颜师古曰："疏，谓条录之。"上疏：特指书面向皇帝陈述政见。

臣窃见元帝初元五年，[130]轻殊刑[131]三十四事，哀帝建平元年尽四年，[132]轻殊死者刑八十一事，[133]其四十二事，手杀人[134]皆减死罪一等，

---

130　窃见元帝初元五年：窃：谦辞，指自己，私下。元帝：即西汉元帝刘奭（公元前75—前33年），黄龙元年（公元前49年。按：陆氏注作"前48"，误。）十月，宣帝死后继位，在位16年，谥号为元帝，庙号高宗。初元五年：公元前44年。

131　殊刑：见前注91。中华书局版校勘记［二］指出："'殊'下疑脱'死'字。《后汉书·梁统传》及《注》引《东观汉记》、《通典》一六三、《通志》六〇、《通考》一六三并有'死'字。"

132　哀帝：西汉哀帝刘欣（公元前25—前1年），汉元帝庶孙，成帝侄，定陶恭王刘康之子。绥和二年（公元前7年）汉成帝病故，四月即帝位，次年改元建平，元寿二年（公元前1年）早逝，谥号孝哀帝，是历史上著名的昏君。建平元年尽四年：公元前6—前3年。

133　轻殊死者刑八十一事：《后汉书·梁统列传》作："臣窃见元、哀二帝轻殊死之刑以一百二十三事，手杀人者减死一等"，略异于此。而李贤注引《东观汉记》曰："元帝初元五年，轻殊死刑三十四事，哀帝建平元年，轻殊死刑八十一事，其四十二事手杀人者减死一等。"与志文之所引疏文略同。

134　手杀人：诸本解释仅作"亲手（或徒手）杀人"。宜加：是与"手刃杀人"、"兵刃杀人"相对而言的杀人犯罪方法。《孔子家语·五刑解》载："大罪有五，而杀人为下，逆天地者罪及五世，诬文武者罪及四世，逆人伦者罪及三世，谋鬼神者罪及二世，手杀人者罪及其身，故曰大罪有五，而杀人为下矣。"《三国志·魏书·明帝纪》："诸有死罪具狱已定，非谋反及手杀人，亟语其亲治。"《资治通鉴》卷一六六《梁纪二二》"敬皇帝太平元年六月"条：北齐文宣帝"每醉辄手杀人，以为戏乐"。五代和凝《疑狱集》卷八《文规理诬盗》："胡达以手杀人抵罪。"亦作"赤手杀人"。《魏书·源贺传》："臣愚以为，自非大逆、

著为常法。自是以后，人轻犯法，吏易杀人，吏民俱失，至于不羁。[135]

---

赤手杀人之罪，其坐赃及盗与过误之愆应入死者，皆可原命，谪守边境。"

关于手杀人，有两种不同用法。

第一，"手杀人"特指时是与"手刃杀人"、"兵刃杀人"相对而有所区别。晋常璩《华阳国志》卷七："十六年春正月朔，魏降人郭修因贺会，手刃杀大将军费祎于寿。"《三国志·魏书·庞淯传》裴松之注引皇甫谧《列女传》："（庞娥亲曰）：'李寿，汝莫喜也，终不活汝！……焉知娥亲不手刃杀汝，而自傲幸邪？'阴市名刀，挟长持短，昼夜哀酸，志在杀寿。"《魏书·刑罚志》："按《斗律》，祖父母父母忿怒以兵刃杀子孙者五岁刑，殴杀者四岁刑。"《唐律疏议·斗讼律》："诸斗殴杀人者，绞。以刃及故杀人者，斩。"（第306条）"诸斗殴伤人者，笞四十；伤及以他物殴人者，杖六十。"原注："……即兵不用刃亦是"他物。（第302条）"诸斗以兵刃斫射人，不著者，杖一百。"原注："兵刃，谓弓箭、刀稍、矛矟之属。"（第304条）

第二，"手杀人"泛指时也包括手刃杀人或"兵刃杀人"。如《资治通鉴》卷一六六《梁纪二二》"敬皇帝太平元年六月条"：北齐文宣帝"每醉辄手杀人，以为戏乐"。而《北史·齐本纪中》载文宣帝："每至将醉，辄拔剑挂手，或张弓傅矢，或执持牟槊。游行市鄽，问妇人曰：'天子何如？'答曰：'颠颠痴痴，何成天子。'帝乃杀之。"显然，手杀人包括以兵刃等杀人。而《旧唐书·刘玄佐传》载刘士宁："性忍暴淫乱，或弯弓挺刃，手杀人于杯案间。"

135　人轻犯法……至于不羁：羁：本义为马笼头，引申为束缚，拘束。其余解释，从陆氏注："轻和易同义，都作'不重视'解。"（陆氏：《注释》，第21页。）

　　臣愚以为刑罚不苟务轻，务其中也。[136]君人之道，[137]仁义为主，仁者爱人，义者理务。[138]爱人故当[139]为除害，理务亦当为去乱。是以

────────────

　　136　愚：《说文解字》："愚，戆也。"《周礼·秋官·司刺》："三赦曰蠢愚。"苟：随便、马虎、草率。务：追求、致力。中：从陆氏注："得当，合适。《论语·子路》：'刑罚不中，则民无所措手足。'《后汉书·梁统列传》：'衷之为言不轻不重之谓也。'衷同中。"（陆氏：《注释》，第 22 页。）

　　137　君人之道：君：作动词用。君人：为人之君、统治人民。《左传·隐公三年》："君人者，将祸是务去，而速之，无乃不可乎？"道：道理、事理。参见前注 72。

　　138　仁者爱人：语出《孟子·离娄下》："君子以仁存心，以礼存心。仁者爱人，有礼者敬人。爱人者，人恒爱之；敬人者，人恒敬之。"义者理务：《后汉书·梁统列传》作"义者政理"。务：事务。

　　139　故当：本来应当。故：同"固"，原来，本来。《史记·高祖本纪》："余悉除去秦法。诸吏民皆按堵如故。"

五帝有流殛放杀之诛，[140]三王有大辟刻肌之刑，[141]所以为除残去乱也。故孔子称"仁者必有勇"[142]，又曰"理财正辞，禁人为非曰义"[143]。高帝

---

140　五帝有流殛放杀之诛：五帝：见前注81。流、殛、放：修辞上文字虽异，但均为使罪人徙移空间，远予隔离的驱逐刑罚。典出《尚书·舜典》："流共工于幽州，放驩兜于崇山，窜三苗于三危，殛鲧于羽山，四罪而天下咸服。"《汉书·刑法志》亦有类似表述。按：高氏谓"殛，与'杀'同义"（高氏：《注译》，第62页），误。杀：死刑。诛：责罚。《白虎通·德论》："诛犹责也，诛其人，责其罪，极其过恶。"

141　三王有大辟刻肌之刑：三王：陆氏认为指夏禹、商汤、周文王。（陆氏：《注释》，第22页。）内田氏认为指夏之禹王，殷之汤王，周之文王、武王。（[日]内田氏：《译注》，第75页。）张氏、谢氏同此。刻肌：刻镂肌肤的肉刑，李贤注："谓墨、劓、膑、刖。"实即前文注115《国语·鲁语上》所谓的刀、锯、钻、笮之中刑。

142　仁者必有勇：语出《论语·宪问》："仁者必有勇，勇者不必有仁。"《后汉书·梁统列传》李贤注："五帝、三王皆以仁义而化，而能用肉刑以正俗，是为勇也。"

143　理财正辞，禁人为非曰义：李贤注："《易·系词》曰：'何以守位？曰仁。何以聚人？曰财。理财正辞，禁人为非曰义。'系词亦孔子作，故称'又曰'。"孔颖达疏引正义曰："言圣人治理其财用之有节，正定号令之辞，出之以理。禁约其民为非僻之事，勿使行恶，是谓之义。义，宜也。言以此行之而得其宜也。"《系辞》相传为孔子所作，陆氏据近人的研究已指出，《系辞》与孔子本人无关。（陆氏：《注释》，第22页。）

受命，制约令，[144]定法律，传之后世，可常施行。文帝宽惠温克，[145]遭世康[146]平，因时施恩，省去肉刑，除相坐之法，[147]他皆率由旧章[148]，天

144　制约令：内田氏谓制定简单的法令；又云"约"亦可作为高祖与民"约束"法三章之意义上的"约"解。（内田氏：《译注》，第75—76页。）冨谷至则明确认为：与其"约"作为简约的约解，毋宁作为约束的约解为妥。如《汉书·高帝纪》："初顺民心作三章之约。"（［日］内田氏：《译注》，冨谷至补注，第279页，(7)。）陆氏谓提出"约法三章"和发布一些诏令。（陆氏：《注释》，第22页。）

按：制约令与下面的定法律对举，故宜释为"制定约束法令"。

145　文帝：西汉文帝刘恒。见前注38。温克：蕴藉自持以胜外物。《诗经·小雅·小宛》："人之齐圣，饮酒温克。"毛传："克，胜也。"郑玄笺："中正通知之人，饮酒虽醉犹能温藉自持以胜。"本谓醉酒后能蕴藉自持，后亦谓人善于克制自己而持有温和恭敬的态度。

按："温克"《后汉书·梁统列传》作"柔克"。李贤注："克，能也。言以和柔能理俗也。《尚书》曰：'高明柔克'也。"

146　康：安乐，安定。《汉书·宣帝纪》："上下和洽，海内康平。"

147　省去肉刑，除相坐之法：指文帝废除了肉刑与连坐制。见前注38。

148　率由旧章：语出《诗经·大雅·假乐》："不愆不忘，率由旧章。"参见陆氏注："率，循。由，从。章，制度。全句是遵循旧制度规章办事的意思。"（陆氏：《注释》，第23页。）

下几致升平。武帝值中国隆盛，[149]财力有余，出兵命将，征伐远方，军役数兴，百姓罢弊，[150]豪杰[151]犯禁，奸吏弄法，故设遁匿之科，著

----

149　武帝：汉武帝刘彻（公元前156—前87年）。七岁时被册立为皇太子，十六岁登基，公元前141—前87年在位。中国：上古时代，华夏族建国于黄河流域尤其中下游的中原河洛一带，以为居"天下之中"，而把周围的其他地方称为四方，故名。后成为我国的专称，并逐渐含有王朝统治正统性的含义。《礼记·中庸》："是以声名洋溢乎中国。"《汉书·陆贾传》曰：刘邦"继五帝三王之业，统天下，理中国。中国之人以亿计，地方万里，居天下之膏腴，人众车舆，万物殷富，政由一家，自天地剖判未始有也"。

150　军役数兴，百姓罢弊：军役：指为战事所服的劳役。《战国策·齐策一》："即有军役，未尝倍太山，绝清河，涉渤海也。"《汉书·食货志上》："时有军役，若遭水旱，民不困乏，天下安宁。"兴：《说文解字》："兴，起也。"钱大群认为，兴，就有国家军事征调的意思，并引《周礼·地官·旅师》："平颁其兴积。"郑玄注："官征聚物曰兴，今云军兴是也。"（见氏著：《唐律疏义新注》，南京师范大学出版社2007年版，第509页，注①。）罢：通"疲"；敝：亦作"弊"。罢弊：羸弱疲困。《史记·范雎列传》："诸侯见齐之罢弊，君臣之不和也，兴兵而伐齐，大破之。"

151　豪杰：才智出众者。《吕氏春秋·仲春纪·功名》："人主贤则豪杰归之。"高诱注："才过百人曰豪，千人曰杰。"

知纵之律。[152]宣帝[153]聪明正直，履道握要，以御海内[154]，臣下奉宪，不

---

152　设遁匿之科，著知纵之律：遁匿：中华书局版校勘记〔三〕指出："《梁统传》及《注》、《通典》一六三、《通考》一六三'遁匿'俱作'首匿'。"首匿，即为首藏匿罪犯。李贤注曰："凡首匿者，每为谋首，藏匿罪人。至宣帝时，除子匿父母，妻匿夫，孙匿祖父母罪，余至殊死上请。"《汉书》又作"舍匿"，含义相同。《汉书·淮南厉王传》："亡之诸侯游宦事人及舍匿者，论皆有法。"颜师古注曰："舍匿，谓舍止而藏隐也。"

科：法律条目，科条。著：申明。

知纵：即"见知故纵"。《史记·秦始皇本纪》："有敢偶语诗书弃市，以古非今者族，吏见知不举者与同罪。"可见此法在秦朝已经施行。本志下文亦曰："汉承秦制，萧何定律，除参夷连坐之罪，增部主见知之条。"又说："张汤、赵禹始作监临部主、见知故纵之例。其见知而故不举劾，各与同罪；失不举劾，各以赎论；其不见不知，不坐也。"可见见知故纵之法在秦汉时期屡有兴废变革。

153　宣帝：西汉宣帝刘询（公元前91—前48年），在位25年（公元前74—前49年），谥号孝宣皇帝。

154　御海内：御：《说文解字》："御，使马也。"引申为统治、治理。贾谊《新书》卷一《过秦上》："振长策而御宇内，吞二周而亡诸侯。"海内：指国境之内、全国。古代传说我国疆土四面环海，故称国境之内为海内。《孟子·梁惠王下》："海内之地，方千里者九。"焦循正义："古者内有九州岛，外有四海……此海内，即指四海之内。"

失绳墨[155]。元帝法律[156]，少所改更，天下称安。孝成、孝哀，[157]承平继体[158]，即位日浅，听断尚寡。丞相王嘉[159]等猥以数年之间，亏除先帝

---

155　绳墨：木工画直线用的工具，比喻法度、法律。《管子·法法》："引之以绳墨，绳之以诛僇。"《后汉书·寇荣列传》："尚书背绳墨，案空劾，不复质确其过。"李贤注："绳墨，谓法律也。"

156　元帝：西汉元帝刘奭。见前注130。法律："法"作动词解。

157　孝成：西汉成帝刘骜（公元前51—前7年），公元前33—前7年在位，死后谥号孝成皇帝，庙号统宗。

孝哀：西汉哀帝刘欣。见前注132。

158　继体：继位，一般指继承先君之皇位，尤其注重与先君的对比，强调皇权的合法性来源。《公羊传·文公九年》："继文王之体，守文王之位。"《汉书·师丹传》："先帝暴弃天下而陛下继体，四海安宁，百姓不惧。"

159　丞相：官名。始于战国时，亦称相邦，（即相国。《史记·赵世家》载：赵武灵王"立王子何以为王。肥义为相国，并傅王"。）为百官之长。《文献通考·职官考三·宰相》："秦悼武王二年，始置丞相官，以樗里疾、甘茂为左、右丞相。庄襄王又以吕不韦为丞相。及始皇立，尊不韦为相国。则相国、丞相皆秦官。"《汉书·百官公卿表上》："相国、丞相，皆秦官，金印紫绶，掌丞天子助理万机。秦有左右，高帝即位，置一丞相，十一年更名相国，绿绶。"《汉书·萧何传》："上已闻诛信，使使拜丞相为相国，益封五千户。"则汉高祖十一年改丞相为相国，其后，丞相也称相国，遂为宰相之通称。汉惠帝时又恢复丞相官名。东汉本无丞相之称，汉献帝时曹操当政，废三公自任丞相。他封为魏王之后，便改丞相为相国。不久，以大理钟繇为相国。

王嘉（公元前？—前2年）：字公仲，西汉平陵人。哀帝建平三年为丞相，哀帝宠幸董贤，欲封侯，王嘉反对，哀帝怒将其下狱，绝食呕血而死。

旧约，穿令断律，凡百余事，或不便于政，或不厌人心。[160]臣谨表取其尤妨政事、害善良者，傅奏如左。[161]

----

160　猥：苟且、鄙陋、下流。亏：损坏、减损。亏除：毁坏、毁弃。穿令断律：《后汉书·梁统列传》作"轻为穿凿"。厌：通"餍"，满足。《论语·述而》："学而不厌，诲人不倦，何有于我哉？"人心：《后汉书·梁统列传》作"民心"。《后汉书·梁统列传》李贤注："案《嘉传》及《刑法志》并无其事，统与嘉时代相接，所引故不妄矣，但班固略而不载也。"

161　表：臣子给君主的奏章。取：选取。傅奏：敷奏、奏陈。《大戴礼记·卫将军文子》："傅奏其勇。"《汉书·宣帝纪》："五日一听事，自丞相以下各奉职奏事，以傅奏其言，考试功能。"颜师古注引应劭曰："各自奏陈其言，然后试之以官，考其功德也。"

伏惟陛下苞五常，[162] 履九德[163]，推时拨乱[164]，博施济时，而反因循季世末节[165]，衰微轨迹，诚非所以还初反本，据元更始也。[166] 愿陛下宜

---

162　伏惟：表示伏在地上想，是下对上陈述时的表敬语。"惟"陆氏注释本做"维"，均为思考、计度之意。苞：通包，包裹。五常：即仁、义、礼、智、信，用以调整、规范君臣、父子、兄弟、夫妇、朋友等人伦关系的恒久不变的行为准则。

163　九德：九种美德。古典中说法颇多。如《尚书·皋陶谟》所谓的九德指："宽而栗、柔而立、愿而恭、乱而敬、扰而毅、直而温、简而廉、刚而塞、强而义。"此外，《逸周书》之《常训·文政·宝典》、《左传·昭公二十八年》等都有相关记述。

164　拨乱：李贤注："拨，理也。《公羊传》曰：'拨乱代反之正。'"

165　因循季世末节：因循：遵循旧习而无所改动。《后汉书·梁统列传》："自高祖之兴，至于孝宣，君明臣忠，谟谋深博，犹因循旧章，不敢改革。"季世：一个朝代衰亡的时期。《左转·昭公三年》："此季世也，吾弗知，齐其为陈氏矣。"末节：不合理或不足信守的做法。《史记·主父偃列传》："怒者逆德也，兵者凶器也，争者末节也。"

166　还初反本，据元更始：从陆氏注："回复到汉朝初期本来的体制。反，通返，回来。据元更始，依据开始，重新开头，都是清除积弊，复始更新的意思。"（陆氏：《注释》，第 25 页。）但高氏谓："据元指依赖东汉朝新建国的好条件，便于从头立法定规。"（高氏：《注译》，第 62 页。）不够准确。

诏有司，悉举初元、建平之所穿凿[167]，考其轻重，察其化俗[168]，足以知政教[169]所处，择其善者而从之，其不善者而改之，[170]定不易之典，施

---

167　初元：西汉元帝的第一个年号，共计5年（公元前48—前44年）。建平：西汉哀帝的第一个年号，共计4年（公元前6—前3年，中间曾一度改为太初元将、元寿）。穿凿：犹牵强附会，意指上文"穿令断律"。《汉书·礼乐志》："以意穿凿，各取一切。"

168　化俗：教化与风俗。《文选》载张衡《西京赋》："故帝者因天地以致化，兆人承上教以成俗，化俗之本，有与推移。"

169　政教：政治、政令与教化。《逸周书·本典》："今朕不知明德所则，政教所行。"《史记·老子韩非列传》："内修政教，外应诸侯。"

170　择其善者而从之，其不善者而改之：语出《论语·述而》："三人行，必有我师焉。择其善者而从之，其不善者而改之。"

之无穷，天下幸甚。

（周东平、崔超注）

## 【今译】

经传说："殷、周时朴实的政治状况，逊色于其典章之富有文辞。"到周昭王前往南方征讨不归，周穆王年老时期，于是制定刑罚，用它来整治天下，但为非作歹的奸徒非常多，骚乱现象长期存在。这正如所谓："夏代因政治败坏而制作《禹刑》，商代因政治败坏而制作《汤刑》，周代因政治败坏而制作《九刑》。"古时最重的刑罚是派遣军队征讨，持平的刑罚是以刀锯切割肢体，最轻的刑罚是用鞭杖击扑。自此之后，狡猾奸诈现象日益增加。晋武帝进而认为，过去的法律还有令人疑惑之处，不能有效地治理国家，于是命令车骑将军、守尚书令、鲁郡公贾充，召集精英俊才，修改制定新的律令。

汉朝自从王莽篡夺帝位后，原有的典章不再存在。光武帝中兴以后，关注各种刑狱诉讼之事，常常亲临朝廷审理诉讼，亲自裁决可疑案件。当时战乱刚结束，法网松弛，定罪量刑轻缓，无法以此惩戒坏人。梁统于是向皇帝上疏，陈述政见：

臣看到元帝初元五年，减轻三十四例本该处以殊死，哀帝建平元年到建平四年之间，减轻八十一例本该处以殊死，其中四十二例属亲手杀人的，都判减死罪一等，被定为固定的法律。从此以后，百姓把犯法看得轻率，官吏则草率杀人，官吏和百姓都偏离正道，以至于法律失去约束力。

臣下认为，刑罚不能随便追求从轻，而要致力于宽严适中。治理百姓的准则，应以仁义为主，行仁者爱护百姓，施义者治理好政务。爱护百姓本应为民除害，治理好事务也应当除去祸乱。因此，五帝时有流、殛、放等流放以及诛杀这样的责罚，三王时有死刑和墨、劓、膑、刖等刻肌肤这样的刑罚，就是用来清除残暴和祸乱的。所以孔子说"仁者必定有勇"，又说"善于治理财产，端正言辞号令，禁止百姓为非作歹的，就可称之为义"。汉高祖受天命建国登基，制定约令法律，传给后代，可以长久施行。文帝宽厚仁惠，温柔自克，恰逢康平时代，顺应时势布施恩泽，废除肉刑，除去收孥连坐的刑罚，其他都沿袭旧有法律，天下几乎达到太平盛世。武帝时，正赶上中国强盛、财力有余的时代，调兵遣将征伐远方之敌，频繁地征兵服役，以致百姓羸弱疲困、豪杰之士违犯禁令、奸猾官吏玩弄法律。所以，设立惩罚首匿奸犯、见知故纵的法律。宣帝聪颖正直，能遵行正道、掌握纲要，用以统治国家，臣下则奉行法律，执法不失准则。元帝时，法律少有更改，天下号称安宁。孝成帝、孝哀帝承袭太平时代，相继登上皇位，但在位时间短暂，听讼断案并不多。丞相王嘉等人苟且数年，就毁坏先祖皇帝原有法令，随心所欲地牵强解释法律，总共一百多处，有的不便利于施政，有的不能顺从民意。臣下恭谨上表，选取其中特别妨害政事、危害善良的事例，奏陈如下。

臣下以为，陛下保有五常，履行九德，顺应时势，拨乱反正，广施恩惠，以济时艰。然而，若反过来因循末世之小节、衰微之轨迹，实在不是用来回复当初、返归根本、依据元始、除旧布新（即恢复汉初传统，革新目前蠹政）的做法。诚望陛下诏令有关官员，悉数列举初元、建平年间牵强附会法律之处，考察它们的轻重得失和是否有助于教化风俗，就足以察知政治教化的适当地位。选择那些好的而沿用之，改正那些不好的，制定垂范久远的法律，长久施行，这是国家莫大的幸运。

（周东平、崔超译）

【原文】

事下三公、廷尉议，<sup>171</sup>以为隆刑峻法<sup>172</sup>，非明王急务，不可开许<sup>173</sup>。

---

【注释】

171　三公：古官职名。三公是天子之下最高管理者的称呼，辅佐天子。周代以太师、太傅、太保为三公，《尚书·周官》："立太师、太傅、太保。兹惟三公，论道竟邦，燮理阴阳，官不必备，惟其人。"西汉以丞相（后改称大司徒）、太尉（大司马）、御史大夫（大司空）为三公，东汉时，以太尉、司徒、司空为三公。

廷尉：官名，秦始置，为九卿之一，掌刑狱，属官有正、监、平等，皆为司法官。廷尉是秦汉至北齐之前主管司法的最高官吏。汉景帝中元六年（公元前 144 年）改名大理，武帝建元四年（公元前 137 年）恢复旧称，哀帝元寿二年（公元前 1 年）又改为大理。新莽时改名作士，东汉复称廷尉，东汉建安年间复为大理。魏黄初元年（公元 221 年）改称廷尉，北齐改为大理。（参见《汉书·百官公卿表上》、《后汉书·百官志二》、《通典·职官典七》。）

172　隆刑峻法：隆与重意思类似。隆刑峻法：刑法重而严。类似的用法见《史记·淮南列传》："政苛刑峻，天下熬然若焦。"

173　不可开许：开许：允许。不可开许：《后汉书·梁统列传》作"不宜开可"。陆氏认为，东汉时期的政治原则是"约（按：应作'解'）王莽之繁密，还汉世之轻法。"（《后汉书·循吏列传》）建武中，光武帝多次颁发减刑令弛刑诏，想缓和阶级矛盾，而又不愿压抑豪强。梁统这篇"宜重刑罚"的奏章既跟执政的意图相违异，何况当时河南、南阳，王法还不能推行，因此，终不得允准。（陆氏：《注释》，第 26 页。）

统复上言曰："有司猥[174]以臣所上不可施行。今臣所言，非曰严刑。窃谓高帝以后，至于宣帝[175]，其所施行，考合经传[176]，比方今事，非隆刑

------

174　猥：陆氏理解为多、杂（陆氏：《注释》，第26页），疑不妥。《汉书·文三王传》："何故猥自发舒。"颜师古注："猥，曲也。"内田氏也认为是"没有深思"。（[日]内田氏：《译注》，第76页。）

175　高帝：汉高祖刘邦。见前注37。

宣帝：西汉宣帝刘询。见前注153。

176　考合：考察比对。《汉书·王嘉传》："考合古今，明正其义，然后乃加爵土。"经传：指儒家经典和解释经典的传。考合经传：经过考核，合乎经传义理。《后汉书·梁统列传》作"多合经传"。

峻法。不胜至愿，<sup>177</sup> 愿得召见，若对尚书近臣，<sup>178</sup> 口陈其意。"帝令尚书问状，统又对，极言政刑宜改。<sup>179</sup> 议竟不从。<sup>180</sup> 及明帝<sup>181</sup> 即位，常临

177　愿：质朴。《说文解字》："愿，谨也。"《尚书·皋陶谟》："愿而恭。"不胜至愿：非常诚挚。《后汉书·杜诗列传》："臣诗蒙恩尤深，义不敢苟冒虚请，诚不胜至愿……"

178　若对尚书近臣：对：相对，朝着。尚书：官名。战国时期魏有主书、齐有掌书，为主管文书的小吏。秦时改称尚书，为少府属官。西汉武帝提高皇权，因尚书在皇帝左右办事，地位逐渐重要。西汉成帝时设尚书五人，开始分曹办事。东汉时正式成为协助皇帝处理政务的官员，从此三公权力大大削弱。魏晋以后，尚书事务益繁。

179　帝令尚书问状，统又对，极言政刑宜改：问状：查明情状。对：奏对，对策。文体的一种。这里用作动词，呈上奏对。极言：竭力陈说。《礼记·礼运》："言偃复问曰：'夫子之极言礼也，可得而闻与？'"《后汉书·梁统列传》中记载有详细内容："闻圣帝明王，制立刑罚……由此观之，则刑轻之作，反生大患；惠加奸宄，而害及良善也……"

180　议竟不从：本志用较大的篇幅记载自西汉文帝废除肉刑以来，朝臣围绕是否应当恢复肉刑展开的历次激烈讨论。本段文字涉及东汉光武帝年间梁统主张复肉刑之事。梁统"以为法令既轻，下奸不胜。宜重刑罚，以遵旧典，乃上疏……"（《后汉书·梁统列传》）。而当时反对复肉刑的以杜林为代表，认为"大汉初兴，废除苛政，更立疏网，人怀宽德。臣愚以为宜如旧制，不合翻移"。（《后汉书·杜林列传》）皇帝因此采纳杜林的建议。后梁统再次上疏，言"刑轻之作，反生大患；惠加奸宄，而害及良善也"。（《后汉书·梁统列传》）然而最终"议上，遂寝不报"。

181　明帝：东汉明帝（公元28—75年），姓刘，名庄，字子丽，庙号汉显宗，东汉第二任皇帝。建武十九年（公元43年）立为皇太子，中元二年（公元57年）继皇帝位，在位十九年。

听讼观录洛阳诸狱。[182]帝性既明察，能得下奸，故尚书奏决罚近于苛碎。

至章帝[183]时，尚书陈宠[184]上疏[185]曰："先王之政，赏不僭，刑不

---

182　常临听讼观录洛阳诸狱：听讼观：三国魏宫观，初名平望观，魏明帝太和三年（公元229年）改名听讼观。录：录囚，见前注126。高氏注："《三国志》记载魏明帝'每断大狱，常幸观临听之'，而史书未载东汉各朝有君主临观听讼事。唯《后汉书·寒朗传》称，汉明帝'车驾自幸洛阳狱录囚徒，理出千余人'，其中不少为颜忠、王平一案受连累的无辜官吏。据此得知，本志或将两项史实混淆，误为汉明帝常幸听讼观审狱。"（高氏：《注译》，第62页。）内田氏同此意见。（[日]内田氏：《译注》，第78页。）陆氏和张氏认为是将魏明帝临听讼观录囚的事情误移在此。（陆氏：《注释》，第27页；张氏：《注释》，第27页。）

按：陆氏和张氏的怀疑依据太薄弱，高氏、内田氏的观点论证有一定说服力。但是，此前史书确实未曾明记汉明帝"常临听讼观"而录洛阳狱囚徒，然而后人记录时，有可能沿用已经更改后的"听讼观"之名，加之后文可见汉明帝"性既明察"，有亲临洛阳狱录囚徒之事，也未必可知。

183　章帝：东汉章帝刘炟（公元57—88年），汉明帝刘庄之子，公元75—88年在位。

184　陈宠：字昭公（公元？—106年），沛国洨（今安徽省固镇县）人。[按：陆氏释为"灵璧县"（陆氏：《注释》，第28页）。高氏释为"灵璧县"（高氏：《注释》，第64页）。张氏释为"固镇县"（张氏：《注释》，第28页）。陆氏将"璧"误写为"壁"。据《辞海·历史地理分册》"洨县"条，洨县在今固镇。谭其骧主编的《中国历史地图集（第二册）》（中国地图出版社1996年版），可见洨县在今固镇东。因此，张氏正确。] 先祖世习律令，宠继承家业。初为州郡吏，后辟司徒府，掌狱讼，断案公平，颇受时人称赞。历官尚书、廷尉、司空。见《后汉书·陈宠列传》。

185　上疏：光武帝期间的复肉刑之议并没有使东汉政府恢复肉刑，但东汉事实上仍然存在肉刑，如宫刑等。梁统上疏要"宜重刑罚"，陈宠上疏

滥，与其不得已，宁僭不滥。[186]故唐尧著典曰'流宥五刑，眚灾肆赦'[187]。帝舜命皋陶以'五宅三居，惟明克允'[188]。文王重《易》六爻，[189]

---

要"轻薄箠楚"，看似差异很大，其实有着共通的出发点：使刑罚适中，改善当时刑罚轻重失品的状况，以济群生。因文帝废除肉刑后，尚未有新的适宜的刑罚制度来适应这种变化，加上政局变迁，导致复杂的局面。

186　与其不得已，宁僭不滥：与其：如或，假设连词。宁僭不滥：宁可赏赐过分，不可刑罚滥用。语出《左传·襄公二十六年》："归生闻之：'善为国者，赏不僭而刑不滥。'赏僭，则惧及淫人；刑滥，则惧及善人。若不幸而过，宁僭无滥。"

187　唐尧：见前注12。《尚书·尧典》："昔在帝尧，聪明文思，光宅天下，将逊于位，让于虞舜，作《尧典》。"唐尧著典：从陆氏注："指《尚书·尧典》。据近人考证，《尧典》并非虞书旧著，而是战国时期的作品，这里是承袭旧的说法。'流宥五刑，眚灾肆赦'，见《尚书·舜典》。这里称'唐尧著典'是因为《舜典》早佚，晋梅赜所上伪孔安国传将《尧典》'慎徽五典'以下分列，改称《舜典》的缘故。"（陆氏：《注释》，第28页。）流宥五刑，眚灾肆赦：出自《尚书·舜典》："象以典刑，流宥五刑，鞭作官刑，扑作教刑，金作赎刑，眚灾肆赦，怙终贼刑。"流宥五刑：见前注83。眚灾肆赦：孔安国传："眚，过；灾，害；肆，缓……过而有害，当缓赦之。"因过失或者灾害、不可抗拒的原因而犯罪的，加以缓刑或赦免。

188　五宅三居：见前注95。惟明克允：意即只有明察才能刑罚公允。语出《尚书·舜典》："帝曰：皋陶，蛮夷猾夏，寇贼奸宄，汝作士。五刑有服，五服三就；五流有宅，五宅三居。惟明克允。"克：《尔雅·释言》："克，能也。"

189　文王重《易》六爻：文王，西周文王姬昌。爻是《易》卦的基本符号，"—"为阳爻，"— —"为阴爻。每卦三爻，这样交错而成八卦。据《史记·周本纪》记载："西伯……其囚羑里，盖益《易》之八卦为六十四卦。"周文王把八卦交错重叠，演成六十四卦，每卦六爻，共三百八十四而列丛棘之听；[190]周公[191]作《立政》[192]，戒成王勿误乎庶狱。陛下即位，率由此义，而有司执事，未悉奉承。断狱者急于榜格酷烈之痛，[193]执宪

---

爻。故《史记·日者列传》云："自伏羲作八卦，周文王演三百八十四爻而天下治。"

190　列丛棘之听：丛棘：古时囚禁犯人的地方，四周用荆棘堵塞，以防犯人逃跑，故有此称。《周易·坎》："系用徽纆，寘于丛棘。"孔颖达疏："谓囚执之处，以棘丛而禁之也。"列：排列，这里是说在六十四卦中也列入了听断狱讼的卦。此句指周文王重《易》六爻，也利用此来听断狱讼。张氏即释为此意。（张氏：《注释》，第 29 页。）而高氏释为："周文王推演《易经》的卦爻，表明应当去到拘禁犯人之地听讼。"（高氏：《注译》，第 65 页。）陆氏、谢氏与高氏同。（陆氏：《注释》，第 29 页；谢氏：《注译》，第 48 页。）

191　周公：周公姬旦（公元前？—前 1105 年），文王的第四个儿子，武王之弟。

192　《立政》：《尚书》中的一篇，周公姬旦所作。《史记·鲁周公世家》："成王在丰，天下已安，周之官政未次序，于是周公作周官，官别其宜，作立政，以便百姓。"文中告诫成王为政要慎于用人，强调治狱尤须注意用人，使专其职，勿干以己意。

193　榜：通"搒"，捶打。格：打击。榜格：拷打，刑讯逼供。

者繁于诈欺放滥之文，[194] 违本离实，箠楚为奸，[195] 或因公行私，以逞威福 [196]。夫为政也，犹张琴瑟，大弦急者小弦绝，故子贡非臧孙之猛法，

---

194　繁于诈欺放滥之文：多次作出欺诈的、过度不符合事实的判词。

195　箠楚为奸：意为用刑拷打，以达到奸邪、不合法的目的。箠：竹名。楚：古代的刑杖或督责生徒的小杖。箠楚：本指棍杖打人之类，引申为拷打。亦有作"棰楚"，指鞭杖之类刑具，亦称鞭杖之刑。《汉书·路温舒传》："夫人情安则乐生，痛则思死，棰楚之下，何求而不得？"

196　威福：出自《尚书·洪范》："惟辟作福，惟辟作威。"孔颖达疏："惟君作福得专赏人也，惟君作威得专罚人也。"原指统治者的赏罚之权，后多谓当权者妄自尊大，恃势弄权。《汉书·诸侯王表》："因母后之权，假伊周之称，颛作威福庙堂之上，不降阶序而运天下。"

而美郑侨之仁政。[197]方今圣德充塞，假于上下，[198]宜因此时，隆先圣之务，荡涤烦苛，轻薄箠楚，[199]以济群生，广至德也。"帝纳宠言，决罪行

---

197　夫为政也，犹张琴瑟，大弦急者小弦绝，故子贡非臧孙之猛法，而美郑侨之仁政：子贡（公元前520—？年）：姓端木，名赐，字子贡，春秋时卫国人，孔子的弟子。他能言善辩，擅长经商，家累千金，是孔子的著名弟子之一。参见《史记·仲尼弟子列传》。臧孙：臧孙为复姓，即臧昭伯，鲁国大夫。他处理政事极为苛刻，百姓听到他生病，互相祝贺。郑侨：即郑国大夫公孙侨，字子产，春秋时开明宽仁的政治家。从郑简公时开始执政，历经定公、献公、声公三个国君，长达二十余年。"子产卒，国人皆叩心流涕，三月不闻竽琴之音。"子贡赞扬他："其生也见爱，其死也可悲。"本句上文，也是本于子贡说的话："臧孙，鲁大夫，行猛政。子贡非之曰：'夫政，犹张琴瑟也，大弦急，小弦绝矣。'"（并见《后汉书·陈宠列传》李贤注引刘向《新序》。）

198　假于上下：假：《诗经·商颂·玄鸟》："四海来假，来假祁祁。"郑玄笺："假，至也。"《后汉书·陈宠列传》："方今圣德充塞，假于上下，宜隆先王之道，涤荡烦苛之法。"李贤注："假，至也，音格。"上下：指天地。《楚辞·天问》："遂古之初，谁传道之？上下未形，何由考之？"《后汉纪》作"照于上下"。

199　荡涤烦苛，轻薄箠楚：荡涤：清洗，洗除。烦苛：繁杂苛刻。此处特指繁杂苛刻的法令。《汉书·食货志下》："后二年，世祖受命，荡涤烦苛，复五铢钱，与天下更始。"轻薄：轻视、鄙薄；减轻。

刑，务于宽厚。其后遂诏有司，禁绝钻鑽诸酷痛旧制，[200] 解袄恶

---

200　禁绝钻鑽诸酷痛旧制：钻：用铁箍束颈的刑具，同"钳"。鑽：凿去
髌骨的刑具。钻鑽：这里泛指酷刑。《后汉书·肃宗孝章帝纪》："自往者大
狱已来，掠考多酷，钻鑽之属，惨苦无极。"李贤注："《国语》曰：'中刑
用钻凿。'皆谓惨酷其肌肤也。"即这里举以钻鑽之刑为代表的酷痛旧刑均
应予禁绝。

之禁，[201]除文致之请，谳五十余事，定著于令。[202]是后狱

---

201　解祅恶之禁：祅同妖。也作祆。祅恶，迷惑人心、恶毒，即妖言，或称妖恶言。《汉书·高后纪》："元年春正月，诏曰：'前日孝惠皇帝言，欲除三族罪、妖言令。'"颜师古注："罪之重者，戮及三族。过误之语，以为妖言。今为重酷，皆除之。"但《汉书·文帝纪》："今法有诽谤䜣言之罪。"颜师古注："高后元年，诏除妖言之令，今此又有䜣言之罪，是则中间曾重复设此条也。"《汉书·眭弘传》："孟（即眭弘）使友人内官长赐，上此书……下其书廷尉，奏赐、孟妄设䜣言惑众，大逆不道，皆伏诛。"《汉书·杨恽传》："而妄怨望，称引为妖恶言。"据此，文帝以后仍旧有祅言罪，并没有废除。《后汉书·肃宗孝章帝纪》载：元和元年十二月，诏："诸以前祅恶禁锢者，一皆蠲除之。"亦可证明。

202　除文致之请，谳五十余事，定著于令：文致：《后汉书·陈宠列传》李贤注："文致谓前人无罪，文饰致于法中也。"《汉书·景帝纪》中五年九月诏："诸疑狱，若虽文致于法而于人心不厌者，辄谳之。"可见文致是舞文弄墨，牵强附会，强引法条，陷人入罪的手法。

谳：《说文解字》："谳，议罪也。"《广雅》："谳，疑也。谓罪有疑者，谳于廷尉也。"睡虎地秦简《法律答问》："擅杀、刑、髡其后子，谳之。"（第72号简）《汉书·刑法志》："狱之疑者，吏或不敢决，有罪者久而不论，无罪者久系不绝。且今以来，县道官狱疑者，各谳所属二千石官，二千石官以其罪名当报之；所不能决者，皆移廷尉，廷尉亦当报之；廷尉所不能决，谨具为奏，傅所当比律令以闻。"秦代就有请谳（奏谳）制度，岳麓书院藏秦简《为狱等状四种》中也有数个请谳的案例，《汉书·刑法志》所引高祖七年诏事实上只不过是追认秦朝的请谳制度。刚开始奏谳时间并未固定，后发展为有相对固定的奏谳时间，如《后汉书·陈宠列传》："自元和以前，皆用三冬。"陈宠支持章帝改律，"无以十一、十二月报囚"，这样章帝改律，断狱报重，"改用冬初十月而已"。

定著为令：沈家本在《历代刑法考·律令二》中立"具令、著令"一项，指出"凡新定之令必先具而后著之……"此后日本学者中田薰指出，不可忽视的是，在具有长期法律效力的重要诏令中，其文中或结尾会特别附有定令、著令、具为令、著于令、定著令、定著于令、著以为令等著令用语。中田氏认为，汉令尚未成为像律典一样有序化的法典，它仅停留在将前帝诏令依事情的轻重予以分类汇集并作成诏令集，最终只是作为补充律典的副法。且也并不是所有天子的命令全部编入和追加至令典中，被编入令典中的，为附有著令用语的命令。所以著令用语的意义是附有该种用语的诏要作为令典被追加编纂。（参见［日］中田薰：《汉律令》，蔡玫译，《中国古代法律文献研究》（第三辑），中国政法大学出版社2007年版，第105—112页。）冨谷至则认为，"著"即为"明"，"著令"的含义是"作为令而被明确、令人周知"，并不直接包含普遍性、持续性的意义。汉令则就是以皇帝下达的诏敕为法源而被执行的规范，所以其形式无非就是诏。它作为成文法规的成熟度是比较低，但是确为官吏和民众当遵守之规范的"令"。在汉代也没有与律并列的令典，只是蓄积诏令的令，为顺因时宜而以编入律的方式被按事项分类。至此，它开始被赋予按事项、内容划分的篇名，被作为法典编纂。然而在这一阶段，它已不是令，而是最终已升华至律典的事物。律与令这两种法典的成立须等到晋泰始四年（公元268年）泰始律和泰始令的诞生。"谳五十余事，定著于令"或可理解为将五十多个疑难案件上报，使其作为令而被明确、令人周知；或可理解为将五十多个疑难案件上报，将其整理编订为令（以期作为令典被追加编纂）。（参考文献：蔡万进：《张家山汉简〈奏谳书〉研究》，广西师范大学出版社2006年版。［日］冨谷至：《通往晋泰始律令之路（I）：秦汉的律与令》（原题为：《晋泰始律令への道——第一部　秦漢の律と令》，《東方学报》京都第72册，2000年，第79—131页），朱腾译，朱勇、张中秋、朱腾主编：《日本学

法 <sup>203</sup> 和平。

（罗喆、崔超注）

----

者中国法论著选译（上册）》，中国政法大学出版社 2012 年版。）

"除文致之请，谳五十余事，定著于令"句，中华书局版校勘记〔四〕指出："原无'之'字，据《后汉书·陈宠传》增。"

按：《后汉书·陈宠列传》作："除文致之请谳五十余事，定著于令。""请谳"是一个词，并未破句。

内田氏所据武英殿本光绪十年上海同文书局影印本无"之"字，句读为"除文致请谳五十余事，定著于令"，并认为结合后文"略依宠意，奏上三十三条，为《决事比》，以省请谳之弊"来考虑，陈宠也曾为除去请谳之弊而作《决事比》。（〔日〕内田氏：《译注》，第 79、81 页。）王文锦等点校本《通典·刑法一·刑制上》亦作"又除文致之请谳五十余事，著于令。"（中华书局 1988 年版，第 4200 页。）

按：参考《后汉书》、《通典》，在同意内田氏句读的基础上，还可以考虑此段行文的句式是"禁……、解……、除……"，动词后面都跟着具体改革的内容。而"谳五十余事"则显得突兀。同时，"请谳"作为一个专用术语，也见于《汉书·刑法志》："于是选于定国为廷尉，求明察宽恕黄霸等以为廷平，季秋后请谳。"再参照同志文："诸狱疑，虽文致于法而于人心不厌者，辄谳之。"故内田氏的句读法应比中华书局版的晋志更合理。

203　狱法：刑狱之法。《商君书·境内》："其狱法，高爵訾下爵级。高爵罢，无给有爵人隶仆。"

## 【今译】

梁统奏陈的事项被下交给三公、廷尉讨论，他们认为刑法严酷繁多，不是圣明君王所要办的紧急重要的事务，不能允许。梁统又上书说："官员们错误地认为微臣上书的内容不能够实施。其实微臣所说的，不能称为严刑。私见以为高帝以后直到宣帝所施行的法律，无论是与儒家经传比对，还是与现实比照，都不能说是严刑峻法。微臣非常真挚地希望可以得到陛下召见，或者让我对着尚书近臣们，口头陈说我的本意。"光武帝于是命令尚书询问情况，梁统又逐一回答，竭力陈说政刑应该改革。但他的意见终究没有被采纳。到了明帝即位以后，常常亲自到听讼观审录洛阳监狱的囚犯。明帝天性细致入微，严明苛察，能发现下面官吏的诈伪情事。所以尚书上书奏报案件所适用的刑罚都趋于苛刻繁琐。

到了章帝的时候，尚书陈宠上疏陈述政见："古代帝王的政令，奖赏不过分，刑罚不过度，如果不能如此，宁可过分地奖赏也不过度用刑罚。所以有唐尧著书谈到：'用流放的方法宽恕犯了五刑的人，因过失或灾害犯罪的可以缓刑或赦免。'舜命皋陶要做到'将受流刑的人按照罪状安置在三个远近不同的地方，一定要明慎用刑，处理得很公正'。周文王重演《易》六爻，排列占卜，在六十四卦中也列入听断狱讼的卦；周公作《立政》，告诫成王不要对诸刑狱诉讼之事有所贻误。陛下即位后沿袭了这些思想，但是官员们处理事务的过程中并没有全部遵循执行。审判案件的人严于捶打犯人，造成残酷惨烈的痛苦，执法的官吏滥作虚假、没有节制的判词，违背本意，偏离事实，依靠刑具拷打来胁迫犯人达到自己不正当的目的，有的官员假公济私，以炫耀自己的赏罚之权，恃势弄权。治理国政，就像弹奏琴瑟，大弦太紧了小弦就会断，因此子贡抨击臧孙施行严酷的法令，赞扬郑侨施行仁政。当今，圣德充盈于天地之间，应当借此时机，使古代圣王的政业兴盛起来，清除烦法苛政，轻视捶楚拷掠的刑罚，用来救助众生，推广最高的道德。"章帝采纳了陈宠的上疏，在定罪和行刑时，致力于宽厚。在这之后又诏令官员，禁止使用钻鑽等各种使人极端痛苦的旧刑具，废除袄言罪，驳退舞文弄法使人获罪的奏请，复核上报的五十多个疑难案件，将其整理编订为令。此后刑狱之法公平合理。

（罗喆、崔超译）

【原文】

永元六年，[204] 宠 [205] 又代郭躬 [206] 为廷尉，复校律令，刑法溢于《甫

---

【注释】

204　永元六年：永元为东汉和帝刘肇的第一个年号（公元89—105年三月），永元六年即公元94年。

按：内田氏注为："永元是和帝（88—105）时的年号，六年是94年。"（［日］内田氏：《译注》，第81页。）陆氏注为："东汉和帝刘肇的年号，（89—104）共十六年。"（陆氏：《注释》，第31页。）实际上，公元88年是汉和帝即位之年，第二年（公元89年）改年号为永元。公元105年夏四月改元元兴。（详见《后汉书·孝和帝纪》）

205　宠：陈宠。见前注184。

206　郭躬（公元？—94年）：字仲孙，东汉颖川阳翟（今河南省禹县）人。父郭弘担任决曹掾，断狱三十年，用法公平，有清誉。郭躬少传父业，讲授法律，徒众常数百人。后为郡吏。元和三年（公元86年）迁任廷尉，决狱断刑，务在矜恕宽平。曾奏请修改律令，皆改重刑为轻刑，为朝廷采纳，颁布施行。详见《后汉书·郭躬列传》。

刑》[207]者，奏除之，曰："臣闻礼经三百，威仪三千，[208]故《甫刑》大辟二百，五刑之属三千。[209]礼之所去，刑之所取，失礼即入刑，相为表里

---

207　《甫刑》：亦称《吕刑》，《尚书》之一篇。《尚书·吕刑》："吕命，穆王训夏赎刑，作《吕刑》。"孔安国传："吕侯见命为天子司寇。吕侯以穆王命作书，训畅夏禹赎刑之法，更从轻以布告天下。后为甫侯，故或称《甫刑》。"《礼记》、《孝经》等引作《甫刑》；《墨子》引作《吕刑》。

208　礼经三百，威仪三千：古籍中有多处记载。《礼记·礼器》："《经礼》三百，《曲礼》三千。"郑玄注："经礼，谓《周礼》也。《周礼》六篇，其官有三百六十。曲犹事也。事礼谓今礼也。礼篇多亡，本数未闻，其中事仪三千。"《礼记·中庸》："礼仪三百，威仪三千。"孔颖达疏："礼仪三百即《周礼》，威仪三千即《仪礼》。"《汉书·礼乐志》："周监于二代，礼文尤具，事为之制，曲为之防，故称礼经三百，威仪三千。"各处记载的名称不尽相同，但含义相同，可参考下引贾公彦的注疏。《周礼·春官·宗伯》："乃立春官宗伯，使帅其属而掌邦礼……"贾公彦疏："'礼者，体也，履也。'一字两训，盖有以也。统之于心名为体，《周礼》是也。践而行之名曰履，《仪礼》是也。既名《仪礼》，亦名《曲礼》。"

209　五刑之属三千：五刑的条文总共有三千条。详见前注97。

者也。[210] 今律令，犯罪应死刑者六百一十，耐罪[211] 千六百九十八，赎罪[212] 以下二千六百八十一，溢于《甫刑》千九百八十九，其四百一十

---

210　礼之所去……相为表里者也：逾越礼的界限，就会进入刑的调整范围，违背礼的行为要受到刑的惩罚，礼和刑相辅相成。礼：指等级社会的典章制度，从正面积极规范人们的言行。去：《说文解字》："去，人相违也。"段玉裁《说文解字注》："违，离也。"取：《玉篇》："取，收也。"《后汉书·陈宠列传》李贤注："去礼之人，刑以加之，故曰取也。"失：《说文解字》："失，纵也。"引申为违背、违反。

211　耐罪：古代剃去犯人须、鬓毛发的刑罚。《史记·淮南列传》："徙郡国豪桀任侠及有耐罪以上……"裴骃《集解》引应劭曰："轻罪不至于髡，完其耏鬓，故曰耏。古'耏'字从'彡'，发肤之意。杜林以为法度之字皆从'寸'，后改如是。耐音若能。"引如淳曰："律'耐为司寇，耐为鬼薪、白粲'。耐犹任也。"引苏林曰："一岁为罚作，二岁刑以上为耐。耐，能任其罪。"《汉书·高帝纪下》："令郎中有罪耐以上，请之。"颜师古曰："依应氏之说，耏当音而，如氏之解则音乃代反，其义亦两通。（而）〔耏〕谓颊旁毛也。彡，毛发貌也，音所廉反，又先廉反。而功臣侯表宣曲侯通耏为鬼薪，则应氏之说斯为长矣。"从以上记载来看，应劭认为"耐"是"耏"的转化字，颜师古同意此种说法，而如淳、苏林则认为"耐"是"堪任其事"之意。冨谷至认同应劭、颜师古的观点，认为"耐"通"耏"，"耏"是指颊、鬓等头发以外的颜毛，剃去这些颜毛是比剃头发的"髡"更轻的刑罚。"耐"是不施肉刑、较附加肉刑的劳役刑轻的劳动处罚的总称。（参见〔日〕冨谷至：《秦汉刑罚制度研究》，柴生芳、朱恒晔译，广西师范大学出版社 2006 年版，第 10—13 页。原著为《秦漢刑罰制度の研究》，同朋舍 1998 年版。）

212　赎罪：亦称赎刑。《尚书·舜典》："金作赎刑。"孔安国传："金，黄金。误而入刑，出金以赎罪。"孔颖达疏："古之赎罪者，皆用铜，汉始改用黄金。"冨谷至认为在赎罪的意义上，因支付金钱代偿刑罚而具有财

产刑的某种意义，但实乃以金钱代替正刑意义上使用"赎刑"之意。（［日］内田氏：《译注》，冨谷至补注，第 280 页。）陈宠在此将死刑、耐罪和赎罪并提，则此处的赎罪显然也是正刑，是一种法定的财产刑。

实际上，秦汉时期存在作为财产刑的赎罪和作为替代刑的赎罪。张建国认为，汉初的赎刑既可以作为实刑的换刑，也可以作为单独的一个刑罚级别。（参见张建国：《西汉初期的赎》，《政法论坛》2002 年第 5 期。）角谷常子认为汉的赎刑有法定正刑和非法定的替换刑。（参见 ［日］ 角谷常子：《秦汉时代的赎刑》，陈青、胡平生译，李学勤、谢桂华主编：《简帛研究二〇〇一（下册）》，广西师范大学出版社 2001 年版，第 587—601 页。）无论被称为单独的刑罚等级还是法定正刑，这种赎罪指的都是法定的财产刑。如"赎死，金二斤八两。赎城旦舂、鬼薪白粲，金一斤八两。赎斩、府（腐），金一斤四两。赎劓、黥，金一斤。赎耐，金十二两。赎迁，金八两。"（张家山汉简《二年律令·具律》，第 119 号简。）

而作为换刑或替代刑的赎罪，则是指不处法定应处刑罚而代之以其他方式的处罚。韩树峰认为这种处罚主要是爵赎，且主要在秦和汉初实行。汉惠帝时期则将爵赎发展为以钱买爵赎罪。《汉书·惠帝纪》载："民有罪，得买爵三十级以免死罪。"形式上还是以爵位赎，体现了对前代以爵赎罪的继承，本质上却是资产起着主要的作用。据《汉书·贡禹传》："孝文皇帝时，贵廉洁，贱贪污，贾人、赘婿及吏坐赃者皆禁锢不得为吏，赏善罚恶，不阿亲戚，罪白者伏其诛，疑者以与民，亡赎罪之法，故令行禁止，海内大化，天下断狱四百，与刑错亡异。"可见文帝时废除了赎刑——不仅废弃了惠帝入钱买爵赎罪的政策，甚至可以推测，他对高祖时期以爵赎罪的制度也未必继续采用。（参见韩树峰：《汉魏法律与社会》，社会科学文献出版社 2011 年版，第 34—36 页。）

冨谷至认为，汉文帝十三年刑制改革以后，作为正刑的赎刑在刑罚中

大辟，千五百[213]耐罪，七十九赎罪。《春秋保乾图》[214]曰：'王者三百

---

消失了，赎刑成为由皇帝临时下诏执行的具有时限性的措施。换言之，汉代作为财产刑的独立赎刑在文帝十三年被劳役刑吸收，代之以皇帝临时性的赎罪诏书，也即非法定刑。（参见［日］冨谷至：《秦汉刑罚制度研究》，柴生芳、朱恒晔译，广西师范大学出版社2006年版，第125—133页。原著为《秦漢刑罰制度の研究》，同朋舍1998年版。）但汉文帝十三年刑制改革以后，作为正刑的赎罪仍然存在。长沙走马楼西汉简牍（汉武帝时期）中即可见作为正刑的赎罪："案赎罪以下写府辟报爰书。"（第8号简）（参见郑曙斌、张春龙等编著：《湖南出土简牍选编》（二），岳麓书社2013年版，第413页。）

总的来说，秦汉时期赎刑有正刑和替换刑之分，而且在不断发生变化。其中，作为法定财产刑的赎罪至少在汉代从未消失过。陈宠此处所说的"赎罪"也就是指这种作为法定财产刑的赎罪。

213 千五百：中华书局版校勘记［五］指出："各本'五百'下有'七'字，殿本删之，与《陈宠传》合，亦与大数合，今从殿本。"

214 《春秋保乾图》：书名，是有关《春秋》的纬书的一种。纬书是指汉代依托儒家经义宣扬符箓瑞应占验之书，相对于经书，故为纬书。其中保存了不少古代神话传说，也记录一些有关古代天文、历法、地理等方面的知识。《易》、《书》、《诗》、《礼》、《乐》、《春秋》及《孝经》均有纬书，称"七纬"。

年一蠲法。'²¹⁵ 汉兴以来，三百二年，²¹⁶ 宪令稍增，科条无限。²¹⁷ 又律有三家，说各驳异。²¹⁸ 刑法繁多，宜令三公、廷尉集平律

---

215　王者三百年一蠲法：王者：以王道治天下之君主。《论语·子路》："如有王者，必世而后仁。"何晏注："三十年曰世，如有受命王者，必三十年仁政乃成也。"蠲：《玉篇》："蠲，除也。"引申为修改。另，陆氏认为："'王者三百年一蠲法'的说法也见于《后汉书·郎顗列传》。郎顗阳嘉二年曾诣阙拜章，说：'臣以为戌仲已竟，来年入季，文帝改法除肉刑之罪，至今适三百载，宜因斯际，大蠲法令。'"（陆氏：《注释》，第32页。）

216　三百二年：从高氏注："指公元前206年至公元96年。据此可知，陈宠代郭躬任廷尉在和帝永元六年，而上奏删除溢于《甫刑》之律条则为永元八年。"（高氏：《注译》，第66页。）

217　宪令稍增，科条无限：法令不断增加，条文数量繁多。宪令：法令。《左传·襄公二十八年》："此君之宪令，而小国之望也。"稍：《说文解字》："稍，出物有渐也。"段玉裁《说文解字注》："稍之言小也，少也。凡古言稍稍者皆渐进之谓。"科条：法律条文。《战国策·秦策一》："科条既备，民多伪态。"

218　律有三家，说各驳异：当时对法律的解释有三大家，且各不相同。

此处"三家"所指何人？张氏认为已无可考。（张氏：《注释》，第33页。）内田氏认为三家已无法确知，但也许指后文的叔孙宣、郭令卿、马融、郑玄等人。（［日］内田氏：《译注》，第82页。）

俞荣根、龙大轩认为是指郭躬、陈宠、杜林及其各自所代表的律学流派。既然陈宠上疏是在公元94年，那么这"律三家"中任何一家都应声名显赫于此时之前。叔孙宣、郭令卿生平事迹不详。马融生卒年为公元79至166年，此时他才15岁，还是"志于学"的年龄，肯定不可能已经成一家之说。郑玄生卒年为公元127至200年，此时尚未出生。因此叔、郭、马、郑不可能在"律三家"之列。那么，律三家是指哪三家？应包括中田薰所说的郭躬、陈宠两家。至于第三家，本刑法志后面谈到律家有两处：一曰：

"叔孙宣、郭令卿、马融、郑玄……"二曰："……又叔孙、郭、马、杜诸儒章句……"两相对照，可知后者多了一个"杜"。历代史家均知汉代律学有大杜、小杜之分，撰《晋书》的房玄龄等人不可能不知道这一点。但在本志中言及汉代律家时，却只统言"叔孙、郭、马、杜诸儒章句"，对其中的"杜"氏，既不明言大杜，亦不确指小杜。盖无法下定论说这里的"杜"指大杜或小杜，徐世虹认为"杜氏或为杜林"，颇有见地。不过，徐著重在说明本志所记"叔孙、郭、马、杜诸儒章句"中之"杜"是杜林，指出杜林是"律章句学家"，并未肯定杜林是"律三家"中之一家。(参见龙大轩：《汉代律章句学考论》(博士学位论文)，西南政法大学2006年3月。俞荣根、龙大轩：《东汉"律三家"考析》，《法学研究》2007年第2期。)

此分析有一定的说服力。然而，仅仅以叔孙宣、郭令卿生平不详就认为其不在"律三家"之列，论证并不充分。况且陈宠上疏称"律有三家"，怎好把自家也归列在中？因此，这两点未免不那么令人信服。另外，他们认为此处"杜"是指杜林，杜林在经学方面有一定成就，由治经而兼治律、经律互注。该观点论证详实。但正如他们所说"徐著重在说明'杜'是杜林，指出杜林是律章句学家，并未肯定杜林是律三家中之一家"。

更有学者认为"杜"应为"郑"之讹误。李俊强指出，既言"叔孙、郭、马、杜诸儒章句"，未言"郑"，何来"但取郑氏，又为偏党"？且叔孙、郭、马应该都是按照他们存世时间顺序排列，不可能在他们后面反而排列西汉杜周父子。又，叔孙、郭、马、郑皆大儒，但似乎没有人以杜周为儒生。(参见李俊强：《魏晋令制研究》(博士学位论文)，吉林大学2014年4月，第45—46页。)

综上，目前无法确定"三家"所指何人。

令[219]，应经合义[220]可施行者，大辟二百，耐罪、赎罪二千八百，合为三千，与礼相应。其余千九百八十九事，悉可详除[221]。使百姓改易

---

219　集平律令：评议律令。平：通"评"。《后汉书·陈宠列传》作"平定律令"。

220　应经合义：符合儒家经典和义理。是互文用法。应、合含义相同，《玉篇》："合，同也。"经：儒家经典。义：阐述儒家经典的义理。《汉书·张禹传》："宣之来也，禹见之于便坐，讲论经义。"

　　按：此段文字内田氏句读为："宜令三公廷尉，集平律令应经合义，可施行者……"（［日］内田氏：《译注》，第80页。）

221　详除：审慎地删除。

视听，以成大化[222]，致刑措之美，传之无穷。"未及施行，会宠抵罪，[223]
遂寝。宠子忠[224]。忠后复为尚书，略依宠意，奏上三十三条[225]，为《决事

---

222　大化：广远、良好的教化。《尚书·大诰》："肆予大化诱我友邦君。"
孔颖达疏："故我大为教化，劝诱我所友国君，共伐叛逆。"

223　会宠抵罪：《后汉书·陈宠列传》："未及施行，会坐诏狱吏与囚交
通抵罪。"因此，"会宠抵罪"是指陈宠因其管辖下的狱吏和囚犯相互勾结
而被牵连获罪。

224　忠：陈忠（公元？—125年），字伯始，沛国洨县（今安徽省固镇
县）人。永初年间受征召入司徒府，三迁廷尉正，后擢任尚书，在三公曹
负责断狱，处理案件务在宽厚。累迁尚书令。参见《后汉书·陈宠列传子
陈忠附传》。

225　三十三条：中华书局版校勘记［六］指出："《陈宠传》、《通考》
一六四俱作'二十三条'。"

比》[226]，以省请谳[227]之弊。又上除蚕室刑[228]，解赃吏三世禁锢，[229]

---

226　《决事比》：汉代法律形式之一。《周礼·秋官·大司寇》："凡庶民之狱讼，以邦成弊之。"郑玄注："邦成，八成也。以官成待万民之治。"郑司农云："邦成，谓若今时决事比也。弊之，断其狱讼也。"贾公彦疏："先郑云'邦成谓若今时决事比也'者，此八者皆是旧法成事品式。若今律，其有断事，皆依旧事断之，其无条，取比类以决之，故云决事比也。"杨一凡、刘笃才认为，贾公彦所云"其有断事，皆依旧事断之"，当指的是判例；"其无条，取比类以决之"，当指的是类推，然决事比究竟是判例还是类推，或者既是判例又是类推，贾公彦的话不免含糊其辞。他们将秦汉的比分为律令之比、决事比（判例）、春秋决事比、作为行政事例的比。（参见杨一凡、刘笃才：《历代例考》，社会科学文献出版社 2009 年版，第21 页。）关于决事比是否就是比，比的性质是类推还是判例，学者们有不同的看法。于振波认为比是类推，决事比是判例。吕丽、王侃认为汉魏晋时期的比不是比附而是在各方面有普遍约束力的成例。胡兴东认为秦汉时期的比是比附，是一种司法技术，强调适用过程，魏晋的比强调适用结果。（参见于振波：《秦汉法律与社会》，湖南人民出版社 2000 年版，第 39页；吕丽、王侃：《汉魏晋"比"辨析》，《法学研究》2000 年第 4 期；胡兴东：《比、类和比类——中国古代司法思维形式研究》，《北方法学》2011 年第6 期。）

227　请谳：见前注 202。

228　蚕室刑：宫刑。《汉书·张汤传》："初，安世兄贺幸于卫太子，太子败，宾客皆诛，安世为贺上书，得下蚕室。"颜师古注："谓腐刑也。凡养蚕者，欲其温而早成，故为密室蓄火以置之。而新腐刑亦有中风之患，须入密室乃得以全，因呼为蚕室耳。"

关于宫刑的废除，学者一般认为，汉文帝除肉刑时也废除了宫刑。景帝时又恢复使用宫刑，但不再是正刑，而是作为死刑的替代刑。此处除

"蚕室刑"是废除"以宫赎死"之制，为完全废止宫刑又前进了一大步。（参见吴文瀚、陶广峰：《对汉文帝除肉刑后宫刑存废问题的辨析》，《政法论坛》1987 年第 5 期；艾永明、钱长源：《宫刑论二题》，《苏州大学学报（哲学社会科学版）》1991 年第 2 期；陶广峰：《汉魏晋宫刑存废析》，《法学研究》1997 年第 3 期。）

229　解赃吏三世禁锢：解除对贪官及其子孙禁止为官的限制。赃：江陵张家山汉简中有"盗臧（即赃）直六百六十钱黥为城旦"。（参见江陵张家山汉简整理小组：《江陵张家山汉简〈奏谳书〉释文（一）》，《文物》1993年第 8 期。）本志后文张斐《律表》有云"货财之利谓之赃"。高恒认为按此句，凡非法获得的财物，包括盗窃、抢劫、贪污、受贿等等方式所得一切财物，即为之"赃"。因"货财之利"而犯的罪，称为"赃罪"。（参见高恒：《张斐的〈律注要略〉及其法律思想》，《中国法学》1984 年第 3 期，后收入氏著：《秦汉法制论考》，厦门大学出版社 1994 年版，第 286—309页。）此为国内对赃的罗列式的通常见解。滋贺秀三对唐律"赃"的解释更值得参考："赃是指在财物的夺取或授受而构成犯罪时，成为夺取或授受对象的财物。比起我们所说的赃物仅指盗赃而言，具有更广泛的意义。与赃有关的犯罪，都要与赃的评价额相对应来决定各等级的刑罚的轻重。"（[日] 滋贺秀三：《唐律疏议译注篇一》名三二，解说，日本律令研究会编：《译注日本律令》第 5 卷，东京堂 1979 年版，第 187 页。）

禁锢：禁止为官。《左传·成公二年》："（巫臣）遂奔晋……晋人使为邢大夫。子反请以重币锢之。"孔颖达正义："《说文》云：'锢，铸塞也。'铁器穿穴者，铸铁以塞之，使不漏。禁人使不得仕官者，其事亦似之，故谓之禁锢。"学者多认为禁锢为禁止为官。"禁止仕官。"（[日] 内田氏：《译注》，第 80 页。）"由于犯法，罪犯本人或他的子孙不准做官及参与社会政治活动。"（陆氏：《注释》，第 33 页。）"对犯法者或有劣行的人，乃至其家属，明令不许做官。"（高氏：《注译》，第 66 页。）"所谓禁锢，就是不得为官。"（张氏：《注释》，第 33 页。）"断绝犯人进身仕途之谓也。"（谢氏：《注译》，第 58 页。）廖伯源认为禁锢是禁止为官。（参见廖伯源：《汉禁锢考》，《秦汉史论丛》，五南图书出版公司 2003 年版，第 205—223 页。）李俊芳认为，禁锢是剥夺犯罪者做官资格的刑罚。（参见李俊芳：《晋朝法制研究》，人民出版社 2012 年版，第 171—173 页。）但日本学者若江贤三有独到观点。其认为，禁锢是从士人之籍上勾销，令在自宅幽居守静，禁止吉凶庆弔之礼，而官吏身份的剥夺只不过有附随性意义。（参见［日］若江贤三：《古代中國における禁錮》，《平成二年度科學研究費補助金總合研究（A）研究成果報告書　中國史における正統と異端（二）》，1991 年。）

　　禁锢在汉时普遍施行。《汉书·贡禹传》："孝文皇帝时，贵廉洁，贱贪污，贾人、赘婿及吏坐赃者皆禁锢不得为吏。"廖伯源认为起初是限制商贾之律令，文帝时开始出现因犯罪受罚不得仕宦。其成为刑名最迟始于东汉光武帝时。（参见廖伯源：《汉禁锢考》，《秦汉史论丛》，五南图书出版公司 2003 年版，第 205—223 页。）祝总斌认为禁锢本为不许出仕的一种惩罚。但从东汉后期起，禁锢似乎主要用来打击贵族官吏关于朋党一类的犯罪。（参见祝总斌：《晋律考论》，杨一凡总主编：《中国法制史考证》甲编第三卷《历代法制考·两汉魏晋南北朝法制考》，中国社会科学出版社 2003 年版，第 381—394 页。）

　　汉常禁锢终身，《汉书·息夫躬传》："躬同族亲属素所厚者，皆免废锢。"颜师古注："终身不得仕。"并且禁锢累及子孙。本志此处为"三世"，《后汉书·刘般列传》载"清河相叔孙光坐赃抵罪，遂增锢二世"，可见不同的时间有不同的规定。因此这里的"三世"并不实指三代，宜理解为"解除对赃吏及其子孙的禁锢"为妥。

　　李俊芳认为，此处陈忠上奏解除禁锢子孙的建议，对魏晋影响很大。魏

狂易杀人得减重论，[230] 母子兄弟相代死听赦所代者，[231] 事皆施行。虽时

_____

晋现存史料不见禁锢子孙者。（参见李俊芳：《晋朝法制研究》，人民出版社2012年版，第171—173页。）

230 狂易杀人得减重论：因精神失常而杀人的可以减死刑。狂易：精神失常。《汉书·外戚传下》："由素有狂易病。"颜师古注："狂易者，狂而变易常性也。"

重：也称重罪，死刑的别称。《后汉书·陈宠列传》："汉旧事论狱报重，常尽三冬之月。"李贤注："重，死刑也。"《国语·齐语》："制重罪赎以犀甲一戟。"韦昭注："重罪，死刑也。"

沈家本引用《太平御览·刑法部十二·枭首》、《汉书·王子侯表》、《后汉书·陈忠列传》的相关记载，认为"人至病狂而改易其本性，则凡病中之所为皆非出于其本性，故虽有杀人之事，亦得恕之。近日东西国学说并持此论，其刑律中有精神病不为罪之文。陈忠之减重论，实为今法之权舆"。（沈家本：《历代刑法考·汉律摭遗五·贼律三》，第1469—1470页。）但他又认为"狂易杀人，近世学说多云不为罪，以其本性已亡也。得减重论，不得谓之为谬"。（沈家本：《历代刑法考·汉律摭遗十一·具律三》，第1583页。）

231 母子兄弟相代死听赦所代者：母子之间、兄弟之间相互代替执行死刑的案件中要赦免本应判处死刑的人。这是代亲受刑的规定。方潇认为代亲受刑的理论渊源来源于孔子。事迹则出于《吕氏春秋·仲冬纪·当务》："楚有直躬者，其父窃羊而谒之上。上执而将诛之。直躬者请代之。将诛矣，告吏曰：'父窃羊而谒之，不亦信乎？父诛而代之，不亦孝乎？信且孝而诛之，国将有不诛者乎？'荆王闻之，乃不诛也。孔子闻之曰：'异哉！直躬之为信也。一父而载取名焉。'故直躬之信不若无信。"此处，被代者被赦免，那代者是被赦免还是被实际执行死刑了呢？据载，范晔虽以"庶乎明慎用刑而不留狱"肯定陈忠，但对他建议的代死措施则强烈批

**有蠲革，而旧律繁芜，未经纂集。**

（姚周霞注）

---

评，以为"大谬矣"。（《后汉书·陈宠列传子陈忠附传》："论曰：忠能承风，亦庶乎明慎用刑而不留狱。然其听狂易杀人，开父子兄弟得相代死，斯大谬矣。是则不善人多幸，而善人常代其祸，进退无所措也。"）如果此法令在执行中真的是被代者与代者均能得到赦免，岂不皆大欢喜，哪里来"进退无所措"呢？（参见方潇：《中国古代的代亲受刑现象探析》，《法学研究》2012年第1期。）

【今译】

永元六年，陈宠又代替郭躬出任廷尉，重新校对律令，集结刑罚规定中超出《甫刑》的条目，奏请删除。其奏章中称："臣听说《周礼》有三百条纲目，《仪礼》有三千条细则，所以《甫刑》关于大辟的条文有二百，关于五刑的条文总共有三千条。一个人的行为若是逾越礼的界限，就会进入刑的调整范围，违背礼的规定就要接受刑的惩罚，礼和刑相辅相成。然而现在的律令，规定犯罪应处以死刑的有六百一十条，应处以耐罪的一千六百九十八条，应处以赎罪以下的二千六百八十一条，合起来已经超出《甫刑》的条目一千九百八十九条，包括四百一十条关于大辟的，一千五百条关于耐罪的，七十九条关于赎罪的。《春秋保乾图》说：'圣明的君王每三百年就要修改法律。'我朝建立以来，已经三百零二年，在这期间，法令条文不断增加，数量极大。此外，还有律学家对法令的释义，其中有三大流派，各派解释驳杂纷乱。法令条文如此繁多，应该令三公、廷尉评议律令，整理出符合儒家经典和义理可以实行的，选取有关大辟的二百条，有关耐罪、赎罪的二千八百条，合起来三千条，与礼的数量相符合。其余一千九百八十九条，都可以审慎地删除。这样能使百姓耳目一新，从而成就广远、良好的教化，达到刑法备而不用的美好境界，永远流传后世。"建议没有来得及施行，陈宠获罪，此事就此搁浅。陈宠的儿子陈忠，后来也担任尚书，大致依照陈宠的意思，呈奏二十三条，后被编定为《决事比》，以免除请谳的弊端。陈忠还上书请求废除宫刑，解除对贪官及其子孙禁止为官的限制，建议因精神失常而杀人的可以减死刑，母子之间、兄弟之间相互代替执行死刑的案件中要赦免本应判处死刑的人。这些奏议都得到落实。虽然法令常常有变革，但是旧律依然繁杂，未曾编纂汇集。

（姚周霞译）

【原文】

献帝建安元年，[232]应劭[233]又删定律令，以为《汉议》[234]，表奏[235]之曰：

---

【注释】

232　献帝：东汉献帝刘协（公元181—234年），汉灵帝第三子，汉朝最后一任皇帝，公元 190—220 年在位。

建安：汉献帝年号。献帝在位时，年号更改频繁，先后以永汉、中平、初平、兴平、建安和延康为年号，建安元年为公元 196 年。

233　应劭：字仲远（约公元153—196年），东汉末汝南郡南顿县（今河南项城县）人。灵帝时举为孝廉，后任泰山郡太守，后依袁绍，为军谋校尉，卒于邺。博学多识，著有《汉官仪》、《风俗通》等共 136 卷。见《后汉书·应劭列传》。

234　《汉议》：中华书局版校勘记［七］指出：“《后汉书·应劭传》及《通考》一六四作‘汉仪’。”

235　表奏：上表奏事。南朝梁刘勰《文心雕龙·章表》：“降及七国，未变古式，言事于主，皆称上书。秦初定制，改书曰奏。汉定礼仪，则有四品：一曰章，二曰奏，三曰表，四曰议。章以谢恩，奏以按劾，表以陈请，议以执异。”又，东汉蔡邕《独断》卷上：“凡群臣上书于天子者有四名：一曰章，二曰奏，三曰表，四曰驳议。”

"夫国之大事，莫尚载籍也。载籍也者，决嫌疑，明是非，赏刑之宜，允执厥中，俾后之人永有鉴焉。[236] 故胶东[237] 相董仲舒[238] 老病

---

236　载籍：书籍、典籍。《史记·伯夷列传》："夫学者载籍极博，犹考信于六艺。"决嫌疑，明是非：《礼记·曲礼上》："夫礼者，所以定亲疏，决嫌疑，别同异，明是非也。"《史记·太史公自序》："夫《春秋》，上明三王之道，下辨人事之纪，别嫌疑，明是非，定犹豫，善善，恶恶。""礼"是儒家学说的核心部分，《春秋》亦是儒家经典，盖决嫌疑，明是非的载籍多与儒家典籍有关。允执厥中：谓不偏不倚，持中正之道。《尚书·大禹谟》："人心惟危，道心惟微，惟精惟一，允执厥中。"孔颖达疏："信执其中正之道。"俾：使。《诗经·小雅·天保》："俾尔单厚，何福不除？俾尔多益，以莫不庶。"

237　胶东：中华书局版校勘记［八］指出："各本及《后汉书·应劭传》原文俱作'胶东相'，但考之《史》《汉》本传及《春秋繁露·对胶西王》，'胶东'应作'胶西'，足见应劭执笔时已误'西'为'东'。唐修《晋书》沿袭其误。"胶东：今山东省胶县东北到平度县一带。汉代曾置胶东国。胶西：治所在高密，即今山东省高密县西南，辖境约现在山东胶河以西，高密以北地区。汉代曾置胶西郡或胶西国。

李俊强、闫晓君认为，"故胶东相董仲舒老病致仕，朝廷每有政议，数遣廷尉张汤亲至陋巷，问其得失，于是作《春秋折狱》二百三十二事，动以《经》对，言之详矣"这句话放在此，似乎阻碍了文意的正常推演，有点掺入的意思；而若把这句话拿掉的话，文意反而通顺无碍，故揣测这句话本该是对《春秋折狱》所作的注解，《后汉书·应劭传》和《晋书》误将小注掺入正文。（参见李俊强、闫晓君《回归文献与历史现场：重审有关董仲舒的若干成说》，《求索》2014 年第 5 期。）

238　董仲舒（公元前179—前104年）：西汉广川郡（今河北省景县广川镇大董古庄）人，著名思想家和今文经学大师。他在著名的《举贤良对策》中系统地提出"天人感应"、"大一统"学说和"罢黜百家，表彰六经"的

致仕[239]，朝廷每有政议，数遣廷尉张汤[240]亲至陋巷，问其得失[241]，于是

---

主张。在司法断狱方面，他主张"原心定罪"，后世断案受其影响很大。今存《春秋繁露》一书。见《汉书·董仲舒传》。

239　致仕：交还官职，还归故里。《公羊传·宣公元年》："退而致仕。"何休注："致仕，还禄位于君。"《汉书·平帝纪》："天下吏比二千石以上年老致仕者，参分故禄，以一与之，终其身。"

240　张汤（公元前？—前115年）：又名张固，西汉杜陵（今陕西省西安市东南）人。中国古代著名的酷吏，又以廉洁著称。曾编定《越宫律》等律令。用法主张严峻，常以《春秋》之义加以掩饰，以皇帝意旨为治狱准绳。曾助武帝推行盐铁专卖、告缗算缗，打击富商，剪除豪强。《史记》、《汉书》皆有传。

241　得失：是非曲直，正确与错误。《后汉书·应劭列传》："故胶东相董仲舒老病致仕，朝廷每有政议，数遣廷尉张汤亲至陋巷，问其得失。"唐刘知几《史通·称谓》："晋世臣子，党附君亲，嫉彼乱华，比诸群盗，此皆苟徇私忿，忘夫至公。自非坦怀爱憎，无以定其得失。"

作《春秋折狱》[242]二百三十二事，动以《经》对，言之详矣。逆臣董卓[243]，荡覆[244]王室，典宪焚燎，靡有孑遗，[245]开辟以来，莫或兹酷。今大驾东迈，巡

---

242　《春秋折狱》：关于董仲舒春秋折狱一事，《汉书》的《五行志》、《食货志》、《儿宽传》，以及《后汉书·应劭列传》等，都有记述。这部书，《汉书·艺文志》作《公羊董仲舒治狱》十六篇，南朝梁阮孝绪《七录》作《春秋断狱》五卷，《隋书·经籍志》作《春秋决事》十卷，《旧唐书·艺文志》作《春秋决狱》，《崇文总目》作《春秋决事比》并十卷，久已不传。近人程树德《九朝律考·汉律考七》辑有五则。所谓春秋折狱，就是指根据《春秋》经中体现的微言大义来指导司法实践，其核心原则是"原心定罪"，即根据案件事实，探究当事人的主观动机来断案。《春秋繁露·精华》："春秋之折狱也，必本其事而原其志。志邪者不待成，首恶者罪特重，本直者其论轻。"朱腾进一步将春秋决狱的经律关系概括为以经补律、以经饰律、以经注律、以经破律。（参见朱腾：《再论两汉经义折狱》，《清华法学》2011 年第 5 期。）

243　董卓（公元？—192年）：字仲颖，陇西临洮（今甘肃省岷县）人。东汉末年少帝、献帝时权臣，西凉军阀。官至太师，封郿侯。原本屯兵凉州，于灵帝末年的十常侍之乱时受大将军何进之召率军进京，旋即掌控朝中大权。为人残忍嗜杀，倒行逆施，招致群雄联合讨伐，但联合军在董卓迁都长安不久后瓦解。后被吕布所杀。（参见《后汉·董卓列传》。）

244　荡覆：毁坏、颠覆。《左传·襄公二十三年》："盟叔孙氏也，曰：'毋或如叔孙侨如，欲废国常，荡覆公室。'"

245　典宪：经籍法典等重要文献。《后汉书·张衡列传》："时国王骄奢，不遵典宪。"孑遗：遗留，残存。《诗经·大雅·云汉》："周余黎民，靡有孑遗。"毛传："孑然遗失也。"典宪焚燎，靡有孑遗：《后汉书·董卓列传》对此情景有所记载："于是尽徙洛阳人数百万口于长安，步骑驱蹙，更相蹈藉，饥饿寇掠，积尸盈路。卓自屯留毕圭苑中，悉烧宫庙官府居家，二百里内无复孑遗。"又《隋书·经籍志》载："董卓之乱，献帝西迁，

省许都，拔出险难，其命惟新。[246] 臣窃不自揆，辄撰具《律本章句》[247]、

————————

图书缣帛，军人皆取为帷囊。所收而西，犹七十余载。两京大乱，扫地而尽。"

246　大驾：皇帝出行，仪仗队之规模最大者为大驾，在法驾、小驾之上，此处代称皇帝。东汉蔡邕《独断》卷下："天子出，车驾次第谓之卤簿，有大驾，有小驾，有法驾。大驾则公卿奉引，大将军参乘，太仆御，属车八十一乘，备千乘万骑。"巡省：巡行视察，但此处是为表恭敬，实际上并不是献帝巡行视察许昌，而是受曹操挟持而迁都许昌。其命惟新：从陆氏注："《诗经·大雅·文王》：'周虽旧邦，其命惟新。'命：天命。这是说国家将有崭新的局面。"（陆氏：《注释》，第 36 页。）

247　《律本章句》：沈家本认为："《律本》盖谓李悝、萧何、张汤、赵禹诸家之书，乃律之本原，昔今之律例根原也。劭自撰《章句》，当与诸儒章句不同。《隋志》杜预有《律本》二十一卷，《唐志》作贾充、杜预《刑法律本》，其意可见。"（沈家本：《历代刑法考·律令考二》，第 876 页。）章句：原指分析古文的章节和句读，此处指对律本的注释。作为一种注释，章句不像传注类注释那样以解释词义为主，而着重于逐句逐章串讲、分析大意。汉代儒者用经学上的此种方法来注释法律。后文有云"叔孙宣、郭令卿、马融、郑玄诸儒章句十有余家，家数十万言"。（参见杨一凡主编：《中国法制史考证续编》第五册《汉代律家与律章句考》，社会科学文献出版社 2013 年版。）

《尚书旧事》[248]、《廷尉板令》[249]、《决事比例》[250]、《司徒都

---

248　尚书：官名，见前注178。旧事：故事、旧例。《尚书旧事》：大概是历任尚书处理行政事务时的典章事例汇集。《汉书·孔光传》："光以高第为尚书，观故事品式，数岁明习汉制及法令……凡典枢机十余年，守法度，修故事。"

249　《廷尉板令》：板令，记于木板上的法令。《汉书·张汤传》："上所是，受而著谳法廷尉絜令，扬主之明。"韦昭注："在板絜也。"絜：通"契"、"锲"，刻。颜师古曰："絜，狱讼之要也，书于谳法絜令以为后式也。"

关于什么是絜令，学者观点不一。

或为"中央有关机构根据需要从国家法令中提起与自己有关的部分"。李均明、刘军认为："絜令之实质当为中央有关机构根据需要从国家法令中提起与自己有关的部分，以地域命名的絜令则是根据地域需要提起。国家法令是以皇帝的名义制诏签发的，各部门仅是编录而已，故云'絜令'。"（李均明、刘军：《武威旱滩坡出土汉简考述——兼论"絜令"》，《文物》1993年第10期。）冨谷至同意这一观点，认为"所谓絜令或许可以视为，为各官署或郡县、特定地域所持有和保管的相关法令。"并进一步指出："以附有著令用语这一令的形式公布的诏被划分成甲、乙、丙，并附上甲令第某某、乙令第某某等整理编号保管起来。各官署从中摘录并附上新收录编号的，无非就是絜令。因此，如下的情形自然就会出现：同一种令在干支令和絜令中具有不同的编号，同一种令为多个絜令所收入并加以各不相同的令编号。"（参见［日］冨谷至：《通往晋泰始律令之路（Ⅰ）：秦汉的律与令》，朱腾译，徐世虹校，朱勇、张中秋、朱腾主编：《日本学者中国法论著选译》上册，中国政法大学出版社2012年版，第154—155页。）

或为"令文之节文"。孟彦弘不同意李均明、刘军的观点："这样一来，絜令就成了与原始的、刚刚制定出的令文相对称的一个概念。这恐怕是很欠妥当的。高恒先生认为此即'令集'，但这一认识仍不能解释是否所有

令文的编集皆可称为'挈令'。我认为，所谓'挈令'就是令文的节文。因为令文中包含了诏书的原文，甚至有案件的全部处理经过，像王杖十简那样。因此，人们在编集令文时，就出现了将其变为通例的原则性的规定，或者与自己部门或自己所负责的事务密切相关的部分，摘录出来，予以编集，与原来的令文全文相较，名此为'挈令'。这就是唐代的所谓'节文'、元代的所谓'节该'。"（参见孟彦弘：《秦汉法典体系的演变》，《历史研究》2005 年第 3 期。）

或为"在官署的墙壁上揭示的令"。籾山明注意到王先谦注中"挈，举也"的意见，认为挈令的本质不在于"挑选""编集"这一编纂程序，而在于"悬挂""揭示"这一公布形态。（［日］籾山明：《王杖木简再考》，庄小霞译，中国政法大学法律古籍整理研究所编：《中国古代法律文献研究》第 5 辑，社会科学文献出版社 2012 年版，第 23—45 页。原文出自《東洋史研究》第 65 卷第 1 号，2006 年。）但张忠炜反对该意见，认为："将挈令理解为契刻，挈令为刻写于木板之令，从书写习惯来说似无法成立。……籾山明将挈令理解为悬挂之令，问题是：作为书写形式之一的扁书，本来就可以用来悬挂于厅壁，不也具有揭示、布告的功能吗？当挈令、扁书具有近似作用时，挈令的本质或特征又将何存？从这个角度看，李均明、刘军的提法似更接近挈令的实质。"（张忠炜：《秦汉律令法系研究初编》，社会科学文献出版社 2012 年版，第 115 页。）

此外，徐世虹此前对"挈令"有一个整理，尤其重申其是"各官府将对本官署或地区具有常规指导意义的国家法令汇编而成的法令集"，也可参考：

"挈令"有双重含义。其一为镌刻在木板上的法令。《汉书·叙传上》："但笇祀于挈色。"颜师古曰："挈，刻也。"段玉裁《说文解字注》："'挈'当作'栔'。'栔'，刻也，乐浪郡刻于板之令也。"故《廷尉挈令》又称《廷尉板令》。《张汤传》注引韦昭曰："在板挈也。"《史记·酷吏列传》正义：
"谓律令也，古以板书之。言上所是，著之为正狱，以廷尉法令决平之，
扬主之明鉴也。"《后汉书·应劭传》："辄撰具……《廷尉板令》……凡
二百五十篇。"其二为约束、规范本地区或部门的重要法令。可参见大庭
脩《秦汉法制史研究》第二篇第二章第四节"令的佚文"；又见李均明、刘
军《武威旱滩坡出土汉简考述——兼论挈令》，《文物》1993 年第 10（原
文的注为"3"，误）期。"挈"又作"絜"，上述《北边挈令》二字互见即
为其证。段玉裁《说文解字注》："人部系下云：'絜，束也。'是知絜为束
也。"《汉书·张汤传》注颜师古曰："著，谓明书之也。挈，狱讼之要也。
书于谳法挈令以为后式也。"此"狱讼之要"与"谳法挈令"同义，指廷
尉应当遵循的决狱规则。……关于挈令与国家律令的关系，沈家本曾指
出：……揣测此说，似有二义：一是挈令不在正律之中；二是挈令系各官署
自行制订。但前揭大庭脩、李均明等均认为：挈令不是各官府自行制订的
法令，而是各官府将对本官署或地区具有常规指导意义的国家法令汇编而
成的法令集。这个法令集不仅编入了律令条文，也包括具有法律效力的判
例。又，沈家本曾推测唐台省将格令书于屋壁，为汉风余绪，近是。1990
年发掘的甘肃悬泉置遗址，有壁书《诏书四时月令五十条》（1997 年"全
国考古新发现精品展"展出此壁书诏令照片），可证实这一推测。参见徐
世虹：《汉代法律载体考述》，载杨一凡总主编：《中国法制史考证》甲编第
三卷《历代法制考·两汉魏晋南北朝法制考》，中国社会科学出版社 2003
年版，第 159—161 页。）

250 《决事比例》：决事比的专门汇编。决事比：见前注 226。

目》[251]、《五曹诏书》[252]及《春秋折狱》，凡二百五十篇，蠲去复重，为之节文。又集《议驳》[253]三十篇，以类相从，凡八十二事。其见《汉

---

251　《司徒都目》：司徒：即丞相。汉哀帝元寿二年，改丞相为大司徒，与大司马、大司空并列三公。东汉时改称司徒。都目：纲目，纲要。《后汉书·应劭列传》李贤注："司徒即丞相也。总领纲纪，佐理万机，故有都目。"又《东观汉记·鲍昱传》："昱奏定词讼七卷，决事都目八卷，以齐同法令，息遏人讼也。"故《司徒都目》盖司徒掌政执法时所用例法汇编。

252　《五曹诏书》：大概是尚书五曹分类汇编的诏令。五曹：指尚书台下分职治事的五个官署。"曹"的数量和名称在各朝代有所不同。汉成帝时有四曹（常侍曹、二千石曹、民曹、主客曹），后又增为五曹（加三公曹），东汉光武帝为六曹（吏部曹、二千石曹、民曹、客曹、三公曹、中都官曹），自东汉之世不改。（详见《后汉书·应劭列传》、《晋书·职官志》）那么，汉献帝建安元年时的应劭为何不按现行的六曹而只按五曹撰具《五曹诏书》？可能的解释是应劭本传李贤注（《后汉书·应劭列传》李贤注："成帝初置尚书员五人，《汉旧仪》有常侍曹、二千石曹、户曹、主客曹、三公曹也。"）引东汉卫宏《汉旧仪》所记五曹是汉成帝时设置的，而卫宏是光武帝时期的人，撰《汉旧仪》时或许光武帝还没有变革为六曹；或者光武帝已经变革各曹，但卫宏还是沿用旧有的五曹设计，故应劭所撰《五曹诏书》也沿用西汉传统的五曹。具体原因仍未明。

253　《议驳》：《后汉书·应劭列传》作"驳议"，亦是臣下上书皇帝的一种文体，蔡邕《独断》："凡群臣上书于天子者有四名：一曰章，二曰奏，三曰表，四曰驳议。……其有疑事，公卿百官会议，若台阁有所正处，而独执异议者，曰驳议。驳议曰：某官某甲议以为如是，下言臣愚戆议异。"《隋书·经籍志》、《新唐书·艺文志》载有应劭"汉朝《议驳》三十卷"，可见此书唐朝还存在，今已失传。

书》二十五，《汉记》[254]四，皆删叙润色，以全本体。[255]其二十六，博采古今瑰玮之士[256]，德义[257]可观。其二十七，臣所创造。《左氏》云：'虽

---

254　《汉记》：从高氏注："即《东观汉记》。这是部记载东汉历史的纪传体史书，由班固、崔寔、蔡邕等在洛阳东观中编纂，共一百四十三卷，南朝后渐佚。清人据《永乐大典》等书辑成今本二十四卷。"（高氏：《注译》，第 69 页。）

255　皆删叙润色，以全本体：从陆氏注："删叙，删削整理。润色，文字加工、修饰。以全本体，来统一全书的体制。"（陆氏：《注释》，第 36 页。）

256　瑰玮：从高氏注："两种美玉。这里用来比喻读书人博学多才，如稀世之珍宝。"（高氏：《注译》，第 69 页。）

257　德义：一谓道德信义，《左传·僖公二十四年》："心不则德义之经为顽，口不道忠信之言为嚚。"荀悦《汉纪·高祖纪二》："彼皆戴仰大王德义，愿为大王臣妾。德义已行，南面称伯，楚必敛衽而期。"二谓赏罚得当；亦谓从善去恶。《国语·周语中》："故圣人之施舍也，议之，其喜怒取与也，亦议之，是以不主宽惠，亦不主猛毅，主德义而已。"韦昭注："赏得其人，罚当其罪，是为德义。"《国语·晋语七》："悼公与司马侯升台而望，曰：'乐夫？'对曰：'临下之乐则乐矣，德义之乐则未也。'公曰：'何谓德义？'对曰：'诸侯之为，日在君侧，以其善行，以其恶戒，可谓德义矣。'"韦昭注："善善为德，恶恶为义。"此处宜采第一种解释。

有姬姜，不弃憔悴；虽有丝麻，不弃菅蒯。'258盖所以代匮也。是用敢露顽才，厕于明哲之末259，虽未足纲纪国体260，宣洽时雍。261庶几观察，

---

258　虽有姬姜，不弃憔悴；虽有丝麻，不弃菅蒯：出自《左传·成公九年》："虽有丝麻，无弃菅蒯；虽有姬姜，无弃蕉萃。"杜预注："姬姜，大国之女。蕉萃，陋贱之人。"《诗经·陈风·东门之池》："彼美淑姬，可与晤歌。"孔颖达疏："而谓之姬者，以黄帝姓姬，炎帝姓姜，二姓之后，子孙昌盛，其家之女，美者尤多，遂以姬姜为妇人之美称。"菅蒯：可以编绳的一类茅草。比喻微贱人物。

259　是用：因此。《左传·襄公八年》："如匪行迈谋，是用不得于道。"顽才：愚钝之人，自谦之辞。《文选》载三国魏应璩《与满公琰书》："外嘉郎君谦下之德，内幸顽才见诚知己。"张铣注："顽才，璩自谓也。"厕：同"侧"，指处在不太重要的位置，此处谦指自己参与跻身在某一工作或群体中。

260　纲纪国体：综理国家的体制。《诗经·大雅·棫朴》："勉勉我王，纲纪四方。"

261　宣洽：普遍沾溉。《后汉书·张衡列传》："皇泽宣洽，海外混同，万方亿丑，并质共剂。"时雍：亦作"时邕"，指时世和谐太平。《尚书·尧典》："百姓昭明，协和万邦，黎民于变时雍。"孔安国传："时，是；雍，和也。"

增阐圣德。[262]惟因万机之余暇，游意省览"[263]。献帝善之，于是旧事存焉。

（白超、崔超注）

---

262　庶几：表示希望或推测。《史记·秦始皇本纪》："寡人以为善，庶几息兵革。"增阐圣德：《后汉书·应劭列传》"圣德"作"圣听"。意为扩大皇帝对情况的了解。

263　万机：同"万几"，指当政者处理政务十分繁忙。游：不固定。游意：随意。

**【今译】**

汉献帝建安元年，应劭又删修改定律令，称之为《汉议》，并上表奏明皇上说："国家的大事，没有比典籍更重要的。所谓典籍，正是用来决断嫌疑，辨明是非，令奖赏与刑罚相适应，并秉持不偏不倚的中正之道，使后人有永远以之为鉴的依据。所以胶东（西）相董仲舒因年老多病而辞官回乡之后，朝廷每次有重大政事需要讨论，就多次派遣廷尉张汤亲自去其居所，向其询问这些事情中的是非曲直问题。于是，董仲舒便撰写了《春秋折狱》一书，记载了二百三十二个案例，常以经义解答，论说十分详细。叛逆之臣董卓，颠覆汉室朝廷，焚烧典章法令，散灭殆尽，开天辟地以来，还没有如此这般残暴的。如今陛下大驾东迁，建都在许，攻克艰难险阻，承受天命开辟崭新的局面。臣下不自量力，编撰完成《律本章句》、《尚书旧事》、《廷尉板令》、《决事比例》、《司徒都目》、《五曹诏书》以及《春秋折狱》，一共二百五十篇，删去重复的部分，以节省文字。又纂集《议驳》三十篇，按类编排，一共论及八十二件事例。其中见于《汉书》的有二十五例，见于《汉记》的四例，都删削整理，稍加修饰，以统一全书的体制。其中有二十六例，广泛采纳古今才干卓异之人的作品，从中可欣赏他们的道德修养和文章义理。其中还有二十七例，是臣下自己所作。《左氏》上说：'虽有像姬姜那样的富家女，却不嫌弃陋贱之人；虽有丝麻，却不嫌弃茅草。'大概是用来弥补匮乏时的需要吧。所以我这才敢显露自己的愚钝，有幸跟在贤明先哲的后面。（臣下所上之表）虽然不足以综理国家体制，使天下太平，但或许能帮助审视下情，扩大皇上对情况的了解。只希望您能趁着处理政务时的空闲时间，随意审览臣下的奏章。"汉献帝对应劭的表奏十分赞赏，于是以前的典章制度得以留存下来。

（白超、崔超译）

【原文】

　　是时天下将乱，百姓有土崩²⁶⁴之势，刑罚不足以惩恶，于是名儒大

【注释】

　　264　土崩：比喻崩溃破败，无法收拾。《史记·平津侯主父列传》："臣闻天下之患在于土崩，不在于瓦解，古今一也。何谓土崩，秦之末世是也。"

才故辽东太守崔寔<sup>265</sup>、大司农郑玄<sup>266</sup>、大鸿胪陈纪<sup>267</sup>之徒，咸以为宜

---

265　辽东：指辽河以东地区，战国、秦、汉至南北朝设辽东郡。

太守：官名。秦置郡守，汉景帝时改名太守，为一郡最高的行政长官。

崔寔：字子真（公元？—170年），东汉涿郡安平（今河北省安平县）人。父崔瑗、祖崔骃，都是有名的学者。桓帝初年，除为郎，后任议郎，著作东观，出任五原、辽东太守。他明于政体，主张重赏峻罚，恢复肉刑。所著《政论》五卷，"指切时要，言辩而确"，颇受赞扬。《政论》已散佚，清严可均辑录残存的九篇和若干片段。另有《四民月令》，亦早佚，其中的若干文字，《齐民要术》曾加以引录。见《后汉书·崔骃列传崔寔附传》。

266　大司农：秦汉九卿之一，掌管租税、钱谷等国家财政。秦始置，称为理粟内史，汉景帝改名大农令，武帝时更名大司农。（参见《汉书·百官公卿表上》、《后汉书·百官志三》。）《后汉书·郑玄列传》："公车征为大司农，给安车一乘，所过长吏送迎。玄乃以病自乞还家。"

郑玄：字康成（公元127—200年），东汉著名经学家，北海高密（今山东省高密县）人。受业于张恭祖、马融等学者，兼通今古文，学业优异。灵帝时，聚徒讲学，有学徒数百人。因党事被禁锢十四年。遂闭门修业，遍注群经。后来被袁绍推举为左中郎将，不就。后"公车征为大司农，给安车一乘，所过长吏送迎。玄乃以病自乞还家。"（《后汉书·郑玄列传》），建安五年卒。郑玄一生著述宏富，达几百万言，传世的有《毛诗笺》、《周礼注》、《仪礼注》、《礼记注》等。另有《律郑氏章句》，今已失传。见《后汉书·郑玄列传》。

267　大鸿胪：秦汉九卿之一，主外交，掌管诸侯以及四方归附的外族，后渐变为赞襄礼仪之官。《汉书·百官公卿表上》："典客，秦官，掌诸归义蛮夷，有丞。景帝中六年更名大行令，武帝太初元年更名大鸿胪。"颜师古注引应劭曰："郊庙行礼赞九宾，鸿声胪传之也。"韦昭曰："鸿，大也。

复行肉刑。汉朝既不议其事，[268] 故无所用矣。及魏武帝匡辅汉室，[269] 尚书令荀彧[270] 博访百官，复欲申之，而少府孔融[271] 议以为："古者敦

---

胪，陈序也。欲大以礼，陈序于宾客也。"

陈纪（公元129—199年）：字元方，东汉颍川许县（今河南省许昌市）人。少以德行闻名。历任侍中、大鸿胪，卒于官。他主张恢复肉刑，著书数十篇，号称《陈子》。见《后汉书·陈寔列传子陈纪附传》，亦可参见《三国志·魏书·陈群传》裴注引王沈《魏书》。

268　汉朝既不议其事：指当时汉献帝受董卓胁持，无法处理政事，讨论是否恢复肉刑问题。

269　魏武帝：曹操（公元155—220年），字孟德，东汉沛国谯（今安徽省亳州）人。他在东汉末抗击黄巾军中扩展力量，声讨董卓，迎接献帝，击灭袁绍等北方割据势力，位至丞相，封魏王。死后，儿子曹丕代汉称帝，追尊他为武皇帝，庙号太祖。见《三国志·魏书·武帝纪》。

匡辅汉室：匡辅：匡正扶持。因曹操以汉丞相、魏王身份，名义上还隶属于东汉，是美化曹操把持政权的说法。

270　荀彧（公元163—212年）：字文若，颍川颍阴（今河南省许昌市）人。出生士族，初依附袁绍，继而随从曹操，颇受信任。他建谋划策，劝迎接献帝，屡建功勋，官至侍中、守尚书令。后因反对曹操称魏公，受操猜疑，惧而自杀。（参见《三国志·魏书·荀彧传》。）

271　少府：秦汉九卿之一，掌山海地泽之税，负责皇宫服用的各种衣服、器用、珍宝、膳食等事务，为皇帝的私府。

孔融（公元153—208年）：字文举，东汉鲁国曲阜（今山东省曲阜）人。献帝时任北海相，后官至少府、太中大夫。他是孔子后裔，崇尚儒学，喜好宾客，恃才傲物，对朝廷多有建议。终因对曹操不满而为曹操所杀，时年56岁。他是当时建安七子之一，有《孔北海集》。见《后汉书·孔融列传》。本志所引孔融议论与《后汉书》本传所引大致相同。

庞[272]，善否区别，吏端[273]刑清政简，一无过失，百姓有罪，皆自取之。末世陵迟[274]，风化坏乱，政挠其俗，法害其教。[275]故曰'上失其道，人散

---

272　敦庞：朴质淳厚，也作敦蒙。《左传·成公十六年》杜预注："敦，厚也。庞，大也。"

273　端：正、直。《说文解字》："端，直也。"

274　陵迟：同陵夷。本意为坡势下斜，引申为逐渐衰落。《汉书·景十三王传》颜师古注："陵夷即陵迟也，言渐颓替也。"《诗经·王风·大车序》："礼义陵迟，男女淫奔，故陈古以刺今。"孔颖达疏："陵迟，犹陂陁，言礼义废坏之意也。"

275　政挠其俗，法害其教：政令扰乱了当地的风俗，法律损坏了当地的教化。

久矣’。²⁷⁶而欲绳之以古刑，投之以残弃，²⁷⁷非所谓与时消息²⁷⁸也。纣斫朝涉之胫，²⁷⁹天下谓为无道。夫九牧之地，千八百君，²⁸⁰若各

276　上失其道，人散久矣：语出《论语·子张》："曾子曰：上失其道，民散久矣。如得其情，则哀矜而勿喜。"马融曰："民之离散，为轻漂犯法，乃上之所为也，非民之过也。当哀矜之，勿之自喜能得其情也。"人散：原文本作"民散"，这里是因唐代史臣避唐太宗的名讳而改。此句意为：在位的人治民失去正道，民心背离已久。

277　绳：纠正，约束。《盐铁论·大论》："绳之以法，断之以刑。"残弃：残其肢体而废弃之。

278　与时消息：随着时间的变化而消灭或生长。《周易·丰》："天地盈虚，与时消息。"高亨注："消息犹消长也。"这句是指随时代变化而制定与之相适应的律令。即孔融认为恢复肉刑已经不适应时势的需要。

279　纣斫朝涉之胫：事见《尚书·泰誓下》："今商王受，……斫朝涉之胫，剖贤人之心。"孔安国传："冬月见朝涉水者，谓其胫耐寒，斩而视之。"斫：同"斫"，斩断。胫：小腿。

280　九牧：指九州。《荀子·解蔽》："文王监于殷纣，故主其心而慎治之，是以能长用吕望而身不失道，此其所以代殷王而受九牧也。"杨倞注："九牧，九州也。"古代分中国为九州。说法不一。《尚书·禹贡》作冀、兖、青、徐、扬、荆、豫、梁、雍；《尔雅》有幽、营州而无青、梁州；《周礼·夏官·职方氏》有幽、并州而无徐、梁州。后以"九州"泛指天下，全中国。牧：治理百姓的长官。《礼记·曲礼下》："九州之长入天子之国，曰牧。"

千八百君：《汉书·地理志（上）》："周爵五等，而土三等……盖千八百国。"国有国君，故曰"千八百君"。《汉书·贾山传》："昔者周盖千八百国，以九州之民养千八百国之君。"

刖[281]一人，是天下常有千八百刖也，求世休和[282]，弗可得已。且被刑之人，虑不念生，志在思死，类[283]多趋恶，莫复归正。夙沙乱齐，[284]伊戾

---

281　刖：斫断脚，这里用作动词。刖乃中国上古时期五刑之一，是使受刑者丧失行走能力的刑罚。《说文解字》："刖，断足之刑也。"一说此刑周以前称膑，周改膑为刖，周穆王始称其为剕。另一说膑、剕、刖三刑不同，膑为剔去膑骨，刖为割掉脚筋。《史记·秦本纪》："膑，胫骨也。"但段玉裁《说文解字注》卷四认为：旧五刑中的"膑者，髌之俗，去膝头骨也。周改髌作剕，其字借作刖，断足也，汉之斩趾是也。髌者废不能行，剕者尚可箸踊而行。踊者，刖足者之屦。"剕刑始于殷商，春秋战国时已普遍适用。秦称斩左右趾。睡虎地秦简《法律答问》："五人盗，赃一钱以上，斩左趾。"（第 2 号简）汉文帝改革肉刑时，改斩左趾为笞五百，斩右趾为弃市。汉武帝时以钛左趾代斩右趾，《史记·平准书》："敢私铸铁器煮盐者，钛左趾。"裴骃《集解》引韦昭云："钛，以铁为之，著左趾，以代刖也。"司马贞《索隐》引张斐《汉晋律序》云："状如跟衣，著（足）[左]足下，重六斤，以代膑，至魏武改以代刖也。"魏晋以后，剕、刖不再作为法定刑种。

282　休和：喜悦和睦。《左传·襄公九年》："若能休和，远人将至。"《文选》载南朝齐王融《三月三日曲水诗序》："用能免群生于汤火，纳百姓于休和。"张铣注："休和，谓祸乱已平，兵戈不用，故致之使休息和平也。"

283　类：大都。《三国志·魏书·王粲传》："观古今文人，类不护细行。"

284　夙沙乱齐：夙沙指春秋时齐灵公的宠臣、寺人夙沙卫。灵公原先立光为太子，后废光而改立公子牙为太子，任命夙沙卫为少傅。待灵公病危，崔杼暗地里去迎接光，重立光为太子，灵公死后遂继任为齐庄公。齐庄公逮捕了牙，又恨夙沙卫轻视自己而帮助牙。夙沙卫惧怕报复，逃奔高唐后公开叛乱，城陷被醢。事见《左传·襄公十九年》。

祸宋，<sup>285</sup>赵高、英布<sup>286</sup>，为世大患。不能止人遂为非也。虽忠如鬻拳<sup>287</sup>，信如

---

285　伊戾祸宋：伊戾：春秋时宋平公太子痤的寺人惠墙伊戾，惠墙，氏，伊戾其名也。他担任太子痤的内师，却恨得不到宠幸。楚国的客人往晋国途经宋国，太子痤与其是旧相识，就去招待他，伊戾也跟着去，回来就向宋平公谎告太子与楚客勾结将为乱，宋平公遂囚禁太子痤，致其自杀。宋平公后来知道真相，就烹死伊戾。事见《左传·襄公二十六年》。

286　赵高（公元前？—前207年）：秦始皇时的著名宦官。但也有学者认为赵高并非阉宦。（参见李开元：《说赵高不是官阉——补〈史记·赵高列传〉》，《史学月刊》2007年第8期。）公元前210年，秦始皇出游病死平原津，赵高胁迫李斯诈改遗诏，杀死太子扶苏，改立胡亥为二世皇帝，继而冤杀李斯，任丞相，擅权。后来又杀死胡亥，另立子婴，终于被子婴杀死。秦国不久也随之灭亡。（参见《史记·秦始皇本纪》。）

英布（公元前？—前195年）：六县（今安徽省六安县东北）人。少年时曾受黥刑，在骊山服劳役，故又称"黥布"。他在秦末带领骊山刑徒起义，归附项羽，进击秦军，入咸阳，多次建立功勋，受封九江王。楚汉战争中归附刘邦，被封为淮南王。后来看到韩信、彭越等都被诛杀，恐惧，遂起兵造反，事败被诱杀。见《史记·黥布列传》。

287　鬻拳：春秋时楚国的大夫，曾强谏楚文王，文王不肯听从，就用兵器威胁，文王害怕了才接受其谏言。鬻拳以为自己用武力胁迫国君，罪莫大焉，就自己斫断脚。楚国任命他为大阍（主管城门的官）。后来楚文王病死，他待安葬毕，自杀。他的爱护国君行为颇受称赞。事见《左传·庄公十九年》。

卞和[288]，智如孙膑[289]，冤如巷伯[290]，才如史迁[291]，达如子政[292]，一罹刀锯，没世

---

288　卞和：春秋时楚国人。他于山中得玉璞，先后呈献给楚厉王和楚武王，但都被认为诳欺君王，先后被斫去左右足。楚文王即位，他抱着玉璞，在荆山下痛哭三天三夜，文王知道后，命令玉工打开璞，果然是一块宝玉，便称之"和氏璧"。事见《韩非子·和氏》。

289　孙膑：战国时名将、军事家，齐国阿（今山东省阳谷县东北）人。他曾与庞涓一起学习兵法。后来庞涓任魏国惠王的将军，妒忌其才能，阴招其到魏国，加以诬害，被处膑刑，因而叫孙膑。后来齐国使者把他带到齐国，齐威王任其为军师，先后在桂陵和马陵战役中大败魏军，庞涓自杀，威名大显。著有《孙膑兵法》，早佚。今有出土银雀山汉墓竹简本。（参见《史记·孙子列传》。）

290　巷伯：宫内管理房舍的太监。《左传·襄公九年》："令司宫、巷伯儆宫。"孔颖达疏引王肃云："'今后宫称永巷。'是巷者，宫内道名。伯，长也。是宫内门巷之长也。"西周幽王时，有一个寺人（宦官）名叫孟子，因遭小人谗毁而受刑，为发泄冤屈愤懑，作《巷伯》一诗。见《诗经·小雅·巷伯》。

291　史迁：太史公司马迁（公元前？—前86年？），字子长，西汉夏阳（今陕西省韩城县）人。因其担任史官，故后人称其史迁。汉武帝元封三年，继父亲司马谈之职为太史令。因为替败于匈奴的李陵辩护，触怒汉武帝，下狱受宫刑。受刑后任中书令，发愤继承其父遗志，撰成《太史公书》，东汉时改称《史记》，是我国第一部纪传体通史。

292　达如子政：达，通达。《汉书·楚元王传》"赞"："自孔子后，缀文之士众矣，唯孟轲、孙况、董仲舒、司马迁、刘向、扬雄。此数公者，皆博物洽闻，通达古今，其言有补于世。"

子政：刘向（公元前77—前6年），本名更生，字子政，沛（今江苏省沛县）人，西汉政治家、学者。他是汉高祖之弟楚元王（刘交）的四世孙。元帝时任散骑宗正给事中，遭受宦官弘恭、石显谗毁，多次下狱，后

不齿。[293] 是太甲之思庸，[294] 穆公之霸秦，[295] 陈汤之都赖，[296] 魏尚之临

_____

被免为庶人。后来又上封事，更被仇怨，被废弃十多年。成帝即位，杀死专权的宦官石显等，方才得到任用，多次上奏议事，任光禄大夫，领校五经秘书。刘向博物洽闻，善文，撰成《别录》，是我国目录学的创始人，另编撰《新序》、《说苑》、《列女传》、《洪范五行传》等书，又作《九叹》等辞赋三十三篇。

293　一罹刀锯，没世不齿：罹：遭受。刀锯：刀锯是施加肉刑的刑具。《国语·鲁语上》："中刑用刀锯"。这儿转指肉刑。没世：一直到死，终身。《论语·卫灵公》："君子疾没世而名不称焉。"不齿：不屑，不能跟一般人同列，表示极端鄙视。《尚书·蔡仲之命》："降霍叔于庶人，三年不齿。"

294　太甲之思庸：太甲：商汤的孙子，商代第五世国君。《尚书·太甲序》："太甲既立，不明，伊尹放诸桐。三年复归于亳，思庸，伊尹作《太甲》三篇。"孔安国传："思庸，念常道。"此句意为太甲即位后昏庸无道，被辅臣伊尹放逐于桐。三年后因悔过，能思常道，被伊尹迎接复位。

按：太甲以下数例，都说明对曾有罪过的人应当网开一面，让他们有弃恶从善之路，允许归正立功。

295　穆公之霸秦：穆公即秦穆公，春秋时秦国国君，名任好，公元前659—前621年在位。他任用由余、百里奚、蹇叔、孟明等，虽被晋军大败于崤山，但勇于悔过，终于并国三十，开地千里，称霸西戎。事见《左传》、《史记·秦本纪》。

296　陈汤之都赖：陈汤：字子公，西汉山阳瑕丘（今山东省兖州东北）人。汉元帝时任西域副校尉，假托朝廷命令发兵西域诸国，在都赖水上攻杀匈奴郅支单于，斩获颇多。元帝因其矫诏，众议不一，只赐爵关内侯。成帝初年坐事免官，并且下狱要判处死刑，后夺爵为士伍，嗣后复官任从军中郎，又因事被远徙。（参见《汉书·陈汤传》。）

都赖：水名，在今哈萨克斯坦共和国东部地区，是陈汤杀死郅支单于的

边，[297]无所复施也。汉开改恶之路，凡为此也。故明德之君，远度深惟，[298]弃短就长，不苟革其政者也。"朝廷善之，卒不改焉。

---

地方。张氏注为"古代在西域康居国境内，今在哈萨克斯坦共和国东部地区"（张氏：《注释》，第44页）。陆氏注为"在今苏联境内，江布尔东北"（陆氏：《注释》，第42页）。《辞海·历史地理分册》"康居"条："约在今巴尔喀什湖和咸海之间。"苏联解体后，江布尔成为哈萨克斯坦的一个州，喀尔巴什湖也归哈萨克斯坦。所以张氏、陆氏、《辞海》描述的位置大体相同。

297　魏尚之临边：魏尚（公元前？—前157年）：西汉槐里（今陕西省兴平市）人，守边名将。汉文帝时任云中太守，关怀士卒，使匈奴不敢侵犯云中塞。后因反击匈奴大胜，上报斩获首级却差六级，被捕削爵，判处劳役罚作。由于冯唐向文帝进谏，文帝才命令冯唐持符节赦免魏尚之罪，恢复原职，守卫边塞。事见《史记·冯唐列传》。

298　远度：深远地谋划。深惟：深思，深入考虑。《战国策·韩策一》："此安危之要，国家之大事也。臣请深惟而苦思之。"

及魏国建，[299]陈纪子群时为御史中丞，[300]魏武帝下令又欲复之，使群申其父论。群深陈其便。时钟繇为相国，[301]亦赞成之，而奉常王脩[302]不同其

---

299　及魏国建：指汉献帝建安二十一年（公元 216 年），封曹操为魏王，建立藩国。紧接的下文之"魏武帝"，乃曹丕建立曹魏政权后追尊曹操之号。

300　陈群：字长文，陈寔之孙，陈纪之子，三国魏颍川许昌（今河南省许昌市）人。曾任刘备的别驾，后归附曹操，任御史中丞。历经文帝、明帝，累迁吏部尚书、司空、录尚书事，封颍阴侯。他曾建议选拔官吏方面施行九品中正制，参与制定魏《新律》十八篇。陈群与其父陈纪都主张恢复肉刑，主要认为汉文帝除肉刑，增加笞数是名轻实重，肉刑是按罪处罚，合于古制。（参见《三国志·魏书·陈群传》。）

御史中丞：官名，为御史大夫的佐官。汉时，御史大夫有两丞，一为御史丞，一为中丞。中丞又称为御史中执法，以明法律者担任，在殿中兰台掌管图籍秘书，并接受公卿奏事，举劾案章，纠察百官。哀帝时，御史大夫转为大司空，中丞遂为御史台主官，权力甚大。（参见《汉书·百官公卿表上》、《后汉书·百官志三》。）

301　钟繇（公元151—230年）：字元常，颍川长社（今河南省长葛县东北）人。东汉末曾任廷尉正、黄门侍郎，曹操执政时为侍中兼司隶校尉，后升尚书仆射。他当时"以为古之肉刑，更历圣人，宜复施行，以代死刑"。曹丕称帝，又任廷尉、太尉，封平阳乡侯。明帝曹叡即位，升为太傅，上疏仍建议恢复黥、劓、刖等肉刑，终因司徒王朗和百余官吏反对，帝以吴、蜀未平，而未被采纳，不久去世。他精通书法，与晋代王羲之齐名。（参见《三国志·魏书·钟繇传》。）

相国：参见前注 159。

302　奉常：秦及汉初官名，九卿之一，掌管宗庙礼仪祭祀之事，相当于周的宗伯，汉景帝中六年改为太常，东汉沿用，建安中曹操又改为奉常。（参见《汉书·百官公卿表上》、《后汉书·百官志二》。）

议。魏武帝亦难以藩国[303]改汉朝之制，遂寝不行。于是乃定甲子科[304]，犯钛左右趾者易以木械，[305]是时乏铁，故易以木焉。又嫌汉律太重，故令依

---

王脩：字叔治（生卒年不详），北海营陵（今山东省昌乐县）人。[按：陆氏注为"潍坊市"（陆氏：《注释》，第44页）。高氏注为"昌东县"（高氏：《注释》，第73页）。张氏注为"昌乐县"（张氏：《注释》，第46页）。据《辞海·历史地理分册》"北海"条，治所是营陵（今山东省昌乐），辖境包括潍坊等。因此张氏正确，高氏可能误写为"昌东县"，陆氏不确切。]初依附袁绍之子青州刺史袁谭，为别驾，后归附曹操任魏郡太守。魏建藩国，历大司农、郎中令。"（魏）太祖议行肉刑，脩以为时未可行，太祖采其议。"（《三国志·魏书·王脩传》。）

303　藩国：指朝廷所分封的诸侯王国，以屏藩王室，故称。当时曹操被封为魏王，加九锡，但并未正式代汉。

304　甲子科：曹操受封魏王后制定的法规。高氏谓："甲子，因其居干支首位，即用来表始设、首创之义。一说认为是甲子日颁布的法规。"（高氏：《注译》，第73页。）张氏谓："曹操想要更改汉律，但为了避免公然改变汉王朝制度之名，所以改用科令的形式，制定了《甲子科》。它的内容已失传，现在所可考知的，除下文提到的'犯钛左右趾者易以木械'、'令依律论者听得科半'之外，又有禁酒、禁内学（图谶之书）及兵书，禁长吏擅去官，等。"（张氏：《注释》，第46页。）张建国观点与张氏同。（参见张建国：《"科"的变迁及其历史作用》，《北京大学学报（哲学社会科学版）》1987年第3期。）滋贺秀三认为，"科"这一特定的法律形式在汉代并不存在，是三国时期的新生且特有的事物，具有临时性小法典的性质（蜀有《蜀科》，吴当亦有之）。魏的"科"有建安五年的《新科》和大约制定于建安二十二年的《甲子科》。（参见氏著：《中國法制史論集法典と刑罰》，創文社2003年版，第57—58页。）

305　犯钛左右趾者易以木械：钛：刑具的一种，脚镣。《说文解字》："钛，铁钳也。"又《太平御览·刑法部十·钳》引《说文》曰："钳，鐵，有所

律论者听得科半，[306]使从半减也。

（雷桂旺、崔超注）

---

刧束也。釱，胫钳也。"《汉书·陈万年传》："或私解脱钳釱，衣服不如法，辄加罪笞。"颜师古注："钳在颈，釱在足，皆以铁为之。"

釱左右趾：用以代替先前斩左右趾的刑罚，应是亚于死刑的重刑。《史记·平准书》："敢私铸铁器煮盐者，釱左趾。"裴骃《集解》引韦昭云："釱，以铁为之，著左趾以代刖也。"司马贞《索隐》引张斐《汉晋律序》云："状如跟衣，著（足）[左] 足下，重六斤，以代膑，至魏武改以代刖也。"关于制定釱趾刑的时期，目前学界有分歧意见。

木械：本指木制的桎梏。《汉书·公孙贺传》："南山之竹不足受我辞，斜谷之木不足为我械。"颜师古注："斜，谷名也，其中多木。械谓桎梏也。"所谓"桎梏"者，"桎"为木制脚枷，"梏"为木制手铐。《周礼·秋官·掌囚》郑玄注："郑司农云，拲者，两手共一木也，桎梏者，两手各一木也。玄谓在手曰梏，在足曰桎，中罪不拲，手足各一木耳。下罪又去桎。"表明木制的手铐有两种，"梏"为单手所服用，"拲"则是双手铐在一起。张氏认为：睡虎地秦简载有"杕"的刑具，可见早先的釱也是木制的。（张氏：《注释》，第 46 页。）

按：睡虎地秦简《秦律十八种·司空》："公士以下居赎刑罪、死罪者，居于城旦舂，毋赤其衣，勿枸椟欙杕。"（第 140 号简）整理小组注："枸椟欙杕，均为刑具。枸椟应为木械，如枷或桎梏之类。欙读为缧（léi，音雷），系在囚徒颈上的黑索。杕，读为釱（音第），套在囚徒足胫的铁钳。"此处的杕非釱，与前面的枸椟欙均为木字旁，是否铁制的钳值得考虑。因此，曹操所改亦有所本。

306　论：判罪、处刑。科：量刑，判刑。《说文解字》："科，程也。从禾、斗。斗者，量也。"科半：量刑从半减罚。

【今译】

这时汉朝天下将要动荡，百姓有奋起反抗、使统治政权崩溃的趋势，刑罚不足以惩治恶行，于是名儒大才如原来的辽东太守崔寔、大司农郑玄、大鸿胪陈纪等人，都认为应该恢复肉刑。汉朝廷既然未主持讨论此事，他们的意见也就没有被采用。到了魏武帝辅佐汉室，尚书令荀彧广泛地询问百官，想重新申述恢复肉刑，但是少府孔融认为："先古百姓敦厚笃实，善与恶可明显区分，官吏正直，刑罚清明，政令简省，治理完全没有过失，百姓犯了罪，都是咎由自取。末世社会逐步衰落，风气败坏，政令扰乱其风俗，法律损坏其教化。所以说'当权者背弃正道，民心离散已久矣'。现在想用远古刑罚来治理百姓，以残废肢体的酷罚虐待他们，这不是常讲的能随着时代要求而发展变化。商纣王斩断冬季早上涉水者的小腿，天下人都说他无道。周初天下共有一千八百国君，如果每个国君都砍掉一个人的脚掌，那么天下就有一千八百个纣王。想求得天下安宁，是不可能实现的。而且遭受肉刑的人，没有生念，但存死志，大都趋向变坏，更不用说重返正道。夙沙卫扰乱齐国，伊戾给宋国制造祸端，赵高、英布成为社会的巨大祸害。可见施加肉刑没能制止他们做出非法的事情。即使像鬻拳那么忠诚，像卞和那么守信，像孙膑那样机智，像巷伯那样含冤，像司马迁那样高才，像刘向那样博闻，一旦遭受肉刑，就会被世人轻蔑终身。如此，太甲被放逐后思念常道悔过自新，秦穆公建立霸业，陈汤获释出狱在都赖斩杀单于，魏尚被赦罪恢复原职守卫边塞，就都不会再出现。汉文帝废肉刑开辟改恶从善之路，都是为了这一原因。因此德行彰明的国君，能深谋远虑，弃短就长，不草率改变政令法制。"朝廷认为孔融的建议很好，最终没有更改刑罚。

到了曹操任魏王时，陈纪的儿子陈群任御史中丞，曹操下令又想恢复肉刑，让陈群申述他父亲的观点。陈群极力陈说恢复肉刑的好处。当时钟繇任相国，也赞同这个意见，但是奉常王脩不同意这一观点。曹操也难以藩国的地位改变汉朝法制，这一建议就被搁置没有施行。于是另制定《甲子科》，对犯罪应钛左右趾的用木制刑具代替，当时缺少铁，所以用木来代替。又认为汉朝刑律太重，因此下令凡是依照律论罪的可按原罪一半量刑，使其减半受惩。

（雷桂旺、崔超译）

【原文】

魏文帝[307]受禅，又议肉刑。[308]详议未定，会有军事，复寝。时有

---

【注释】

307　魏文帝：曹丕（公元187—226年），字子桓，沛国谯（今安徽省亳州市）人，曹操次子，代汉称帝，创建魏朝，改元黄初，定都洛阳，公元220—226年在位。擅写诗文，有《魏文帝集》传世。详见《三国志·魏书·文帝纪》。

308　又议肉刑：《三国志·魏书·钟繇传》："及文帝临飨群臣，诏谓：'大理欲复肉刑，此诚圣王之法。公卿当善共议。'议未定，会有军事，复寝。"

大女<sup>309</sup>刘朱，捶子妇酷暴，前后三妇自杀，论朱减死输作尚方，<sup>310</sup>因是

---

309　大女：《管子·海王》、《管子·国蓄》有"大男""大女"之用语。《通典·食货十二·轻重》注："六十为大男，五十为大女。"内田氏认为"大女"是五十岁以上的"老女"。（[日]内田氏：《译注》，第 92 页。按：内田氏引"国蓄"为"国畜"，误。）另，"大女"也可以解释为"成年女子"。冨谷至认为，在汉代，大女、中女、使女、未使女与大男、中男、使男、未使男等作为制度性用语，也见于简牍（居延汉简）。一般说，十五岁以上为大女，七至十四岁为使女，一至六岁为未使女。（参见[日]内田氏：《译注》，冨谷至补注，第 280 页，（9）。按：冨谷至文中有一处的"未使女"误植为"未使用"。）

310　输作：因犯罪罚作劳役。蔡邕《蔡中郎文集·上汉书十志疏》："顾念元初中故尚书郎张俊坐漏泄事，当服重刑，已出毂门，复听读鞫，诏书驰救，一等输作左校。"《后汉书·孝和帝纪》："（永元元年）冬十月，令郡国弛刑输作军营。"沈家本亦认为，输作，盖罚作之别。（沈家本：《历代刑法考·刑制总考二》，第 20 页。）尚方：官署名，古代掌管帝王所用器物的机构，多以役徒服劳作，因以为系罪因之所。《梁书·孙谦列传》："永明初，为冠军长史、江夏太守，坐被代辄去郡，系尚方。"《隋书·高劢传》："尚方役徒，积骸千数，疆场防守，长戍三年。"

下怨毒杀人减死之令。[311]魏明帝[312]改士庶罚金[313]之令，男听以罚金，[314]妇人加答还从鞭督[315]之例，以其形体裸露故也。

---

311  怨毒杀人减死：《文献通考·刑考八·详谳》："按所谓怨毒杀人者，盖行凶之人遭被杀之人苦毒，故不胜其怨愤，起而杀之。今刘朱之事，史不言子妇有悖逆其姑之迹，则非怨毒杀人也。要之，姑挝其妇，妇因挝而自杀，非姑手杀之，则自可以免死，但以为怨毒，则史文不明，未见其可坐以此律耳。"沈家本认为："此段史文不详，马氏之说，仍是未明。窃疑刘朱施苦毒而子妇自杀，得以减死，故受苦毒而怨愤杀人亦得减死论，事实相因，故著于此，非谓刘朱之事为怨毒杀人。"（沈家本：《历代刑法考·刑制总考二》，第22页。）

马端临和沈家本都认为这里不是指刘朱怨毒杀人，言之有理。沈家本进一步认为，下达此一法令的原因在于施虐者在导致被虐待者自杀的情况下都能够减死罪，那被虐待者因受虐而反抗杀人也应该减死罪。有一定合理性。但前者施虐者只是虐待并没有亲手杀人，后者是被虐待者亲手杀人，这两者真的可以等同吗？相比之下，张氏对法令颁布的原因和刘朱减死罪的原因的解释似乎更合理。张氏谓："因遭受虐待迫害，极度怨恨而杀人，可以减死罪一等。按上述刘朱的案子，不属于怨毒杀人的情况，也许是因为刘朱前后虐待三个儿媳，都自杀而死，竟无反抗，所以制定这一法令的吧？至于刘朱的减死，不外两种原因：一是因为她是尊长，根据法律，尊对卑减轻；二是因为刘朱并没有直接杀人，三个儿媳都是自杀。"（张氏：《注释》，第47页。）

312  魏明帝：见前注51。

313  罚金：罚金本是汉代财产刑之一，以黄金为重量单位科罚。《居延新简》："期会。皆坐辨其官事不辨论。罚金各四两，直二千五百。"（E.P.T57：1）魏亦遵行。

314  男听以罚金：《通典·刑法一·刑制上》、《文献通考·刑考十上·赎刑》则是"男听以罚代金"。

315  鞭：《尚书·舜典》："鞭作官刑。"孔安国传："以鞭为治官事之刑。"沈家本引《古今图书集成·祥刑典·鞭刑部》"魏明帝太和年间，定鞭督之令"，并认为："此事《魏志·明帝本纪》不载。《晋志》云：'明帝改士庶罚金之令，妇人加笞还从鞭督之例。'玩其文意，似本有鞭督之例，妇人还从之，非明帝始创也，当再考。《魏志·明［帝］纪》："青龙二年春二月癸酉，诏曰：'鞭作官刑，所以纠慢怠也，而顷多以无辜死。其减鞭杖之制，著为令'。"（沈家本：《历代刑法考·刑法分考十四》，第379页。）

督：沈家本引《太平御览·刑法部十六》"《晋律》：诸有所督罚，五十以下，鞭如令。《晋令》：应受杖而体有疮者，督之也。束皙《劝农赋》：'乃有老闲旧猥，挟欺难觉，时虽被考，不过校督，欹对囹圄，笑向桎梏。'"在其下的按语中说："《说文》：'督，察也。'《汉书·王褒传》：'如此，则使离娄督绳。'注师古曰：'督，察视也。'此'督'字之本义也。《丙吉传》：'汝尝坐养皇曾孙不谨督笞，汝安得有功？'注师古曰：'督谓视察之。'视察即察视督笞者，视察而笞之也。《晋律》言'督罚鞭如令'，则鞭督之义似与督笞同矣。然《晋令》云'体有疮者督之'，有疮则不能受杖，又似督则不实鞭者。观束皙之称校督曰'欹对囹圄，笑向桎梏'，如实鞭者岂能如此？"（沈家本：《历代刑法考·刑法分考十四》，第382—383页。）

《隋书·刑法志》："梁武帝承齐昏虐之余，刑政多僻……有罪者赎。其科，凡在官身犯，罚金。鞭杖杖督之罪，悉入赎停罚。"

富谷至认为：所谓"督"在《尔雅》、《周礼·春官·大祝》"禁督"郑玄注等中被解释为"督，正也"，亦即督察并矫正错误之意。《汉书·丙吉传》中又可见"督笞"二字："汝尝坐养皇曾孙不谨督笞，汝安得有功？"这条史料记载，后宫的奴婢因"养皇曾孙不谨"而被"督笞"，其中的"督"就是指以笞杖来追究。颜师古注曰："督，谓视察之。"因为他对"督"字当作何解并不清楚，所以如《汉书补注》所引"沈钦韩说"一般，此处以"督"为之后的《隋书·刑法志》所载之"杖督"的同义语，意指

**是时承用秦汉旧律，其文起自魏文侯师李悝[316]。悝撰次诸国法，**

---

杖罚。（［日］冨谷至：《笞杖的变迁——从汉的督笞至唐的笞杖刑》，朱腾译，周东平、朱腾主编：《法律史译评》，北京大学出版社2013年版，第52页。）

按：沈家本断定"察"是"督"字之本义。冨谷至认为"督"即督察并矫正错误之意。冨谷至的观点比沈家本更进一步，言之有理。那么，如何督察并矫正错误？采取的措施有"笞"、"鞭"。《汉书·尹翁归传》有"笞督"，《汉书·丙吉传》有"督笞"。"鞭"则有此处的"鞭督"。如果单纯的是"督"，应该就是沈家本所说的"《晋令》云'体有疮者督之'，有疮则不能受杖，有似督则不实鞭者"。所以，"督"本身的含义是确定的，只是它和不同的惩罚措施一起，就具有不同的含义。所以颜师古注《汉书·丙吉传》曰"督，谓视察之"是正确的。冨谷至认为颜师古对"督"字当作何解并不清楚，这种怀疑未必有道理。冨谷至主张"如《汉书补注》所引'沈钦韩说'一般，此处以'督'为之后的《隋书·刑法志》所载之'杖督'的同义语，意指杖罚"是不正确的。综上所述，此处"鞭督"应该作为一个词来解释，即以鞭责罚以督促其改正。

316　魏文侯（公元前？—前396年）：战国时期魏国的建立者。姬姓，魏氏，名斯。公元前445—前396年在位。在位时礼贤下士，奖励耕战，支持变革，使魏国成为强国。

李悝（公元前455—前395年）：曾任魏文侯相，主持变法。另一说，即李克。《汉书·艺文志》"法家"类有："《李子》三十二篇。名悝，相魏文侯，富国强兵。"不过在历史记载中，还有一位李克，关于李克的记载与李悝相似。《汉书·艺文志》"儒家"类有："《李克》七篇。子夏弟子，为魏文侯相。"《汉书·货殖传》："当魏文侯时，李克务尽地力。"因此，有学者认为李悝与李克是同一人。（参见钱穆：《先秦诸子系年》，商务印书馆2005年版，第153页。）陆氏也认为"悝克一声之转"。（陆氏：《注释》，

著《法经》[317]。以为王者之政，莫急于盗贼，故其律始于《盗》

---

第 46 页。）《李子》、《李克》都已佚。清马国翰据《吕氏春秋》、《淮南子》、《韩诗外传》等辑录为《李克书》。

317 《法经》：中国历史上第一部比较成体系的法典，开创了以罪统刑的新体制，成为此后成文法典的楷模。早已失传，本志及《唐律疏议》有简略追记。长期以来，由于史料的局限，学界关于《法经》存在的争议，主要集中于如下两个问题：一是《法经》是否确实存在；二是明代董说《七国考》所引《法经》史料的真伪问题。

就第一个问题而言，20 世纪 30 年代以来，以日本学者仁井田陞为代表的部分东西方中国法制史学者，否定《法经》的存在。但这类观点目前已不为学界关注。记载《法经》的史料虽然始出现于唐初，且其记载的内容比较单薄，但迄今考据与研究的结果皆不能否定其存在。有的学者认为，《史记》和《汉书》的作者并没有看见过有关《法经》的材料，到《晋书·刑法志》的作者才有所发现。此观点的代表是李力的《〈法经〉的篇目及其亡佚》一文（参见杨一凡主编：《中国法律史国际学术讨论会论文集》，陕西人民出版社 1990 年版）。还有学者认为《法经》并不是当时的法典，如张传汉《〈法经〉非法典辩》（《法学研究》1987 年第 3 期）。

关于此问题，还内含有一个小问题：法经是李悝法经还是秦法经？曹旅宁在辨析史料和学者观点后认为后来的李悝法经即据曹魏新律中秦法经即秦律之名编造出来的，特别巧妙的是曹魏新律序称秦法经为六篇，李悝法经也因此变成了六篇。（参见曹旅宁：《秦汉律篇二级分类说辨正》，氏著：《秦汉魏晋法制探微》，人民出版社 2013 年版，第 5—8 页。）

就第二个问题而言，明末董说《七国考》中曾转引一段所谓汉代桓谭《新论》所引《法经》的史料，学界对这段引文的真伪问题，争论近半个世纪，主要有两种意见：其一认为《七国考》中所引《法经》的史料是董说伪造的。因为桓谭的《新论》在明清时期已不存在，董说不可能加以引用，由此断定董说在《七国考》中所引用的《法经》条文，是他根据《晋书·刑法志》所载的内容加以伪造的。持此观点的有：捷克斯洛伐克学者鲍格拉于 1959 年发表的论文《李悝〈法经〉的一个双重伪造问题》(参见［日］守屋美都雄：《李悝の法經に關する一問題》，氏著：《中国古代の家族と国家》，东洋史研究会 1978 年版，第 550—561 页)，杨宽《战国史·后记》(上海人民出版社 1980 年第 2 版)，李力的《从几条未引起人们注意的史料辨析〈法经〉》(《中国法学》1990 年第 2 期)，殷啸虎《〈法经〉考辩》(《法学》1993 年第 2 期》) 等。其二，认为在《七国考》中所引《法经》的史料是可信的。持此观点者认为，桓谭的《新论》至明末依然存在，董说有可能看到并加以引用。持此观点的有日本学者守屋美都雄（前揭《李悝の法經に關する一問題》，第 561—584 页)，肖永清主编的《中国法制史简编》(上册，山西人民出版社 1981 年版)，张晋藩主编的《中国法制史》(群众出版社 1982 年版)，乔伟的《中国法律制度史》(上册，吉林人民出版社 1982 年版)，田昌五的《古代社会断代新论》(人民出版社 1982 年版)，张警的《〈七国考〉引文真伪析译》(《法学研究》1983 年第 6 期)，钱穆的《先秦诸子系年》(中华书局 1985 年版)，何勤华的《〈法经〉考》(杨一凡总主编：《中国法制史考证》甲编第二卷《历代法制考·战国秦法制考》，中国社会科学出版社 2003 年版) 等。

值得注意的是，中国法律史学界对程树德在《九朝律考·汉律考序》中对李悝《法经》"其源最古"的评价，以及将《法经》列于"律系表"首位的观点，基本上持肯定态度。

《贼》[318]。盗贼须劾捕[319]，故著《网》《捕》二篇[320]。其轻狡[321]、越城、博

---

318　《盗》：盗律，是惩治有关窃取或劫掠公私财物一类犯罪行为的法律。《贼》：贼律，是惩治有关叛逆作乱和杀伤人身一类犯罪行为的法律。《荀子·修身》："害良曰贼……窃货曰盗。"本志后文引张斐《律表》："取非其物谓之盗"；"无变斩击谓之贼"。《唐律疏议·贼盗律》："自秦、汉逮至后魏，皆名《贼律》、《盗律》。北齐合为《贼盗律》。后周为《劫盗律》，复有《贼叛律》。隋开皇合为《贼盗律》，至今不改。"

319　劾：官吏经过侦查与审讯，得到一定程度的证据后，进行告发。（参见［日］宫宅洁：《「劾」をめぐって——中國古代訴訟制度の展開——》，氏著：《中國古代刑制史の研究》，京都大学学术出版会2011年版。）劾捕：谢氏认为，劾者，举发攻讦他人罪状之谓。捕者，拘捕也。即揭发罪行，加以拘捕。（谢氏：《注译》，第85页。）《汉书·燕王刘泽传》："定国有所欲诛杀臣肥如令郢人，郢人等告定国。定国使谒者以它法劾捕格杀郢人灭口。"

320　故著《网》《捕》二篇：中华书局版校勘记［一一］指出："《唐六典》《注》：'李悝《法经》六篇，一曰《囚法》，四曰《捕法》。'《御览》六三八引《唐书》作'故著《囚》《捕》二篇'。此'网'字疑'囚'之误。"

《唐律疏议·断狱律》："《断狱律》之名，起自于魏，魏分里悝《囚法》而出此篇。至北齐，与《捕律》相合，更名《捕断律》。至后周，复为《断狱律》。《释名》云：'狱者，确也，以实囚情。皋陶造狱，夏曰夏台，殷名羑里，周曰圜土，秦曰囹圄，汉以来名狱。'然诸篇罪名，各有类例，讯舍出入，各立章程。"《唐律疏议·捕亡律》："《捕亡律》者，魏文侯之时，里悝制《法经》六篇，《捕法》第四。至后魏，名《捕亡律》。北齐名《捕断律》。后周名《逃捕律》。隋复名《捕亡律》。"

321　轻狡：轻佻而狡诈。沈家本认为犯轻狡罪包括"绝蒙大巾持兵

戏、借假不廉<sup>322</sup>、淫侈<sup>323</sup>、踰制<sup>324</sup>以为《杂律》<sup>325</sup>一篇，又

---

杖”、“三人以上无故群饮酒”和“三男共聚一妻”等各种奸淫、乱伦恶迹。（沈家本：《历代刑法考·汉律摭遗八·杂律》，第 1516—1523 页。）

322 借假：借贷。不廉：《国语·鲁语》韦昭注：“廉，直也。”睡虎地秦简《语书》：“智（知）而弗敢论，是即不廉殹也。”借假不廉：内田氏认为是指官吏借他人财物不还、贷财物给他人后取得不正当的利息。（［日］内田氏：《注译》，第 94 页。）

按：本志后文有“《杂律》有假借不廉”，疑即此处所谓的借假不廉，也是作为一个词使用。但沈家本认为“‘假借’、‘不廉’当为二事。‘假借’即《唐律·厩库律》中假借各条。‘不廉’即后世受赃之事，刑法中不能无此名目。”并详细列出“假借”、“不廉”的诸条目。（沈家本：《历代刑法考·汉律摭遗·目录》，第 1373—1374 页；《历代刑法考·汉律摭遗八·杂律》，第 1511—1515 页。）

关于《杂律》的内容，沈家本辑录“《杂律》：假借、不廉、呵人受钱、使者验略。李悝《杂律》之目：轻狡、越城、博戏、假借、不廉、淫侈、踰制”，并在其下的按语中说：“《杂律》之目，可考者四。李悝《杂律》之目，可考者七。‘假借’、‘不廉’与《汉律》同。‘踰制’汉改为‘踰封’，入于《贼律》。似其余四者，《汉律》亦当与之同也。”（沈家本：《历代刑法考·汉律摭遗·目录》，第 1373 页。）

则“借假”、“不廉”分合与否，两说并存，且单独的“不廉”释义也有差别。

323 淫侈：谢氏认为，过度奢侈也。《韩非子·解老》：“府仓虚则国贫，国贫而民俗淫侈。”（谢氏：《注译》，第 85 页。）

324 踰制：亦作“逾制”，即越级违法享用不应享有的特权或器物服饰的僭越行为。《后汉书·皇甫嵩列传》：“初，嵩讨张角，路由邺，见中常侍赵忠舍宅踰制，乃奏没入之。”《晋书·孝友传》“论”：“刘殷幼丁艰酷，

以《具律》[326]具其加减。是故所著六篇而已，然皆罪名之制也。商君[327]

---

柴毁逾制。"

沈家本引《汉书·成帝纪》永始四年诏："圣王明礼制以序尊卑，异车服以彰有德，虽有其财，而无其尊，不得踰制。……方今世俗奢僭罔极，靡有厌足。公卿列侯亲属近臣……车服嫁娶葬埋过制……其申敕有司，以渐禁之。"在其下的按语中说："此诏戒奢侈，而踰制之事亦在其中。凡奢侈未有不踰制者，其事相因也。"（沈家本：《历代刑法考·汉律摭遗八·杂律》，第1524页。）

325　《杂律》：《唐律疏议·杂律》："里悝首制《法经》，而有《杂法》之目。递相祖习，多历年所。然至后周，更名《杂犯律》。隋又去犯，还为《杂律》。诸篇罪名，各有条例。此篇拾遗补阙，错综成文，班杂不同"。

326　《具律》：即李悝《法经》末篇《具法》，叙述刑罚种类与量刑原则。韩国磐认为：《具律》列于《法经》六篇之末，"这是安排得体的。如《史记·太史公自叙》、《汉书叙传》，写全书目录皆在书末，此当时成法惯例。"（韩国磐：《萧何九章皆沿秦律而来》，《厦门大学学报（哲学社会科学版)》1990年第3期。）据《唐律疏议·名例律》，汉称"具律"，魏改为"刑名"列为首篇，晋从"刑名律"中分出"法例律"，北齐时并为"刑名"、"法例"为"名例"，北周复为"刑名"，隋因北齐更为"名例"，唐沿袭之。

327　商君：见前注31。

受之以相秦。汉承秦制，萧何定律，[328] 除参夷连坐之罪，[329] 增部主见知

---

328　萧何（公元前？—前193年）：西汉沛（今江苏省沛县）人。协助汉高祖刘邦起义，后任丞相，因功封酂侯。入关后，收集秦的图籍文书，并制定汉代的法令。见《史记·萧相国世家》。

萧何定律：《史记·太史公自序》："于是汉兴，萧何次律令，韩信申军法，张苍为章程，叔孙通定礼仪。"《汉书·刑法志》："相国萧何攈摭秦法，取其宜于时者，作律九章。"《唐律疏议·名例律》："汉相萧何，更加悝所造户、兴、厩三篇，谓九章之律。"

329　除参夷连坐之罪：《汉书·高后纪》载元年春正月诏："前日孝惠皇帝言欲除三族罪、妖言令，议未决而崩，今除之。"《汉书·文帝纪》载汉文帝元年"尽除收孥相坐律令"。

参夷：见前注34。

之条，<sup>330</sup>益事律《兴》、《厩》、《户》三篇，合为九篇。<sup>331</sup>叔

---

330　增部主见知之条：《汉书·刑法志》："孝武即位，外事四夷之功，内盛耳目之好，征发烦数，百姓贫耗，穷民犯法，酷吏击断，奸轨不胜，于是招进张汤、赵禹之属，条定法令，作见知故纵、监临部主之法。"本志后文又解释说："其见知而故不举劾，各与同罪；失不举劾，各以赎论；其不见不知不坐也。"可见部主即监临部主，是负责主管机构的长官，如果发现或知晓部属成员犯罪，不予告发，同样有罪，要连坐处刑。监临，《唐律疏议·职制律》作"监临主司"，指主管人员。疏议曰："监临主司，谓统摄案验，及行案主典之类。"见知即见知故纵，指官吏发现有人犯罪而不举劾不追究，将与罪犯同罪。

331　事律：指汉时于秦律之外所增以行政管理方面为主的法律。这里应是指：指兴律、厩律、户律三篇。兴：主要是关于军队的征调、指挥、行军出征以及兴建工程不守法等方面的处罚。厩：主要是关于养护公私牲畜、管理仓库、出纳官物方面的律文规定。

传统观点认为《九章律》中的兴、厩、户三篇系萧何创立。后基于出土简牍等，学者认为兴、厩、户并非萧何首创。韩国磐指出：《具律》位置的不变，"也反证在修订《九章律》时，连诸律安排次序都原封不动，只将新增三篇续列于六篇之后，则又何暇重撰新法，而舍去旧条呢！……根据睡虎地出土的秦律来看，《九章律》中的《兴》、《厩》、《户》三篇，也是沿用秦法，不是萧何所增益"，"大概秦朝时既沿用了《法经》六篇，又制订了若干新法，但未将两者合并起来。至萧何定律时，才将《法经》六篇加上秦法的兴、厩、户三律，成为九篇，因以九章为名。后人不明真相，以致误认为兴、厩、户三篇为萧何所增益。实则不然，出土的秦墓竹简足以为证。而《汉书·刑法志》说萧何'捃摭秦法，作律九章'，可谓得其实情"。（韩国磐：《萧何九章皆沿秦律而来》，《厦门大学学报（哲学社会科学版）》1990年第3期。）徐世虹也详细论证道：汉志称"作律九章"，说得

孙通<sup>332</sup>益律所不及，傍章十八篇，<sup>333</sup>张汤《越宫律》二十七

---

比较笼统。晋志称"益事律"，明言为"增加事律"，《唐律疏议》则指明《九章律》是萧何在《法经》六篇的基础上，增加户、兴、厩三篇而成。增加不等于新创，这点经出土简牍证实更可以确信。《睡虎地秦简·为吏之道》末尾附抄有《魏户律》，《秦律十八种》有《厩苑律》律名，《内史杂》律文中则称"厩律"。以秦律的细密繁杂推测，想必兴律不会阙如。因此所谓《九章律》实际应是继承、"捃摭"秦律的产物，在律名与结构上均无重大改变。（徐世虹：《汉代法律载体考述》，杨一凡总主编：《中国法制史考证》甲编第三卷《历代法制考·两汉魏晋南北朝法制考》，中国社会科学出版社 2003 年版，第 128—131 页。）

332　叔孙通：秦末汉初薛县（今山东省滕县东南）人。曾任秦博士。刘邦即位，他帮助制定朝仪，官至太子太傅。《史记·叔孙通列传》："徙为太常，定宗庙仪法。及稍定汉诸仪法，皆叔孙生为太常所论著也。"《史记·太史公自序》："叔孙通定礼仪。"

333　傍章十八篇：对此有不同意见：

1.傍章是叔孙通制定的礼仪。杜贵墀《汉律辑证》云："《周礼·大司马》遂以搜田。注：无干车，无自后射。贾疏：此据汉《田律》而言。《士师》五禁注引作《军礼》。按《汉书·礼乐志》，今叔孙通所撰礼仪与律令同录，藏于理官，法家又复不传。《应劭列传》：删定律令为汉仪。据此，知汉礼仪多在律令中。晋志所谓叔孙通益律所不及，当即以所撰礼仪益之。此条为《田律》，亦为军礼，是其证也。"沈家本虽注意到《叔孙通传》不言修律事，但仍同意"叔孙通傍章十八篇"的说法。（沈家本：《历代刑法考·律令二》，第 853 页。）程树德就根据"与律令同录"这句话，怀疑"礼仪"就是"傍章"。（程树德：《九朝律考·汉律考一·律名考》，第 18 页。）徐世虹认为《傍章》或即是叔孙通所撰之《汉仪》，内容为朝觐、宗庙、婚丧等方面的礼仪制度及法律规定。（徐世虹：《汉代法

律载体考述》，杨一凡总主编：《中国法制史考证》甲编第三卷《历代法制考·两汉魏晋南北朝法制考》，中国社会科学出版社 2003 年版，第 134 页。)

2. 叔孙通所制定的仅是礼仪，不是傍章。《论衡·谢短》："高祖诏叔孙通制作《仪品》十六篇。"《后汉书·曹褒列传》："章和元年正月，(帝) 乃召褒诣嘉德门，令小黄门持班固所上叔孙通《汉仪》十二篇，敕褒曰：'此制散略，多不合经，今宜依礼条正，使可施行'。"可见《论衡》《后汉书》的记载与此处的篇目都不一样。故张建国认为"叔孙通制定的只是礼仪不是傍章"。把叔孙通的礼仪和汉代的傍章硬是绑在一起画等号的错误做法，虽然源自杜贵墀，并为沈家本所同意和为程树德所加以发挥，但是追溯错误的源头，实际应当起自《晋书·刑法志》。(张建国：《叔孙通定〈傍章〉质疑—兼论张家山汉简所载律篇名》，《北京大学学报 (哲学社会科学版)》，1997 年第 6 期。)

3. 傍章之性质还需进一步研究。孟彦弘认为即使在汉代存在与"律"相对的"旁章"并起着法律的作用，律与旁章的区别，也绝对不会是所谓九章律与九章律以外的律的区别。换言之，出土的秦汉律令中同称为"律"的法条，其地位、作用是一样的。用"单行律"的概念来认识汉代的法律体系，恐怕是受了近现代西方法律体系及名词概念的影响所致，同时也是受了《魏律·序》说法的误导……魏人提出的律经、正律等概念，是为了解释汉律实际不止九章这一事实与流传的汉律九章这一说法之间的矛盾。我们不能将这一说法当作汉代已有正律与单行律之别的依据。(孟彦弘：《秦汉法典体系的演变》，《历史研究》2005 年第 3 期。) 彭浩也认为"傍章"之说似乎有再研究的必要。(参见彭浩：《湖北江陵出土西汉简牍概说》，[日] 大庭脩主编：《漢簡研究の現状と展望》，日本关西大学出版部 1993 年版，第 174 页。) 曹旅宁则认为汉初律中不存在所谓正律与傍章的区别。(参见曹旅宁：《秦汉律篇二级分类说辨正》，氏著：《秦汉魏晋法制探微》，人民出版社 2013 年版，第 23—26 页。)

篇，[334] 赵禹《朝律》六篇，[335] 合六十篇[336]。又汉时决事，集为《令甲》[337] 以下三百余篇，及司徒鲍公撰嫁娶辞讼决为《法比都

---

334　张汤：见前注 240。

《越宫律》：关于侵越宫垣及宫门门禁的处罚法规。

335　赵禹：西汉斄（今陕西省武功县）人。汉武帝时以刀笔吏积劳，升迁为御史，继升为中大夫，与张汤论定律令。老年时徙为燕相，因悖乱有罪，免归。

《朝律》：关于朝会谒见仪式的法规。已佚，沈家本《汉律摭遗》中辑有部分条目。

关于赵禹制定《朝律》一事，《史记·酷吏·赵禹列传》："与张汤论定诸律令，作见知，吏传得相监司。用法益刻，盖自此始。"《太平御览》卷六三八《刑法部四》引张斐《律序》："张汤制越宫律，赵禹作朝会正见律。"但，彭浩认为张家山 336 号汉墓出土的《朝律》与史料所记载的叔孙通制定的朝见礼仪相近，由此可见，叔孙通确实参与了有关礼仪法律的制定。（参见彭浩：《湖北江陵出土西汉简牍概说》，[日] 大庭脩主编：《漢簡研究の現状と展望》，日本关西大学出版部 1993 年版，第 174 页。）曹旅宁认为彭浩的观点实际上动摇了赵禹作《朝律》的说法。他还详细考证了 336 号汉墓《朝律》的制定及年代、与汉初政治建设的关系等问题。（参见曹旅宁：《张家山 336 号汉墓〈朝律〉的几个问题》，《华东政法大学学报》2008 年第 4 版，后收入氏著：《秦汉魏晋法制探微》，人民出版社 2013 年版，第 151—159 页。）

336　合六十篇：程树德认为："汉萧何作《九章律》，益以叔孙通《傍章》十八篇及张汤《越宫律》二十七篇，赵禹《朝律》六篇，合六十篇，是为《汉律》。"（程树德：《九朝律考·汉律考序》，第 1 页。）

337　令甲：关于令甲、令乙、令丙有两种说法。一种说法认为按时间的先后顺序，分为令甲、令乙、令丙。另一种说法认为按重要性排列，分为令甲、令乙、令丙。《汉书·宣帝纪》："令甲，死者不可生，刑者不可

息。"文颖曰："……天子诏所增损，不在律上者为令。令甲者，前帝第一令也。"如淳曰："令有先后，故有令甲、令乙、令丙。"颜师古曰："如说是也。甲、乙者，若今之第一、第二篇耳。"

徐世虹在此基础上作了一个梳理。1. 年代先后说。宣帝地节四年注引文颖曰："《令甲》者，前帝第一令也。"2. 篇目次第说。同上如淳曰："令有先后，故有《令甲》、《令乙》、《令丙》。"颜师古评论文颖、如淳之说为："如说是也。甲乙者，若今之第一、第二篇耳。"《后汉书·章帝纪》注亦云："《令丙》为篇之次也。《前书章义》曰：'令有先后，有《令甲》、《令乙》、《令丙》。'"3. 诸令各有甲、乙、丙说。沈家本直指问题的关键："惟令之名可考者尚多，在当时必更多，则所云《令甲》、《令乙》者，诸令皆在甲篇、乙篇中乎？抑各令各有甲篇、乙篇乎？"其后他在为《令丙》所作的按语中述道："《箠令》定于孝景之世，此言《令丙》者，当谓《箠令》之丙篇也。"可见他已经倾向诸令各有甲、乙、丙篇说。此说亦可获得颜注的支持。《汉书·萧望之传》："……故《金布令甲》曰：'边郡数被兵，离饥寒，夭绝天年，父子相失，令天下共给其费……"颜师古曰："《金布》者，令篇名也。其上有府库金钱布帛之事，因以名篇。令甲者，其篇甲乙之次。"4. 集类为篇说。20 世纪 60 年代，陈梦家先生在分析居延汉简所出甲 2551 号简时，也考证了《令甲》、《令乙》、《令丙》，并得出结论："令分甲乙丙不是因时代先后相承而分的三集，而是依事类性质不同而分的三集，即《晋书·刑法志》所谓'率皆集类成篇，结事为章'。"（陈梦家：《西汉施行诏书目录》，《汉简缀述》，中华书局 1980 年版，第 281 页。）

徐世虹在分析上述观点后认为：汉时，甲乙丙不仅用于篇次序列，也表示等次之分……《令甲》、《令乙》、《令丙》是汉初皇帝的诏令集，所收诏令在内容上不具有同类性质，排列方式采用序列法，按年代顺序列为第一、第二、第三……又根据文帝、景帝不同时期的诏令交叉出现于甲、

乙、丙三令之中，可知甲乙丙除表明篇次外，还反映了整理者对诏令非单
纯年代划分，而取其重要程度的结果。如此，才可以解释为何同令而不同
类，为何不明言令名，为何不同时代的诏令交替出现等疑点。（参见徐世
虹：《汉代法律载体考述》，杨一凡总主编：《中国法制史考证》甲编第三卷
《历代法制考·两汉魏晋南北朝法制考》，中国社会科学出版社 2003 年版，
第 153—158 页。）

　　冨谷至将汉令分为三类。阶段性地发布出来的令被划分成甲、乙、
丙，并附上甲令第某某、乙令第某某等整理编号保管起来。这就是干支
令。但这三类究竟以何为标准划分，尚无定论。各官署从中摘录并附上新
收录编号的，就是挈令。因此，会出现：同一种令在干支令和挈令中具有
不同的编号，同一种令为多个挈令所收入并加以各不相同的令编号。在此
之外，"胎养令"、"马复令"及"养老令"三种事项名的令，均非当时特
定的法令名，而是出于方便的所谓通称，冠以事项令名的法令并未被制定
出来。（参见 [ 日 ] 冨谷至：《通往晋泰始律令之路（1）：秦汉的律与令》，
朱腾译，朱勇、张中秋、朱腾主编：《日本学者中国法论著选译（上册)》，
中国政法大学出版社 2012 年版。）

目》，[338] 凡九百六卷。世有增损，率皆集类为篇，结事为章。[339] 一章之中

---

338　司徒：见前注 251。

鲍公：鲍昱（公元 10—81 年），字文泉，东汉上党屯留（今山西省屯留县）人，兖州牧鲍永子。有智略，奉法守正，有仁爱之政，累迁司隶校尉、司徒、太尉。（参见《后汉书·鲍永列传子鲍昱附传》。）

撰嫁娶辞讼决为《法比都目》：《后汉书·鲍永列传子鲍昱附传》注引《东观汉记》："时司徒辞讼，久者至十数年，比例轻重。非其事类，错杂难知。昱奏定《辞讼比》七卷，《决事都目》八卷，以齐同法令，息遏人讼也。"又《后汉书·陈宠列传》："（宠）少为州郡吏，辟司徒鲍昱府。昱高其能，转为辞曹，掌天下狱讼。……宠为昱撰《辞讼比》七卷，决事科条，皆以事类相从。昱奏上之，其后公府奉以为法。"综合这几处记载来看，嫁娶辞讼决即陈宠为鲍昱撰的《辞讼比》，《法比都目》即《东观汉记》所说的《决事都目》。

339　世有增损，率皆集类为篇，结事为章：类：指同类性质的律条规定，这是说汉代的法律并不是一时一人的著作，而是逐渐增益而成。《太平御览》卷二四九《职官部四十七》引华峤《后汉书》："（陈宠）以令繁，不良吏得生因缘，以致轻重，乃置撰科碟辞讼比例，使类相从，以塞奸源。"可见其中多数是陈宠所撰述。篇：冨谷至认为是指盗律、贼律那样的单个法规的单位，认为章则指单个法规所具有的条文。（［日］冨谷至：《通往晋泰始律令之路（I）：秦汉的律与令》，朱腾译，朱勇、张中秋、朱腾主编：《日本学者中国法论著选译（上册）》，中国政法大学出版社 2012 年版。）

结事为章：连结同类的事例，成为一章。李俊芳认为：汉律由自然章句（律条）、篇章组成，其结构组成与典籍具有一致性。汉律是否只有九章学界虽有分歧，但对汉律是由律条所组成的篇章构成则无异议。1. 律条称章。汉代法律律条都可以称章。2. 篇章。汉律中的章不仅仅是指律条，而且还有"篇章"之意。萧何次律令制定汉律，刑罚色彩鲜明的

或事过数十，事类虽同，轻重乖异[340]。而通条连句，上下相蒙[341]，虽大体异篇，实相采入。《盗律》有贼伤[342]之例，《贼律》有盗章之文，《兴律》有

---

律九章是其制律工作的重心，而非制律产物的全部，律九章内部虽有联系，但非系统倾向明显。后人将班固、王充的"律九章"读为"九章律"，不仅是一字颠倒的问题，九章律还容易让人联想为系统封闭的法典。（参见李俊芳：《晋朝法制研究》，人民出版社 2012 年版，第 11—19 页。）张忠炜也认为：由若干不等的句子构成"章句"，这些章句又组成一个大的"章"，从而形成一个意义相对完整的"篇"。"章"既可指小的意义单位，如作为律条称谓的"章"；也可作为大的意义单位，如作为律篇称谓的"章"。（参见张忠炜：《秦汉律令法系研究初编》，社会科学文献出版社 2012 年版，第 120 页。）曹旅宁则认为，秦汉法律中的"律"与"篇"并不像后人所想象的那样神秘。"律"与"章"的意思相同，可以互换使用，只是法律篇目的表示单位。（参见曹旅宁：《秦汉律篇二级分类说辨正》，氏著：《秦汉魏晋法制探微》，人民出版社 2013 年版，第 22 页。）

340 乖异：不一致，背离。《史记·三代世表》："稽其历谱谍终始五德之传，古文咸不同，乖异。"

341 上下相蒙：语见《左传·僖公二十四年》："下义其罪，上赏其奸，上下相蒙，难与处矣。"服虔注："蒙，欺也。"原指君臣之间，上下相欺。这里是说，法律条文上下之间相互蒙混，即有遮掩混杂的现象。

342 贼伤：居延新简："☐吏。●：案尊以县官事成贼伤辨"（EPT68：177）。居延汉简："☐☐父母骂吏，又抽大刀欲贼伤吏，信☐队长育敢言之，亟捕令☐"（122·7）；"髡钳城旦孙☐，坐贼伤人，初元五年七月庚寅论，初元五年八月戊甲，以诏书施刑"（227·8）。沈家本认为"贼伤"指有心伤人者言，凡强盗杀伤人之类皆包括在内。（沈家本：《历代刑法考·汉律摭遗二·盗律》，第 1410 页。）

上狱之法，[343]《厩律》有逮捕之事，若此之比，错糅无常。后人生意，各为章句。[344] 叔孙宣、郭令卿、马融、郑玄诸儒章句十有余家，[345] 家数十万

---

343　上狱之法：沈家本在"上狱"条下列"谒问囚"与"杀囚"，并在按语中说："'上狱'疑为罪人在狱之法，无事可征，姑列此二事于此。"（沈家本：《历代刑法考·汉律摭遗十二·兴律》，第1589页。）内田氏另以为，或许涉及有关征发服徭役的案件，须向上级机关申告。（[日] 内田氏：《译注》，第96页。）

344　后人生意，各为章句：从陆氏注："生意，发挥、阐明。章句，原是汉代儒者对古代经传分章析句来解释义理的训诂方法，这里是指各家对法律也采用这种方式，分别作出不同的解释。"（陆氏：《注释》，第49页。）

345　叔孙宣、郭令卿、马融、郑玄诸儒章句十有余家：叔孙宣、郭令卿生平事迹不详。沈家本认为："叔孙宣、郭令卿并不详为何时人。陈宠于肃宗时言律有三家，而《晋志》言十有余家，当皆在其后。郭令卿或为颍川之裔，令卿其字也。"（沈家本著：《历代刑法考·汉律摭遗二十·律说》，第1750页。）马融（公元79—166年）：东汉扶风茂陵（今陕西省兴平县东北）人。字季长，著名的经学家。他任校书郎，到东汉典校教书，十年不加升迁。后来任南郡太守，触忤权贵梁冀，免官，并被髡远徙朔方，得赦免才回家乡。他教授经籍，学生很多，如卢植、郑玄都是他的弟子。马融注解经传的著作不少，曾作《易》、《书》、《诗》、《三礼》、《论语》等注，但多已散佚。见《后汉书·马融列传》。郑玄：见前注266。

言。凡断罪所当由用者，合二万六千二百七十二条七百七十三万二千二百余言，言数益繁，览者益难。天子于是下诏，但用郑氏章句，不得杂用余家。

（余慧萍、姚周霞注）

【今译】

魏文帝受禅后，朝廷又讨论恢复肉刑问题，讨论还没有结果，适逢有战事，此事又暂时搁浅。当时有上年纪的妇人刘朱，殴打儿媳非常狠毒，前后有三个儿媳自杀，刘朱被官府判处减免死刑，送到尚方署服劳役。因此颁布了一项法令，规定因怨毒杀人的减免死刑。魏明帝还对官民判处罚金的法令作出修改，男子准许以罚代金，对妇人须加笞刑的，仍改按鞭督之例责罚，因为笞刑会让其身体裸露。

当时沿用秦汉的旧刑律，其条文始自魏文侯之师李悝。李悝编集各国的刑法，著成《法经》。他认为君王治理国政，没有比解决盗贼问题更急迫的事，所以他制定的刑律以《盗》、《贼》开篇。而对盗犯、贼犯必须纠劾缉捕，所以著《网》、《捕》二篇。并将轻狡、越城、博戏、借假不廉、淫侈、踰制这些犯罪行为归入《杂律》一篇，又以《具律》规定加重或减轻的情节。因此撰著的虽只有六篇，但都是关于罪名的法令。商鞅携《法经》六篇，用以辅佐秦国。汉朝沿袭秦朝旧制，命萧何制定律令，删除夷三族与连坐的罪名，增加"部主见知故纵"的律条，加上事律《兴》、《厩》、《户》三篇，合为九篇。叔孙通增益《九章律》所没有规定的内容即傍章十八篇，张汤撰《越宫律》二十七篇，赵禹定《朝律》六篇，合计六十篇。又把汉朝时所曾审判之案例，编集为《令甲》以下共有三百余篇，以及司徒鲍公撰《嫁娶辞讼决》，又著《法比都目》，共九百零六卷。历代都有增减，然基本上是把内容相同的结集成一篇，事例相关的编次成一章。一章之中有的不止数十条事例，虽然事例类别相同，但规定的惩处轻重并不一样。而纵观法规的条目，前后相混叠，模糊不清，虽然大致应分属于不同篇，实际上却互相参杂在一起。《盗律》有故意伤害人的条例，《贼律》有盗窃的条文，《兴律》里有关于讼狱的法条规定，《厩律》有逮捕的事例，诸如此类，条文杂乱无章。后人各自揣度文意，各自撰著章句。撰写章句的有叔孙宣、郭令卿、马融、郑玄等众多儒生，共有十多家，每家都有数十万字。凡判罪可援引为据的，共有二万六千二百七十二条，七百七十三万二千二百多字，字数越来越多，阅览者的难度越来越大。天子于是下诏，只用郑玄的章句，不得杂用其他各家之言。

（余慧萍、姚周霞译）

【原文】

卫觊[346]又奏曰："刑法者，国家之所贵重，而私议之所轻贱；狱

---

【注释】

346　卫觊（公元155—229年）：字伯儒，安邑（今山西省夏县）人。东汉末年官至尚书。魏初任侍中，与王粲共为曹操掌管典制。明帝时封间乡侯，受诏著述，撰《魏官仪》。擅长书法，常进言献策。见《三国志·魏书·卫觊传》。

吏[347]者，百姓之所悬命[348]，而选用者之所卑下。王政之弊，未必不由此也。请置律博士[349]，转相教授。"事遂施行。然而律文烦广，事比众

---

347　狱吏：旧时掌管讼案、刑狱的吏卒。《韩非子·外储说左》："孔子相卫，弟子子皋为狱吏，刖人足。"《汉书·张汤传》："父见之，视文辞如老狱吏，大惊，遂使书狱。"

348　悬命：寄托命运。《管子·明法解》："吏者，民之所悬命也，故明主之治也，当于法者赏之，违于法者诛之。"《后汉书·陈龟列传》："今西州边鄙……守塞候望，悬命锋镝，闻急长驱，去不图反。"

349　律博士：官名，古代教授法律和保管法律典籍的官员。始置于三国魏明帝时，源于卫觊的这一建议。初隶属廷尉，至北齐属大理寺，隋唐因之，宋改属国子监。参见《通典·职官九·国子监》、《宋史·职官志五》。

多，离本依末，[350] 决狱之吏如廷尉狱吏范洪受囚绢二丈，附轻法论之，狱吏刘象受属偏考囚张茂物故，[351] 附重法论之。洪、象虽皆弃市，而

---

350 离本依末：丢掉根本，追逐末节。同"离本趣末"。

351 狱吏刘象受属偏考囚张茂物故：属：托也，付也。同"嘱"。偏：不公正，不公平。《荀子·不苟》："忧则挫而慑，通则骄而偏。"考：假借为"拷"，拷打，拷问。物故：亡故，死亡。《汉书·苏武传》："单于召会武官属，前以降及物故，凡随武还者九人。"颜师古注："物故谓死也，言其同于鬼物而故也。一说，不欲斥言，但云其所服用之物皆已故耳。而说者妄欲改物为勿，非也。"王先谦补注引宋祁曰："物，当从南本作殁，音没。"

关于物故，内田氏认为物与故不是一个词，故是亡故之意，物与张茂相连，是人名。（[日] 内田氏：《译注》，第98页。）冨谷至认为：被囚的人名是张茂还是张茂物无法确定，但如果是张茂物，茂物应该不是本名而是字。而如果是张茂，仅《晋书》就可举出数例。"物故"作为"死"的忌避代替语，在晋代也已被使用。《晋书·杜弢传》："前后数十战，弢将士多物故，于是请降。"楼兰出土的簿籍中也用"物故"一词记载死亡。（[日] 内田氏：《译注》，冨谷至补注，第280页。）

按：内田氏的观点恐有误。冨谷至注意到"物故"作为"死"的忌避代替语，可从。下引资料亦可资说明"物故"作为表达死亡之意的一个词，早在晋代之前即已使用。东汉墓志铭有"和平元年七月七日年物故"的表达。（参见赵超：《汉魏南北朝墓志汇编》，天津古籍出版社1992年版，第1页。）走马楼三国吴简：广成乡劝农掾区光言：被书条列州吏父兄子弟伏处、人名、年纪为薄。辄隐核乡界，州吏七人，父兄子弟合廿三人。其四人刑、踵、聋、欧病；一人被病物故。（参见宋少华，何旭红：《长沙走马楼J22发掘简报》，《文物》1999年第5期。）

轻枉<sup>352</sup>者相继。是时太傅<sup>353</sup>钟繇又上疏求复肉刑，诏下其奏，司徒王朗<sup>354</sup>议又不同。时议者百余人，与朗同者多。帝以吴蜀未平，又寝。

352　轻枉：轻：轻纵，即重罪附轻法论之。枉：冤屈，即轻罪或无罪者附重法论之。

353　太傅：《汉书·百官公卿表上》："太傅，古官，高后元年初置，金印紫绶，后省，八年复置，后省，哀帝元寿二年复置，位在三公上。"东汉亦置此官，掌善导，无常职，刘秀命卓茂任之，卓死，省去此官。其后新帝初即位，又"置太傅，录尚书事"。历代多有沿置。

354　王朗（公元？—228年）：字景兴，东海（郡）(郯)（今山东省郯城县）人。东汉末历任谏议大夫、司空参军事、少府、大理等职，深受曹操赏识。魏文帝即位，升御史大夫，封安陵亭侯。明帝时改授司徒，进封兰陵侯。博学能文，尤擅奏疏。（参见《三国志·魏书·王朗传》。）

其后，天子又下诏改定刑制，命司空陈群<sup>355</sup>、散骑常侍刘邵<sup>356</sup>、给事

---

355　司空：即原西汉御史大夫，后改为大司空。东汉初省"大"字为司空，献帝时又改名御史大夫。魏文帝沿用汉制，再改名为司空，为三公之一，主管水土和营造工程等事务，并参与国家大事。

陈群：见前注 300。

356　散骑常侍：掌规谏过失、代拟诏书的官吏，常随帝以备顾问，天子行幸时，于车驾傍骑马扈从。秦时设散骑和中常侍，曹魏初年始将此二职合并为散骑常侍。

刘邵（公元？—242 年）：字孔才，邯郸（今河北省邯郸市）人。魏文帝初任尚书郎、散骑侍郎，奉诏集五经群书供御览。明帝时为陈留太守，注重教化，随迁散骑常侍。齐王正始年间执经讲学，受封关内侯。除参与制定《新律》十八篇外，另著有《律略论》五卷、《人物志》十二篇，等等。（参见《三国志·魏书·刘劭传》。"邵"，本传作"劭"。）

黄门侍郎韩逊[357]、议郎庾嶷[358]、中郎黄休、荀诜[359]等删约旧科[360]，

---

357　给事黄门侍郎：秦代的官名，汉代沿袭。是皇帝的近侍官，掌内廷事务并传达诏令等。黄门：进入宫中的门。《汉官仪》："给事黄门侍郎，位次侍中，侍从左右，开通内外，给事于中，故曰给事中黄门侍郎。"

韩逊：生平不详。

358　议郎：郎官之一，掌论议以供皇帝咨询、采纳的官吏。西汉始置，多以贤良方正之士任职，魏沿袭之。《后汉书·百官志二》引《汉官》："五十人，无常员。"

庾嶷：字劲然，颍川（今河南省禹州市）人。魏明帝时任议郎，齐王曹芳正始年间（公元240—249年），官至太仆。其生平事迹已不甚详知，仅见于《三国志·魏书·管宁传》。

359　中郎：掌宫廷禁卫的郎官，平时执戟守殿门，皇帝行幸时，随从外出护卫车骑，由中郎将统辖。《后汉书·百官志二》："无员。凡郎官皆主更直执戟，宿卫诸殿门，出充车骑，唯议郎不在直中。"

黄休：明帝时为议郎，正始年间任尚书。其生平事迹已不甚详知，仅见于《三国志·魏书·管宁传》。

荀诜：字曼倩，荀彧的第三子，颍川颍阴（今河南省许昌）人。曾为"大将军从事中郎，皆知名，早卒"。见《三国志·魏书·荀彧传》。大将军从事中郎，即大将军属下的参谋官。但此处荀诜官职的"中郎"是否就是指"大将军从事中郎"，不详。

360　旧科：其一：内田氏认为此处的旧科指具体的法律形式的一种。（［日］内田氏：《译注》，第98页。）其二：泛指从前的法律条文。《后汉书·陈宠列传》："盖失之末流，求之本源。宜纠增旧科，以防来事。"前文云曹操封为魏王后制定了《甲子科》。张建国认为此处的旧科指曹魏时的主要法律形式，先说"删约旧科"再说"傍采汉律"，正说明曹魏本朝法律"科"的重要性。（参见张建国：《"科"的变迁及其历史作用》，《北京大

傍<sup>361</sup>采汉律，定为魏法，制《新律》十八篇<sup>362</sup>，《州郡令》四十五篇，《尚书官令》、《军中令》<sup>363</sup>，合百八十余篇，其序略<sup>364</sup>曰：

---

学学报（哲学社会科学版）》1987 年第 3 期。）

361　傍：通"旁"，广泛，普遍。

362　《新律》：又称《魏律》。据考证，当于明帝太和三年至青龙二年间制定。详见沈家本：《历代刑法考·律令三》，第 886 页。关于《新律》十八篇之篇名，后文有"凡所定增十三篇，就故五篇，合十八篇"。参见注 421。

363　《州郡令》、《尚书官令》、《军中令》：从高氏注："州郡令：用于刺史、太守的法令，如'软弱不胜任'者当免、'度田不实'者受惩之类，都是对汉令的汇集。尚书官令：关于尚书职责的行政法规。汉、魏时各曹尚书权力渐大、事务益繁，故继应劭撰《尚书旧事》、《五曹诏书》之后，刘邵等又受命汇编《尚书官令》。军中令：指魏武帝以来的各种军令，如'军策令'、'船战令'、'步战令'等。"（高氏：《注译》，第 78—79 页。）

364　序略：高氏译为"序文大略如下。"（高氏：《注译》，第 79 页。）张氏认为本志所引《魏律序》当非全文，故称序略，亦可标作《序略》。（张氏：《注释》，第 57 页。）内田氏认为，序略为魏新律序文之大略，抑或作为序说之"序略"，不甚明了。但刘邵有《律略论》五卷，此处的"序略"或是《律略论》的一部分。（［日］内田氏：《译注》，第 101 页。）

旧律[365]所难知者，由于六篇篇少故也。篇少则文荒[366]，文荒则事寡，事寡则罪漏。是以后人稍增，更与本体[367]相离。今制新律，宜

---

365　旧律：其一认为旧律指《法经》，但此种解释与紧接的后文"旧律因秦《法经》，就增三篇，而《具律》不移，因在第六"相矛盾。其二认为旧律指《汉律》。曹旅宁即认为显然指的是汉律。（参见曹旅宁：《秦汉律篇二级分类说辨正》，氏著：《秦汉魏晋法制探微》，人民出版社 2013 年版，第 5 页。）但通常有《汉律》比《法经》多三篇的说法，那么此种解释就与紧接着的后文"由于六篇篇少故也"相矛盾。所以，可以协调文义的一个牵强解释或是：此处的旧律指《法经》，下一段紧接的旧律指《九章律》，各有所指。

366　荒：荒芜。《说文解字》："荒，芜也。"文荒：辞句粗疏，行文简略，此处指法律条文不细密。

367　本体：其一：事物的原样或自身。《北史·献文六王列传》："帝曰：'虽雕琢一字，犹是玉之本体。'"其二：原来的体制、格局。北魏郦道元《水经注·河水》："余按周处此志……更为失志记之本体，差实录之常经矣。"

都总[368]事类，多其篇条。

旧律因[369]秦《法经》[370]，就增三篇，而《具律》不移，因在第六。

---

368　都总：都、总同义，为汇集，聚集，总括之意。《广雅》："都，凡也。"《荀子·不苟》："总天下之要，治海内之众。"

369　因：依，顺着，沿袭。《论语·为政》："殷因于夏礼，所损益，可知也。"

370　秦《法经》：从张氏注："商鞅入秦制定的秦国刑法典，全以《法经》为蓝本，所以称秦《法经》。"（张氏：《注释》，第58页。）

罪条例既不在始，又不在终，非篇章之义。[371]故集罪例以为《刑名》，

---

371　罪条例既不在始，又不在终，非篇章之义：罪条例：有关定罪量刑的条目与体例，即《具律》所载基本内容，相当于刑法总则。既不在始，又不在终：从张氏注："指《九章律》中，《具律》是在第六篇，我国古时，篇章编次的通例，凡总目或序例之类的，可以放在前面，也可以放在全书的最后，如《史记·太史公自序》、《汉书·叙传》，便是其例。在《法经》中，《具法》是最后一篇。"（张氏：《注释》，第58页。）义：应有之义。《释名·言语》："义，宜也。裁制事物，使合宜也。"篇章之义：冨谷至认为："是指渗透于各篇顺序中的含义、理念，而'篇章之义'的有无之所以会变成一个问题，就是因为九章律、法经及魏律是篇章顺序固定，即所谓自身完结、拥有封闭体系的法典。"（[日] 冨谷至：《通往晋泰始律令之路（I）：秦汉的律与令》，朱腾译，朱勇、张中秋、朱腾主编：《日本学者中国法论著选译（上册）》，中国政法大学出版社2012年版，第129页。）

冠于律首。

（林汝婷、崔超注）

———————————

## 【今译】

卫觊又上奏说："刑法是国家所注重，而人们私下评议时所轻贱的；狱吏掌握着老百姓的性命，却是选用人才者所鄙夷的对象。政治的弊病，未必不是因为这个缘故。臣请求设置律博士，以传授律令。"这意见很快就施行。但是律文繁多杂乱，判决的事例数量大，往往背离本意而依据枝节断案，如廷尉所属狱吏范洪接受囚犯绢布二丈，就比附轻法论处，狱吏刘象接受嘱托不公正地拷打囚犯张茂致死，比附重法论处。范洪、刘象虽然都被处以弃市，但重罪附轻法论之、无罪或轻罪者附重法论之的现象依然层出不穷。当时太傅钟繇又上疏请求恢复肉刑，皇帝诏令把这个意见交给臣下讨论，司徒王朗的意见又不相同。当时参加讨论的有一百多人，意见和王朗相同的居多。皇帝以吴蜀还没有平定为理由，又把这件事压下。

后来，天子又下令改定刑律，命令司空陈群、散骑常侍刘邵、给事黄门侍郎韩逊、议郎庾嶷、中郎黄休、荀诜等删减旧科，广泛地采用汉朝律令，制定为魏律，创制《新律》十八篇，《州郡令》四十五篇，《尚书官令》、《军中令》，合计一百八十余篇。新律的序略说：

旧律之所以难以了解，是因为六篇篇目少的缘故。篇少则文体粗疏，文体粗疏则事类就鲜少，事类鲜少则有的罪行就会被漏掉。因此后人逐渐增加，更与旧律的主体相分离。现在制定新律，应该统括事类，增加其篇目条文。

旧刑律沿袭秦《法经》，仅仅增加三篇，但《具律》的位置没有改变，仍在第六。定罪量刑的条目与体例既不在开始，也不在末尾，不是篇章应有之义。因此编集罪名条例，改为《刑名》，置于刑律之首。

（林汝婷、崔超译）

【原文】

　　《盗律》有劫略、恐猲、和卖买人，[372]科有持

————————

【注释】

　　372　劫略：沈家本认为是"强盗"之意。（参见沈家本：《历代刑法考·汉律摭遗一·目录》，第1371页；同书《汉律摭遗二·盗律》"劫略"条，第1400—1401页。）相对于此，内田氏认为，是以威力威胁对方，以强行夺取财物或人身。即不限于财物，也包括掳掠人身。（参见［日］内田氏：《译注》，第101页。）

　　按：张家山汉简《二年律令·盗律》中有关于"劫人"与"略卖人"的规定，而且汉代传世文献中有关于劫人、略卖人的记载（参见沈家本：《历代刑法考·汉律摭遗二·盗律》"和买卖人"条、"持质"条，第1402—1404页；程树德：《九朝律考·汉律考三·律文考》"劫略"条，第53页；同书《汉律考四·律令杂考上》"持质"条，第112页），故本志所说的"劫略"应是指关于劫人、略卖人的规定。劫人，掠夺人身。略卖人，掠夺人身后卖掉。（参见［日］水间大辅：《秦漢刑法研究》，知泉书馆2007年版，第219—222页。）

　　恐猲：本志后文引西晋张斐《律表》（以下略称为《律表》）云："律有事状相似而罪名相涉者。若加威势下手取财为强盗，不自知亡为缚守，将中有恶言为恐猲，不以罪名呵为呵人，以罪名呵为受赇，劫召其财为持质。此六者，以威势得财而名殊者也。"《汉书·王子侯表上》颜师古注又云："猲，谓以威力胁人也。"据这些记载，恐猲是以威力胁人，以要求财物。《唐律疏议·贼盗律》"恐喝取人财物"条疏议曰："恐喝者，谓知人有犯，欲相告诉，恐喝以取财物者。"内田氏认为，据汉代的用例，汉律中恐猲的意义广于唐律，应是指抓住别人的弱点而威胁，以敲诈财物。（［日］内田氏：《译注》，第101页。）但是，有些学者认为，前揭"恐喝取人财物"条疏所说只不过是例示，而不是恐喝的定义。（参见日本律令研究会编：《譯註日本律令》第7卷，东京堂出版1987年版，第209—210页。）《二

质，<sup>373</sup> 皆非盗事，故分以为《劫略律》。《贼律》有欺谩、诈伪、

---

年律令·盗律》有关于群盗恐猲的规定："群盗及亡从群盗……恐猲人以求钱财……皆磔。"（第65—66号简）有关汉代的传世文献中有以恐猲论罪的实例，参见沈家本：《历代刑法考·汉律摭遗二·盗律》"恐猲"条，第1401页；程树德：《九朝律考·汉律考三·律文考》"恐猲"条，第53页。

和卖买人：高氏认为是以诱骗等手段买卖人口。（高氏：《注译》，第80页。）陆氏认为其与"略人"、"略卖人"有区别，《梁律》称作"诱口"、"诱略人"，《唐律》有"和诱"，"和诱，谓和同相诱，减略一等"。（陆氏：《注释》，第15页。）而谢氏认为是由直系尊属同意，出卖子女为奴婢，而他人知情而买之谓。（谢氏：《注译》，第97页。）相对于谢氏认为子女同意被卖与否并不重要的意见，内田氏认为是"得到良民自己的儿女或他人的同意，将他们作为奴婢卖给第三者，第三者知其事情而买下"。（参见［日］内田氏：《译注》，第101页。）

冨谷至根据《魏书·刑罚志》所见北魏宣武帝之诏"律称和卖人者，谓两人诈取他财"，认为"和卖人"的"和"是指与被卖人有合意的情况。（［日］内田氏：《译注》，冨谷至补注，第265页。）

按：其说可从。"和"是与"略"对立的概念，如《唐律疏议·贼盗律》"略人略卖人"条注云："不和为略。"由此可知，"和卖买人"是与"略卖人"对立的概念。"略卖人"的"略"是指卖主与被卖人之间有"不和"的情况，故"和卖买人"的"和"应是指卖主与被卖人之间有合意的情况。"和卖买人"应相当于《唐律疏议·贼盗律》"略人略卖人"条所说的"和同相卖为奴婢"的情形。

373　持质：掠夺人身而作为人质，以对其亲属等第三者要求财物。《律表》云："劫召其财为持质。"关于汉代的持质案例，参见沈家本：《历代刑法考·汉律摭遗二·盗律》"持质"条，第1403—1404页；程树德：《九朝律考·汉律考四·律令杂考上》"持质"条，第112页。

踊封、矫制，[374]《囚律》有诈伪生死，[375]《令丙》有诈

---

科有持质：陆氏认为："魏代对'持质'的罪刑的具体规定，是在科不在律。"（陆氏：《注释》，第55页。）

按：《二年律令·盗律》云："劫人，谋劫人求钱财，虽未得若未劫，皆磔之。"（第68号简）这应是对持质的处罚规定，可见至少在汉初，对持质的处罚是规定于律中。《三国志·魏书·夏侯惇传》云："（魏太祖）乃著令，自今已后有持质者，皆当并击，勿顾质。"高氏认为，"科有持质"是指此类法令。（高氏：《注译》，第80页。）

374　欺谩：向皇帝上言、上书时，欺骗皇帝。《律表》云："违忠欺上谓之谩。"《二年律令·贼律》中有关于欺谩的规定："诸上书及有言也而谩，完为城旦舂。"（第12号简）有关汉代的传世文献中有以欺谩论罪的实例，参见沈家本：《历代刑法考·汉律摭遗四·贼律二》"欺谩"条，第1435—1436页；程树德：《九朝律考·汉律考三·律文考》"欺谩"条，第54页。

诈伪：《律表》云："背信藏巧谓之诈。"沈家本谓："诈者，虚言相诳以取利，如《唐律》之诈欺取财是也。伪者，造私物以乱真，如私铸之类是也。"（参见沈家本：《历代刑法考·汉律摭遗四·贼律二》"诈伪"条，第1439页。）

按：据本志记载，三国魏将《贼律》中的"诈欺"分出为《诈律》，唐律《诈伪律》基于此。唐律《诈伪律》中有关于伪造印章、文书的规定，《二年律令·贼律》亦有这种规定："伪写皇帝信璽（玺）、皇帝行璽（玺），要（腰）斩，以匀（徇）。"（第9号简）；"伪写彻侯印，弃市；小官印，完为城旦舂。"（第10号简）；"为伪书者，黥为城旦舂。"（第13号简）；"诸詐（诈）增减券书，及为书故詐（诈）弗副，其以避负偿，若受赏赐财物，皆坐臧（赃）为盗。其以避论，及所不当（得为），以所避罪罪之。所避毋罪名，罪名不盈四两，及毋避也，皆罚金四两。"（第14—15号简）古人堤汉简亦云："《贼律》曰：伪写皇帝信玺、皇帝行玺，要（腰）斩，以徇；伪写汉使节、皇大（太）子、诸侯、三（公？）、列侯及通官印，弃

市；小官印，完为城旦舂。敢盗之，及私假人者，若盗充重以封，及用伪印，皆各以伪写论。伪皇太后玺印，写行玺法……《贼律》伪……充……《贼律》曰：诈伪券书……充木　小史何子回符。"（第14号简正面）本志所说的"诈伪"或是指关于这些犯罪的规定。有关汉代传世文献中有以诈伪论罪的实例，参见沈家本：《历代刑法考·汉律摭遗四·贼律二》"诈伪"条，第1439页。

蹿封：沈家本说："李悝《杂律》有蹿制，一曰蹿封，当即蹿制，汉改入《贼律》。惟蹿制所包者广，蹿封则限于封域，有无分别，亦不能详。"（参见沈家本：《历代刑法考·汉律摭遗一·目录》，第1371—1372页。）内田氏认为蹿封是指诸侯超越领地范围或封户定数而不正当取得其外土地。（[日]内田氏：《译注》，第101页。）陆氏举出两种观点，一种是出界，擅自越过边境，另一种是李悝《法经》的"蹿制"。（陆氏：《注释》，第55页。）

按：古人堤汉简第29号简正面为汉律目录，其中有"揄（蹿）封"之语，其第二行有"毁封"之语。毁封即毁坏封印之意，故蹿封亦应与封印有关，由此可以认为蹿封是指超越权限封印。而且根据这段记载，新律将蹿封编入《诈律》，《诈律》是关于欺骗人的法规，超越权限封印亦属于欺骗人。（参见前揭[日]水间大辅：《秦汉刑法研究》，第455—457页。）

古人堤汉简第29号简正面共有六栏记载，"揄（蹿）封"之语写在第四栏。发掘简报认为，第一栏至第三栏是《盗律》目录，第四栏至第六栏是《贼律》目录。（参见湖南省文物考古研究所、中国文物研究所：《湖南张家界古人堤遗址与出土简牍概述》，《中国历史文物》2003年第2期。）相对于此，《简注》认为，第一栏与第二栏是《盗律》目录，第三栏至第六栏是《贼律》目录。（参见湖南省文物考古研究所、中国文物研究所：《湖南张家界古人堤简牍释文与简注》，《中国历史文物》2003年第2期。）

矫制：假托皇帝的制诏，以擅对官吏、民众发出命令。又称"矫诏"。

自复免，<sup>376</sup>事类众多，故分为《诈律》。<sup>377</sup>《贼律》有贼伐树

---

《吕氏春秋·先识览·悔过》高诱注："擅称君命曰矫。"《汉书·高五王·燕灵王建传》颜师古注："撟，托也。托天子之制诏也。撟音矫。"《二年律令·贼律》中有关于矫制的规定："撟（矫）制害者，弃市；不害，罚金四两。"（第 11 号简）有关汉代的传世文献中有关于矫制的记载，参见沈家本：《历代刑法考·汉律撷遗四·贼律二》"矫制"条，第 1449—1450 页；程树德：《九朝律考·汉律考三·律文考》"矫制"条，第 55 页。

375　诈伪生死：内田氏说："是相反于事实，虽然生存，却假装为死亡，或虽然死亡，却假装为生存。此处应就囚犯的生死而言。"（[日] 内田氏：《译注》，第 102 页。）陆氏就此引用《唐律疏议·名例律》"略和诱人赦后故蔽匿"条疏："诈死者，或本心避罪，或规免赋役，或因犯逃亡而遂诈死之类。"（陆氏：《注释》，第 55 页。）

376　《令丙》：原作"令景"。清王鸣盛《十七史商榷·晋书五》："令景即令丙，避讳。"内田氏进一步明确指出，因为唐高祖之父名为昞，所以此处避讳为"景"。（[日] 内田氏：《译注》，第 102 页。）

诈自复免：欺骗国家而得到租税或徭役的免除。《唐律疏议·诈伪律》云："诸诈自复除，若诈死，及诈去工、乐、杂户名者，徒二年。"

377　《诈律》：《唐律疏议·诈伪律》疏议曰："《诈伪律》者，魏分《贼律》为之。"《唐六典·尚书刑部》注云："（魏氏）乃命陈群等采汉律，为魏律十八篇，增汉萧何律《劫掠》、《诈伪》、《毁亡》、《告劾》、《系讯》、《断狱》、《请赇》、《惊事》、《偿赃》等九篇也。"沈家本根据《唐六典》的记载认为，"诈律"为"诈伪律"之误。（参见沈家本：《历代刑法考·律目考》，第 1349 页。）相对于此，刘俊文认为，三国魏创立《诈律》，至西晋泰始律改名为《诈伪律》。（参见刘俊文：《唐律疏议笺解》，第 1684 页。）

木、杀伤人畜产及诸亡印，[378]《金布律》有毁伤亡失县官财物，[379]故分

---

378 贼伐树木：故意擅伐他人的树木。古人堤汉简《汉律目录》的第6栏有"贼伐燔□"，或是指"贼伐树木"。（参见前揭［日］水间大辅：《秦漢刑法研究》，第468—469页。）

杀伤人畜产：《二年律令·贼律》："贼杀伤人畜产，与盗同法。畜产为人牧而杀伤□。"（第49号简）另外，古人堤汉简《汉律目录》第6栏中有"贼杀伤人"，然而第4栏中已有"贼杀人"，故"贼杀伤人"不应是指关于"贼杀人"与"贼伤人"的规定。在《汉律目录》中，"贼杀伤人"的下一条是"犬杀伤人"，《二年律令·贼律》中有相当于此的规定："犬杀伤人畜产，犬主赏（偿）之，它□。"（第50号简）在《二年律令》中，这条律文的上一条是第49号简，故《汉律目录》的"贼杀伤人"应是指关于"杀伤人畜产"的规定。"贼杀伤人"大概省略了"人"字之下的"畜产"。（参见前揭［日］水间大辅：《秦漢刑法研究》，第469—470页。）

亡印：《二年律令·贼律》："亡印，罚金四两，而布告县官，毋听亡印。"（第51号简）

379 《金布律》：见于睡虎地秦简、里耶秦简、岳麓书院藏秦简、张家山汉简与睡虎地汉简。是关于会计出纳的法律。（参见李均明：《中国古代法典的重大发现——读江陵张家山247号汉墓出土〈二年律令〉简》，《中国文物报》2002年5月3日。）《汉书·高帝纪下》与《萧望之传》均见有"金布令"一词，颜师古注："金布者，令篇名也。"《续汉书·礼仪志上》刘昭注又有"汉律《金布律》"。关于《金布律》与《金布令》的关系，程树德说："魏晋以后，律令之别极严，而汉则否。……《萧望之传》引《金布令》，《后书》则引作汉律《金布令》，《晋志》则直称《金布律》，是令亦可称律也。"但是，他又说："按：《晋志》作《金布律》，《后书·礼仪志》注引作汉律《金布令》，与《萧望之传》互歧，当以传文为正。"（参见程树德：《九朝律考·汉律考一·律名考》，第11页、第24页。）中田

为《毁亡律》。《囚律》有告劾、传覆，[380]《厩律》有告反逮受，[381]

---

薰认为，汉代先有《金布令》，后来《金布令》改变为《金布律》。（参见［日］中田薰：《法制史論集》第4卷，岩波书店1964年版，第195—199页。）内田氏举出三种观点。一种观点基本上与程树德的观点相同。另一种观点是本志特别关注《金布令》中的罚则部分，故记为《金布律》。第三种观点是三国魏将汉代的《金布令》改为《金布律》。（［日］内田氏：《译注》，第102页。）陆氏认为，《金布律》与《金布令》是同时兼存的。（陆氏：《注释》，第56页。）高恒亦认为，汉代有《金布律》的同时，又有《金布令》，前者是一篇关于"金布"的规范性法律，后者是为解决有关"金布"的具体诏令。（参见高恒：《秦汉简牍中法制文书辑考》，社会科学文献出版社2008年版，第136—137页。）广濑薰雄认为，秦汉时期的律是在皇帝所下令之中有规范效力的部分，由令制定；《金布令》是制定《金布律》的令，或是对有关金布的事项而制定的令予以分类、整理。（参见［日］广濑薰雄：《秦漢時代の律の基本的特徵について》，氏著：《秦漢律令研究》，汲古书院2010年版。）

县官：天子、官方。（参见［日］水间大辅：《秦漢"縣官"考》，载早稻田大学长江流域文化研究所编：《中國古代史論集——政治、民族、術數》，雄山阁2016年版。）

毁伤亡失县官财物：睡虎地秦简《秦律十八种·金布律》与《二年律令·金布律》中均有关于"毁伤亡失县官财物"的各种规定。如《二年律令·金布律》："亡、毁、伤县官器、财物，令以平贾（价）偿。入毁伤县官，贾（价）以减偿。"（第434号简）

380　告：举报、告发。劾：见前注319。

《囚律》有告劾：居延新简："《囚律》：告劾毋轻重皆关属所二千石官。"（EPT10·2A）悬泉汉简："●《囚律》：劾人不审，为失，以其赎半论之。"（I0112①：1）虽然《二年律令》中没有《囚律》律名简，但《具律》中有关于告劾的规定，如"劾人不审，为失。其轻罪也而故以重罪劾之，为不直"。（第112号简）有些学者认为，张家山247号汉墓竹简整理小组所编《二年律令·具律》中当包含《囚律》的条文，应分为《具律》与《囚律》。（参见前揭李均明：《中国古代法典的重大发现》；《〈二年律令·具律〉中应分出〈囚律〉条款》，氏著：《简牍法制论稿》，广西师范大学出版社2011年版；张家山汉简研读班：《张家山汉简〈二年律令〉校读记》，载李学勤、谢桂华主编：《简帛研究2002、2003》，广西师范大学出版社2005年版；李力：《关于〈二年律令〉简93—98之归属问题的补充意见》，中国文物研究所编：《出土文献研究》第6辑，上海古籍出版社2004年版。）彭浩认为，整理小组所编的《二年律令·具律》与《告律》应分为《告律》、《囚律》与《具律》。（参见彭浩：《谈〈二年律令〉中几种律的分类与编连》，《出土文献研究》第6辑。）

传覆：《十七史商榷·晋书五》："案，传，考也。覆，案也。"沈家本说："传，逮也，覆，覆按也，分为二事，则或传或覆；合为一事，则谓传逮罪人而覆按之也。"又说："按：传谓传逮。郡守当行县录囚，亦得传逮至郡而录之，严延年所言是也。……按：覆，重审察也。"（参见沈家本：《历代刑法考·汉律摭遗一·目录》，第1373页；同书《汉律摭遗六·囚律》"传覆"条，第1479—1480页。）内田氏认为是提取被告人的供词而做记录，重新考验此以确认是否属实。（[日]内田氏：《译注》，第103页。）

381　告反：本志后文引《新律序略》："囚徒诬告人反，罪及亲属，异于善人，所以累之使省刑息诬也。"程树德据此认为是诬告反坐之意。（参见程树德：《九朝律考·汉律考三·律文考》"告反逮受"条，第58页。）相对于此，沈家本认为是告发谋反之意。（参见沈家本：《历代刑法考·汉律摭遗十三·厩律》"告反"条，第1617页。）陶安就"告反逮受"举出两种解释：一种是有人告发谋反案，则逮捕并讯问嫌疑人；另一种是为了准备诘问，拘留并讯问告发人。（参见[德]陶安：《漢魏律目考》，《法制史研究》第52号，2003年。）

逮受：《十七史商榷·晋书五》："逮受，玫下文，当作逮验。"沈家本说："'逮受'下文作'逮验'，《玉海》引作'讯受'。魏分为《告劾律》，

科有登闻道辞，[382] 故分为《告劾律》。《囚律》有系囚、鞫狱、断

---

而《系讯》又自为律，则此目当非'讯'也。下文既曰'逮验'，与逮捕为先后之事，凡捕须验之也，似以'逮验'为是。"（参见沈家本：《历代刑法考·汉律摭遗一·目录》，第1376页。）但是，他又说："按：郡府之狱，悉归廷尉，廷尉受而逮治之。远者至数千里，近亦数百里，其往来当乘传，故入《兴律》（为《厩律》之误？）。此似可谓之逮受矣。"（参见沈家本：《历代刑法考·汉律摭遗十三·厩律》"逮受"条，第1618页。）沈家本所举的两种观点之间有矛盾之处。内田氏推测，有人告发谋反案，则当紧急将其内容利用驿传设施送致，"告反逮受"规定这种事项。（[日] 内田氏：《译注》，第103页。）

厩律有告反逮受：沈家本说："汉世告反之人亦得乘传，故亦在此律。"（参见沈家本：《历代刑法考·汉律摭遗一·目录》，第1376页。）

382　登闻道辞：《十七史商榷·晋书五》："登闻道辞，即下文所谓上言变事也。"然而，内田氏就王鸣盛的解释说："在汉律，'上言变事'属于《厩律》，魏律编为《变事令》，而登闻道辞原属于科，魏律编为《告劾律》，故我们不能将两者看成一样。"（[日] 内田氏：《译注》，第103—104页。）《周礼·夏官·太仆》："以待达穷者与遽，令闻鼓声，则速逆御仆与御庶子。"郑众注："穷谓穷冤失职，则来击此鼓，以达于王，若今时上变事击鼓矣。遽，传也。若今时驿马军书当急闻者，亦击此鼓。令闻此鼓声，则速逆御仆与御庶子也。"沈家本根据这些及其他记载认为："汉世上变急闻并集于公车，公车令掌殿门，则殿门之外必设有此鼓以备上变急闻者之用，可推而知。但不知此鼓为何名？以律目'登闻道辞'推之，似即登闻鼓，特未有明文可证耳。登闻者，有变事及急闻则登之。道辞者，听其辞以集奏之也。"（参见沈家本：《历代刑法考·汉律摭遗十三·厩律》"登闻道辞"条，第1618页。）《晋书·武帝纪》："西平人曲路伐登闻鼓，言多祆谤。有司奏弃市。帝曰：'朕之过也。'舍而不问。"陆氏据此认为，登闻道辞是指向朝廷或官吏控告狱讼事。（参见陆氏：《注释》，第56页，注9。）

狱之法，[383]《兴律》有上狱之事，[384]科有考事报谳，[385]

---

383 系囚：传世文献中关于"系囚"的记载，参见沈家本：《历代刑法考·汉律摭遗六·囚律》"系囚"条，第1480—1483页。

鞫狱：传世文献中关于"鞫狱"的记载，参见沈家本：《历代刑法考·汉律摭遗六·囚律》"鞫狱"条，第1491—1492页。"鞫狱"、"鞫"均见于各种秦汉简牍。宫宅洁认为，是在刑事程序，在经"诊问"（对由各种刑事程序而明确的事实关系加以综合）而确定的犯罪事实关系之中，确认适用律令的前提的犯罪行为是怎样的行为。（参见［日］宫宅洁：《秦漢時代の裁判制度——張家山漢簡〈奏讞書〉より見た——》，《史林》第81卷第2号，1998年。后译为中文《秦汉时期的审判制度——张家山汉简〈奏谳书〉所见》，徐世虹译，收入杨一凡总主编：《中国法制史考证》丙编第一卷［日］籾山明卷主编《日本学者考证中国法制史重要成果选译·通代先秦秦汉卷》，中国社会科学出版社2003年版。）相对于此，陶安认为，"鞫"是指由县令等有权论断的人的讯问，而与由狱吏、狱卒等人提前进行的审讯、讯问有异。（参见［德］陶安：《试探"断狱"、"听讼"与"诉讼"之别 以汉代文书资料为中心》，张中秋编：《理性与智慧：中国法律传统再探讨——中国法律史学会2007年国际学术研讨会文集》，中国政法大学出版社2008年版；［德］陶安著：《秦漢刑罰體系の研究》，創文社2009年版，第392页，注35。）

断狱：沈家本说："《通典》引无断狱二字。"（参见沈家本：《历代刑法考·律目考》，第1348页。）"断狱"见于各种秦汉简牍。

《囚律》有系囚、鞫狱、断狱之法：《二年律令·具律》中有关于鞫狱、断狱的规定，如："鞫狱故纵、不直，及诊、报、辟故弗穷审者，死罪，斩左止（趾）为城旦；它各以其罪论之。"（第93号简）；"县道官守丞毋得断狱及谳（谳）。"（第102号简）有些学者认为，这种规定均当由《具律》分出而归入《囚律》。（参见前揭注380。）

384 《兴律》有上狱之事：参见上文"《兴律》有上狱之法"之语及注343。

宜别为篇， 故分为《系讯》、《断狱律》。[386]《盗律》有受所监

---

385　考事：《后汉书·朗𫖮列传》："方今中官外司各各考事，其所考者，或非急务。"李贤注："考，劾也。"同书《马严列传》："臣伏见，方今刺史、太守专州典郡，不务奉事尽心为国，而司察偏阿，取与自己。同则举为尤异，异则中以刑法。不即垂头塞耳，采求财赂。今益州刺史朱酺、杨州刺史倪说、凉州刺史尹业等，每行考事，辄有物故。"李贤注："考，按也。"内田氏认为是调查犯罪者而查明犯罪案件。（［日］内田氏：《译注》，第 104 页。）

报谳：内田氏认为，上级司法机关审议下级司法机关提出的"谳"，裁定其判决，对下级司法机关回报，这称为"报谳"。（［日］内田氏：《译注》，第104页。）这种"报"的用例见于传世文献与张家山汉简《奏谳书》等出土文献，如《奏谳书》案例 1 的结尾云："●廷报：当要（腰）斩。"（第 7 号简）

考事报谳：沈家本、陆心国均将"考事报谳"视为一事。陆氏认为是审理案件结束，向上级呈报审判决定，请求审核定案。（参见沈家本：《历代刑法考·汉律摭遗十二·兴律》"考事报谳"条，第1590页；陆氏：《注释》，第 57 页。）

科有考事报谳：沈家本说："'考事报谳'疑是遣使分赴郡国治狱之事，如田叔治梁狱，吕步舒治淮南狱也。使者当有徒众随之，亦属兴事，故在《兴律》。"又说："按：寻常考事不得在《兴律》，此必遣使赴郡国考事。"（参见沈家本：《历代刑法考·汉律摭遗一·目录》，第1375页；同书《汉律摭遗十二·兴律》"考事报谳"条，第1590页。）

386　系讯：沈家本说："《玉海》，讯作逮。"（参见沈家本：《历代刑法考·律令·新律　旧律　魏令》，第886页。）但是，至少在日本国会图书馆藏元至元六年庆元路儒学刊本、四库全书本、光绪九年浙江书局刊本《玉海》均作"讯"，不知沈家本依据于何种版本。

分为《系讯》、《断狱律》：东川德治、内田智雄均认为，"系讯断狱律"

是一篇律，不是《系讯律》与《断狱律》两篇。（参见［日］东川德治：《支那法制史論》，临时台湾旧惯调查会1915年版，第214页；［日］内田智雄：《魏律「序略」についての二·三の問題（上）——滋賀秀三氏の「曹魏新律十八篇の篇目について」に寄せて——》，《同志社法学》第11卷第3号，1959年。）相对于此，滋贺秀三主要据以下三点认为是《系讯律》与《断狱律》两篇：第一，"分为系讯断狱律"是指将以往的《囚律》与新加的若干要素析分为《系讯》、《断狱》两篇律；第二，《唐六典·尚书刑部》注云："乃命陈群等，采汉律为魏律十八篇，增汉萧何律，《劫掠》、《诈伪》、《毁亡》、《告劾》、《系讯》、《断狱》、《请赇》、《惊事》、《偿赃》等九篇也。"将"系讯断狱"分为两篇才成为"九篇"；第三，中国历史上没有四字律篇名。（参见［日］滋賀秀三：《中國法制史論集　法典と刑罰》，創文社2003年版，第399—401页、第443—445页、第448页。）

按：如滋贺秀三所指出，据《唐六典》的记载，"系讯断狱律"是《系讯》与《断狱》的两篇律。但是，对于滋贺秀三观点的第一种意见，陶安已有批评（见下述），尚有探讨的余地。对于第三种意见，至少对三国魏及其以后的律确实可以说如此。

滋贺秀三认为，据《新律序略》的记载，《囚律》中的"系囚、鞠狱、断狱之法"均被编入《系讯律》与《断狱律》，系囚、鞠狱与断狱皆是《囚律》本来的内容，除了这些以外，难以想象还有别的本来内容，故《囚律》由于分为《系讯律》与《断狱律》两篇而应被废除。（参见前揭［日］滋賀秀三：《中國法制史論集　法典と刑罰》，第399—400页。）然而，内田智雄对此批评说，①任何文献中均不见有制定新律十八篇时废除《囚律》的论据；②下文"故五篇"指《法经》六篇而言，所以《囚律》亦应在新律十八篇之内，并没有被废除。（参见［日］内田智雄：《魏律「序略」についての二·三の問題（上）（下）——滋賀秀三氏の「曹魏新律十八篇の篇目について」に寄せて——》,《同志社法学》第 11 卷第 3 号、第 5 号,1959、1960 年。)滋贺秀三对此反驳说,①《兴律》亦在任何文献中不见有制定新律十八篇时被废除的记载,从内田的论法来说,应认为《兴律》亦在此时没有被废除。但是,制定新律时应废除《兴律》才站得住脚;②"故五篇"无疑指汉律而言。(参见 [日] 滋贺秀三:《再び魏律の篇目について——内田智雄教授の批判に答えて——》,前揭氏著:《中國法制史論集 法典と刑罰》。后译为中文《再论魏律篇目——答内田智雄教授的质疑》,程维荣等译,收入杨一凡总主编:《中国法制史考证》丙编第二卷 [日] 冈野诚卷主编《日本学者考证中国法制史重要成果选译·魏晋南北朝隋唐卷》,中国社会科学出版社 2003 年版。)陶安对滋贺秀三的观点批评说,①从《晋书·刑法志》"(李悝) 著《法经》……盗贼须劾捕,故著网捕二篇"的记载来看,《囚律》的内容原来或是"劾",不是系囚、鞫狱与断狱;②"分为系讯断狱律"中的"分"不是"分解"之意,是"另"之意,"宜别为篇,故分为系讯断狱律"是指从《囚律》分出"系讯断狱律",即除了《囚律》以外,还制定"系讯断狱律"。(参见前揭 [德] 陶安:《漢魏律目考》。)

受财枉法，[387]《杂律》有假借不廉，[388]《令乙》有呵人受钱，[389]科有使

---

387　受所监：官吏接受其所统辖、监督下的官吏的财物、饮食及其他利益。（［日］内田氏：《译注》，第106页。）《汉书·景帝纪》："秋七月，诏曰：'吏受所监临，以饮食免，重；受财物，贱买贵卖，论轻。廷尉与丞相更议著令。'廷尉信谨与丞相议曰：'吏及诸有秩受其官属所监、所治、所行、所将，其与饮食计偿费，勿论。它物，若买故贱，卖故贵，皆坐臧为盗，没入臧县官。吏迁徙免罢，受其故官属所将监治送财物，夺爵为士伍，免之。无爵，罚金二斤，令没入所受。有能捕告，畀其所受臧。'"

《盗律》有……受财枉法：《二年律令·盗律》中有关于"受财枉法"的规定："受赇以枉法，及行赇者，皆坐其臧（赃）为盗。罪重于盗者，以重者论之。"（第60号简）

388　《杂律》有假借不廉：上文有"（李）悝撰次诸国法，著《法经》……其轻狡、越城、博戏、借假不廉、淫侈踰制，以为《杂律》一篇。"《二年律令·杂律》中有关于假借的规定："吏六百石以上及宦皇帝，而敢字贷钱财者，免之。"（第184号简）

389　呵人受钱：《十七史商榷·晋书五》："案，《说文·自序》言'俗书之谬，廷尉说律，至以字断法，苛人受钱。'此言苛字，误作从止从句。然则《晋书》呵人亦当作苛人。"沈家本认为是官吏呵问人而受钱，与恐猲取财有异。（参见沈家本：《历代刑法考·汉律摭遗一·目录》，第1374页。）陆氏说："呵，同诃，大声呵叱。本书下文引张斐《律表》：'不以罪名呵为呵人，以罪名呵为受赇'，这里是指后一种，'受钱'就是'受赇'，即借某种罪名，向人敲诈勒索。"（陆氏：《注释》，第57页。）《律表》云："呵人取财似受赇。"

者验赂，<sup>390</sup> 其事相类，故分为《请赇律》。《盗律》有勃辱强贼，<sup>391</sup>

---

390　使者验赂：沈家本认为是"使者受命案验贿赂之狱而更有违法之举也。"（参见沈家本：《历代刑法考·汉律摭遗·目录》，第 1374 页。）内田氏说："上文的'告反逮受'在下文作'告反逮验'，从此推测，则'使者验赂'或是'使者受赂'的抄错。若然，则'使者受赂'应是指奉天子之命而为使者的人，在执行使命时接受贿赂的。"（［日］内田氏：《译注》，第 107 页。）陆氏认为是"指使者在考核财物时接受钱财"的意思。（陆氏：《注释》，第 57 页。）按：《唐律疏议·职制律》云："诸官人因使，于使所受送遗及乞取者，与监临同。"

391　勃辱强贼：沈家本说："言怒其强，遂不择事之是否，而遽加殴辱也。强贼固可怒，若已就拘执，即应送官，今不送官而自行殴辱，致有杀伤。"又说："按：唐律罪人已就拘执及不拒捍而杀，或折伤之，各以斗杀伤论。其法殆即本于此条。"（参见沈家本：《历代刑法考·汉律摭遗一·目录》，第 1371 页；同书《汉律摭遗二·盗律》"勃辱强贼"条，第 1409 页。）相对于此，内田氏推测，关于兵役与徭役等"兴"事，担任官吏做非法的制裁或威迫侵害，以得私利。（［日］内田氏：《译注》，第 107 页。）于振波认为，唐律《擅兴律》有"拣点卫士征人不平"、"遣番代违限"、"私使丁夫杂匠"诸条，对官吏摊派徭役不公、役使防人不合情理及非法役使丁夫谋取私利等行为，都严加禁止，"勃辱强贼"似与此有关；居延新简云："新始建国地皇上戊四年十月三日，行塞劳勒吏卒记。●天子劳吏士拜，它何疾苦？禄食尽得不？吏得毋侵冤、假贷不赏？有者言。●吏士明听教：告吏，谨以文理遇士卒，病致医药，加恩仁恕，务以爱利省约为首，毋行暴殴击。"（EPF22：242—246）官吏不"以文理遇士卒"而"行暴殴击"的行为，大概就相当于汉律中的"勃辱强贼"。（参见于振波：《秦汉法律与社会》，湖南人民出版社 2000 年版，第 27 页。）

《兴律》有擅兴徭役，[392]《具律》有出卖呈，[393]科有擅作修舍事，[394]故分

---

392　擅兴徭役：《汉书·宣帝纪》："夏五月，诏曰：'……吏务平法。或擅兴繇役，饰厨传，称过使客，越职踰法，以取名誉，譬犹践薄冰以待白日，岂不殆哉。'"同书《王子侯表下》："十三年，初元五年，（祚阳侯刘仁）坐擅兴繇赋，削爵一级，为关内侯。"岳麓书院藏秦简《为吏治官及黔首》："兴繇勿擅。"（第65号简正面）

393　出卖呈：沈家本认为，"呈"即"程"，为"法"、"式"之意，"出卖呈"规定"有呈即不得擅行出卖"。（参见沈家本：《历代刑法考·汉律摭遗一·目录》，第1375页。）高氏认为是关于出卖物品须公平按量计价的法规。（高氏：《注译》，第81页。）

按："出"为"超出"之意，"呈"读为"程"，是法律规定的数量之意。睡虎地秦简《效律》云："计脱实及出实多于律程，及不当出而出之，直（值）其贾（价），不盈廿二钱，除；廿二钱以到六百六十钱，赀官啬夫一盾；过六百六十钱以上，赀官啬夫一甲，而复责其出殹（也）。"（第58—60号简）"出卖呈"应是指卖掉某种物品的数量超出法律规定的数量。

394　擅作修舍事：内田氏认为是不根据法规，官吏随便修筑房屋。（[日]内田氏：《译注》，第107页。）睡虎地秦简与《二年律令》中均有类似于此的规定。睡虎地秦简《秦律十八种·徭律》云："县毋敢擅坏更公舍、官府及廷。其有欲坏更殹（也），必谳（讞）之。欲以城旦舂益为公舍、官府及补缮之，为之，勿谳（讞）。"（第121—122号简）《二年律令·徭律》亦云："县道官敢擅坏更官府、寺舍者，罚金四两，以其费负之。"（第410号简）

为《兴擅律》。<sup>395</sup>《兴律》有乏徭稽留，<sup>396</sup>《贼律》有储峙不办，<sup>397</sup>

---

395 《兴擅律》：内田氏指出，《通典·刑法典一·刑制上》与《玉海·诏令》均作"擅兴律"。（[日] 内田氏：《译注》，第 107 页。）

沈家本说："《擅兴》当即《兴律》所改。"（参见沈家本：《历代刑法考·律目考》，第 1349 页。）滋贺秀三认为，《兴律》归入《兴擅》、《乏留》等篇，由此被废除。（参见前揭 [日] 滋贺秀三：《中國法制史論集　法典と刑罰》，第 399 页。）

396 乏徭：《急就篇》卷四："乏兴猥逮诃讼求。"颜师古注："律有乏兴之法，谓官有所兴发，而辄稽留，阙乏其事也。"沈家本认为，乏徭是"丁夫差遣不平条内之欠剩"的意思。（参见沈家本：《历代刑法考·汉律摭遗·目录》，第 1375 页。）内田氏认为是不忠实履行徭役的义务，或不确切实施徭役，以给国家需要遂行的徭役带来障碍。（[日] 内田氏：《译注》，第 107 页。）睡虎地秦简《法律答问》云："可（何）谓逋事及乏繇（徭）？律所谓者，当繇（徭），吏、典已令之，即亡弗会，为逋事；已阅及敦（屯）车食，若行到繇（徭）所乃亡，皆为乏繇（徭）。"（第 164 号简）睡虎地秦墓竹简整理小组据此认为，乏徭是"没有服足徭役时间"的意思。（参见睡虎地秦墓竹简整理小组编：《睡虎地秦墓竹简》，文物出版社 1990 年版，释文注释第 132 页。）《二年律令·兴律》中亦有关于乏徭的规定："乏繇（徭）及车牛当繇（徭）而乏之，皆赀日廿二钱，有（又）赏（偿）乏繇（徭）日，车▢。"（第 401 号简）

稽留：沈家本认为是"征人稽留及丁夫杂匠稽留"的意思。（参见沈家本：《历代刑法考·汉律摭遗一·目录》，第 1375 页。）内田氏认为是停滞而晚点之意，谓在服兵役、徭役时，没有按照所定的期限到达所定的地点。（[日] 内田氏：《译注》，第 107 页。）

按：作为法律用语的"稽留"未必专就兵役、徭役而言，还可用来表示停留人、延迟报告等之意。如《墨子·号令》云："门者及有守禁者，皆无令无事者，得稽留止其旁。""传言者十步一人。稽留言及乏传者，断。诸可以便事者，亟以疏传言守。吏卒民欲言事者，亟为传言请之。吏稽留不言诸者，断。""传令里中有以羽，羽在三所差，家人各令其家中，失令若稽留令者，断。"但是，本志所说的稽留属于《兴律》，故可认为还是就兵役、徭役而言。

唐律中有关于"征人稽留"与"丁夫杂匠稽留"的规定，刘俊文认为，其起源在秦律对"失期"的规定，如《史记·陈涉世家》云："二世元年七月，发闾左适戍渔阳，九百人屯大泽乡。陈胜、吴广皆次当行，为屯长。会天大雨，道不通，度已失期。失期，法皆斩。"睡虎地秦简《秦律十八种·徭律》云："御中发征，乏弗行，赀二甲。失期三日到五日，谇；六日到旬，赀一盾；过旬，赀一甲。"（第 115 号简）（参见刘俊文：《唐律疏议笺解》，第 1189 页、第 1227 页。）

397　储峙：存储物资以备需用。《汉书·孙宝传》："御史大夫张忠辟宝为属，欲令授子经，更为除舍，设储偫。"颜师古注"设储偫"为"谓预备器物也"。《后汉书·肃宗孝章帝纪》："丁酉，南巡狩，诏所经道上，郡县无得设储峙。"李贤注："储，积也。峙，具也。言不预有蓄备。"同书《皇后纪上·和熹邓皇后》："离宫别馆储峙米糒薪炭，悉令省之。"李贤注："储峙，犹蓄积也。"

储峙不办：内田氏认为是指"为了充当官方用途而应提前储备的物资不足，或对储备物资的保管不全"。（[日] 内田氏：《译注》，第 107—108 页。）

《厩律》有乏军之兴，[398] 及旧典有奉诏不谨、不承用诏书，[399] 汉氏施行有小愆之反不如令，[400] 辄劾以不承用诏书乏军要

---

398　乏军之兴：《周礼·地官》："旅师掌聚野之锄粟、屋粟、间粟，而用之，以质剂致民，平颁其兴积，施其惠，散其利，而均其政令。"郑玄注："县官征聚物曰兴，今云军兴是也。"《尚书·费誓》："峙乃糗粮，无敢不逮，汝则有大刑。"孔安国传："皆当储峙汝粮糒之粮，使足食，无敢不相逮及，汝则有乏军兴之死刑。"孔颖达疏："兴军征伐而有乏少，谓之乏军兴。"《唐律疏议·擅兴律》："诸乏军兴者，斩，故、失等。"注："谓临军征讨有所调发而稽废者。"疏议曰："注云谓临军征讨有所调发，兵马及应须供军器械，或所须战具，各依期会，克日俱充。有所阙者，即是稽废。……若充使命告报军期，而违限废事者，亦是乏军兴。"内田氏认为，"乏军之兴"应是指"乏军兴"，即给军队的召集、出动及军用器材的筹备等带来障碍。（［日］内田氏：《译注》，第108页。）汉代有以乏军兴问罪的实例，参见程树德：《九朝律考·汉律考三·律文考》"乏军之兴"条，第59页。内田氏认为，乏军兴在汉律中属于《厩律》，应是主要与军马有关的缘故。

399　旧典：内田氏认为是律令以外的以往的典章制度。（［日］内田氏：《译注》，第108页。）

奉诏不谨：内田氏认为是奉天子诏命而为使者的人不忠实履行其诏命。（［日］内田氏：《译注》，第108页。）汉代与三国魏均有以"奉诏不谨"问罪的实例，如《汉书·翟方进传》："方进于是举劾庆曰：'……又暴扬尚书事，言迟疾无所在，亏损圣德之聪明，奉诏不谨，皆不敬。'"《三国志·魏书·钟繇传》裴松之注引三国魏鱼豢《魏略》："（钟繇）乃上书自劾曰：'……又不承用诏书，奉诏不谨。'"

不承用诏书：内田氏认为是相关部门的官吏不遵奉天子以诏书的形式公布的行政命令。（［日］内田氏：《译注》，第108页。）前揭《魏略》中亦见有"不承用诏书"之语。

400　小愆之反不如令：沈家本说："'之反'，《通典》作'乏及'，《通

斩,<sup>401</sup>又减以《丁酉诏书》<sup>402</sup>,《丁酉诏书》,汉文所下,<sup>403</sup>不宜复以为

---

考》'之'亦作'乏'。"(参见沈家本:《历代刑法考·律目考》,第1348页。)

小愆乏:内田氏认为,"愆"是过失,"小愆乏"应是因轻微过失引起的"乏军兴"。([日]内田氏:《译注》,第108页。)按:"小愆乏"或是指因过失所引起小规模的"乏军兴"。

不如令:内田氏认为是官吏不忠实执行令所规定的事项。(内田氏:《译注》,第108页。)"不如令"常见于秦汉律令条文中,如睡虎地秦简《秦律杂抄》云:"●葬马五尺八寸以上,不胜任,奔挚(絷)不如令,县司马赀二甲。"(第9号简)《汉书·张释之传》如淳注:"《宫卫令》:'诸出入殿门、公车司马门者,皆下。不如令,罚金四两。'"

401　要斩:死刑之一,用斧钺截断腰部。又作"腰斩"。《释名·释丧制》:"斫头曰斩,斩要曰要斩。"《周礼·秋官·掌戮》郑玄注:"斩以鈇钺,若今要斩也。"

402　《丁酉诏书》:内田氏说:"丁酉应是显示颁布诏书日子的干支。难以确定是文帝何时的诏书。"([日]内田氏:《译注》,第108页。)陶安认为,《后汉书·肃宗孝章帝纪》将章和元年四月丙子公布的诏(赦令)称为"丙子赦",从此用例可窥见当时经常以公布日子的干支命名诏书。(参见前揭[德]陶安:《漢魏律目考》。)而陆氏说:"似指汉文帝十三年因缇萦上书,所颁布的除肉刑诏。但是十三年是甲戌年,……疑指汉景帝中六年(丁酉年)所下的'减笞法诏'"。(陆氏:《注释》,第59页。)今不取此说。

403　汉文:指西汉文帝,见前注38。

法，故别为之《留律》。[404]秦世旧有厩置、乘传、副车、食厨，[405]汉初承秦不改，后以费广稍省，故后汉但设骑置而无车马，[406]而律犹

---

404　别为之《留律》：沈家本说："之当作乏。"（参见沈家本：《历代刑法考·律目考》，第1348页。）张建国认为，如果说"别为之留律"，"为"是动词，"之"便只能看作宾语，"留律"一词再当宾语，这不符合古汉语的习惯用法，从语法结构上解释不通，故"之"当作"乏"。（参见张建国：《帝制时代的中国法》，法律出版社1999年版，第93页。）

别为乏留律：沈家本说："按：《唐六典》言魏增《汉律》，《劫掠》、《诈伪》、《毁亡》、《告劾》、《系讯》、《断狱》、《请赇》、《惊事》、《偿赃》等九篇也。以《晋志》核之，《诈伪》即《诈律》（疑《志》夺'伪'字），此外有《留律》（'留'上当有'乏'字）、《免坐律》。《留律》，《志》言别为之，当不在正律之内。"（参见沈家本：《历代刑法考·律目考》，第1349页。）然而，滋贺秀三对此批评说，上文有"宜别为篇，故分为《系讯》、《断狱律》"的记载，按沈家本的论法来说，应认为《系讯》、《断狱》两篇亦在正律之外，但这与沈家本的观点矛盾。（参见前揭［日］滋贺秀三：《中國法制史論集　法典と刑罰》，第401页、第404页。）

405　厩置：驿站。《汉书·田儋传》臣瓒注："案，厩置谓置马以传驿者。"

乘传：驿站用套四匹马的马车。《汉书·高帝纪下》如淳注："律：四马高足为置传，四马中足为驰传，四马下足为乘传，一马二马为轺传。急者乘一乘传。"

副车：皇帝的从车。《史记·留侯世家》："秦皇帝东游。良与客狙击秦皇帝博浪沙中，误中副车。"《索隐》："按：《汉官仪》天子属车三十六乘。属车即副车，而奉车郎御而从后。"

食厨：陆氏认为是厨传，即供应过客吃住、车马的处所。（陆氏：《注释》，第59页。）

406　骑置：驿站的骑马。《汉书·李陵传》颜师古注："骑置谓驿骑也。"同书《西域传下》颜师古注："骑置即今之驿马也。"

著其文，则为虚设，故除《厩律》，取其可用合科者，以为《邮驿令》。其告反逮验，别入《告劾律》。上言变事，[407] 以为《变事

---

407　上言变事：《汉书·梅福传》："（梅福）后去官归寿春。数因县道上言变事，求假轺传，诣行在所条对急政，辄报罢。"颜师古注："变谓非常之事。"内田氏认为，"上言变事"时可以使用驿站，故原属于《厩律》。（［日］内田氏：《译注》，第 108 页。）连劭名认为变事泛指一切非常之事。如告发某人心怀恶逆、图谋不轨，或指控某人有重大违法行为，都属于"上言变事"。因为这些犯罪关系到王朝的安危和皇帝统治的稳固，所以统治者极为重视。为使这方面的情况能够及时上报皇帝，汉律规定，凡"上言变事"者，皆可乘公家驿传的车骑。这也是此条律文归于《厩律》的主要原因。并搜集了历史文献中的相关案例，结合居延汉简、流沙坠简中的一些资料，考证了"上言变事"律法律范围和含义。（参见连劭名：《汉律中的"上言变事律"》，《政法论坛》1988 年第 1 期。）

令》，以惊事告急，与《兴律》烽燧及科令者，[408] 以为《惊事律》。

408　惊：沈家本说："以惊事告急，《通典》引惊作警，下《惊事律》同。《通考》上作惊，下作警。按：作警者是。"（参见沈家本：《历代刑法考·汉律摭遗·目录》，第 1376 页。）

按：《墨子·号令》："卒有惊事，中军疾击鼓者三，城上道路、里中巷街，皆无得行，行者斩。"清孙诒让《墨子间诂》卷十五："惊读为警。《文选·叹逝赋》李注云：'警犹惊也。'"由此可认为，"惊事告急"的"惊"当读为"警"。

以惊事告急：内田氏认为是在发生敌人侵寇等危急事态时，将此向上级等举报，以请求处理。（[日]内田氏：《译注》，第 108—109 页。）沈家本认为，《汉书·丙吉传》"此驭吏边郡人，习知边塞发犇命警备事"中的"警备事"就是"警事"。（参见沈家本：《历代刑法考·汉律摭遗·目录》，第 1376 页。）警事一词还见于《二年律令·行书律》："一邮邮十二室，长安广邮廿四室，敬（警）事邮十八室。"（第 265 号简）

曹旅宁认为"惊事"即《汉书·丙吉传》中的"发犇命警备事"，岳麓秦简中的"奔敬律"当为"犇命警备事"的省称，"闻命奔走"与"闻警奔走"意义相近，指有紧急军情发生，地方遴选黔首，紧急驰援的情景。秦"奔敬律"为紧急情况下调兵驰援以及控制"奔命"的法律规定。张家山汉简《奏谳书》案例十八可能即是秦"奔敬律"应用的事例。（参见曹旅宁：《岳麓书院所藏秦简丛考》，《华东政法大学学报》2009 年第 6 期，后收入氏著：《秦汉魏晋法制探微》，人民出版社 2013 年版，第 92—114 页。）

及科令者：沈家本说："'令'疑'合'之讹。"（参见沈家本：《历代刑法考·律目考》，第 1348 页。）陆氏认为，"及科合者"与上文"可用合科者"意义相同。（陆氏：《注释》，第 59 页。）张氏也认为科合者，意即科条中合用的条文。（张氏：《注释》，第 64 页。）相对于此，富谷至认为，"及科令者"的词组构造与上文"取其可用合科者"有异，而且"科令"一

《盗律》有还赃畀主，[409]《金布律》有罚赎入责以呈黄金为价，[410] 科

---

词频见于文献，故我们不能同意沈家本的解释。（[日] 内田氏：《译注》，
冨谷至补注，第281—282页，（25）。）

按：冨谷至的观点可从。他又认为，科令是作为科公布的令，或是与
"法令"类似的一般用语。

409 还赃畀主：将赃物还给原主。"畀"，《诗经·鄘风·干旄》毛传：
"畀，予也。"《尚书·洪范》孔安国传："畀，与。""畀主"见于秦汉律令
条文中，如睡虎地秦简《法律答问》："盗盗人，买（卖）所盗，以买它物，
皆畀其主。"（第23号简）晋律中有"还赃法"，如《律表》："若得遗物、
强取、强乞之类，无还赃法，随例畀之。"《唐律疏议·名例律》亦有如下
规定："诸以赃入罪，正赃见在者，还官、主。"

410 罚赎入责以呈黄金为价：《二年律令·金布律》："有罚、赎、责
（债）当入金，欲以平贾（价）入钱，及当受购、偿而毋金，及当出金、钱
县官而欲以除其罚、赎、责（债），及为人除者，皆许之。各以其二千石
官治所县十月金平贾（价）予钱，为除。"（第427—428号简）这条规定就
应是"罚、赎、入责以呈黄金为价"。

入责："责"当读为"债"，"入债"为还债之意。

呈黄金：沈家本说："呈者程也，以法程定之也。"（参见沈家本：《历代
刑法考·汉律摭遗·目录》，第1378页。）高氏认为，"呈"同"程"，法
规；"以呈"即按规定，这句指按规定的黄金折价标准计算应偿数额。（高
氏：《注译》，第82页。）张氏释"呈"为按标准计算。（张氏：《注释》，第
65页。）藤田高夫认为，"呈黄金"是符合官方标准的黄金。（参见 [日]
藤田高夫：《秦汉罚金考》，[日] 梅原郁编：《前近代中国の刑罚》，京都大
学人文科学研究所1996年版。后译为中文《秦汉罚金考》，杨振红译，李
学勤、谢桂华主编：《简帛研究二〇〇一》，广西师范大学出版社2001年
版。）按：《二年律令·钱律》："钱径十分寸八以上，虽缺铄，文章颇可

有平庸坐赃事，[411] 以为《偿赃律》。律之初制，无免坐之文，[412] 张

---

智（知），而非殊折及铅钱也，皆为行钱。金不青赤者，皆行金。敢择不取行钱、金者，罚金四两。"（第 197—198 号简）这条律文规定法定流通黄金的规格，因此藤田高夫的解释似是。

价：沈家本说："价，《通典》引作'偿'。《晋志》下文言为《偿赃律》，则偿字是也。"（参见沈家本：《历代刑法考·汉律摭遗一·目录》，第 1378 页。）按：据前揭《二年律令·金布律》，"偿"与罚金、赎刑、债务之间有明确区别，故不需要将"价"字改为"偿"字。

411 平庸坐赃：沈家本认为，"平庸"与"坐赃"当为两事，平庸是算出践更者用钱雇人时的平均价格，坐赃是计赃之法。（参见沈家本：《历代刑法考·汉律摭遗一·目录》，第 1378 页。）相对于此，内田氏认为是官吏为私使用人民的徭役劳动，由此取得不当得利，则估算不当使役的徭役劳动的工资，按照其价格问赃罪。（[日]内田氏：《译注》，第 109 页。）陆氏亦认为是大概与唐律所见"平赃"相近似。（陆氏：《注释》，第 60 页。）《唐律疏议·名例律》："诸平赃者，皆据犯处当时物价及上绢估。平功、庸者，计一人一日为绢三尺，牛马驼骡驴车亦同。"《名例律》"以赃入罪"条疏议曰："庸，谓私役使所监临及借车马之属，计庸一日为绢三尺，以受所监临财物论。"按："平庸坐赃"当为一事。

坐赃：按照非法所取得财物的价值论罪。秦汉律令一般将这种罪作为盗罪论罪，如《二年律令·贼律》："诸诈（诈）增减券书，及为书故诈（诈）弗副，其以避负偿，若受赏赐财物，皆坐臧（赃）为盗。"（第 14 号简）

412 律之初制：高氏将此处所说的"律"认为汉律。（高氏：《注译》，第 83 页。）陶安认为"律之初制"指汉律或《法经》六篇而言。（参见前揭[德]陶安：《漢魏律目考》。）按：据文献，秦国初次制定律，汉朝继承之，故此处所说的律未必指汉律。

律之初制无免坐之文：内田氏认为，"免坐"是免除从坐，即免除被别人的犯罪所连累。（[日]内田氏：《译注》，第 109 页。）相对于此，陆氏说：

汤、赵禹始作监临部主、见知故纵之例。[413] 其见知而故不

---

"无免坐之文：指下文监临部主、见知故纵罪中的或'以赎'或'不坐'来说。这里只是举一种罪作为例子，《魏律》中别的罪可以减免的还很多，都归入《免坐律》中。"（陆氏：《注释》，第 60 页。）他似将此处所说的"免坐"认为是免除处罚之意，不限于免除连坐。高氏亦认为是免予治罪之意。（高氏：《注译》，第 83 页。）按：据"律之初制无免坐之文，张汤、赵禹始作监临部主、见知故纵之例"的记载，似可认为律中原没有关于"免坐"的规定，张汤、赵禹制定监临部主、见知故纵之法后，律中才有"免坐"的规定。然而，秦律及张汤、赵禹以前的汉律中已有很多关于免除连坐及免除处罚的个别规定，如《二年律令·钱律》云："盗铸钱及佐者，弃市。同居不告，赎耐。正、典、田典、伍人不告，罚金四两。或颇告，皆相除。"（第 201 号简）因此，此处所说的"免坐之文"可能是指关于免除连坐或免除刑罚的总括性规定，而不是指这种个别规定。

413　张汤、赵禹始作监临部主、见知故纵之例：《汉书·刑法志》："于是招进张汤、赵禹之属，条定法令，作见知故纵、监临部主之法，缓深故之罪，急纵出之诛。"颜师古注："见知人犯法不举告为故纵，而所监临部主有罪并连坐也。"

监临：《唐律疏议·名例律》："诸称'监临'者，统摄案验为监临。"注："谓州、县、镇、戍、折冲府等，判官以上，各于所部之内，总为监临。自余，唯据临统本司及有所案验者。即临统其身而不管家口者，奸及取财亦同监临之例。"

部主：屡见于汉律，如《二年律令·盗律》："盗出财物于边关徼，及吏部主智（知）而出者，皆与盗同法；弗智（知），罚金四两。"（第 74 号简）张家山二四七号汉墓竹简整理小组认为是该管其事之意。（参见张家山二四七号汉墓竹简整理小组编：《张家山汉墓竹简（二四七号墓）》，文物出版社 2001 年版，第 144 页。）

举劾，[414] 各与同罪，[415] 失不举劾，[416] 各以赎论，其不见不知，不坐也，[417] 是以文约而例通。科之为制，每条有违科，不觉不

---

414　其：若，如果。（参见清王引之《经传释词》卷五。）这种"其"的用例多见于秦汉律令条文中。关于睡虎地秦简中的用例，参见魏德胜：《〈睡虎地秦墓竹简〉语法研究》，首都师范大学出版社 2000 年版，第 220—221 页。

415　与同罪：秦汉律令上的用语。冨谷至认为，"与同罪"的"罪"为刑罚之意，"与同罪"是对所犯之罪适用的刑罚相同。（参见［日］冨谷至：《二年律令に见える法律用語——その（一)》，《東方學報》京都第 76 册，2004 年。）

其见知而故不举劾，各与同罪：关于张汤、赵禹以前的史料中，虽然不见有这种法规的一般规定，但律令各条中屡见有这种规定。如《史记·秦始皇本纪》："非博士官所职，天下敢有藏诗、书、百家语者，悉诣守、尉杂烧之。有敢偶语诗书者，弃市。以古非今者，族。吏见知不举者，与同罪。"《二年律令·津关令》："诈伪出马，马当复入不复入，皆以马贾（价）讹过平令论，及赏捕告者。津关吏卒、吏卒乘塞者智（知）弗告劾，与同罪；弗智（知），皆赎耐。"（第 510—511 号简）

416　失：与"故"对立的概念。《律表》："其知而犯之谓之故，意以为然谓之失。"冨谷至认为是"意识上以为应当如此、是正当的，但由其行为发生与其意识有异的结果"。（［日］内田氏：《译注》，冨谷至《解说》，第 270—274 页。）

417　其不见不知，不坐也：至少在张汤、赵禹以前的律令，即使官吏不知其犯罪行为，有时也要被处罚。如前注 415 引《二年律令·津关令》："弗智（知），皆赎耐。"

知，从坐之免，不复分别，[418] 而免坐繁多，宜总为免例，以省科文，故更制定其由例，[419] 以为《免坐律》。诸律令中有其教制，[420] 本

---

418　不复分别：内田氏翻译为"不像与律相同，使免坐的规定分离独立"。（[日]内田氏：《译注》，第105页。）

419　由例：内田氏翻译为"准则"，又就此说明："其意义不明确，姑且翻译如上。"（[日]内田氏：《译注》，第109页。）陆氏认为是"原由案例"之意。（陆氏：《注释》，第60页。）

420　教制：陆氏说："这里的'教制'是指法律的明文规定，就是'诸律令中'有罪罚的条文规定，但'本条无从坐之文者'。"（陆氏：《注释》，第60页。）

条无从坐之文者，皆从此取法也。凡所定增十三篇，[421] 就故五篇，[422]

---

421　凡所定增十三篇：滋贺秀三认为是指《刑名》、《劫略》、《诈伪》、《毁亡》、《告劾》、《系讯》、《断狱》、《请赇》、《兴擅》、《乏留》、《惊事》、《偿赃》、《免坐》等十三篇。（参见［日］滋贺秀三：《曹魏新律十八篇の篇目について》，载前揭《中國法制史論集法典と刑罰》。后译为中文《关于曹魏〈新律〉十八篇篇目》，程维荣等译，收入杨一凡总主编：《中国法制史考证》丙编第二卷［日］冈野诚卷主编《日本学者考证中国法制史重要成果选译·魏晋南北朝隋唐卷》，中国社会科学出版社 2003 年版。）相对于此，陶安认为是指《金布》、《劫掠》、《诈》、《毁亡》、《告劾》、《系讯》、《断狱》、《请赇》、《兴擅》、《乏留》、《惊事》、《偿赃》、《免坐》。（参见前揭［德］陶安：《漢魏律目考》。）

422　就故：武英殿本作“故就”，其他版本皆作“就故”。（［日］内田氏：《译注》，第 106 页。）冨谷至举出“就故”的用例。（内田氏：《译注》，冨谷至补注，第 282 页，（26）。）他又认为，“就”为附加之意，“就故五篇”是“对从前存在的五篇附加”的意思。（参见［日］冨谷至：《晉泰始律令への道——第二部　魏晉の律と令——》，《東方學報》京都第 73 册，2001 年。后译为中文《通往晋泰始律令之路（Ⅱ）：魏晋的律与令》，朱腾译，朱勇、张中秋、朱腾主编：《日本学者中国法论著选译（上册）》，中国政法大学出版社 2012 年版。）

故五篇：东川德治认为是指《盗》、《贼》、《囚》、《捕》、《杂》五篇。（参见前揭［日］东川德治：《支那法制史論》，第 221 页。）内田智雄亦认为，“故”指《法经》六篇而言，“故五篇”是指《盗》、《贼》、《囚》、《捕》、《杂》。（参见前揭［日］内田智雄：《魏律「序略」についての二・三の問題（上）（下）》。）陶安认为，当时人认为《法经》六篇就是值得参照的法典，所以“故五篇”应指《法经》而言，是指《盗》、《贼》、《囚》、《杂》、《兴》（至少在三国魏时，这五篇与《具》被视为《法经》六篇）。（参见前合十八篇[423]，于正律[424]九篇为增，于旁章科令为省矣。[425]

（［日］水间大辅注）

---

揭陶安：《漢魏律目考》。）相对于此，村上贞吉认为是指《户》、《盗》、《贼》、《杂》、《捕》。（参见［日］村上贞吉：《支那歷代ノ刑法沿革卜現行刑法》，1932 年，第 79—84 页。）滋贺秀三亦认为是在汉九章律中留在新律十八篇的五篇，即《盗》、《贼》、《捕》、《杂》、《户》等篇。（参见前揭［日］滋贺秀三：《中國法制史論集　法典と刑罰》，第 400 页、第 445—447 页。）

423　十八篇：诸家说法不一，一致之处是，《盗》、《贼》、《杂》、《劫略》（或《劫掠》）、《诈伪》（或《诈》）、《毁亡》、《告劾》、《系讯》、《断狱》（或《系讯断狱》）、《请赇》、《擅兴》（或《兴擅》）、《惊事》（或《警事》）、《偿赃》等十三或十四篇均在十八篇之内。关于其余四或五篇，学者分别将《刑名》、《囚》、《捕》、《户》、《厩》、《兴》、《金布》、《乏留》、《免坐》等篇中的四或五篇充当之。关于此问题的先前研究，参见前揭［德］陶安：《漢魏律目考》。另外，陶安认为，《刑名》不在十八篇中，另置在律首。

按：浅井虎夫将《厩律》作为十八篇之一（参见［日］浅井虎夫：《支那二於ケル法典編纂ノ沿革》，京都法学会 1911 年版，第 49 页、第 382 页。后译为中文《中国法典编纂沿革史》，陈重民译，中国政法大学出版社 2007 年版，第 38—39 页。），但如滋贺秀三所批评，《新律序略》明确说明，在制定新律十八篇时"除《厩律》"，故我们不能同意其解释。（参见前揭［日］滋贺秀三：《中國法制史論集　法典と刑罰》，第 395 页。）另外，虽然有些学者认为《乏留》与《免坐》均属于单行律，在正律之外，但这种观点无证据，我们也不能同意之。

424　正律：内田氏认为，"正律"非旁章、科与令等副法，是指正规刑法的汉九章律。（［日］内田氏：《译注》，第 110 页。）

425　于正律九篇为增，于旁章科令为省矣：陶安据以下三点推测，这一词组为晋代及其以后人所加：第一，《新律序略》中作为"旧律"直接言及汉律的记载一共有三例，这些记载均认为，制定新律时值得参照的是

《法经》与"古义",不是汉律,然而只有"于正律九篇为增,于旁章科令为省矣"的记载将汉律为比较对象,与别的记载矛盾;第二,这一词组中包含著者的主观性价值判断,如"正律"、"旁章",但《新律序略》中别的地方基本上没有这种主观性写法;在《序略》中,只有这一词组使用表明著者主观性判断的"矣"字;第三,若三国魏将汉律评价为"正律",则不应解体此律而制定新律;三国魏丧失天命,晋朝废除三国魏的暴政时才有将汉代制度列为"古义"的意义。(参见前揭〔德〕陶安:《漢魏律目考》。)

【今译】

　　此前《盗律》中有对劫略、恐猲、和卖买人等犯罪的规定，科有持质的条目，但这些犯罪都不是盗窃之事，故分出为《劫略律》。《贼律》有欺谩、诈伪、踰封与矫制，《囚律》有诈伪生死，《令丙》有诈自复免，此类事情众多，故分出为《诈律》。《贼律》有贼伐树木、杀伤人畜产及各种亡印的规定，《金布律》有毁伤亡失县官财物，故分出为《毁亡律》。《囚律》有告劾、传覆，《厩律》有告反逮受，科有登闻道辞，故分出为《告劾律》。《囚律》有系囚、鞫狱与断狱的法规，《兴律》有上狱之事，科有考事报谳，应另为一篇，故分出为《系讯律》、《断狱律》。《盗律》有受所监、受财枉法，《杂律》有假借不廉，《令乙》有呵人受钱，科有使者验赂，这些内容相类似，所以分出为《请赇律》。《盗律》有勃辱强贼，《兴律》有擅兴徭役，《具律》有出卖呈，科有擅作修舍事，故分出为《兴擅律》。《兴律》有乏徭稽留，《贼律》有储峙不办，《厩律》有乏军之兴，以及旧典中有奉诏不谨、不承用诏书，汉朝凡有小愆乏及不如令，则劾以不承用诏书、乏军之罪而处以腰斩，又据《丁酉诏书》减刑。《丁酉诏书》为汉文帝所颁布，不应再作为本朝的法律，故另编为《乏留律》。秦时有厩置、乘传、副车与食厨，汉初继承秦朝这些制度没有更改，后来由于费用很大，逐渐废除，故东汉仅设有骑置，而没有车马，但律中仍有其条文，形同虚设，故废除《厩律》，取其中尚值得采用并符合于科的规定，编为《邮驿令》。那些告反逮验另编入《告劾律》。对上言变事的规定编为《变事令》，将警事告急与《兴律》中有关烽燧的规定及科令编为《警事律》。《盗律》有还赃畀主，《金布律》有罚、赎、入债以呈黄金为价，科有平庸坐赃之事，将这些规定编为《偿赃律》。律最初制定时，没有免坐的条文，张汤、赵禹创作监临部主、见知故纵的条例。若见知犯罪却故意不举劾，则各与同罪；因失误而不举劾，则各以赎论处；不见不知犯罪的，则不问罪。这些规定的表达简约而条例宏通。科条作为一种刑法体制，每条都标有违法名目；而未察觉下属违法，可免予连坐，条目中却没再辨别，但免坐的规定很繁多，应总汇为免坐条例，以节省科的条文。因此，重新制定免坐条例，编为《免坐律》。凡是律令中有教制，而该条文中没有关于从坐的条文，都从《免坐律》中求取执法依据。新律共制定、增加有十三篇，附加于原来的五篇之上，合计十八篇，对正律九篇来说有增加，对旁章、科令而言则减省了。

（〔日〕水间大辅译）

【原文】

改汉旧律不行于[426]魏者皆除之，更依古义制为五刑。[427]其死刑有

【注释】

426　不行于：不适宜或不实用于。《文选》卷53载三国魏李康《运命论》："夫以仲尼之才也，而器不周于鲁卫，以仲尼之辩也，而言不行于定哀。"

427　更依古义制为五刑：古义：指古代传统的经义。五刑：高氏认为，此处的五刑就是后文所说的死、髡、完与作、赎、罚金，杂抵罪不属于刑罚。（高氏：《注译》，第84页。）而内田氏认为："此处所谓的五刑，当指下文所述刑罚中的死刑、髡刑、完刑、作刑、赎刑。"（[日]内田氏：《译注》，第112页。）但此处"五刑"并不一定指向五种确切的刑罚。本志下文晋张斐《律表》即有"枭首者恶之长，斩刑者罪之大，弃市者死之下，髡作者刑之威，赎罚者误之诫。王者立此五刑"，则五刑又指枭首、斩刑、弃市的死刑，和髡作、赎罚等生刑；还有"刑杀者是冬震曜之象，髡罪者似秋彫落之变，赎失者是春阳悔吝之疵也。五刑成章，辄相依准，法律之义焉"，则成体系的五刑包括刑杀、髡罪、赎失等刑罚。总之，不论是魏时"依古义制为五刑"，还是晋人说的"王者立此五刑"、"五刑成章"，都是魏晋人所追求的理想。"肉刑之废，已无法使现实和古义两相对应，这是显而易见的。张斐似乎想对此做出一番新的解释。"（张建国：《魏晋五刑制度略论》，《中外法学》1994年第4期，后收入杨一凡主编：《中国法制史考证》甲编第三卷《历代法制考·两汉魏晋南北朝法制考》，中国社会科学出版社2003年版。）

三，<sup>428</sup> 髡刑有四，<sup>429</sup> 完刑、作刑各三，<sup>430</sup> 赎刑十一，<sup>431</sup> 罚金六，<sup>432</sup>

---

428　死刑有三：沈家本认为魏之死刑是指枭首、斩、弃市。（参见沈家本：《历代刑法考·刑制总考二》，第 22—27 页。）程树德、内田氏和高氏均认为魏之死刑三者即为枭首、腰斩、弃市（分别参见程树德：《九朝律考·魏律考》，第 194 页；[日] 内田氏：《译注》，第 112 页；高氏：《注译》，第 84 页）。此处同意程树德等人的观点。此处的"三"指死刑有三个刑名等级，后文"四"、"三"、"十一"、"六"或是指刑名的等级，"七"、"三十七"或是指刑名的数量。

枭首：按《说文解字》："枭，食母，不孝之鸟，故日至捕枭磔之。"《史记·秦始皇本纪》："卫尉竭、内史肆、佐弋竭、中大夫令齐等二十人皆枭首。"裴骃《集解》："县首于木上曰枭。"故枭首是指斩首悬以示众。

腰斩：《周礼·秋官·掌戮》："掌戮，掌斩杀贼谍，而搏之。"郑玄注："斩以鈇钺，若今要斩也；杀以刀刃，若今弃市也。"

弃市：见前注 93"投之于市，与众弃之"。

429　髡刑有四：髡刑：亦作"髠刑"。沈家本认为，汉末髡刑为五岁刑，魏之髡刑有鈦左右趾，后易以木械，且改汉律为依律论者听得科半，但晋以后沿用汉律五岁刑。（参见沈家本：《历代刑法考·形制总考二》，第 21—24 页。）程树德谓："按汉律髡刑为五岁刑。晋律发钳五岁刑、四岁刑、三岁刑、二岁刑，凡四等，见《御览》，疑魏律当与晋同。"（参见程树德：《九朝律考·魏律考》，第 194 页。）内田氏、高氏赞同程说。（[日] 内田氏：《译注》，第 112 页；高氏：《注译》，第 84 页。）张建国则认为西汉中期以后的劳役刑如下：鈦右趾髡钳城旦春五岁刑加笞二百，鈦左趾髡钳城旦春五岁刑加笞二百，髡钳城旦春五岁刑加笞一百，髡钳城旦春五岁刑，完城旦春四岁刑，鬼薪白粲三岁刑，司寇作如司寇二岁刑，罚作复作一岁刑、六月刑（？）或者三月刑；曹魏不再使用秦汉以来的城旦春鬼薪白粲司寇等刑罚名称，而是直接以刑罚的服刑期限为刑名主称，并且因缺乏铁材以木械代之，釱趾改为了灭趾，四等刑分别是：灭右趾髡钳五岁刑加笞二百，灭左趾髡钳五岁刑加笞二百，髡钳五岁刑加笞一百，髡钳五岁刑。（参见张建国：《魏晋五刑制度略论》，《中外法学》1994 年第 4 期，后收入杨一凡总主编：《中国法制史考证》甲编第三卷《历代法制考·两汉魏晋南北朝法制考》，中国社会科学出版社 2003 年版。）滨口重国认为是从髡钳城旦、髡钳城旦 + 笞一百、髡钳城旦 + 笞二百、釱左趾 + 笞二百、釱右趾 + 笞二百五种髡刑去掉一种而成。（参见 [日] 滨口重国：《漢代の釱趾刑と曹魏の刑名》，《東洋学報》第二五卷第四号，1938 年。后收入氏著：《秦漢隋唐史の研究（上卷）》，东京大学出版社 1966 年版，第 667—681 页。）

430　完刑、作刑各三：完：冨谷至归纳了目前对完刑的三种意见，即程树德、沈家本等认为不加髡刑，仅除去须鬓；王先谦、滨口重国等认为不加黥刑；堀毅、若江贤三等认为与髡刑同样切除头发。他自己倾向于赞同《汉书·惠帝纪》孟康注"不加肉刑髡剔也"的解释。（[日] 冨谷至：《秦漢刑罰制度の研究》，同朋舍 1998 年版，第 37—39 页。）完刑三：沈家本认为："（魏律）完刑、作刑，自当五岁刑以下凡五，余不详也。"（参见沈家本：《历代刑法考·刑制总考二》，第 24 页。）并认为"完"与"耐"同。（参见沈家本：《历代刑法考·刑法分考十一》，第 301—303 页。）程树德认为："按秦汉完均四岁刑，魏分三等，无考。"（参见程树德：《九朝律考·魏律考》，第 194 页。）滨口重国认为，完刑三等应是指由汉制完城旦舂、鬼薪白粲、司寇等沿袭而来的年刑，对应的，魏刑制分别叫作四岁刑、三岁刑、二岁刑。（参见前引 [日] 滨口重国：《漢代の釱趾刑と曹魏の刑名》。）高氏意见大致相同，认为完又称耐，秦汉的"完为城旦舂"服刑四年，魏分成三等即四年、三年、二年。（高氏：《注译》，第 84 页。）张建国认同这种观点，认为魏承汉制时只是在名称上改掉城旦舂鬼薪白粲司寇之类的旧制。（参见前揭张建国：《魏晋五刑制度略论》。）此处采滨口重国、高氏、张建国的观点。

作刑三：作刑：劳役刑的一种。程树德认为："按汉制三岁刑鬼薪白粲，二岁刑司寇作，一岁刑罚作复作，均作刑也，魏志当与汉同。惟城旦舂鬼薪白粲诸刑名，晋以后无闻，魏是否仍袭汉制，今不可考。"（参见程树德：《九朝律考·魏律考》，第194—195页。）滨口重国根据《汉旧仪》"男为戍罚作，女为复作，皆一岁到三月"的规定，认为：魏的作刑三等，应从汉的一岁刑、半岁刑和三个月刑的系统沿用而来。（前引［日］滨口重国：《漢代の鈇趾刑と曹魏の刑名》。）高氏同样认为："作即罚作，一般服劳役。魏罚作分三等，即一年、半年、三个月。此本秦代制度，男女之役有别。"（高氏：《注译》，第84页。）而张建国认为，《御览》引魏武《明罚令》："闻太原上党西河雁门……令到，人不得寒食，若犯者家长半岁刑，主吏百日刑，令长夺一月俸"，说明魏令有半岁刑和百日刑，南朝的梁律也有一岁刑、半岁刑和百日刑等刑名。因此魏作刑三等可能是一岁刑、半岁刑、百日刑。（参见前揭张建国：《魏晋五刑制度略论》。）

431　赎刑十一：程树德认为："按以晋梁诸律证之，赎死为一等，赎髡刑完刑作刑凡十等，故云赎刑十一。"（参见程树德：《九朝律考·魏律考》，第195页。）赎刑是允许免课本刑，而以黄金代偿；纳黄金的重量则依各本刑之轻重而定。张建国认为"西汉赎罚已开始用黄金，魏的赎刑似也用黄金作为计算标准"，魏律五刑分别对应着赎刑十一等如下：死刑三枭、斩、弃市对应的是赎死一等，金二斤八两；灭右趾髡钳五岁刑笞二百对应赎刑第二等，金二斤六两；灭左趾髡钳五岁刑笞二百对应赎刑第三等，金二斤四两；髡钳五岁刑笞一百对应赎刑第四等，金二斤二两；髡钳五岁刑对应赎刑第五等，金二斤；完刑四岁刑、完刑三岁刑、二岁刑分别对应赎刑第六等、第七等、第八等，赎金分别为金一斤十二两、金一斤八两、金一斤四两；期刑一岁刑、半岁刑、百日刑分别对应赎刑第九等至第十一等，赎金分别为金一斤、金十四两、金十二两。（参见前揭张建国：《魏晋五刑制度略论》。）但内田氏认为，赎刑十一的具体金额不明，而晋律的赎刑有五等，最高的赎死为黄金二斤，最低的赎二岁刑为黄金一斤，以此推论，魏律赎刑的金额当近似于此。（［日］内田氏：《译注》，第112页。）

432　罚金六：罚金：纳金赎罪。《史记·张释之列传》："廷尉奏当，一人犯跸，当罚金。"程树德认为："按《高柔传》，自黄初数年之间，举吏民奸罪以万数，柔皆请惩虚实，其余小小挂法者，不过罚金。盖罚金本汉制。魏初已久行之。《通典》一百六十三，明帝改士庶罚金之令，男听以罚代金，妇人加笞，还从鞭督之例。"（参见程树德：《九朝律考·魏律考》，第195页。）故内田氏认为，罚金是对微罪的课罚，比赎刑而言代偿金额更低。魏律的罚金有六等，但无法详知。而晋律罚金有五等，分别为黄金十二两、八两、四两、二两、一两，由此推论魏的罚金当在黄金一斤（十六两制）以内分为六个等级。（［日］内田氏：《译注》，第112页。）高氏同样认为，南朝梁将"罚金"归入赎刑内，分为十二两、八两、四两、二两和一两五等，魏的罚金与之同。（高氏：《注译》，第84页。）张建国推断魏律的罚金有六等，分别是十两、八两、六两、四两、二两、一两。（参见前揭张建国：《魏晋五刑制度略论》。）

需要注意的是，罚金和赎刑是两种刑罚，区别在哪里？张建国在上述文章中似乎把赎罚混在一起谈论，没有作区分。他综合秦简与汉简，提出"赎"是一种混合适用的特殊财产刑，可以与所附的刑罚相关，也可以无故，既可以是替代刑，也可以是独立刑。（参见张建国：《论西汉初期的赎》，《政法论坛》2002年第5期。）朱红林则认为中国古代的"赎刑"可以分为广义的赎刑，即缴纳钱财以免除刑罚的惩罚方式，与狭义的赎刑，即赎罪，而此时的赎刑并非常制，具有临时性，变动较大。（参见朱红林：《竹简杂抵罪七，[433]凡三十七名，以为律首[434]。又改《贼律》，但以言语及犯宗庙园陵，[435]谓之大逆无道[436]，要斩，家属从

---

秦汉律中的"赎罪"与"赎刑"》，《史学月刊》2007年第51期。）徐丹认为赎刑与罚金是相互交织和关联，在很长一段历史时间内，"赎某刑"是与罚金一样作为常刑存在于刑罚体系中，并且在法律规范中作为直接刑存在，二者并无本质不同。随着以元魏为宗的新五刑制度建立，"赎某刑"与罚金不再作为主刑，作为独立刑的刑等消失了，甚至不再作为常刑，此时赎刑才只作为替代刑出现。（参见徐丹：《中国古代罚赎制度考辩》，南京大学（硕士学位论文），2012年，第6—28页。）也有人认为，中国古代罚金刑虽具有浓厚的赎刑色彩，但从本质上而言，罚金刑是独立于五刑的正刑，而赎刑则是依附于五刑的换刑，二者截然两分。故此处的赎刑与罚金可能并没严格的区别，赎刑是作为一种常用刑存在的。

433　杂抵罪七：程树德认为："按杂抵罪，殆即除名夺爵之类，今不可考。"（参见程树德：《九朝律考·魏律考》，第195页。）张建国认为除了"除名夺爵之类"之外，还有免官、夺俸。（参见前揭张建国：《魏晋五刑制度略论》。）高氏认为，杂抵罪是以官爵来抵消罪罚，汉代祚阳侯犯擅兴徭赋罪即"削爵一等"，《晋律》也有"免官比三岁刑"的规定。（高氏：《注译》，第84页。）内田氏则笼统指出应是上述五刑和罚金之外的杂多的处罚。（［日］内田氏：《译注》，第112页。）

434　以为律首：这是指把以上各种刑名编为《刑名》篇，并置于魏律的律首。

435　但以言语及犯宗庙园陵：但：只、仅。言语及犯：指用不敬的言语触犯、冒犯皇帝和用行为触犯、毁坏皇帝的宗庙园陵。宗庙园陵：宗庙是皇帝供奉祖先的庙宇，园陵是皇帝先人的陵墓，均是皇权的象征。"言语指攻击君主的言论。秦始设诽谤妖言罪，犯者灭族。汉初废止，武帝时恢复。犯宗庙园陵指毁损皇帝供奉祖宗的庙宇或陵墓。唐后列为十恶罪，称谋大逆。"（高氏：《注译》，第84页。）

436　大逆无道：沈家本认为：汉代的不道罪并非固定的概念；大逆不道是不道中的最重者，相当于后世法典中的谋反大逆罪。（参见沈家本：《历代刑法考·汉律摭遗三·贼律》，第1413—1414页。）

大逆：大逆作为罪名有一个比较长期的演化过程。根据大庭脩的研究，大逆主要包括取代现在的天子或加害天子之身的企图及行为；破坏宗庙及其器物；危害天子的后继者的企图及行为。但据《礼记·檀弓下》："子弑父，凡在宫者，杀无赦。言诸臣子孙无尊卑皆得杀之，其罪无赦。"郑玄注："杀其人，坏其室，洿其宫而猪焉。明其大逆，不欲人复处之。"《通典》卷一百六十六《刑法四》又载："汉景帝时，廷尉上囚防年继母陈论杀防年父，防年因杀陈，依律，杀母以大逆论。帝疑之。武帝时年十二，为太子，在旁，帝遂问之。太子答曰：'夫继母如母，明不及母，缘父之故，比之于母。今继母无状，手杀其父，则下手之日，母恩绝矣。宜与杀人者同，不宜与大逆论。'从之。"从这些材料来看，弑父、杀母在汉代被认为性质上属于大逆。早在先秦思想中，逆顺观念就极为重要。《春秋左传正义注疏·隐公三年》载："贱妨贵，少陵长，远间亲，新间旧，小加大，淫破义，所谓六逆也。君义，臣行，父慈，子孝，兄爱，弟敬，所谓六顺也。"无论是臣民反对君主，还是子女反对父母，甚至妻子反对丈夫（《春秋公羊传注疏·僖公元年》载："言别顺逆者，言杀夫之逆，甚于杀子，二事相对而言之。"），皆可被称之为逆。但在刑法上逆作为罪最终在唐律中分化为大逆与恶逆，前者主要涉及君臣关系，后者主要涉及父子关系。

大庭脩还认为，汉律中的"不道"罪是一个界限较宽容的罪名概念（类罪），包含的内容非常广泛，其中又有以大逆为首的罔上、狡猾等诸种小概念：诬罔（欺骗天子的行为）、罔上（勾结臣下欺骗天子的行为）、迷国（政治主张缺乏一贯的原则，使天子与朝议迷惑的行为）、诽谤（对天子及当前政治公然进行非难的行为）、狡猾（以非法形式收受大量金钱或浪费以及侵吞公款的行为)、惑众(蛊惑民心以及因误导致动乱的行为)、亏恩(有损优厚皇恩的行为)、奉使无状(给天子、王室或国家带来严重危害的渎职行为)、大逆(包括如下行为:取代现在的天子或加害天子之身的企图即行为;破坏宗庙及其器物;危害天子的后继者的企图及行为)。总体上说来,凡背弃为臣之道,祸乱民政,危害君主及国家,颠覆当时社会体制的行为,一般称为不道。且,唐律"十恶"中的"谋反"、"谋大逆"、"谋叛"、"不道"、"大不敬"在汉律中可以看到对应的内容,而且大多包括于"不道"之中。(参见〔日〕大庭脩:《汉律中"不道"的概念》,徐世虹译,杨一凡总主编:《中国法制史考证》丙编第一卷〔日〕籾山明主编《日本学者考证中国法制史重要成果选译·通代先秦秦汉卷》,中国社会科学出版社 2003 年版,第 369—433 页。)

之后,若江贤三在《秦汉律中的"不孝"罪》(《东洋史研究》第 55 卷第 2 期,1996 年,第 1—34 页)一文中,进一步将大庭脩认为与汉代不道罪有关的前五种罪(即"谋反"、"谋大逆"、"谋叛"、"不道"、"大不敬")拟定为"不道罪群(类罪)",将大庭脩所谓的"违背家族伦理或师徒之道"那样的、在违背基于个人小社会内的道德这一点上具有共同之处的、因其以"不孝罪"为典型代表的后五种罪(即"恶逆"、"不孝"、"不睦"、"不义"、"内乱"),拟定为"不孝罪群(类罪)"。针对大庭脩对后五种罪所提出的:"在汉代,违背家族伦理的行为,被归于礼教问题,刑的意识也许没有扩大到对由国家处以最大的罪名——'不道'罪的程度。"亦即汉代以前不孝罪类罪群作为刑名尚未成立的观点,作者进而申述了其之所以不同意的理由,并指出唐律十恶中属于"不孝罪群(类罪)"的"不孝"的"告言诅詈祖父母"行为,以及"匿父母丧"、"供养有阙"行为,"恶逆"的"欧及谋杀祖父母父母"行为,"内乱"的"奸父祖妾"行为,均可溯源于秦汉时期的"不孝"罪。

坐[437]，不及祖父母、孙。至于谋反大逆[438]，临时捕之，或汙潴，或

---

437　家属从坐：家族成员连坐。《汉书·景帝纪》如淳曰："律：大逆不道，父母妻子同产（兄弟姐妹）皆弃市。"孙英民认为，按睡虎地秦简《法律答问》："可（何）谓室人？可（何）谓同居？独户母之谓殴（也）……可（何）谓同居？户为同居。"（第201号简）从秦简内容观察，秦时的室人、同居均是指最小的社会组织——户，按照秦连坐法的规定，一人有罪，"一室尽当坐罪"。（参见孙英民：《从云梦秦简看秦律"连坐"法》，《中原文物》1986年第2期。）陈乃华认为，按：《乙酉示章诏书》："宗室诸侯：'五属内，居国界，有罪请；五属外，便以法令治。'"《永和六年庚午诏书》："宗室有属属尽，皆勿事。"这些"属"，都是依男性即刘姓世系计算的；五属即为五族。（参见陈乃华：《关于秦汉刑事连坐的若干问题》，《山东师范大学学报（社会科学版）》1987年第6期。）他还认为大逆无道罪的处罚亲属是父母妻子同产。（参见陈乃华：《秦汉族刑考》，《山东师范大学学报（人文社会科学版）》1985年第4期。）张建国亦赞同这种观点。（参见张建国：《夷三族解析》，《法学研究》1998年第6期。）根据孙英民和陈乃华对户和属的概念界定及后文"不及祖父母、孙"，推断此处家属范围是父、母、妻、子、同产。

438　谋反大逆：张建国认为谋反大逆和大逆无道虽然定性上都有"大逆"的词语，但实际认定罪名时，前者的关键是强调"谋反"，属于大罪之冠，后者更类似于后世的"大逆"，属于次于谋反的第二级大罪，所以谋反大逆和大逆无道是两个完全不同的罪名。并且在秦汉与魏晋时期两罪的刑罚是完全不同的。谋反大逆对应的是夷三族（包括所有在世的上辈直系血亲、兄弟姐妹妻妾等同辈人，所有在世的后辈直系血亲及其中男性的配偶）。大逆无道对应的是夷族（一般说来其亲属范围包括父母妻子同产）。（参见前揭张建国：《夷三族解析》。）

枭菹，夷其三族，[439] 不在律令，所以严绝恶迹也。贼斗杀人，[440]

---

439　临时捕之，或汙潴，或枭菹，夷其三族：临时：谓当其时其事。《后汉书·段颎列传》："臣每奉诏书，军不内御，愿卒斯言，一以任臣，临时量宜，不失权便。"

汙潴：亦作"污潴"、"污潴"、"汚潴"，即污池。其本意是指积水的洼地，这里指刑罚手段，谓平毁罪犯第宅，掘成污浊的水池。《礼记·檀弓下》："杀其人，坏其室，洿其宫而豬焉。"郑玄注："明其大逆，不欲人复处之。豬，都也，南方谓都为豬。"曹旅宁结合史料和出土资料考证了"汙潴"在汉唐明清的实例。（参见曹旅宁：《〈晋书·刑法志〉"汙潴"释义》，氏著：《秦汉魏晋法制探微》，人民出版社 2013 年版，第 243—247 页。）

枭菹：枭：即前文所说的枭首，指斩首悬以示众。菹：亦作菹，即菹醢，同"醢"，本志前文云彭越的尸体曾被"醢"。（参见前注 43。）其原意是盐腌的野菜、肉酱，在刑法上的意义是将人剁成肉酱。《战国策·韩策二》："聂政之所以名施于后世者，其姊不避菹醢之诛，以扬其名也。"高氏认为枭菹应理解为一种处罚，即先把人斩首示众再将躯体剁成肉酱，而不是分开的两种处罚。（高氏：《注译》，第 84 页。）

夷其三族：即参夷、夷三族，见前注 34。但内田氏认为，相对于"大逆无道"而言，此处"谋反大逆"的夷三族未必限定于父母妻子同产，应考虑到祖父母、孙子等。（［日］内田氏：《译注》，第 112 页。）有一定的道理。后文毋丘俭因反对司马氏而举兵，事败以（谋反）大逆罪被夷三族，其孙女芝"为颍川太守刘子元妻，亦坐死"，说明至少那时，孙子孙女也在坐的范围。

440　贼斗杀人：张氏认为"指故意杀人或斗殴杀人两种情况"。（张氏：《注释》，第 67 页。）《尚书·尧典》已记载有寇、贼、奸、宄四种犯罪行为。孔安国传："杀人曰贼。"《汉书·刑法志》："年未满七岁，贼斗杀人及犯殊死者，上请廷尉以闻，得减死。"

以劾而亡，[441]许依古义，[442]听子弟得追杀之。会赦及过误相杀[443]，不得报仇，所以止杀害也。正杀继母，与亲母同，防继假之隙也。[444]

---

441 以劾而亡：因被揭发罪状而逃亡。

442 依古义：指依据古代经书记载，子弟可为父兄报仇。如《公羊传·定公四年》："父不受诛，子复仇可也。"《礼记·曲礼上》："父之仇弗与共戴天，兄弟之仇不反兵，交游之仇不同国。"后来魏禁止复仇，《三国志·魏书·文帝纪》："今海内初定，敢有私复仇者，皆族之"。此时又准许复仇。高氏认为："虽依古义表许可，但却加了'以劾而亡'、非过误等限制，与古代有明显区别。"（高氏：《注译》，第84页。）实际上从春秋时期开始复仇已经有矫正。《周礼·秋官·朝士》载："凡报仇者，书于士，杀之无罪。"《周礼·地官·调人》则载："凡杀人而义者，不同国，令勿仇，仇之则死。"《公羊传·定公四年》载："父不受诛，子复仇可也。父受诛，子复仇，推刃之道也，复仇不除害，朋友相卫，而不相迿，古之道也。"矫正的复仇观排除了绝对的以眼还眼、以牙还牙，增添了两个前提条件：一是经过政府专门部门的登记，二是父的被杀属于无罪受诛。这也是后人争论复仇的理论资源。

443 过误相杀：过失杀与误杀。历代法律都规定对过失杀人减轻处罚。汉律有"过失杀人不坐死"之规定；晋律则规定"过误伤人，三岁刑"；《唐律疏议·斗讼律》："诸过失杀伤人者各依其状以赎论"，疏议曰："谓耳目所不及、思虑所不到，共举重物、力所不制，若乘高履危足跌及因击禽兽，以致杀伤之属，皆是。"

444 正杀继母，与亲母同，防继假之隙也：正：正法、治罪。《三国志·魏书·三少帝纪》云："付廷尉，结正其罪。"后文"正篡囚"之"正"与之同义。但内田氏指出：所谓的正，或许指改正法规，或许指严正法的适用，未得其意之详。但即使在汉代，也有杀害继母作为杀母罪以大逆论的事例，所以应该可以认为魏初改正法律，使杀害继母与杀害亲母同罪。大概可以说，把历来漠然作为杀母罪的规定，进一步明确为杀害继母与亲

# 除异子之科，使父子无异财也。[445] 欧兄姊加至五岁

---

母同罪。（内田氏：《译注》，第 114 页。）

继母：父亲的继配，又称后母、假母。《仪礼·丧服》："继母如母。"贾公彦疏："谓己母早卒或被出之后，继续己母。"《汉书·衡山王刘赐传》："元朔四年中，人有贼伤王后假母者。王疑太子使人伤之，笞太子。"颜师古注："继母也。一曰父之旁妻。"

继假：高氏认为："继假即继母。因继母非亲母，故又称假母。"（高氏：《注译》，第 84 页。）然其观点值得商榷，继假应指继母、假子。假子：夫的前妻之子或妻的前夫之子。《汉书·王尊传》："美阳女子告假子不孝，曰：'儿常以我为妻，妒笞我。'"王先谦《汉书补注》引沈钦韩注曰："前妻之子也。"

张家山汉简《二年律令·贼律》："子牧杀父母，殴詈泰父母、父母、叚（假）大母、主母、后母，及父母告子不孝，皆弃市。"（第 35 号简）"妇贼伤、殴詈夫之泰父母、父母、主母、后母，皆弃市。"（第 40 号简）再有，《通典·刑法四·杂议上》："汉景帝时，廷尉上因防年继母陈论杀防年父，防年因杀陈，依律，杀母以大逆论。帝疑之。武帝时年十二，为太子，在旁，帝遂问之。太子答曰：'夫继母如母，明不及母，缘父之故，比之于母。今继母无状，手杀其父，则下手之日，母恩绝矣。宜与杀人同，不宜与大逆论。'从之。"陆氏认为从此例看出汉律对继假间关系处理不全面，于是魏律作了新的修改，强调了母子名分，以维护封建礼制。（陆氏：《注释》，第 62 页。）

综上，全句意为：修正杀继母之罪的法律为与杀亲母同罪，这是为了防止继母与假子之间的间隙。

445 除异子之科，使父子无异财也：堀敏一解释为"根据异子之科，禁止父子异财"。（参见〔日〕堀敏一：《论中国古代家长制的建立和家庭形态》，周东平译，《中国社会经济史研究》1991 年第 4 期。）然而，此

处"除"应为"废除"之意。

异子之科：这一制度最早或来源于商鞅变法。《史记·商君列传》记载商鞅第一次变法颁布《分户令》："民有二男不分异者，倍其赋。"此句被称为"异子之科"。第二次变法又"令民父子兄弟同室内息者为相禁"。《商君书·垦令》："均出余子之使令，以世使之，又高其解舍。"商鞅变法以前上溯至西周时代都是较大规模的家族为基本的经济形态。（参见朱凤瀚：《商周家族形态研究》，天津古籍出版社2004年版，第412—419页。）春秋时期因新的社会情况，宗子已不能赡养其成员，如《管子·问篇》记载："问宗子之收昆弟，以贫从昆弟者，几何家。"且随着血缘纽带的崩断，大家族争夺家财现象也加速了大家庭的解体，如《史记·张仪列传》记载："而亲昆弟同父母，尚有争钱财。"在这一背景下，为增加赋役产出以富国强兵，商鞅变法在秦国行"异子之科"和"均出余子之使令"。不过也有不同观点，如魏道明认为，秦国当时的"赋"是按户征纳的户赋，倍其赋的对象不是男丁而是户。因而户有二男者，既不会增加也不会减少户赋的数量。并以此来反驳主张商鞅强制分户说的学者。（参见魏道明：《商鞅强制分户说献疑》，《青海师范大学学报（哲学社会科学版)》2003年第4期。）此处对魏道明的说法存疑。《汉书·贾谊传》曰："商君遗礼义，弃仁恩，并心于进取，行之二岁，秦俗日败。故秦人家富子壮则出分，家贫子壮则出赘。"

汉初，沿袭秦"异子之科"，如《二年律令·户律》记载："民大父母、父母、子、孙、同产、同产子，欲相分予奴婢、牛马羊，它财物者，皆许之，辄为定籍。孙为户，与大父母同居，养之不善，令孙且外居，令大父母居其室，食其田，使其奴婢，勿贸卖。孙死，其母而代为户。今毋敢逐父母及入赘。"西汉时"异子之科"虽在遵行，但鼓励同居、限制分居的法律规定已出现，如《汉书·惠帝纪》："今吏六百石以上父母妻子与同居，

刑[446]，以明教化也。囚徒诬告人反，罪及亲属，异于善人，所

_____

及故吏尝佩将军都尉印将兵及佩二千石官印者，家惟给军赋，他无所与。"但是汉代并未从法律上废除这一制度。如《后汉书·蔡邕传》载："与叔父从弟同居，三世不分财，乡党高其义。"蔡邕被乡党称赞的事实说明东汉后期不分家的做法尚非普遍。

而依据此处的《魏律序略》可知曹魏废除了"异子之科"，但是并未禁止父母、祖父母在而"别籍异财"的行为。"庾纯事件"证明晋进一步鼓励同居。（西晋初年，大臣贾充指责庾纯"父老不归养"，晋武帝召集群臣议其臧否，引发对归养父母的讨论。见《晋书·庾纯列传》。）

东晋时法律逐渐禁止"别籍"，《晋书·殷仲堪列传》："又以异姓相养礼律所不许，子孙继亲族无后者，唯令主其蒸尝，不听别籍以避役也。佐吏咸服之。"《北齐书·崔遄传》载崔遄因异籍、异财等罪被御史弹劾，说明当时的法律禁止父子"别籍异财"，并且有了明确的"禁止别籍异财法令"。隋唐沿袭之，《唐律疏议·户婚律》："诸祖父母、父母在而子孙别籍异财者，徒三年"。

446 殴兄姊加至五岁刑：殴，通"殴"，殴打之意。五岁刑：程树德认为："按魏改汉律，加殴兄姊至五岁刑，则汉律当在四岁刑以下。"（程树德：《九朝律考·汉律考》，第 111 页。）高氏则认为，据本意推，殴兄姊在汉代当处四岁刑。（高氏：《注译》，第 84 页。）而张家山汉简《二年律令·贼律》："殴兄、姊及亲父母之同产，耐为隶臣妾。其奰詈詈之，赎黥。"（第 41 号简）李力认为，该条中的"隶臣妾"是徒刑刑名。（参见李力：《"隶臣妾"身份再研究》，中国法制出版社 2007 年版，第 506 页。）《唐律疏议·斗讼律》："诸殴兄姊者，徒二年半。伤者，徒三年。"

以累之使省刑息诬也。<sup>447</sup>改投书弃市之科，所以轻刑也。<sup>448</sup>

---

447　囚徒诬告人反，罪及亲属，异于善人，所以累之使省刑息诬也：囚徒诬告人反：即诬告反坐。而南玉泉认为"诬告反坐"作为一种刑罚适用方法，其出现与奖励告奸的制度密切相关。诬告泛滥，是奖励告奸及"知情不举与同罪"的负面效果。为广开告奸之路以监督被统治者，同时又防止诬告之弊，自秦以来的统治者都将"诬告"定为一种严重犯罪行为予以严惩，从而逐渐发展出"诬告反坐"这样一种惩罚方法。（参见南玉泉：《张家山汉简〈二年律令〉所见刑罚原则》，《政法论坛》2002 年第 5 期。）张家山汉简《二年律令·具律》："证不言请（情），以出入罪人者，死罪，黥为城旦春；它各以其所出入罪反罪之。"（第 110 号简）《二年律令·具律》："译讯人为（诈）伪，以出入罪人，死罪，黥为城旦春；它各以其所出入罪反罪之。"（第 111 号简）《二年律令·告律》："诬告人以死罪，黥为城旦春；它各反其罪。"（第 126 号简）对比此处曹魏之规定可见其对汉律的修改在于处罚范围由仅处罚犯罪者变为犯罪者及其亲属，以达到省刑息诬之目的。张斐《律表》云："若八十，非杀伤人，他皆勿论，即诬告谋反者反坐"，可见晋律与魏律有区别。《唐律疏议·斗讼律》云："诸诬告谋反及大逆者，斩；从者，绞。……若事容不审，原情非诬者，上请。若告谋大逆、谋叛不审者，亦如之。"

善人：其一指普通人；其二指有道德、善良之人。《论语·述而》："善人，吾不得而见之矣。得见有恒者，斯可矣。"邢昺疏："善人即君子也。"此处应取前一种解释，指普通百姓。

累：原意指用绳索捆绑、拖累。此处引申为用于刑法，指用亲属来牵制、防止囚徒诬告。

448　改投书弃市之科，所以轻刑也：投书：匿名信。睡虎地秦简《法律答问》有相关规定："'有投书，勿发，见辄燔之；能捕者购臣妾二人，系投书者鞠审谳之。'所谓者，见书而投者不得，燔书，勿发；投者（得），书不燔，鞠审谳之之谓（也）。"（第 53 号简）汉时也称飞语、飞章、飞书。

《汉书·灌夫传》："乃有飞语为恶言闻上。"颜师古注引张晏曰："(田)蚡为作飞扬诽谤之语也。"《后汉书·寇恂列传》："以臣婚姻王室，谓臣将抚其背，夺其位，退其身，受其势。于是遂作飞章以被于臣，欲使坠万仞之阬，践必死之地。"《后汉书·梁统列传》："四年冬，乃悬飞书诽谤，下狱死，国除。"李贤注："飞书者，无根而至，若飞来也，即今匿名书也。"张家山汉简《二年律令·盗律》出现过"投书"："投书、县（悬）人书，恐猲人以求钱财。"（第65—66号简）。但闫晓君认为此"投书"与"投匿名告人罪"的投书不同。此处"投书"、"县（悬）人书"是恐吓人以求钱财罪的手段，所以出现于《盗律》。而睡虎地秦简中的"投书"罪属于汉《告罪》。"投匿名告人罪"类的"投书"目前虽不见于汉律之趋文规定，但不难推断汉律大约继承了秦律的有关内容。（参见闫晓君：《秦汉盗罪及其立法沿革》，《法学研究》2004年第6期；闫晓君：《张家山汉简〈告律〉考论》，《法学研究》2007年第6期。）

沈家本认为投书就是"《唐律》之投匿名书告人罪也"。（参见沈家本：《历代刑法考·汉律摭遗六·囚律》，第1478页。）《唐律疏议·斗讼律》："诸投匿名书告人罪者，流二千里。（谓绝匿姓名及假人姓名，以避己作者。弃置、悬之俱是。）得书者，皆即焚之，若将送官司者，徒一年。官司受而为理者，加二等。被告者，不坐。辄上闻者，徒三年。"

关于此处的"所以轻刑也"，沈家本认为："《南史·孔奂传》作飞书弃市，乃汉法。魏改从轻，未知居何等？《唐律》诸投匿名书告人罪者流二千里，视汉法减三等，岂即本于魏耶？"（沈家本：《历代刑法考·汉律摭遗六·囚律》，第1478页。）陆氏也认为："《唐律·斗讼律》：'诸投（弃置、悬之俱是）匿名书（绝匿姓名及假人姓名，以避己作者）告人罪者，流二千里。'汉代科处弃市的罪，魏《新律》适当加以减轻。"（陆氏：《注释》，第63页。）

正篡囚弃市之罪，断凶强为义之踪也。[449] 二岁刑以上，除以家人乞鞫之制，省所烦狱也。[450] 改诸郡不得自择伏日[451]，所以齐风俗也。

449　正篡囚弃市之罪，断凶强为义之踪也：正：与前文"正杀继母"的"正"同义。篡囚：劫夺囚犯。《汉书·王子侯表上》："攸舆侯则，太初元年，坐篡死罪囚，弃市。"为义之踪：高氏认为："无论劫狱还是劫法场，劫人者多自视张义勇为，因此称为'为义之踪'。另训诂学家认为'义'通'俄'，即邪恶。"（高氏：《注译》，第85页。）陆氏认为："义与俄通，邪也。《尚书·立政》：'兹乃三宅义民。'"（陆氏：《注释》，第63页。）内田氏认为是指断绝以凶恶、残暴为义的恶例。（参见内田氏：《译注》，第111页。）

450　二岁刑以上，除以家人乞鞫之制，省所烦狱也：乞鞫：指不服判决，请求复审。沈家本认为，"按家人乞鞫汉制也，魏世除之。"（参见沈家本：《历代刑法考·汉律摭遗六·囚律》，第1493页。）《南史·蔡廓传》："自今但令家人与囚相见，无乞鞫之诉，便足以明伏罪，不须责家人下辞。"《唐律疏议·断狱律》："诸狱结竟，徒以上，各呼囚及其家属，具告罪名，仍取囚服辩。若不服者，听其自理，更为审详。违者，笞五十；死罪，杖一百。"疏议曰："'狱结竟'，谓徒以上刑名，长官同断案已判讫，徒、流及死罪，各呼囚及其家属，具告所断之罪名，仍取囚服辩。其家人、亲属，唯止告示罪名，不须问其服否。囚若不服，听其自理，依不服之状，更为审详。若不告家属罪名，或不取囚服辩及不为审详，流、徒罪并笞五十，死罪杖一百。"可见，"家人乞鞫之制"在曹魏之后就被废除。

451　伏日：三伏的总称，一年中最热的时候。《汉书·东方朔传》："伏日，诏赐从官肉。"颜师古注："三伏之日也。""秦后汉中、巴、蜀等地因气候特殊，朝廷许其自择初伏、中伏、末伏的时间。详见《风俗通义》。魏改作统一规定，仍入《户律》。"（高氏：《注译》，第85页。）

斯皆魏世所改，其大略如是。其后正始之间[452]，天下无事，于是征西将军夏侯玄[453]、河南尹李胜[454]，中领军曹

---

452　正始：三国魏齐王曹芳的第一个年号（公元240—249年）。

453　征西将军：官名，东汉置。与征东、征南、征北将军一起号称四征将军。征西将军屯长安，统辖雍州、凉州等地区。《三国志·魏书·武帝纪》："（曹操）后征为都尉，迁典军校尉，意遂更欲为国家讨贼立功，欲望封侯作征西将军。"

夏侯玄（公元209—254年）：字太初，沛国谯（今安徽省亳州市）人。曹魏大臣、玄学家夏侯尚之子。累迁散骑常侍、中护军。寻以征西将军，假节都督雍、凉州诸军事。后跟李丰、张缉等谋诛司马，事泄被夷三族。其擅长论议，著有《乐毅论》、《张良论》及《本无肉刑论》，辞旨深远。（参见《三国志·魏书·夏侯尚传子玄附传》。）

《通典·刑法六·肉刑议》有记载其此次议肉刑的意见：夏侯太初著论曰："夫天地之性，人物之道，岂自然当有犯，何荀、班论曰：'治则刑重，乱则刑轻。'又曰：'杀人者死，伤人者刑，是百王之所同也。'夫死刑者，杀妖逆也，伤人者不改，斯亦妖逆之类也，如其可改，此则无取于肉刑也。如云'死刑过制，生刑易犯'。'罪次于古当生，今触死者，皆可募行肉刑。及伤人与盗，吏受赇枉法，男女淫乱，皆复古刑'。斯冈之于死，则陷之肉刑矣，舍死折骸，又何辜邪？犹称以'满堂而聚饮，有一人向隅而泣者，则一堂为之不乐'，此亦愿理其平，而必以肉刑施之，是仁于当杀而忍于断割，惧于易犯而安于为虐。哀泣奚由而息，堂上焉得泰邪？仲尼曰：'既富且教。'又曰：'苟子之不欲，虽赏之不窃。'何用断截乎！下愚不移，以恶自终，所谓翦妖也。若饥寒流沟壑，虽大辟不能制也，而况肉刑哉！赭衣满道，有鼻者丑，终无益矣。"可见，其反对恢复肉刑。与后面支持恢复肉刑的李胜意见相左，其间论驳往复多次。

454　河南尹：东汉时期官职。东汉建都于河南郡洛阳县，为提高河南郡的地位，其长官不称太守而称尹。《后汉书·百官志四》："河南尹一人，

羲 [455]、尚书丁谧又追议肉刑，[456] 卒不能决。其文甚多，不载。

（钟晓玲、姚周霞注）

---

主京都，特奉朝请。其京兆尹、左冯翊、右扶风三人，汉初都长安，皆秩中二千石，谓之三辅。中兴都雒阳，更以河南郡为尹，以三辅陵庙所在，不改其号，但减其秩。其余弘农、河内、河东三郡，其置尹，冯翊、扶风及太守丞奉之本位，在《地理志》。"

李胜（公元？—249年）：字公昭，南阳（今河南省南阳）人。魏明帝憎恶他崇尚浮华，被禁锢多年。魏明帝死后，曹爽辅政，任李胜为河南尹。后来，曹爽在与司马懿的争权中失败，李胜也被诛并夷三族。（参见《三国志·魏书·曹真传》。）

《通典·刑法六·肉刑议》有记载其此次议肉刑的内容：李胜曰："且肉刑之作，乃自上古。《书》载'五刑有服'，又曰：'天讨有罪，而五刑五用哉'。割劓之属也。周官之制，亦著五刑。历三代，经至治，周公行之，孔子不议也。今诸议者惟以断截为虐，岂不轻于死亡邪？云：'妖逆是翦，以除大灾'，此明治世之不能去就矣。夫杀之与刑，皆非天地自然之理，不得已而用之也。伤人者不改，则刖劓何以改之？何为疾其不改，便当陷之于死地乎？妖逆者惩之而已，岂必除之邪？刑一人而戒千万人，何取一人之能改哉！盗断其足，淫而宫之，虽欲不改，复安所施。而全其命，惩其心，何伤于大德？"可见，他主张恢复肉刑。

455 中领军：是中国古代高级军事长官的官名，中领军、中护军、中都护等职官掌管禁军，主持选拔武官，监督管制诸武将。这一职官始于秦，到三国、西晋时期发展到鼎盛，唐宋以后逐渐消失。曾任中领军的曹魏大臣有：曹休、曹真、夏侯尚、陈群、曹羲、许允、王肃、桓范、王观等。

曹羲（公元？—249年）：沛国谯（今安徽省亳州）人，曹真次子，曹爽之弟。屡谏曹爽专权而不纳。后因司马懿的"高平陵政变"受牵连伏诛。著有《肉刑论》，反对恢复肉刑。（参见《三国地·魏书·曹真传》。）

456 丁谧（公元？—249年）：字彦靖，沛国（今安徽省亳州）人。

魏明帝时为度支郎中，平素与曹爽交好。明帝崩后，曹爽辅政，被提拔为散骑常侍，转尚书。后因"高平陵政变"，被夷三族。（参见《三国志·魏书·曹真传》。）

《通典·刑法六·肉刑议》有记载其此次议肉刑的内容："《尧典》曰：'象以典刑，流宥五刑，鞭作官刑，朴作教刑，金作赎刑，眚灾肆赦，怙终贼刑。'《咎繇》曰：'天讨有罪，五刑五用哉。'《吕刑》曰：'蚩尤惟始作乱，延及于平人，罔不寇贼鸱义，奸宄夺攘矫虔。苗人弗用灵，惟作五虐之刑曰法，杀戮无辜，爰始淫为劓、刵、椓、黥。'按此肉刑在于蚩尤之代，而尧、舜以流放代之，故黥、劓之文不载唐、虞之籍，而五刑之数亦不具于圣人之旨也。禹承舜禅，与尧同治，必不释二圣而远，则凶顽固可知矣。汤武之王，独将奚取于吕侯？故叔向云：'三辟之兴，皆叔世也。'此则近君子有征之言矣。"可见，他反对恢复肉刑。

【今译】

　　对不适宜在魏实行的汉朝旧律，均予以删改、废除。并依据传统经义新制定五种刑罚。其中规定死刑有三等，髡刑有四等，完刑、作刑各有三等，赎刑十一等，罚金六等，以及七种杂抵罪，共计三十七种刑名，统编入魏律首篇（即《刑名》之内）。又对汉《贼律》进行修改，只将诽谤君主和毁损宗庙园陵的，称为大逆无道，犯罪者处以腰斩，从坐其家属，但不株连其祖父母与孙辈。至于谋反大逆罪，一经发现就收捕犯罪者，或毁灭其屋宅使之成为污池，或将主犯斩首示众且把尸体剁成肉酱，并诛灭三族，这些刑罚不写在律令中，是为了严格禁绝这种极端恶行。故意杀人或格斗杀人的犯罪者，因为被查究而逃亡，允许依照古代经义，任凭被害人的儿辈、兄弟追杀他。如遇赦免和过误杀人，则不得报仇，这是用来阻止互相杀害。还改定杀继母与杀亲母同罪的律条，以防止继子与继母产生嫌隙。废除汉代允许父子分家的律条，使父子不得析产。殴打兄、姊的加重判处五年的徒刑，借此申明礼仪教化。囚徒诬告要反坐其诬告罪所应处之刑罚，并株连其家属，这是因为囚徒不同于普通人，故用这种扩大刑罚处罚对象的方式以期达到减省刑狱、停息诬告的目的。修改投递匿名信判处弃市的科条，以减轻刑罚。严格规定对劫囚者处以弃市的刑罚，以禁绝这种凶残、邪恶的罪行。对应处两年以上徒刑的案件，不再允许家属请求重审，以减省烦琐的狱讼程序。另又改定各郡不得自行选择伏日之期，以统一全国的风俗。

所有这些都是曹魏所修改的汉律内容，其梗概如此。此后的正始年间，天下太平，于是征西将军夏侯玄、河南尹李胜、中领军曹羲、尚书丁谧又重新议论是否恢复肉刑，最终也没能有结果。相关的文辞非常多，本志略而不载。

（钟晓玲、姚周霞译）

【原文】

　　及景帝<sup>457</sup>辅政，是时魏法，犯大逆<sup>458</sup>者诛及已出之女<sup>459</sup>。毌丘俭<sup>460</sup>

【注释】

　　457　景帝：司马师（公元 208—255 年），字子元，河内温县（今河南省温县）人，司马懿长子。以抚军大将军辅政，魏嘉平四年（公元 252 年）春，迁大将军，录尚书事，后废魏帝曹芳，改立高贵乡公曹髦，实际上专擅朝政。后在平定毌丘俭、文钦之乱的途中病死于许昌，时年四十八岁。及司马炎代魏称帝建立晋朝，追尊他为景皇帝。故此处及下文"与景帝姻，通表魏帝"中的"景帝"，皆为晋受魏禅让帝位后的追称。（参见《晋书·景帝纪》。）

　　458　大逆：张建国认为"谋反大逆"与"大逆无道"虽然都有"大逆"一词，但前者强调"谋反"，后者类似于后世的"大逆"……在秦汉魏晋时期两罪的刑罚是完全不同的。谋反大逆对应的是夷三族；大逆无道对应的是夷族，一般说来其亲属范围包括父母妻子同产。（参见前揭张建国：《夷三族解析》。）考虑到"寿春三叛"的相关人等多是被"夷三族"（如《三国志·魏书·王凌传》："凌至项，饮药死。……诸相连者悉夷三族"；《三国志·魏书·毌丘俭传》："夷俭三族"；《三国志·魏书·诸葛诞传》："斩诞，传首，夷三族。"），将此处的"大逆"理解为"谋反大逆"，更能与上文"至于谋反大逆，临时捕之，或汙潴，或枭菹，夷其三族"的记述相照应。

　　459　已出之女：已经出嫁的女儿。出：出嫁。《礼记·大传》："服术有六：一曰亲亲，二曰尊尊，三曰名，四曰出入，五曰长幼，六曰从服。"郑玄注："出入，女子子嫁者及在室者。"孔颖达疏："若女子子在室为入，适人为出，及出继为人后者也。"

　　460　毌丘俭（公元？—255 年）：字仲恭，河东闻喜（今山西省闻喜县）人。承袭父亲毌丘兴的爵位，为平原侯文学。明帝即位，为尚书郎，迁羽林监，后历任荆州、幽州刺史、镇南将军、镇东将军等职。俭初与之诛，其子旬妻荀氏应坐死，其族兄顗[461]与景帝姻，通表魏帝，以匄其命。[462]诏听离婚。荀氏所生女芝，为颍川太守刘子元[463]妻，亦坐

---

夏侯玄等友善，正元二年（公元255年），与扬州刺史、前将军文钦矫太后之诏兴兵讨伐司马师，拟复兴魏朝，后兵败被杀，夷三族。见《三国志·魏书·毌丘俭传》。

461　族兄：同宗同辈的三从兄弟中年长于自己的，亦可泛指同族之兄。

顗（公元？—274年）：荀顗，字景倩，颍川人，魏太尉荀彧之第六子。性至孝，博学洽闻，理思周密。历任散骑侍郎、侍中、尚书、司空、太尉。在撰定晋之礼乐、法等方面有贡献。（参见《晋书·荀顗列传》。）此处所说的荀顗和司马师的姻亲关系于《晋书》本传中无从得见。《晋书·何曾列传》中也只记载："其族兄顗、族父虞并景帝姻通，共表魏帝以匄其命。"《三国志·魏书·荀彧传》则记载了荀彧之孙，荀顗之侄荀寯与司马氏的联姻："寯妻，司马景王、文王之妹也，二王皆与亲善。"

462　匄：同丐，乞求。《汉书·陈汤传》云："家贫匄贷无节。"颜师古曰："匄，乞也。"

按：此句"其族兄顗与景帝姻，通表魏帝，以匄其命"，诸本句读皆同，邱汉平旧版《历代刑法志》也同此。（《历代刑法志》，群众出版社1988年版，第49页。以下简称"旧版"。）但新版句读为"其族兄顗与景帝姻通，表魏帝以匄其命。"（《历代刑法志》，商务印书馆2017年版，第145页。以下简称"新版"。）与内田氏同。内田氏句读为："其族兄顗，与景帝姻通，表魏帝以匄其命。"（［日］内田氏：《译注》，第115页。）联系《晋书·何曾列传》也记载"其族兄顗、族父虞并景帝姻通，共表魏帝以匄其命"之事，可印证内田氏句读为优。魏帝：指高贵乡公（公元254—260年在位）。

463　刘子元：其传不详。或为《晋书·礼志中》所提及的"刘仲武"："是时，沛国刘仲武先娶毌丘氏，生子正舒、正则二人。毌丘俭反败，仲武出其妻，娶王氏，生陶，仲武为毌丘氏别舍而不告绝。"

死，以怀姙[464]系狱。荀氏辞诣[465]司隶校尉[466]何曾[467]乞恩，求没为官婢，以

---

464　怀姙：怀孕。姙同妊，也作任。《韩诗外传》卷九第一章："其母自悔失言。曰：'吾怀妊是子，席不正不坐，割不正不食，胎教之也'。"《春秋繁露》卷七《三代改制质文》："法不刑有怀任新产者，是月不杀。"

465　辞诣：呈递诉状。《说文解字》："辞，讼也。"《苍颉篇》："诣，至也。"《晋书·何曾列传》载："荀辞诣曾乞恩，……曾哀之，腾辞上议。"

466　司隶校尉：《汉书·百官公卿表上》："周官，武帝征和四年初置。持节，从中都官徒千二百人，捕巫蛊，督大奸猾。……元帝初元四年去节。成帝元延四年省。绥和二年，哀帝复置，但为司隶，冠进贤冠，属大司空，比司直。"《后汉书·百官志四》：本注曰："掌察举百官以下，及京师近郡犯法者。"李贤注引蔡质《汉仪》曰："职在典京师，外部诸郡，无所不纠。封侯、外戚、三公以下，无尊卑。"魏晋沿袭之，唯职权较大。

467　何曾（公元199—278年）：字颖考，陈国阳夏（今河南省太康县）人。父夔，魏太仆、阳武亭侯。曾少袭爵，好学博闻。魏嘉平中，为司隶校尉有年，后迁尚书。正元年中为镇北将军、都督河北诸军事、假节。西晋初，拜太尉，进爵为公。见《晋书·何曾列传》。

赎芝命。曾哀之，使主簿程咸[468]上议[469]曰："夫司寇作典，建三等之

---

468　主簿：主管文书、簿籍、印鉴的属官。《文献通考·职官考十七·县丞》："主簿，汉、晋有之。自汉以来，皆令长自调用。至于隋，始置之。……按：盖古者官府皆有主簿一官，上自三公及御史府，下至九寺、五监以至州、郡、县皆有之，所职者簿书，盖曹掾之流耳。"此处指司隶校尉下属之主簿。

程咸：《晋书》无传。清严可均《全晋文》卷四十四云："咸，字延休。魏正元中为司隶校尉府主簿。入晋，历黄门郎、散骑常侍、左通直郎。迁侍中。有集三卷。"但所据不详。生平可散见于《艺文类聚》卷四十八、《北堂书钞》卷五十八、《晋书斠注》卷三十。

469　议：文体名，用以论事、说理或陈述意见。见前注 235、253。

制；[470]甫侯修刑，通轻重之法。[471]叔世[472]多变，秦立重辟，汉又修之。大魏承秦汉之弊，未及革制，所以追戮已出之女，诚欲殄丑类之族

---

470　夫司寇作典，建三等之制：语出《周礼·秋官·大司寇》："大司寇之职，掌建邦之三典，以佐王刑邦国，诘四方。一曰刑新国用轻典；二曰刑平国用中典；三曰刑乱国用重典。"司寇，刑官名。《周礼·秋官·大司寇》："乃立秋官司寇，使帅其属而掌邦禁，以佐王刑邦国。刑官之属：大司寇，卿一人；……旅下士三十有二人。"贾公彦疏引郑注云："有虞氏曰士，夏曰大理，周曰大司寇。"建三等之制：应是指建立轻、中、重三等不同的刑制。

471　甫侯修刑：甫侯制定《吕刑》，见前注207。

通：《说文解字》："通，达也。"《周易·系辞上》："化而裁之之谓之变，推而行之谓之通。"孔颖达正义曰："吕侯以穆王命作书，训畅夏禹赎刑之法，更从轻以布告天下。"由此看来，此处的"通"当取推而行之之意。轻重之法：《尚书·吕刑》："上刑适轻，下服；下刑适重，上服。轻重诸罚有权，刑罚世轻世重。"孔颖达正义曰："'上刑适轻'者，谓一人虽犯一罪，状当轻重两条，据重条之上有可以亏减者，则之轻条，服下罪也。'下刑适重'者，谓一人之身轻重二罪俱发，则以重罪而从上服，令之服上罪。或轻或重，诸所罪罚，皆有权宜，当临时斟酌其状，不得雷同加罪。刑罚有世轻世重，当视世所宜，权而行之。"

472　叔世：政治衰败的年代。《左传·僖公二十四年》："昔周公吊二叔之不咸，故封建亲戚以蕃屏周。"孔颖达正义："故通谓国衰为叔世，将之为季世。"《左传·昭公六年》："三辟之兴，皆叔世也。"孔颖达正义引服虔云："政衰为叔世，叔世逾于季世，季世不能作辟也。"故，虽则叔世与季世常合称"叔季之世"，但二者并不等同。处叔世，政治衰败但国家尚在，而处季世，国家即将亡败，国将不国，已不能建立法制。张氏注曰"叔世意同季世、末世"（张氏：《注释》，第73页），有忽略二者之间的区别之嫌。

也。[473] 然则法贵得中，刑慎过制。臣以为女人有三从之义，无自专之
道[474]，出适他族，还丧父母，降其服纪[475]，所以明外成之节，异在室之

---

473　诚欲殄丑类之族也：确实是为了要诛灭恶人的亲族。殄：《说文
解字》：“殄，尽也。”丑类：恶人。《左传·文公十八年》：“昔帝鸿氏有不
才子，掩义隐贼，好行凶德，丑类恶物。”孔颖达正义：“丑，亦恶也；物，
亦类也。指谓恶人等辈重复而言之耳。”

474　有三从之义，无自专之道：《仪礼·丧服》：“妇人有三从之义，
无专用之道。故未嫁从父，既嫁从夫，夫死从子。”《谷梁传·隐公二年》：
“妇人在家制于父，既嫁制于夫，夫死从长子。妇人不专行，必有从也。”
自专：一任己意，自己做主。《礼记·中庸》：“愚而好自用，贱而好自专。”

475　还丧父母，降其服纪：是指女子出嫁后若归来为父母服丧，要降
低其服制。《仪礼·丧服》载：“丧服，斩衰裳，苴绖杖，绞带，冠绳缨，
菅屦者。……女子子在室为父……”又“疏衰裳齐，牡麻绖，冠布缨，削
杖，布带，疏屦三年者，父卒则为母……疏衰裳齐，牡麻绖，冠布缨，削
杖，布带，疏屦，期者，父在为母……”，“不杖，麻屦者。……女子子适
人者为其父母、昆弟之为父后者……”由此，尚未嫁人的女儿为父服斩衰
三年之丧，父卒，则为母服齐衰三年之丧，父在母卒，则齐衰杖期，而已
出嫁的女儿，为其父母或兄弟中作为父亲后嗣者，均只需服齐衰不杖期。

恩。[476]而父母有罪，追刑已出之女；夫党[477]见诛，又有随姓之戮。一人之身，内外受辟。[478]今女既嫁，则为异姓之妻；如或产育，则为他族之

------

476　外成：女子嫁人。班固《白虎通·嫁娶》："妇人外成，以出适人为嫁。"《诗经·召南·采苹》："于以奠之，宗室牖下。"郑玄笺："祭不于室中者，凡昏事，于女礼设几筵于户外，此其义也与？"孔颖达疏："又解正祭在室，此所以不于室中者，以其凡昏事，皆为于女行礼，设几筵于户外，取外成之义。今教成之于户外设奠，此外成之义。"

477　党：《周礼·地官·司徒》："令五家为比，使之相保；五比为闾，使之相受；四闾为族，使之相葬；五族为党，使之相救。"夫党：丈夫的亲族。《礼记·杂记下》："姑姊妹，其夫死，而夫党无兄弟，使夫之族人主丧。"

478　内外受辟：辟：《说文解字》："辟，法也。从卩、从辛，节制其罪也。从口，用法者也。"段玉裁《说文解字注》："引伸之为罪也。见《释诂》。谓犯法者，则执法以罪之也。"此处"内外受辟"是说已出嫁的女子要为来自娘家和夫家两方面的罪过而遭受惩罚。

母，此为元恶之所忽。[479]戮无辜之所重，于防则不足惩奸乱之源，于情

---

479　此为元恶之所忽：首先，在文字方面，中华书局 1974 年版《晋书·刑法志》作"此为元恶之所忽"，内田氏、谢氏均作"元恶"。高氏注本明言所用底本是中华书局版的《二十四史》，但正文、注释却均作"此为元凶之所忽"，（高氏：《注译》，第 86—87 页。）不知何据。陆氏虽声称依据中华版，但正文却作"此为元凶之所忽"，注释又作"此为元恶之所忽"。张氏同此。（陆氏：《注释》，第 65—66 页；张氏：《注释》，第 70—73页。）不知为何有此不一。可知作"元凶"无所本，当是"元恶"之误植，宜以"元恶"为准。

其次，在句读方面，中华书局版作"今女既嫁，则为异姓之妻；如或产育，则为他族之母，此为元恶之所忽。戮无辜之所重，于防则不足……"（第 926 页）谢氏句读同此。（谢氏：《注译》，第 118 页。）但从译文上可以确认内田氏句读为："今女既嫁，则为异姓之妻，如或产育，则为他族之母。此为元恶之所忽，戮无辜之所重。于防则不足……"高氏同此。（[日] 内田氏：《译注》，第 118—119 页；高氏：《注译》，第 86 页。）陆氏则认为："上文的标点，似应在'他族之母'下断句。这里应紧接'戮无辜之所重。''所忽'下本作句号，今改作逗号；下句'所重'，本作逗号，改作句号。"（陆氏：《注释》，第 66 页。）张氏亦同。其句读大体与内田氏不谋而合。

另，本句《艺文类聚·刑法部》作"今女既嫁，则为异姓之妻，如或产育，则为他族之母，此为元恶之所轻忽，戮无辜之所重，于恩则伤孝子之心，而兴嫌怨之路。"《通典·刑法典》作"今女既嫁，则为异姓之妻；如或产育，则为他族之母。无辜受戮，伤孝子之心。"

再次，与内容上相对应的，便有两种可能的解释：

第一，中华书局版：现在女儿已经出嫁，是他姓人家的妻子，如果生育后代，则成了别的家族的母亲，这（身份上的转变）是作为首恶的娘家之人所忽视的。杀戮这些为无辜的夫家所重视的女人，从预防犯罪来说不

则伤孝子之心。男不得罪于他族，而女独婴[480]戮于二门，非所以哀矜女弱，蠲明[481]法制之本分也。臣以为在室之女，从父母之诛；既醮[482]之妇，

---

足以惩戒奸乱的源头，而从情理上讲则有伤孝子之心。

第二，内田氏、陆氏注本：现在女儿已经出嫁，是他姓人家的妻子，如果生育后代，则成了别的家族的母亲。虽与首恶的父母之间关系淡薄了，但竟因这层被父母忽略的关系（指父母不会去勾结已出嫁的女儿去犯罪），却杀死无罪的姻家的妻子、母亲这样重要的人。这从预防犯罪来说不足以惩戒奸乱的源头，而从情理上讲则有伤孝子之心。

此处赞成第二种解释（综合内田氏、陆氏的意见。张氏解释不确切，不取。）

480　婴：同"撄"，触犯、遭受。《后汉书·范滂列传》："对曰：'昔叔向婴罪，祁奚救之，未闻羊舌有谢恩之辞，祁老有自伐之色。'"

481　蠲：明示，显示。《左传·襄公十四年》："惠公蠲其大德，谓我诸戎是四岳之裔胄也。"蠲明：阐明，表明。

482　醮：女子出嫁。《列女传·贤明传》："宋鲍女宗"："妇人一醮不改，夫死不嫁。"

从夫家之罚。宜改旧科，以为永制。"于是有诏改定律令。

（彭星元、崔超注）

**【今译】**

　　到了晋景帝辅政的时候，当时的魏法，犯大逆罪的，要诛及已经出嫁的女儿。毌丘俭因谋反被诛杀，他的儿子毌丘甸之妻荀氏也当连坐处死，荀氏的族兄荀顗与景帝有姻亲关系，上表魏帝，请求保全她性命。皇帝于是下诏准许荀氏与毌丘甸离婚。荀氏所生的女儿毌丘芝，已是颖川太守刘子元的妻子，也当连坐处死，但因为怀有身孕的缘故而暂被关押在狱中。荀氏向司隶校尉何曾呈递诉状求情，表示愿意没为官婢，来赎女儿的性命。何曾哀怜荀氏，便让主簿程咸上奏议说："古时司寇作典，建立轻、中、重三等的法制；甫侯修刑，使轻重之法通于天下。衰乱的年代往往动荡不安，秦朝于是设立严刑峻法，汉代又加以修改。大魏承袭了秦汉的弊病，尚未来得及改革刑制，沿袭规定要株连已经出嫁的女儿，确实是为了要诛灭恶人的亲族。然而，法贵在轻重得宜，刑罚当谨慎以免逾越制度。臣认为，女人在家从父，出嫁从夫，夫死从子，并不能自己做主。出嫁之后，回来为父母服丧，要降低她的服纪，这是用来显明女子出嫁后的礼节，其与父母之间的恩情与未嫁的时候相比已不同。然而父母犯罪时，要追加刑罚于已经出嫁的女儿；她丈夫的亲族犯死罪时，她又要随着夫家一起被连坐处死。一人之身却要为内外两个家族的罪过而受到处罚。女子既已出嫁，便成了外姓的妻子；如果生育后代，便成了他族的母亲。这些已经出嫁的女子是作为首恶的娘家之人所忽视的。杀戮这些为无辜的夫家所重视的女人，对于预防犯罪来说不足以惩戒奸乱的源头，而从情理上讲则会有伤孝子之心。男子不因他族的行为而获罪，而女子却要为两个家族的行为而遭到杀戮，这实在不是哀矜弱质女子、彰明法制所应该做的行为。臣认为，未嫁的女子，宜跟从父母受诛杀；而已经出嫁的妇人，则宜跟从夫家受处罚。应更改原来的法律，使之成为永久的制度。"于是皇帝下诏改定律令。

（彭星元、崔超译）

【原文】

　　文帝为晋王，[483] 患前代律令本注烦杂，[484] 陈群、刘邵虽经改革，[485]

---

【注释】

　　483　文帝为晋王：文帝指司马昭（公元211—265年），字子上，河内温县（今河南省温县）人。早年随父司马懿抗蜀，多有战功。后继兄司马师为大将军，专揽国政。灭掉蜀汉的第二年（公元264年）加为晋王，次年病死。数月后，其子司马炎代魏称帝，建晋朝，追尊司马昭为文帝，庙号太祖。见《晋书·文帝纪》。

　　484　前代律令本注烦杂：前代：文帝为晋王时还是曹魏时代，因此"前代"应指汉代。本：律令本身。注：诸家对律的解释。本志前文有云：汉时"《盗律》有贼伤之例，《贼律》有盗章之文……若此之比，错糅无常。后人生意，各为章句……"，律文和注释杂乱正是此处所言"本注烦杂"。陈群刘邵的改革，是对"本"的改革，"但取郑氏"是对"注"的改革，"科网本密"和"又为偏党"是对两次改革的不满意，因此才有"令贾充定法律……"

　　485　陈群、刘邵虽经改革：陈群：见前注300。刘邵：见前注356。改革：指魏明帝制定新律令，即本志前文所云，"天子又下诏改定刑制……删约旧科，傍采汉律，定为魏法，制《新律》十八篇，《州郡令》四十五篇，《尚书官令》、《军中令》，合百八十余篇"。

而科网[486]本密，又叔孙、郭、马、杜诸儒章句，[487]但取郑氏，又为偏

---

486　科网：法网。《后汉书·酷吏列传序》："自中兴以后，科网稍密，吏人之严害者，方于前世省矣。"

487　叔孙、郭、马、杜：叔孙宣、郭令卿、马融，见前注345。杜：陆氏认为未见史料记载杜周（大杜）、杜周的儿子杜延年（小杜）和杜林写过律令章句，所以这三者皆不是，难以确定所指何人。（参见陆氏：《注释》，第86页。）未见史料记载三人写过律令章句，并不等于未写过律令章句，陆氏的观点欠妥。邢义田就指出："杜疑指大杜或小杜章句。然大、小杜章句非必成于杜周、杜延年本人。传其学者，守师说而定章句也有可能。"（邢义田：《治国安邦：法制、行政与军事》，中华书局2011年版，第43页。）高氏认为是指杜林，（参见高氏：《注译》，第88页。）但未论证。俞荣根、龙大轩经过论证认为是指杜林。（参见前注218。）

前文有"叔孙宣、郭令卿、马融、郑玄诸儒章句十有余家……但用郑氏章句"，此处有"叔孙、郭、马、杜诸儒章句，但取郑氏，又为偏党"。李俊强认为两相对照，"杜"应为"郑"之讹误。因为此处既言"叔孙、郭、马、杜诸儒章句"，未言"郑"，何来"但取郑氏，又为偏党"？且，叔孙、郭、马应该都是按照他们存世时间顺序排列，不可能在他们后面反而排列西汉杜周父子。且，叔孙、郭、马、郑皆大儒，但似乎没有人以杜周为儒生。（参见李俊强：《魏晋令制研究》（博士学位论文），吉林大学2014年4月，第45—46页。）李俊强的观点比较有说服力。

党，[488]未可承用。于是令贾充定法律，[489]令与太傅郑冲[490]、司徒荀顗[491]、

---

488　但取郑氏，又为偏党：郑氏：即郑玄，见前注266。偏党：偏向。《尚书·洪范》："无偏无党，王道荡荡。"这里指只采郑玄一家之言未免有失偏颇。

489　令贾充定法律：贾充：见前注120。《晋书·文帝纪》载："咸熙元年三月己卯，进帝（司马昭）为（晋）王，增封并前二十郡。……秋七月，帝奏司空荀顗定礼仪，中护军贾充正法律，尚书仆射裴秀议官制，太保郑冲总而裁焉。"又据《资治通鉴》卷七十八《魏纪十》"咸熙元年三月"条："己卯，进晋公爵为王，增封十郡……七月，晋王奏使司空荀顗定礼仪，中护军贾充正法律，尚书仆射裴秀议官制，太保郑冲总而裁焉。"二书所载略同，可确知司马昭封晋王在咸熙元年，令贾充定法律当在本年七月。

490　太傅：见前注353。

郑冲（公元？—274年）：字文和，荥阳开封（今河南省开封市）人。出身寒微，博究儒术。初为三国魏文帝曹丕文学，累迁尚书郎、陈留太守。大将军曹爽引为从事中郎，累迁光禄勋，后又拜司空、司徒。曹奂继位，拜太保，封寿光侯。西晋建立，拜太傅，进爵寿光公。他耽习经史，博研儒术及百家之言，与何晏等撰有《论语集解》。见《晋书·郑冲列传》。

491　司徒：见前注251。

荀顗：见前注461。顗：内田氏注：百衲本、宋明本、元明本、朝鲜本、南监本、秘阁本、汲古阁本、斠注本作"顗"，从之。（［日］内田氏：《译注》，第120页。）

按：本志前文作"顗"，中华书局版《晋书·荀顗列传》都作"顗"，唯有本志此处作"觊"，此处应误。

中书监荀勖[492]、中军将军羊祜[493]、中护军王业[494]、廷尉杜

---

492　中书监：官名，三国魏始置。《晋书·职官志》："中书监及令，案汉武帝游宴后庭，始使宦者典事尚书，谓之中书谒者，置令、仆射。成帝改中书谒者令曰中谒者令，罢仆射。汉东京省中谒者令，而有中官谒者令，非其职也。魏武帝为魏王，置秘书令，典尚书奏事。文帝黄初初改为中书，置监、令，以秘书左丞刘放为中书监，右丞孙资为中书令；监、令盖自此始也。及晋因之，并置员一人。"隋改中书省为内史省，仍置监、令各一人，后废监存令。唐复中书省原名，只设中书令，不复设监。

荀勖（公元？—289年）：字公曾，颍川颍阴（今河南省许昌市）人。东汉司空荀爽的曾孙。少年时聪慧好学。初仕于三国魏，为大将军曹爽掾属。后迁中书通事郎，曹爽被诛，迁安阳令、骠骑从事中郎、廷尉正。又为大将军司马昭记室，数进策谋，深见信任。西晋建立后拜中书监、加侍中、领著作。累迁光禄大夫、仪同三司，守尚书令。见《晋书·荀勖列传》。

493　中军将军：武官名，晋代始置。《晋书·武帝纪》："（泰始元年）置中军将军，以统宿卫七军。"魏、晋、南北朝有中军、镇军、抚军三将军，地位常仅次于骠骑将军、车骑将军、卫将军。隋避杨忠讳，改称内军将军。唐不置。

羊祜（公元221—278年）：字叔子，泰山南城（今山东省费县西南）人。出身泰山名门望族羊氏家族。博学能文，为官清廉正直，谨言慎行，政治上颇有建树。西晋建立后因为羊祜有扶立之功，被进号为中军将军，加散骑常侍，进爵为郡公，食邑三千户。后追赠"太傅"。见《晋书·羊祜列传》。

494　中护军：《晋书·职官志》："护军将军，案本秦护军都尉官也。汉因之，高祖以陈平为护军中尉，武帝复以为护军都尉，属大司马。魏武为相，以韩浩为护军，史涣为领军，非汉官也。建安十二年，改护军为中

护军，领军为中领军，置长史、司马。魏初，因置护军将军，主武官选，隶领军，晋世则不隶也。元帝永昌元年，省护军，并领军。明帝太宁二年，复置领、护，各领营兵。江左以来，领军不复别领营，总统二卫、骁骑、材官诸营，护军犹别有营也。资重者为领军、护军，资轻者为中领军、中护军。属官有长史、司马、功曹、主簿、五官，受命出征则置参军。"

王业：《晋书》无传。《三国志·魏书·钟会传》裴松之注："《博物记》曰：初王粲与族兄凯俱避地荆州。刘表欲以女妻粲，而嫌其形陋而用率。以凯有风貌，乃以妻凯。凯生业，业即刘表外孙也。蔡邕有书近万卷，末年载数车与粲。粲亡后，相国掾魏讽谋反，粲子与焉。既被诛，邕所与书悉入业。业字长绪，位至谒者仆射。子宏，宏字正宗，司隶校尉；宏，弼之兄也。《魏氏春秋》曰：文帝既诛粲二子，以业嗣粲。"清赵一清《三国志注补》据此云："《钟会传》注有：王业，字长绪，为王粲族兄凯之子，刘表之外孙。粲子被诛，文帝以业嗣粲，疑即其人也。"清李慈铭《越缦堂读史札记·三国志札记·三少帝纪》曰："裴注：《国语》曰：'业，武陵人，后为晋中护军。'慈铭案，魏有两王业，一山阳人，王弼之父，刘表外孙，官尚书郎，见《钟会传》注。"此处的王业是哪个呢？王粲生卒年为公元177—217年，因此作为王粲的族兄的王业出生应该不迟于公元177年，也就是说到此时（公元264年）王业至少也有94岁，以如此高龄担任中护军一职，明显不太可能。因此，此处的王业应该是李慈铭所说的另外一个王业。《晋书·王沈列传》云："及高贵乡公将攻文帝，召沈及王业告之，沈、业驰白帝，（王沈）以功封安平侯。"《三国志·魏书·高贵乡公纪》裴松之注引《汉晋春秋》曰："帝（高贵乡公曹髦）见威权日去，不胜其忿，乃召侍中王沈、尚书王经、散骑常侍王业，谓曰：司马昭之心，路人所知也。吾不能坐受废辱，今日当与卿等自出讨之。""沈业奔走告文王（司马昭），文王为之备。"又注引《世语》："业，武陵人，后为晋中护军。"

友 [495]、守河南尹杜预 [496]、散骑侍郎裴楷 [497]、颍川太守周雄 [498]、齐相

---

495　廷尉：见前注 171。

杜友：《晋书》无传。《三国志·魏书·毌丘俭传》裴松之注曰："《世语》曰：毌丘俭之诛，党与七百余人，传侍御史杜友治狱，惟举首事十人，余皆奏散。友，字季子，东郡人，仕晋冀州刺史、河南尹。"《晋书·高阳王睦列传》："冀州刺史杜友奏睦招诱逋亡，不宜君国。有司奏，事在赦前，应原。"

496　守：兼任，详见前注 120。

杜预（公元 222—285 年）：字元凯，京兆杜陵（今陕西省西安东南）人。颇有军事才能，作为主要将领筹划灭吴战争。历任曹魏尚书郎、西晋河南尹、安西军司、秦州刺史、度支尚书、镇南大将军，官至司隶校尉。功成之后，耽思经籍，博学多通，多有建树，著有《杂律》、《刑法律本》、《春秋左氏经传集解》、《春秋长历》、《春秋释例》、《盟会图》等书。见《晋书·杜预列传》。

497　散骑侍郎：伴随皇帝乘马乘车的近臣，负责在皇帝左右规谏过失，以备顾问。地位略低于散骑常侍，都是高才英儒担任。《宋书·百官志下》："散骑侍郎，四人。魏初与散骑常侍同置。魏、晋散骑常侍、侍郎，与侍中、黄门侍郎共平尚书奏事，江左乃罢。通直散骑侍郎，四人。初晋武帝置员外散骑侍郎四人，元帝使二人与散骑侍郎通直，故谓之通直散骑侍郎，后增为四人。员外散骑侍郎，晋武帝置，无员。"

裴楷（公元 237—291 年）：字叔则，河东闻喜（今山西省闻喜县）人。出身著名的"河东裴氏"，西晋开国功臣裴秀的堂弟。三国魏时任尚书郎，入晋后任散骑侍郎、散骑常侍、河内太守、屯骑校尉、右军将军、侍中。与山涛、和峤等人同为司马炎身边近臣。博涉群书，精于理义，以善研《老子》、《易经》闻名于世。见《晋书·裴楷列传》。

498　周雄：《晋书》无传。中华书局版校勘记 [一六] 指出："雄，各

郭颀[499]、骑都尉成公绥[500]、尚书郎柳轨[501]及吏部令史荣邵[502]

---

本作'权'，今从宋本作'雄'，与《贾充传》、《通典》一六三、《册府》六一○合。"

499　齐相：从张氏注："齐国（今山东益都县）的相。汉代地方制度为二级制，以郡国统县。郡设太守，诸侯王国设相。西汉成帝时，废诸侯王国内史，令相治民，如郡太守，自此，诸侯王国的相，实际上职同太守。"（张氏：《注释》，第77页。）

郭颀：《晋书》无传。

500　骑都尉：军制官名。始于秦汉。《后汉书·百官志》："骑都尉，比二千石。本注曰：无员。本监羽林骑。"张新超认为汉代"骑都尉"之名直接承袭秦代，西汉前期骑都尉被撤销。武帝时重置，分两类：一、中都官骑都尉；二、地方骑都尉，类似于属国都尉，数量很少。东汉时只剩中都官骑都尉，其职能单一化，兼任官职单一化，职位具有较强的开放性，有朝着荣誉化、闲散化发展的趋势。骑都尉在后世沿着荣誉化、闲散化的趋势发展，最终成为荣誉官号。（参见张新超：《两汉骑都尉续考——以东汉骑都尉为中心》，《史林》2014年第5期。）晋时官拜骑都尉的人很多。北魏时骑都尉为从第四品上（《魏书·官氏志》）。唐时为勋官十二转之第五转，相当于从五品。

成公绥（公元231—273年）：字子安。东郡白马（今河南省滑县）人。他幼而聪敏，博涉经传，擅长辞赋。为张华所重，每见所作文，叹服以为绝伦，荐之太常，征为博士，历迁中书郎。见《晋书·文苑列传·成公绥》。

501　尚书郎：官名。东汉始置，选拔孝廉中有才能者入尚书台，在皇帝左右处理政务，初从尚书台令史中选拔，后从孝廉中选取。初入台称"守尚书郎中"，满一年称"尚书郎"，三年称"侍郎"。魏晋以后，尚书省分曹，各曹有侍郎、郎中等官，综理政务，通称为尚书郎。晋时为清要之职，号为大臣之副。

柳轨：《晋书》无传。

502 吏部令史：尚书台吏部尚书的属官，掌文书。令史：主要掌握文书等行政事务，秦代、西汉县官属下设令史，至东汉中央公卿的属史中多设令史，如尚书令史、兰台令史、御史令史等。（参见刘晓满：《秦汉令史考》，《南都学坛（人文社会科学学报）》2011 年第 4 期。）魏晋亦设此官。

荣邵：《晋书》无传。《文选》载西晋刘越石《劝进表》："建兴五年……臣碑遣散骑常侍、征房将军、清河太守、领右长史、高平亭侯臣荣劭。"李善注："《晋百官名》曰：荣劭，字茂世，北平人，为清河太守。"《晋书斠注》曰："《文选·劝进表》注：'《晋百官名》曰：荣劭，字茂世北平人为清河太守。'《类聚》四十八引《晋百官表注》亦作荣劭。《白帖》七十一引作荣邵。《书钞》五十九引《晋百官表注》误作邵荣。《初学记》十一引《齐职仪》《五代史官志》误作营劭。"

按：疑《晋书斠注》有误。《文选》所载"荣劭"是西晋人，《艺文类聚》、《白氏六帖事类集》、《北堂书钞》、《初学记》，不论是荣劭、荣邵，还是邵荣、营劭，说的都是东汉的"荣邵"。《后汉书·百官志》李贤注："献帝分置左右仆射。建安四年以荣邵为尚书左仆射是也。《献帝起居注》曰：邵卒，官赠执金吾。"《通典·职官典四》载："献帝建安四年，以执金吾荣邵为左仆射。"《献帝起居注》说荣邵死后才赐官执金吾，《通典·职官典四》说荣邵在担任左仆射前是执金吾，两处记载有出入，但说的都是同一个人。那么，东汉"荣邵"、西晋"荣劭"是否与此处的荣邵有关？首先，东汉献帝建安四年是公元 199 年。《太平御览·职官部九》载："《晋诸公赞》曰：司马珪少时有令望，早历显职，晋受禅为尚书左仆射，时年三十七，众论以为美。"司马珪年少成名，到担任尚书左仆射时也已经 37 岁，那么荣邵成为尚书左仆射时也应该不少于 37 岁，到 264 年修订晋律时他至少已经 102 岁，即使他还在世，以如此高龄担任吏部令史并参与修律，

等十四人<sup>503</sup>典其事，就汉九章增十一篇，仍其族类，正其体

---

可能性微乎其微。其次，西晋"荣劭"与此处的荣邵名字不同。即使假定他们是同一个人。修晋律的人员，在生卒年可考的人当中，最年轻的是裴楷（公元 237—291 年），时年 27 岁。那么当时荣邵也应该不少于 27 岁。西晋建兴五年（公元 317 年）时荣邵 80 岁。80 岁还担任征虏将军应该不太可能。综上所述，东汉"荣邵"、西晋"荣劭"与此处的荣邵应该都不同。

503　十四人：《晋书·贾充列传》载："及（司马炎）受禅……充所定新律既班于天下，百姓便之。诏曰：'……车骑将军贾充，奖明圣意，咨询善道。太傅郑冲，又与司空荀顗、中书监荀勖、中军将军羊祜、中护军王业，及廷尉杜友、守河南尹杜预、散骑侍郎裴楷、颍川太守周雄、齐相郭颀、骑都尉成公绥、荀辉、尚书郎柳轨等，典正其事……'"晋武帝所颁诏书中有荀辉，没有荣邵。两处史籍存在出入。堀敏一认为"将荀辉列为撰律者，应该是正确的"。（[ 日 ] 堀敏一：《晋泰始律令的制定》，杨一凡总主编《中国法制史考证》，丙编第二卷 ［日］ 冈野诚主编《日本学者考证中国法制史重要成果选译——魏晋南北朝隋唐卷》，中国社会科学出版社 2003 年版，第 295 页。）李俊芳认为这说明法典编纂开始时，吏部令史荣邵参与其事，而晋律编成之时，骑都尉荀辉取代了他。（参见李俊芳：《关于晋律编纂的两个问题》，《河北法学》2011 年第 3 期。）关于荀辉，《晋书》无传。《三国志·魏书·荀彧传》裴松之注："荀氏家传曰：……闳从孙恽，恽，字景文，太子中庶子，亦知名。与贾充共定音律，又作《易集解》。"《晋书斠注》："案，荀彧子已名恽，此当是辉字之误。既与充共定音律，且《隋书·经籍志》亦有荀辉《周易注》，盖即其人无疑。"

除了这一点不同，本志所引其他十三人的姓名与官职与晋武帝所颁诏书所述相同。但是，诏书中所说的官职是律令颁布时他们的任职，与开始修订律令时他们所担任的官职有些并不相同。李俊芳结合史料考证出开始修律时郑冲为太保，荀顗只是尚书省的官员，可能是尚书仆射，咸熙中才

是司空，裴楷只是定科郎。(参见李俊芳：《关于晋律编纂的两个问题》,《河北法学》2011 年第 3 期。) 韩留勇还考证出开始修律时荀勖为侍中，羊祜为中领军。可见本志基本照搬《晋书·贾充列传》的记载，以至于把开始修订法律与法律颁布混淆在一起。相比之下，《通典·刑法典一》载："司马文王……命贾充、郑冲、荀颉、荀勖、羊祜、王业、杜友、杜元凯、裴楷、周雄、郭颀、成公绥、柳轨、荣邵等定法令，就汉九章增十一篇。"杜佑仅仅是明确为十四人所修订，对于他们的时任官职却是一概阙如。他的处理是得当的，也是相当严谨的。(参见韩留勇：《中华书局本〈晋书·刑法志〉正误一则》,《新西部》2009 年第 10 期。)

关于修律人员的选择，文慧科认为司马氏是结合学术修养和当时政治需要这两方面的情况而决定。受过深厚家学熏陶的贾充、荀颉、荀勖三人是主要的制定者，而硕儒郑冲作为总顾问，精于儒学的羊祜起指导作用，出身京兆杜氏的杜预和出身河东裴氏的裴楷则参与制定并在其后进行注解和宣传作用，其余人员是辅助人员。这种安排，突出贾充在订律过程中的领导地位，对这位为西晋禅代作出具有决定性贡献的功臣加以褒奖。同时使羊祜一方起到重要作用，以均衡两大政治势力。并且将无心政治的郑冲作为中间力量，化解双方在制定过程中可能出现的矛盾。(参见文慧科：《关于西晋刑律制订人选的思考》,《西南民族学院学报（哲学社会科学版)》2002 年第 4 期。)

号<sup>504</sup>，改旧律<sup>505</sup>为《刑名》、《法例》，<sup>506</sup>辨《囚律》为《告劾》、《系讯》、

---

504　仍其族类，正其体号：仍：《说文解字》："仍，因也。"此句是说一方面沿袭汉律的条目分类，另一方面修正它的体例和名称。

505　旧律：沈家本认为当是"旧具律"。（沈家本：《历代刑法考·律令考三》，第 892 页。）程树德认为当作"具律"。（程树德：《九朝律考·晋律考上》，第 225 页。）《唐律疏议·名例律》疏议曰："魏因汉律为一十八篇，改汉《具律》为《刑名第一》。"（长孙无忌等：《唐律疏议》，刘俊文点校，中华书局 1983 年版，第 2 页。）显然是把"旧"当作"具"。但目前未见有版本针对"具律"或"旧具律"之辩说，在未有充分的材料能推翻原有史籍记载时，仍应尊重原文。

506　《刑名》、《法例》：这两篇相当于近代的刑法总则。源于《法经》的《具》法，位于法典末篇，秦汉沿袭之。三国魏新律将其改为《刑名》，置于律典首篇。晋律始分成《刑名》、《法例》。宋、齐、梁、陈、北魏因而不改。北齐把《刑名》、《法例》合并成《名例》。北周又分为《刑名》、《法例》。隋文帝时再并成《名例》。唐承袭不变。本志下文张斐注律云"《刑名》所以经略罪法之轻重，正加减之等差，明发众篇之多义，补其章条之不足，较举上下纲领。"《唐律疏议·名例律》疏议曰："名者，五刑之罪名；例者，五刑之体例。名训为命，例训为比，命诸篇之刑名，比诸篇之法例。"孟彦弘认为以上名称的变迁不仅仅是体例的改变还代表内容的变化。（参见孟彦弘：《从"具律"到"名例律"——秦汉法典体系演变之一例》，《中国社会科学院历史研究所学刊》第 4 集，商务印书馆 2007 年版。）

《断狱》，分《盗律》为《请赇》、《诈伪》、《水火》、《毁亡》，⁵⁰⁷ 因事类

---

507　分《盗律》为《请赇》、《诈伪》、《水火》、《毁亡》：闫晓君认为汉《盗律》中的"受所监，受赇以枉法，及行赇者"分为《请赇律》，"桥（矫）相以为吏、自以为吏以盗，诈欺取财"归入《诈伪》，"假县官财物弗归，私自假贰（贷）人，放散官物"分入《毁亡》，至于哪部分归于《水火》，限于资料，无从查考。（参见闫晓君：《秦汉盗罪及其立法沿革》，《法学研究》2004 年第 6 期。）

《水火》：谢氏注："可能系指因水火之失察而引发之灾难。"（谢氏：《注译》，第 128 页。）陆氏认为"《唐律》把它归入《杂律》，如'失时不修堤防'、'盗决堤防'、'水火损败征偿'、'山陵兆域内失火'、'库藏仓不得燃火'等。"（陆氏：《注释》，第 70 页。）

为《卫宫》[508]、《违制》[509]，撰《周官》[510]为《诸侯律》，[511]合二十篇[512]，

---

508 《卫宫》：即唐之《卫禁律》。《唐律疏议·卫禁律》疏议曰："《卫禁律》者，秦汉及魏未有此篇。晋太宰贾充等，酌汉魏之律，随事增损，创制此篇，名为《卫宫律》。自宋泊于后周，此名并无所改。至于北齐，将《关禁》附之，更名《禁卫律》。隋开皇改为《卫禁律》。卫者，言警卫之法；禁者，以关禁为名。但敬上防非，于事尤重，故次《名例》之下，居诸篇之首。"

509 《违制》：可能是关于惩治官吏违法失职方面的法律。《唐律疏议·职制律》疏议曰："《职制律》者，起自于晋，名为《违制律》。爰至高齐，此名不改。隋开皇改为《职制律》。言职司法制，备在此篇。"

510 《周官》：陆氏认为，周官"泛指周朝的制度"，"晋武帝鉴于曹魏禁锢同姓诸王，帝室孤立，因而权臣司马氏得到掌政代魏的前车之鉴，晋武帝一反秦汉以后虚封王侯的惯例，恢复周代的分封制，大封宗室做王，并且'授以职任，又诏诸王皆得自选国中长吏'，（见《资治通鉴·晋纪一》）并取消州郡的武备，准许王国置军，终于酿成'八王之乱'。"（陆氏：《注释》，第70页。）张氏认为周官指"周朝的官制，因为分封诸侯原是周朝的制度"。（张氏：《注释》，第78页。）陈寅恪认为周官指《周礼》，诸侯律是以《周礼》为法律条文。（参见陈寅恪：《崔浩与寇谦之》，《金明馆丛稿初编》，上海古籍出版社1980年版，第129页。）曹旅宁通过比较汉朝的诸侯法禁和甘肃省玉门花海所出土的《晋律注》中《诸侯律》的相关内容，认为晋的《诸侯律》当是继承汉律而来，与《周礼》没有直接关系。（参见曹旅宁：《玉门花海所出〈晋律注〉初步研究》，氏著：《秦汉魏晋法制探微》，人民出版社2013年版，第260—266页。）

511 《诸侯律》：陆氏认为是"有关同姓诸侯王和异姓功臣公侯的规定"。（陆氏：《注释》，第70页。）曹旅宁根据玉门花海所出土的《晋律注》中的相关规定，并结合史料，考证出晋《诸侯律》的七个内容：严禁诸侯

反叛及皆依法刑罚；诸侯王封户所缴纳赋税如何分配；诸侯王擅自征兵的问题；诸侯贡赋不及时交纳，不按时履行法定义务的罚则；违制私占土地奴婢；诸侯种种乱行；诸侯的罚则。（参见曹旅宁：《玉门花海所出〈晋律注〉初步研究》，氏著：《秦汉魏晋法制探微》，人民出版社2013年版，第260—266页。）关于《诸侯律》与"八王之乱"的关系，陆氏认为这一法律导致了"八王之乱"（如前述）。张建国也认为"虽主要与宗室诸王军权太重有关，但诸侯法制亦不无影响"。（参见张建国：《魏晋律令法典比较研究》，《中外法学》1995年第1期，后收入氏著：《帝制时代的中国法》，法律出版社1999年版。）张俊民也认为《诸侯律》导致了"八王之乱"和西晋的灭亡。（参见张俊民：《玉门花海出土〈晋律注〉概述》，曹旅宁：《秦汉魏晋法制探微——附录一》，人民出版社2013年版，第274页。）与这种观点相对，吕思勉和唐长孺认为宗王出镇才是"八王之乱"的真正根源。（参见吕思勉：《两晋南北朝史》，上海古籍出版社1983年版，第29页以下。唐长孺：《两晋分封与宗王出镇》，氏著：《魏晋南北朝史论拾遗》，中华书局1983年版，第139页。）曹旅宁在辨析相关学者观点的基础上，结合新出土的《诸侯律》相关内容，认为法律本身并不会导致"八王之乱"，两者并不存在什么直接关联，政策失当包括宗王出镇及都督领军才是"八王之乱"的真正原因。（参见曹旅宁：《玉门花海所出〈晋律注〉初步研究》，氏著：《秦汉魏晋法制探微》，人民出版社2013年版，第260—266页。）

512　二十篇：中华书局版校勘记［一七］指出："上云'就汉九章增十一篇'，又加《诸侯律》一篇，当为二十一篇。《隋书·刑法志》杜预《律本》二十一卷，《新唐书·艺文志二》，贾充、杜预《刑法律本》二十一卷，亦可证。"

按：此处不认同校勘记的观点。因为《诸侯律》位于增加的十一篇之列。"就汉九章增十一篇"，汉九章为盗、贼、囚、捕、杂、具、户、兴、厥，将具律改为《刑名》、《法例》，已经增加了一篇，再加《告劾》、《系讯》、《断狱》、《请赇》、《诈伪》、《水火》、《毁亡》、《卫宫》、《违制》、《诸侯律》十篇。

关于二十篇的篇名，如此，晋律中有《囚律》。这从逻辑上来说是可以成立的。然而，从内容上看，《囚律》分为《告劾》、《系讯》、《断狱》后还剩下什么内容呢？（参看前注386关于魏律有无《囚律》的争论。）因此，似乎《囚律》是不存在的。

《唐六典·尚书刑部》中记载晋律篇名无《囚律》而有《关市律》，其记载晋律二十篇的篇目为：一《刑名》，二《法例》，三《盗律》，四《贼律》，五《诈伪》，六《请赇》，七《告劾》，八《捕律》，九《系讯》，十《断狱》，十一《杂律》，十二《户律》，十三《擅兴律》，十四《毁亡》，十五《卫宫》，十六《水火》，十七《厩律》，十八《关市》，十九《违制》，二十《诸侯》。沈家本也持此种观点。（沈家本：《历代刑法考·律令考三·晋泰始律》，第890页。）

但此处记载晋修订法典这样的国家大事，其他的篇目都有阐述，如果真的有《关市律》，此处没有理由一点都不提到。

但是，岳麓秦简中有《关市律》（第1265号简），睡虎地秦简《秦律十八种》中有《关市》（第97号简），张家山汉简《二年律令》中有《□市律》（第259—263号简）。彭浩等认为《□市律》应该是《关市律》，曹旅宁认为岳麓秦简的出土为判断《□市律》是《关市律》提供了更坚实的证据。（参见彭浩、陈伟、［日］工藤元男主编：《二年律令与奏谳书》，上海古籍出版社2007年版，第194页；曹旅宁：《岳麓书院所藏秦简丛考》，《华东政法大学学报》2009年第6期，后收入氏著：《秦汉魏晋法制探微》，人民出版社2013年版，第92—114页。）闫晓君也认为汉《盗律》中的"盗出黄金边关徼，盗出财物于边关徼，徼外人来入为盗"可能归入晋《关市律》。(参见闫晓君：《秦汉盗罪及其立法沿革》，《法学研究》2004年第6期。)《唐六典》注云晋令有《关市》。因此说晋律中存在《关市律》并非捕风捉影。

综上，从内容上来说，此处虽倾向于认为晋律中有《关市律》，但到底是有《囚律》还是有《关市律》？疑惑目前仍无法解答。

六百二十条，[513] 二万七千六百五十七言。蠲其苛秽，存其清约，[514] 事从

---

513　六百二十条：中华书局版校勘记 [一八] 指出："《通典》一六三、《通志》六〇、《通考》一六四俱作'六百三十条'。"《唐律疏议·名例律》载："六百二十条。"《唐六典·尚书刑部》载："一千五百三十条。"

韩国磐认为《唐六典》所载晋律数可能是把王植删定张杜律的条数，径直作为晋律条数。（参见韩国磐：《中国古代法制史研究》，人民出版社 1993 年版，第 257 页。）李俊芳、曹旅宁也考证认为《唐六典》记载疑有误。（参见李俊芳：《关于晋律编纂的两个问题》，《河北法学》2011 年第 3 期；曹旅宁：《玉门花海所出〈晋律注〉初步研究》，氏著：《秦汉魏晋法制探微》，人民出版社 2013 年版，第 254 页。）那么是六百二十条还是六百三十条？李俊芳没有给出答案，只是认为杜佑采摭的史料与《晋书·刑法志》所载几无差别，应有所本，且必有采摭之理由。曹旅宁也没有认定，只是引用了《唐律疏议》的记载。

不管是六百二十条或六百三十条，都足以反映晋律的简约。无论是和之前的汉魏比，还是和南北朝比。汉时"律令凡三百五十九章，大辟四百九条，千八百十二事，死罪决事比万三千四百七十二事。文书盈于几阁，典者不能遍睹"。（《汉书·刑法志》）东汉"凡断罪所当由用者，合二万六千二百七十二条，七百七十三万二千二百余言，言数益繁，览者益难"。（《晋书·刑法志》）魏律在汉律的基础上"都总事类，多其篇条"。南朝梁律为一千五百三十条，陈律"采酌前代，条流冗杂，纲目虽多，博而非要"。（《隋书·刑法志》）北魏律最初应是七百六十余条，后增加到八百三十二条。（《魏书·刑罚志》）。北齐律"定罪九百四十九条"，北周律"大凡定罪一千五百三十七条"（《隋书·刑法志》）。纵观两晋南北朝各朝律典条数，南朝梁、陈均为一千五百左右，而北魏最初七百余条，北朝不断增加，至北周达一千五百三十七条。

514　蠲其苛秽，存其清约：废除严苛烦杂的部分，保留清晰简约的条文。苛秽：琐碎芜杂。清约：清晰简约。

中典[515]，归于益时。其余未宜除者，若军事、田农、酤酒[516]，未得皆从

---

515　中典：宽严适中、可以常行的法典。《周礼·秋官·大司寇》："一曰刑新国用轻典，二曰刑平国用中典，三曰刑乱国用重典。"郑玄注："用中典者，常行之法。"

516　军事：有关军旅或战争之事。陆氏认为晋令中军事方面有三十一《军战令》，三十二《军水战令》，三十三到三十八《军法》。(陆氏：《注释》，第71页。)内田氏认为《选将令》、《军吏员令》也可能属于军事。(参见[日]内田氏：《译注》，第124页。)

田农：有关农耕之事。《诗经·周颂·臣工》："率时农夫。"孔颖达疏："若田农之夫，非王者所亲率。"《汉书·食货志下》："铁，田农之本。"陆氏认为田农在哪一篇已不详，但《晋书·食货志》在《户调》下有"其应有佃客者，官品第一第二者佃客无过五十户……"，疑属田农方面。(参见陆氏：《注释》，第71页。)陆氏见解有一定道理。

酤酒：可能是指规范有关酒之酿造或贩卖之法令。《后汉书·安帝纪》："义熙三年，二月己丑，除酒禁。"《抱朴子·酒诫》："牧伯因此辄有酒禁，严令重申……防之弥峻，犯者甚多，至乃穴地而酿，油囊怀酒。"陆氏猜测酤酒在晋令的三十九、四十，都在《杂法》中。(参见陆氏：《注释》，第71页。)但张鹏一将《酤酒令》置于晋令的十八至二十篇《杂令》之下，并辑录了具体条文。(参见张鹏一：《晋令辑存》，三秦出版社1989年版，第199—200页。)

人心，权设其法，[517]太平当除，故不入律，悉以为令[518]。施行制度，以

---

517　权设其法：暂行设置这些法令。陆氏认为："律具有较长期适用、比较稳定的性质，不宜常有变更。令是带有权宜性质的规定，适应形势，与时推移，经过一定时间，或者吸收归入律中，或者废除不用。"（陆氏：《注释》，第71页。）张建国认为，从该句得不出令是暂时性的规定这个普遍性结论，该句根本不是要划分律令之间的界限，而是涉及晋修律令时的一种特殊处理：魏律令中的一些规定带有割据动乱时期出于各种考虑所产生的显著特点，这部分法律可能集中反映在军事、田农、酤酒等有关内容上。由于晋是在曹魏律令的基础上修订律令，所以要有所修正，因此该句原意是：天下尚未太平，由于客观环境需要在法律中规定的军事田农酤酒等方面的内容，虽未得皆从人心，但眼下还属未宜除者，暂且在法律中保留这些规定，到太平时再除去。又因为这些规定理当在太平之世不存在于法律中，现在修订之律是想垂之万载的，那么就要采取特殊的处理办法"不入律，悉以为令"。（参见张建国：《魏晋律令法典比较研究》，《中外法学》1995年第1期，后收入氏著：《帝制时代的中国法》，法律出版社1999年版。）此处认同张建国观点。

518　悉以为令：都规定在令中。《隋书·经籍志二》载："《晋令》四十卷。"《旧唐书·经籍志上》载："《晋令》四十卷，贾充等撰。"《新唐书·艺文志三》载："《晋令》四十卷。"据《唐六典·尚书刑部》的注："晋命贾充等撰《令》四十篇：一、《户》，二、《学》，三、《贡士》，四、《官品》，五、《吏员》，六、《俸廪》，七、《服制》，八、《祠》，九、《户调》，十、《佃》，十一、《复除》，十二、《关市》，十三、《捕亡》，十四、《狱官》，十五、《鞭杖》，十六、《医药疾病》，十七、《丧葬》，十八、《杂上》，十九、《杂中》，二十、《杂下》，二十一、《门下散骑中书》，二十二、《尚书》，二十三、《三台秘书》，二十四、《王公侯》，二十五、《军吏员》，二十六、《选吏》，二十七、《选将》，二十八、《选杂士》，二十九、《宫卫》，

三十、《赎》，三十一、《军战》。三十二、《军水战》，三十三至三十八皆《军法》，三十九、四十皆《杂法》。"然而《隋书》、《旧唐书》、《新唐书》所载《晋令》只有卷数，《唐六典》所载只有篇目，都没有具体条文。程树德所著《九朝律考》辑晋令佚文一百四十五条。(参见程树德：《九朝律考·晋律考下》，第271—298页。)张鹏一《晋令辑存》辑佚令二百余条，补阙文二百六十余处，其正文先列令名，于下将所辑之条目列出，在令条之下皆有考证。另，张鹏一辑录了十八至二十篇《杂令》之下包括仓库令、监铁令、酤酒令、捕蝗令、捕兽令、擅兴令、营缮令、工作令、禁土令、给假令、左降令、元会令、五时令、朔望令。(参见张鹏一：《晋令辑存》，三秦出版社1989年版。)

此设教，违令有罪则入律，[519]其常事品式章程，[520]各还其府，为故事[521]。

---

519　违令有罪则入律：违反令的规定犯有罪行的就按律来处罚。此句言及律令关系，说明晋代开始，律令功能有了明确的划分。《太平御览·刑法部四·律令下》引杜预《律序》："律以正罪名，令以存事制。"内田氏指出："从唐律来类推的话，违令罪大约是被规定于（晋）律中。"（［日］内田氏：《译注》，第124—125页。）堀敏一也认为此条言及"违令之罪"，是例如《唐律疏议·杂律》"诸违令者，笞五十；别式，减一等"条文的起源。在晋以前，令也附有罚则，律令区分不是很明确；晋代，罚则被从令中剔除，而一律归入律，使律与令互相独立，两者的分工变得明确。因此，晋律中自然要设违令罪一条。这就意味着晋代律与令之间具有重要意义的关系的出现。（参见［日］堀敏一：《晋泰始律令的制定》，程维荣等译，杨一凡总主编：《中国法制史考证》丙编第二卷［日］冈野诚主编《日本学者考证中国法制史重要成果选译·魏晋南北朝隋唐卷》，中国社会科学出版社2003年版，第297页。）祝总斌也认为晋律令界限分明，令只规定正面制度，违令有罪的处罚专属于律。（参见祝总斌：《晋律考论》，杨一凡总主编：《中国法制史考证》甲编第三卷《历代法制考·两汉魏晋南北朝法制考》，中国社会科学出版社2003年版，第381—394页。）但张建国认为晋令并非没有罚则。违令有罪则入律重心是"有罪"二字，是否"入律"，取决于有罪还是无罪，不影响到令的独立性。令是独立的，又是经特殊处理还存在罪与刑的内容。（参见张建国：《魏晋律令法典比较研究》，《中外法学》1995年第1期，后收入氏著：《帝制时代的中国法》，法律出版社1999年版。）李俊芳赞同张建国观点，认为晋人对律令本质有清醒的认识，在理论上澄清了律令关系，但在编纂技术上还存在障碍。令无罚则，晋以后才得以解决。（参见李俊芳：《晋朝法制研究》，人民出版社2012年版，第60—62页。）

520　品：汉代的法律形式。有居延新简《大司农臣延奏罪人得入钱赎品》（E.P.T56：35—37）、《复作品》（E.P.T56：281）等等。"品"还通常和"约"在一起合称"品约",有居延新简《烽火品约》（E.P.F16：1—17），是有关燔举烽火信号的规定。

式：《说文解字》："式，法也。"是指某方面的具体法律规定。睡虎地秦简《秦律十八种》："布袤八尺，福（幅）广二尺五寸。布恶，其广袤不如式者，不行。金布。"（第 66 号简）《后汉书·马援列传》："援好骑，善别名马，于交址得骆越铜鼓，乃铸为马式。"从西魏《大统式》起，式开始成为法典名称，到隋唐时其作为律令格式之一成为一种主要法典形式。《唐六典·尚书刑部》："式以轨物程事。"

章程：《史记·太史公自序》："萧何次律令，韩信申军法，张苍为章程，叔孙通定礼仪。"裴骃《集解》引如淳曰："章，历数之章术也；程者，权衡丈尺斛斗之平法也。"臣瓒曰："茂陵书'丞相为工用程数其中'，言百工用材多少之量及制度之程品者是也。"可见章程与品式相类，"皆属具体规定事物的标准、范式和规程等的法律细则"。（吕丽：《汉魏晋"故事"辩析》，《法学研究》2002 年第 6 期。）

521 故事：也称旧事、行事等，指往事成例，可为处理现实事情提供参考，在国政运作中起着补充或变通律的作用。故事的这种价值被广泛挖掘是在汉代。汉时故事应用领域非常广泛，包括刑法、政治、经济、礼仪等许多方面。因为故事如此重要，所以渐渐地有了故事的汇编。汉代的故事，汇编成册的据后代史书记载有《汉武帝故事》、《建武律令故事》、《永平故事》（见《隋书·经籍志》、《旧唐书·经籍志》和《新唐书·艺文志》）。这些故事除了有事例，还有典章。（汉故事的更详细探讨，参见阎晓君：《两汉"故事"论考》，《中国史研究》2000 年第 1 期；吕丽：《汉魏晋"故事"辩析》，《法学研究》2002 年第 6 期；吕丽：《汉魏晋的礼仪立法与礼仪故事》，《法制与社会发展》2003 年第 3 期；杨一凡、刘笃才：《历代例考》，社会科学文献出版社 2009 年版；邢义田：《从"如故事"和

减枭斩族诛从坐之条，[522] 除谋反適养母出女嫁皆不复还坐父母弃市，[523]

"便宜从事"看汉代行政中的经常与权变》，收入氏著：《治国安邦——法制、行政与军事》，中华书局 2011 年版，第 380—449 页。）正是因为故事是可资参考的事例、制度等，而品式章程一般都是某一府署或某一领域的具体法律作为以后行事的参照，所以晋时才将不能归入律、令的"常事品式章程"作为一种习惯法"各还其府"，并赐予其新的称呼"故事"。此时"故事"第一次成为律、令之外的法律形式。正是在这个意义上，《唐六典·尚书刑部》曰："晋贾充等撰律令，兼删定当时制诏之条，为故事三十卷，与律令并行。"守屋美都雄认为晋故事是补充基本法的临时诏敕被定则化。（参见［日］守屋美都雄：《论"晋故事"》，钱杭、杨晓芬译，《中国古代的家族与国家》，上海古籍出版社 2010 年版，第 453—461 页。）楼劲认为从东汉《建武律令故事》到《魏武故事》，再到《晋故事》，在制诏编纂上是一脉相承的。不过《魏武故事》以编年为纲，而《晋故事》以官府为目。（参见楼劲：《魏晋南北朝隋唐立法与法律体系：敕例、法典与唐法系渊源》，中国社会科学出版社 2014 年版，第 6—8 页。）

522　减枭斩族诛从坐之条：从陆氏注："按《晋律》的死刑有枭、斩和弃市三种，也有夷三族的刑罚。本句先说明比较魏代减少了判处枭刑、斩刑和族诛从坐的条目。从坐，也称缘坐，即连累受刑。如本志上文所说的'犯大逆者诛及已出之女'，即是例证。晋代处理刑事是有所修正的，如上文所举的毌丘芝案，后来是'有诏改定律令'的。但晋代仍旧是没有废除族诛，在永嘉元年，虽曾一度'除三族刑'，（见《怀帝纪》）但到太宁三年二月，又'复三族刑，唯不及妇人'。这项'唯不及妇人'，只是上引毌丘芝的特例的嗣续。此外《晋书·解结列传》，也有解结的女儿因父亲的罪从坐被判死刑的例子，并且说'朝廷虽议革旧制，女不从坐'。可见晋代的刑事修改是何等的有限和困难。"（陆氏：《注释》，第 72 页。）

523　除谋反适养母出女嫁皆不复还坐父母弃市：高氏认为"指父母犯了弃市罪，除谋反以外，养子女、改嫁的母亲、出嫁的女儿，都不连带判罪"。(高氏：《注译》，第 89 页。)陆氏认为"是指除了谋反案以外，凡是因别的罪案受牵连的，倘若那个妇女已经'适养母出'(就是已经被别家收养做养女，脱离了亲生父母的家庭)，或'女嫁'(就是'既嫁''为异姓之妻')，那么就可以都不再受连累跟父母一起弃市。但如果属于造反案，是不在此例的。"(陆氏：《注释》，第 72 页。)谢氏也释为：除了谋反罪以外，对于已离家的嫡母或养母，和已出嫁的女儿，不因其原为其父母之关系而受到弃市的连坐处分。(谢氏：《注译》，第 118—119 页。)

按：此处四句都是动词＋句子的结构，高氏、陆氏、谢氏句读有误；且魏晋之际涉及妇女从坐最多的就是谋反案，如减妇女从坐之刑而排除谋反罪，这种改革就没有意义了。故这三种注释不可取。

祝总斌认为："此句当有脱误，原文似当为'除谋反嫡养母出、女嫁，还坐子、父母弃市之制。'即如儿子谋反，早已被父亲迫令离婚的嫡母(嫡母，父之正妻)，养母(似指生母即亲母)，不得和未离婚的母亲一样从坐弃市。如父亲谋反，已出嫁的女儿不得和未出嫁的女儿一样从坐弃市。"(祝总斌：《晋律考论》，杨一凡总主编：《中国法制史考证》甲编第三卷《历代法制考·两汉魏晋南北朝法制考》，中国社会科学出版社 2003 年版，第 373—375 页。)正如张建国所言，祝总斌主张删"皆不复"，增"子"、"之制"，并没有确切的证据；且西汉淳于长案件中皇帝已亲自肯定了弃妻不在夷三族的亲属范围内(见《汉书·孔光传》)，照此推断，相类似的被父亲迫令离婚的嫡养母也不应从坐儿子谋反夷三族之罪，此处无需再强调。因而，祝总斌解释不可取。张建国主张句读为"除——谋反——适养母出女嫁皆不复，还坐父母弃市"，翻译为"晋修律时，删除了谋反条中原有的(不论是嫡出还是庶出)已出嫁女从坐父母之诛的规定"。(参见张建国:《再析晋修泰始律时对两项重要法制的省减》,《北京大学学报(哲学社会科学版)》1990 年第 6 期,后收入氏著:《帝制时代的中国法》,法律出版社 1999 年版,第 101—112 页。)此处张建国论证较有力,基本可从。在这一点上,张警氏的解释前半句与张建国有类似之处,但后半句被出的嫡养母是否依然要强调免除连坐则不同,他认为:这一句"除谋反"之下,疑有脱漏,应当是"除谋反罪出嫁女坐之条,适养母出、女嫁皆不复还坐父母弃市。"不能作"除谋反罪外"讲,因为这里"减"、"除"、"省"、"去"是一例的句法。(张氏:《注释》,第 79 页。)只是其疑有脱漏而补的"出嫁女坐之条"没有根据而已。内田氏虽然觉得这句话可能有多种解读法,但解释如下:从谋反条中除去被出的嫡母、养母和已嫁女,她们都不因为原本有关系的父母之罪而被连坐处以弃市之刑。([日]内田氏:《译注》,第 125—127 页。)其精神与张氏同。李贞德在自己的论著中主张此处解释为:"不论是出养的儿子、离婚的妻子,还是出嫁的女儿,都不必因为原来的家庭成员谋反,而遭到连坐弃市的处分。"(参见李贞德:《公主之死:你所不知道的中国法律史》,生活·读书·新知三联书店 2008 年版,第 75 页。)

省禁固相告之条,[524]去捕亡、亡没为官奴婢之制。[525]轻过误老少女人,当

---

524　省禁固相告之条：禁固即禁锢。陆氏认为禁固相告"可能指被禁锢的人互相告讦之类"。(陆氏：《注释》,第72页。)祝总斌认为在"禁锢"被广泛使用并主要以之打击贵族官吏朋党罪的背景下,加上从党锢事件起,作为追查犯罪手段之一的鼓励告发一再得到推广,因而完全有可能在东汉末年或曹魏某一时期颁布了禁锢相告的法令,统以禁锢即当时广泛适用的惩罚之名来概括、称呼其所打击的各种朋党、浮华罪,并鼓励"相告"。如果这些考证不错,则这一法令防范、打击对象均为统治集团中人,正因如此,晋武帝一即位就下诏："除旧嫌,解禁锢,亡官失爵者悉复之。"过了几天后又下诏："除魏氏宗室禁锢。"第二年又下令："除汉宗室禁锢。"(《晋书·武帝纪》)这些措施与编纂晋律中"省禁固相告之条"都是互相关联,一脉相承的。(参见祝总斌：《晋律考论》,载杨一凡总主编：《中国法制史考证》甲编第三卷《历代法制考·两汉魏晋南北朝法制考》,中国社会科学出版社2003年版,第375—377页。)李俊芳认为晋的禁锢,有相当一部分是当局政治斗争需要的产物。《晋书·周访列传》："诏原敦党狱,抚诣阙请罪,有诏禁锢之。"还有一部分是由于自身品质存在问题,道德常是禁锢的主要因素。《晋书·王衍列传》："有司奏衍不能守死善道,即求离婚……宜加显责,以励臣节,可禁锢终身,从之。"正因为汉魏大行禁锢之风,晋建国伊始,晋武帝颁诏放松禁锢。晋律中也取消了禁锢相告的规定。(参见李俊芳：《晋朝法制研究》,人民出版社2012年版,第171—173页。)

525　去捕亡、亡没为官奴婢之制：内田氏的意见是围绕追捕逃亡士兵而言,指出"捕亡亡"在宋明本、朝鲜本作"捕士亡",可从。故认为是指除去追捕逃亡士兵时,没入其家人为官奴婢的规定。([日]内田氏：《译注》,第125—126页。)祝总斌的意见是围绕逃亡士兵而展开,认为捕字作追捕意与"亡"字连用,始见于北魏律,魏晋律中不见,相反魏晋时有不少逋、亡二字连用之例；晋以前的捕亡法中亡没为官奴婢的规定只涉及

罚金杖罚者，皆令半之。[526] 重奸伯叔母之令，弃市。淫寡女，三岁刑。

---

军士，而直接受处罚的仅是军士的妻子。进而认为此句有讹误，原文当作
"去逋亡士（妻子）没为官奴婢之制"。（参见祝总斌：《晋律考论》，杨一凡
总主编：《中国法制史考证》甲编第三卷《历代法制考·两汉魏晋南北朝法
制考》，中国社会科学出版社 2003 年版，第 377—378 页。）张氏围绕追捕
逃亡罪人的人员而伸缩，范围限定得最小。他句读为"去捕亡亡，没为官
奴婢之制"，并释曰："废除追捕逃亡罪人的人员自己逃亡，没收其妻、子为
官奴婢的规定。"（张氏：《注释》，第 74、79 页。）张氏把连坐主体限定在追
捕逃亡罪人的人员自己逃亡之妻、子，显然不适合。陆氏、张建国围绕的
范围都较大。陆氏认为捕亡是追捕逃亡的罪犯，并引用《初学记·人部下》
引《风俗通》的用语"臧者，被臧罪没入为官奴婢；获者，逃亡获得为奴婢
也"，认为"这是用汉代的制度解释'臧获'"。又引《三国志·魏书·高柔
传》："护军营士窦礼近出不还，营以为亡，表言逐捕，没其妻盈及男女为官
奴婢"，这说明魏律有"亡没为官奴婢"。因此，这里是说《晋律》删除《魏
律》"捕亡"中的"亡没为官奴婢"的规定。（参见陆氏：《注释》，第 72 页。）
张建国不认同祝总斌的观点，认为捕亡作为篇名首见于北魏，并未表明此前
的魏晋律文中没有此词语，《唐六典》列举晋令第十三篇就是"捕亡"，说
明作为法律用语，至少在魏末晋初已经出现，出土文献睡虎地秦简中也多次
出现捕亡一词；且不排除涉及其他身份逃亡者（屯田客、囚徒、逃避徭役等
的平民、逃避罪责的官吏等）的可能性，受处罚亦不限于妻子（可能是被捕
获的逃亡者本人或者严重些的还要罪及父母兄弟）。因此张建国主张翻译为
"删去捕亡类法律中的（所有）关于亡没为官奴婢的那些规定"。（参见张建
国：《再析晋修泰始律时对两项重要法制的省减》，《北京大学学报（哲学社
会科学版）》1990 年第 6 期，后收入氏著：《帝制时代的中国法》，法律出版
社 1999 年版，第 101—112 页。）综上，此处采取陆氏、张建国的观点。

[526] 轻过误老少女人，当罚金杖罚者，皆令半之：过误：《论衡·答

佞》："圣君原心省意，故诛故赏误。"《后汉书·郭躬列传》："法令有故、误。"刘淑莲据此认为"故"与"误"是汉代刑法中相对称的罪过概念，并提出："过误"也常被用来泛指过失犯罪，其意与"误"完全相同。（参见刘淑莲：《论我国古代刑法中的罪过》，《中外法学》1997 年第 5 期。）晋时张斐用另外一个词"失"来代替"误"。本志后文载张斐注律："知而犯之谓之故，意以为然谓之失……"日本学者西田太一郎认为"故"、"失"是对称的，"失"是表示现代法学中一般"过失"的用语。张斐说的"意以为然"，即是强调犯罪的主观要件和客观要件之间的矛盾情况：主观上"想当然"，即经过思考而认为是可行的，但实际上却产生了完全相反或意想不到的结果，也包含着"错误"与"后果加重犯"的可能性。之后唐律中又有了变化，"失"仅指官吏公务方面的过失行为，而"误"则意味着除"失"、"过失"（仅指过失杀伤人）之外的过失行为，还意味着某种"错误"。（参见 [日] 西田太一郎：《中国刑法史研究》，段秋关译，北京大学出版社1985 年版，第 109—112 页。）

关于本句的解释，内田氏在注中指出两种可能：第一种是从轻处分过误犯罪的老人、小孩和妇女，应该判罚金、杖刑的，都减半处罚；第二种是他赞同的将过误和老小女人并列，作为刑罚减轻的条件。并译为过误犯罪的、老人、小孩和妇女犯罪的，应该判罚金、杖刑的，都减半处罚。（参见 [日] 内田氏：《译注》，第 125、127 页。）

按："老少"内田氏作"老小"，并引《晋书·食货志》："十二以下，六十六以上为老小"予以说明。《通典·刑一·刑制上》亦作"老小"。然而，鉴于老人和小孩一直都是法律哀矜的对象，如《周礼·秋官·司刺》："司刺掌三刺、三宥、三赦之法……一赦曰幼弱，再赦曰老旄，三赦曰蠢愚。"而女人除孕妇之外并未见有减轻处罚的特殊对待。因而此处将"老少女人"并列的理由应是他们都是"过误"犯罪，"过误"是用来修饰崇嫁娶之要，[527]一以下娉为正，不理私约。[528]峻礼教之防，[529]准五服以制罪也。[530]凡律令合二千九百二十六条，十二万六千三百言，六十卷，故

---

"老少女人"，而并非是"老少女人"的并列词。因此，宜取内田氏的第一种解释。高氏、谢氏的译文正同此。（高氏：《注译》，第 90 页。谢氏：《注译》，第 129 页。）

527　崇嫁娶之要：尊崇婚嫁的重要规定。崇：尊崇，推崇。《礼记·祭统》："崇事宗庙社稷。"

528　一以下娉为正，不理私约：娉：即"聘"，聘礼。《说文解字》："娉，问也。"段玉裁《说文解字注》："问也。凡娉女及聘问之礼古皆用此字。娉者，专词也。聘者，泛词也。耳部曰：聘者，访也。言部曰：泛谋曰访。故知聘为泛词也。若夫《礼经》大曰聘，小曰问。浑言之皆曰聘。此必有所专適，非范词也。至于聘则为妻，则又造字所以从女之故，而经传概以聘代之。聘行而娉废矣。"

此处规定以向女方送达聘礼作为有婚姻关系的证明，不理私约。陆氏认为："大概是因为私约纠葛多，也难以确证；而《唐律疏议·户婚律》是以'已报婚书，及有私约'，'虽无许婚之书，但受聘财亦是'（'约谓先知夫身老幼疾残养庶之类。'）作为证明。"（陆氏：《注释》，第 73 页。）

529　峻礼教之防：峻：严正，严明。礼教：礼仪教化。《孔子家语·贤君》："敦礼教，远罪疾，则民寿矣。"

530　准五服以制罪也：五服：源于西周时期根据血缘亲属关系远近规定的五种丧服的服制。（参见丁凌华：《五服制度与传统法律》，商务印书馆 2013 年版，第 6 页。）《礼记·学记》："师无当于五服，五服弗得不亲。"孔颖达疏："五服，斩衰也，齐衰也，大功也，小功也，缌麻也。"此处是立法史上第一次将"五服制"作为定罪量刑的原则：服制愈近，以尊犯卑者处刑愈轻，以卑犯尊者处刑愈重；服制愈远，以尊犯卑处刑相对较重，以卑犯尊处刑相对较轻。这是《晋律》的首创，对后代立法影响十分深远，历代沿用，一直到清末。

事三十卷。泰始三年[531]，事毕，表上。武帝诏曰："昔萧何以定律令受封，[532]叔孙通制仪为奉常，[533]赐金五百斤，弟子百人皆为郎[534]。夫立功立

---

531　泰始三年：泰始：晋武帝年号（公元265—274年）。泰始三年即公元267年。

532　萧何以定律令受封：萧何：见前注328。《史记》、《汉书》均未见记载萧何因定律令受封。

533　叔孙通制仪为奉常：叔孙通：见前注332。《史记·叔孙通列传》："汉五年，已并天下，诸侯共尊汉王为皇帝于定陶，叔孙通就其仪号。……'臣愿颇采古礼与秦仪杂就之。'……乃拜叔孙通为太常，赐金五百斤。叔孙通因进曰：'诸弟子儒生随臣久矣，与臣共为仪，原陛下官之。'高帝悉以为郎。"《汉书·叔孙通传》有同样记载。

534　郎：始于春秋，时称"郎中"，其职责为护卫陪从、顾问差遣等侍从之职。秦、汉初，郎官进一步发展为三郎体制，为中郎、郎中和外郎，长官有郎中令、中郎将、郎中将和骑郎将、郎骑将等。汉武帝将中郎分为中郎、议郎和侍郎，将郎中分为车郎和户郎，将外郎改为羽林郎、期门郎。东汉时期，光武帝改革郎官制度，以五官郎、左署郎、右署郎为三署郎，以羽林郎、羽林左监和羽林右监为羽林三署，加虎贲郎形成了被光禄勋统领下的七署郎官制度。郎官的功能主要有充当皇帝宿卫以及官员之候补，但由于制度缺陷，郎官的候补官员之功能到魏晋时期已经被九品中正制取代。（参见安作璋、熊铁基：《秦汉官制史稿》，齐鲁书社2007年版，第344—408页。）不过历代多沿袭郎官的设置。

事，古今之所重，[535]宜加禄赏[536]，其详考差叙[537]。辄如诏简异弟子百人，随才品用，赏帛万余匹。"武帝亲自临讲，使裴楷执读。四年正月，大

---

535　夫立功立事，古今之所重：《左传·襄公二十四年》载叔孙豹答范宣子问"死而不朽"："豹闻之，大上有立德，其次有立功，其次有立言，虽久不废，此之谓不朽。"

536　禄赏：俸给和奖赏。《管子·权修》："禄赏加于无功，则民轻其禄赏。"

537　差叙：按才能、功劳等的差等，评议等级次第，按等次升迁。

赦天下，乃班新律。

（姚周霞注）

_____

## 【今译】

文帝为晋王时，担心前朝的律令文本和注疏繁多杂乱，虽然经过陈群、刘邵的改革，法条依然繁密，况且有叔孙宣、郭令卿、马融、杜林等各家讲析章句，却只采取郑玄之说，未免有失偏颇，因此不可沿袭使用。于是诏令贾充修订法律，命其与太傅郑冲、司徒荀顗、中书监荀勖、中军将军羊祜、中护军王业、廷尉杜友、守河南尹杜预、散骑侍郎裴楷、颍川太守周雄、齐相郭颀、骑都尉成公绥、尚书郎柳轨及吏部令史荣邵等十四人主持这项工作，在汉《九章律》的基础上增加十一篇，沿袭它的条目分类，修正它的体例和名称，即把旧律改为《刑名》、《法例》，将《囚律》分为《告劾》、《系讯》、《断狱》，将《盗律》分为《请赇》、《诈伪》、《水火》、《毁亡》，按照案件的类别制定《卫宫》、《违制》，模仿《周官》编纂《诸侯律》，总共二十篇，六百二十条，二万七千六百五十七字。废除旧律严苛烦杂的部分，保留清晰简约的条文，处理案件依据常刑，以达到裨益当时的目的。其余不适宜废除的，如军事、田农、酤酒等有关规定，虽然不能够尽如人意，就只好依权宜措施设置法令，到社会太平时再行废除，因而没有写入律中，只规定在令中。将上面的规定都当作制度来执行，以此实施政教。如果有人违令犯有罪行，则按律处罚。其他一般性的品式章程，由各府自行保存，列入故事之中。减少了枭、斩、族诛、从坐的律条。删除了谋反条中原有的（不论是嫡出还是庶出）已出嫁女从坐父母之诛的规定，减少禁锢者相互揭发告密的条文，取消捕亡律中关于亡没为官奴婢的那些规定。从轻处分因过误犯罪的老人、小孩和妇女，应该判罚金、杖刑的，都减半处罚。加重奸伯母叔母的处罚，犯者予以弃市。奸淫寡妇的处以三年刑。尊崇婚嫁的重要规定，即一律以下聘礼为确定婚姻关系的凭证，私下的约定是无效的。严明礼教的堤防作用，依照五等丧服制度确定处罚轻重。以上这些律令总计二千九百二十六条，十二万六千三百字，六十卷，故事三十卷。泰始三年，修律完成，上报皇帝。晋武帝下诏说："昔日萧何因制定律令受封赏，叔孙通因制定礼仪制度被封为奉常，赐赏金五百斤，他的子弟都封为郎官。为国立功建业，是古今都重视的，都应该给予禄位和赏赐，希即详细考查，按等级给予适当的官位。就按照诏令挑选子弟百人，按照个人才能、品行予以录用，赏布帛一万多匹。"武帝亲自临场讲授新律，并令裴楷持律宣读。泰始四年正月，大赦天下，于是颁布新律。

（姚周霞译）

【原文】

其后，明法掾张裴[538]又注律，表上之，其要曰：

---

【注释】

538　掾：段玉裁《说文解字注》："掾者，缘其边际而陈掾也。"原为佐助的意思，后为副官佐或官署属员的通称。明法掾：晋廷尉的属官，《晋书·刘颂列传》载刘颂问明法掾陈默、蔡畿，可见当时职官所设明法掾不只一、二人。北齐大理寺属官，也有司直、明法各一人。

张裴：中华书局版校勘记［二〇］指出："《斠注》：'裴'误。按：《南齐书·孔稚珪传》、《隋书·经籍志二》、《新唐书·艺文志二》、《书钞》四五、《御览》卷六三八、六四二皆作'斐'。"魏末晋初人，晋武帝时任明法掾，因注解晋《泰始律》闻名于世。著有《律解》二十卷、《汉晋律序注》等，原书均失传，仅存本志所载律注表一篇。

律始于《刑名》者，所以定罪制也；终于《诸侯》者，所以毕其政[539]也。王政布于上，诸侯奉于下，礼乐抚于中，故有三才之义焉[540]，

---

539　毕其政：完备行政管理制度。

540　王政布于上，诸侯奉于下，礼乐抚于中，故有三才之义焉：所谓"礼乐"，指社会制度和纲常伦理。礼乐抚于中，是说法典应体现等级制度和道德观念。以上三者协调一致，贯彻法典始终。（前揭高恒：《张斐〈律注要略〉及其法律思想》。）

三才：《周易·系辞下》："《易》为之书也，广大悉备，有天道焉，有人道焉，有地道焉，兼三才而两之。"三才亦作三材，古时称天、地、人为三才。原意是说《易》内容宏大，包罗万象，涉及天文、地理、人事等方面，这里借用三才的含义，形容《晋律》体例完备，内容广泛。在此意义上，《唐律疏议·名例律》疏议曰："夫三才万象，万象斯分。禀气含灵，人为陈首。莫不冯黎元而树司宰，因政教而施刑法。其有情恣戾，大则乱其区宇，小则睽其品式，不立制度，则未之前闻。"

全句意思：国君在上面发布政令，象征天道；诸侯在下面奉行，象征地道；礼乐抚于中，象征人道。因此，才有三才之义。

其相须而成，若一体焉。

　　《刑名》所以经略罪法之轻重，正加减之等差，明发众篇之多

——————————

义，补其章条之不足，较举上下纲领。[541] 其犯盗贼、诈伪、请赇者，则求罪于此，[542] 作役、水火、畜养、守备之细事，皆求之作本

---

541　经略罪法之轻重，正加减之等差，明发众篇之多义，补其章条之不足，较举上下纲领：从陆氏注："经略：衡量、处理。明发：阐明揭示。较：略，大致。这五句只是解释《刑名》的总概念：刑名（大致相当近代的刑法总则）是用来规定罪名的轻重，确定各种刑罚的加减，阐明各篇（相当近代的刑法分则）规定中的各种含义，并对各章各条作了统一的补充规定，并概括地确立尊卑、重轻等上下纲领的。"（陆氏：《注释》，第75页。）

542　其犯盗贼、诈伪、请赇者，则求罪于此：对于那些犯了盗贼、欺诈伪托、请托贿赂的案件，就要从这里（指《刑名》）寻求确切的罪名。

名。<sup>543</sup>告讯为之心舌，捕系为之手足，断狱为之定罪，<sup>544</sup>名例齐其制。<sup>545</sup>自始及终，往而不穷，变动无常，周流四极，上下无方，<sup>546</sup>不离于法

---

543　作役、水火、畜养、守备之细事，皆求之作本名：对于从事劳役、由水或火所导致的损伤、畜养牲畜、守护防备的较小的案件，"都要在《刑名》篇中探求定罪的原则，然后作出本有的罪名。所谓本有的罪名，如'水火'则《水火》篇中列有各种罪名"。（张氏：《注释》，第82页。）

544　告讯为之心舌，捕系为之手足：这是在用人体器官之间的关系来说明告讯与捕系之间的关系。告发和讯问作为《刑名》基本依据，逮捕和囚禁作为《刑名》辅助手段。

断狱为之定罪：这是指在审决案件中凭借《刑名》中的具体规定来确定罪名。这些都是有关执行、适用法律程序方面的规定。

545　名例齐其制：《通典·刑法二·刑制中》《文献通考·刑考三·刑制》均作"名例齐其法制"。

546　周流四极，上下无方：从陆氏注："周转流行到四方，或上或下，没有一定的方向。周流，《周易·系辞下》：'变动不居，周流六虚。'四极，四方。见《尔雅·释地》。"（陆氏：《注释》，第75页。）

律之中也。

其知而犯之谓之故，[547] 意以为然谓之失，[548] 违忠欺上谓之

---

547　其知而犯之谓之故：知：明知、知道。睡虎地秦简《法律答问》："夫盗二百钱，妻所匿百一十，何以论妻？妻智（知）夫盗，以百一十为盗。"（第 16 号简）汉代有"见知故纵之法"，唐律有"知情藏匿罪人"，"见知"、"知情"都是明知故犯，故为故意犯罪的表现形式。

故：刘淑莲认为，是指我国古代刑法中概括表示故意犯罪的罪过。《说文解字》："故，使为之也。"《国语·楚语》："夫其有故。"韦昭注："故，犹意也。"可见，以"意"训"故"是故意的本源。"故"这一意义出现的最早文献是《尚书·康诰》："敬明乃罚。人有小罪非眚，乃惟终，自作不典式尔，有厥罪小，乃不可不杀。乃有大罪非终，乃惟眚灾，适尔既道极厥辜时，乃不可杀。"从中我们可以知道西周刑法区分"非眚"（故意）与"眚"（过失）。秦律中有"端"（故意）和"不端"之分。睡虎地秦简《法律答问》："甲告乙盗牛若贼伤人，今乙不盗牛，不伤人，问甲可（何）论？端为，为诬人；不端，为告不审。"（第 43 号简）汉代法律有"故"、"误"之分。故意犯罪处罚较重，过误犯罪处罚较轻。《后汉书·郭躬列传》："法令有故误，误者其文则轻。"此处的"故"即明知故犯。"知而犯之"即行为人已经认识到、预见到行为的违法性、危害性，却仍然去实施这种行为。张斐的解释对后代法律具有重要的影响和指导意义，从唐律到明、清律基本沿用此说，没有本质的变化。故沈家本称："'故'字之意，自当以此为定论。"（参见前揭刘淑莲：《论我国古代刑法中的罪过》。）

548　意以为然谓之失：失：《说文解字》："失，纵也。"段玉裁《说文解字注》："在手而逸去为失。"这是失的本意。此处失是与一般故意犯罪相对称的过失犯罪概念，指非出于行为人本意而造成危害后果的情况。冨谷至认为，"失"是与认识到却实施了违法行为的"故"相对的法律术语的思考方式。作为"故"（故意）的对语首先是"误"（过误），可以说，认识到的"误"是"失"，无意识的"误"则是"过失"。"故"，认识到而实施的

谩,<sup>549</sup>背信藏巧谓之诈,<sup>550</sup>亏礼废节谓之不敬,<sup>551</sup>两讼相趣谓之斗,<sup>552</sup>

违法行为。"失",在主观上认为是正确的,但却发生了与之不同结果的行为。"过失",因为主观上没有犯罪的意识而由过误引发的犯罪行为。(参见[日]冨谷至:《论出土法律资料对〈汉书〉〈晋书〉〈魏书〉"刑法志"研究的几点启示》,薛夷风译,韩延龙主编:《法律史论集》(第六卷),法律出版社 2006 年版,第 353—363 页。原文载于[日]内田智雄编、冨谷至补:《譯注中國歷代刑法志(補)》,创文社 2005 年版,第 253—286 页。)

549　违忠欺上谓之谩:违忠欺上:违背尽忠的要求,欺骗上位的人。谩:即欺谩。见前注 374"欺谩"条。

550　背信藏巧谓之诈:背信藏巧:违背信义,隐藏奸巧。诈:参见前注 374"诈伪"条。

551　亏礼废节谓之不敬:不敬的罪名早已有之。《周礼·夏官·祭仆》:"既祭,帅群有司而反命,以王命劳之,诛其不敬者。"不敬:即违反了社会的等级制度,以及与此相对应的一套礼节仪式。节:指礼节,汉代凡定为"不敬""大不敬"罪的,一般都是冒犯皇帝尊严的严重违礼、失礼行为。(前揭高恒:《张斐的〈律注要略〉及其法律思想》。)若江贤三在《漢代の「不敬」罪について》([日]野口铁郎编:《中國史における亂の構圖》,雄山阁 1986 年版)一文中认为:一、汉代不敬罪的实例可分为四种类型:在宫廷中为非礼;关于宗庙等的罪;对宗室与近臣的非礼;作为臣下怠慢或不谨慎。二、对不敬案件的量刑未必固定。其原因是,不敬罪的主要适用对象是身份地位高、近于皇帝的统治阶级。皇帝是礼秩序的维持者,不敬罪的存在是为了控制接近皇帝的人,即统治阶级内部人员。礼为理想的自律秩序,其愿望是尽量排除强制手段(刑)。因此,不敬罪虽然是具有法律强制力的罪名,但也不乏统治阶级将其限制在最小限度内的温情作用。

但汉代及此后既有不敬的罪名,也有大不敬的罪名,如《汉书·申屠嘉传》:"(邓)通小臣,戏殿上,大不敬,当斩。"两者有着不同的内涵却又难以区分。《晋书·周嵩传》记载他因"大不敬"弃市论罪。《梁书·王亮传》亦曰他被"御史大夫乐蔼奏大不敬，论弃市刑。"《北齐律》"重罪十条"中有"七曰不敬"，隋《开皇律》"十恶"中有"六曰大不敬"。

关于"不敬"，较早的史料有《汉书·武帝纪》："有司奏：'不举孝，不奉诏，当以不敬论；不察廉，不胜任也，当免。'奏可。"从"当以不敬论"可知，不敬罪原本未包括"不举孝，不奉诏"的行为，此处仅将之按不敬罪处理。又有《汉书·冯野王传》：大将军凤风御史中丞劾奏："野王赐告养病而私自便，持虎符出界归家，奉诏不敬。"杜钦奏记于凤曰："二千石病，赐告得归，有故事；不得去郡，亡著令。《传》曰：'赏疑从予'，所以广恩劝功也；'罚疑从去'，所以慎刑阙难知也。今释令与故事而假不敬之法，甚违'阙疑从去'之意。"从"假不敬之法"可知，关于不敬罪名在当时很可能与不道同"无正法"，即使有帝王与官员对"不敬"的共同的认定标准，其定罪量刑也是充满主观性与弹性的。此点在下例《汉书·陈汤传》中也可以得到证明。另外，《汉书·五行志》中载有："宣帝时，大司马霍禹所居第门自坏。时，禹内不顺，外不敬，见戒不改，卒受灭亡之诛。"又："哀帝时，大司马董贤第门自坏。时，贤以私爱居大位，赏赐无度，骄嫚不敬，大失臣道，见戒不改。后贤夫妻自杀，家徙合浦。""十恶"自隋唐以来皆不在"八议"论赎之列，而《汉书·张耳传》载："太初中，昌坐不敬免，国除。"昌坐不敬罪免去诸侯王，睢陵侯国被废除。这样看来，似乎汉代不敬之罪要轻于常与"不道"、"无道"、"逆天道"等重罪同列的大不敬罪。或许汉代不敬罪仅涉及一般违礼与不恭敬之行为，与君王统治及威严无关，而大不敬则是触及宗庙、王朝社稷、君王威严的罪名。然而《汉书·宣元六王传》中又有："……所言尤恶，悖逆无道，王不举奏，而多与金钱，报以好言，罪至不敬。"又有"不敬"与"悖逆无道"同时出现的情况。这样，张斐所注"亏礼废节谓之不敬"中的不敬究竟类似于汉律中的不敬罪还是大不敬罪，仍然难以确定。

关于大不敬与不道罪，二者常同时出现，如《汉书·元后传》："案（王）根骨肉至亲，……不思报厚恩，亦聘取故掖庭贵人以为妻，皆无人臣礼，大不敬，不道。"又《汉书·鲍宣传》："宣坐距闭使者，亡人臣礼，大不敬，不道。"《汉书·朱博传》："（博）附下罔上，为臣不忠，不道，玄知博所言非法，枉义附从，大不敬。"《汉书·陈汤传》中有这样一则重要史料：丞相御史奏："汤惑众不道，妄称诈归异于上，非所宜言，大不敬。"廷尉（赵）增寿议，以为："不道无正法，以所犯剧易为罪，臣下承用失其中，故移廷尉，无比者先以闻，所以正刑罚，重人命也。明主哀悯百姓，下制书，罢昌陵，勿徙吏民，已早布。汤妄以意相谓且复发徙，虽颇惊动，所流行者少，百姓不为变，不可谓惑众。汤称诈虚设不然之事，非所宜言，大不敬也。"

从上引材料看，有如下几点值得留意：一是非所宜言罪常被认定为大不敬罪，《汉书·律历志》有"（有司劾）寿王非汉历，逆天道，非所宜言，大不敬。有诏勿劾"。二是"惑众"则被认定为不道罪。然而"非所宜言"与"惑众"作为言论犯罪在认定上具有主观性，量刑也不具有足够的确定性，故常有回旋余地，如上例"有诏勿劾"及增寿为汤进行辩护，也因此才有"假不敬之法"及"尽诋以不道"等情形。故"不道""大不敬"等罪在汉代可能属于概括性罪而没有明确的外延，这样就涉及第三点，即"不道无正法"的含义。大庭脩在《汉律中"不道"的概念》（徐世虹译，收入杨一凡总主编：《中国法制史考证》丙编第一卷 [日] 籾山明主编《日本学者考证中国法制史重要成果选译·通代先秦秦汉卷》，中国社会科学出版社 2003 年版。）一文中，通过探讨汉代被判以"不道"罪的案件，对不道罪的构成要因进行分析后认为，汉代并非没有适用于不道罪的完备的法律定则，其认定是具有"一定的规准"的，至少如下行为常被认定为不道罪：诬罔、罔上、迷国、诽谤、狡猾、惑众、亏恩。"无正法"，指律中未写明不法行为以及应处的刑罚，并不代表在实际适用中毫无准则，且在"无正法"的情况下，还要"无比者先以闻"，即要依前例判决，若无前例则需要依靠天子的判断。由此亦可见对于"无正法"之罪进行判决的慎重。还有一点值得注意的是，"非所宜言"至唐律已不见于"十恶"；而在汉代常常被认定为"大不敬"、"不道"的"无人臣礼"，至唐律则被明确规定于"十恶"之"大不敬"罪。

552　两讼相趣谓之斗：两讼：讼，有争的意思。《礼记·曲礼上》："分争辩讼。"相趣：是说双方冲突对抗。斗：指斗殴。古代法律有"斗杀人"和"斗伤人"等相关规定。

斗杀人：根据睡虎地秦简《法律答问》："求盗追捕罪人，罪人挌（格）杀求盗，问杀人者为贼杀，且斲（斗）杀？斲（斗）杀人，廷行事为贼。"（第66号简）《二年律令·捕律》"□□□□发杀及斗杀人而不得"条。（第147号简）《唐律疏议·斗讼律》"斗故杀人条"规定："诸斗殴杀人者绞，以刃及故杀人者斩。虽因斗而用兵刃杀者，与故杀同。（注：为人以兵刃逼己，因用兵刃拒而伤杀者，依斗法。余条用兵刃准此。）不因斗，故殴伤人者，加斗殴伤罪一等。虽因斗但绝时而杀伤者，以故杀伤法。"朱红林认为，从《法律答问》的记载看，秦律中已经把杀人罪区分为"贼杀人"和"斗杀人"，汉律继承这一区分。《唐律疏议》的"斗故杀人"条即"斗杀人"、"故杀人"，"故杀人"即"贼杀人"，也是从秦汉法律承袭而来。（朱红林：《张家山汉简〈二年律令〉集释》，社会科学文献出版社2005年版，第29页。）

斗伤人：刘俊文认为，张家山汉简《二年律令·贼律》："斗伤人，而以伤辜二旬中死，为杀人。"（第24号简）《唐律疏议·斗讼律》"斗殴伤人"条："诸斗殴人者，笞四十（注：谓手足击人者）；伤及以他物殴人者，杖六十（注：见血为伤。非手足者，其余皆为他物，即兵不用刃亦是）。伤两和相害谓之戏，<sup>553</sup> 无变斩击谓之贼，<sup>554</sup> 不意误犯谓之过失，<sup>555</sup>

---

及拔发寸以上，杖八十。若血从耳目出及内损吐血者，各加二等。"刘俊文曰："此律渊源颇为久远，至迟秦律之中已有关于斗殴罪之专条规定，并有根据破伤、拔发等不同伤势科罚之标准。一九七五年湖北云梦睡虎地秦墓竹简《法律答问》略云：'拔人髪，大可（何）如为'提'？智（知）以上为'提'。或斗，啮人頯若颜，其大方一寸，深半寸，可（何）论？比疻痏。'唐律此条该自前代承袭演变而来。"（刘俊文：《唐律疏议笺解》，第 1469 页。）因而《二年律令》"斗伤人"实源自秦律，唐律的斗殴伤人则源自秦汉法律。

553　两和相害谓之戏：在嬉戏时误将对方杀伤称为戏杀伤。张斐认为戏杀伤罪的要件是"两和相害"。两和：即双方达成合意进行游戏。强调"两和"，将戏杀伤与其他过误杀伤人区别开来。汉律已有戏杀伤、杀伤罪的规定。张家山汉简《二年律令·贼律》："其过失及戏而杀人，赎死；伤人，除。"（第 21 号简）张家山汉简《二年律令·具律》"赎死，金二斤八两。"（第 119 号简）由此可以知道汉律将戏杀与过失杀的处罚同等对待。"此类关于过失杀戏杀的规定，特别是戏杀仅仅用金钱即可抵赎的规定，到底在历史上运行了多久，确切的时间我们不得而知。但从东汉时期应劭所著的一本轶事集——《风俗通义》当中，我们可知，至少在公元 1 世纪末，这种规定依旧风行于世。……然而，将戏杀与过失杀同等对待的做法到西晋时即已终结。"（[英] 马若斐著：《传统中国法中的"戏杀"和"疏忽"》，陈煜译，周东平、朱腾主编：《法律史译评》，北京大学出版社 2013 年版。）《唐律疏议·斗讼律》："诸戏杀伤人者，减斗杀伤二等。（注：谓以力共戏，至死和同者。）虽和，以刃，若乘高、履危、入水中，以故相杀伤者，唯减一等。即无官应赎而犯者，依过失法收赎。"疏议曰："戏杀伤人者，谓以力共戏，因而杀伤人，减斗罪二等。"

554　无变斩击谓之贼：《尚书·舜典》："寇贼奸宄。"孔安国传："杀人曰贼。"《左传·僖公九年》："不僭不贼。"注："贼，伤害也。"据此，贼为伤害、杀人也。秦律有贼杀人、贼伤人的规定。汉代亦有，如张家山汉简《二年律令·贼律》："贼杀人，及于谋者，皆弃市。未杀，黥为城旦舂。"（第23号简）《奏谳书》案例十六"狱史武被杀案"："律：贼杀人，弃市。●以此当苍，"（第93号简）居延汉简："髡钳城旦孙□，坐贼伤人，初元五年七月庚寅论，初元五年八月戊甲，以诏书施刑。"（227·8）高恒认为，这里贼是指杀伤罪而言的，也包含故意的意思。变，突然，非常。《白虎通·灾变》："变者，非常也。"无变斩击，即无端杀伤他人。按照张斐的解释，贼杀即无端的故意杀伤，也即是非因被害人的言行而引起的故意杀伤。（前揭高恒：《张斐的〈律注要略〉及其法律思想》。）

沈家本认为："凡言贼者，有心之谓，此疑即后来律文之故杀也。"（沈家本：《历代刑法考·汉律摭遗五·贼律三》，第1463页。）蔡枢恒进一步肯定：唐律中"故杀"即魏、晋律中"贼杀"之变名。（蔡枢恒：《中国刑法史》，中国法制出版社2005年版，第149页。）贼字在古代刑法中有两种含义，一种是指故意杀伤人，另一种意思是指破坏。在第一种意义上，刘淑莲认为"贼"作为故意犯罪的一种表现形式，其范围仅限于侵犯人身的杀伤犯罪，而且仅存于唐代以前的刑律中，在唐代以后，"贼"被"故杀伤人"罪所取代。如《唐律疏议·斗讼律》曰："非因斗争，无事而杀，是名'故杀'。"可见，"无事而杀"的"故杀"与"无变斩击"的"贼"是同一含义。（前揭刘淑莲：《论我国古代刑法中的罪过》。）刘晓林也持此种观点。（参见刘晓林：《唐律"七杀"研究》，商务印书馆2012年版，第57页。）

"贼"常与"盗"相对出现。《荀子·修身》："害良曰贼……窃货曰盗。"前文张斐《律表》云："无变斩击谓之贼……取非其物谓之盗。"《周礼·朝士》贾公彦疏："盗贼并言者，盗谓盗取人物，贼谓杀人曰贼。"李悝、商鞅以至汉律，都以"盗""贼"作为不同篇名。"贼"又常与"戏"对称。"贼"又与"斗"联系在一起（上引睡虎地秦简《法律答问》）。冨谷至认为"贼"、"斗"、"戏"的区别在于:"贼"是单方面的恶意侵害,在侵害人与被害人的关系中,意味着被害人原则上没有过错的状态。与此同时,相互间具有敌意而诉诸暴力,结果造成伤害、杀害的场合,属于"斗"。汉律中所说的"贼伤"和"斗伤",在量刑上虽然有不同的规定,但"贼"和"斗"对举的规定方式,说明两者是在共通概念上予以区别的。还有,"戏"通常有"游戏"、"戏弄"之意,但在律的条文中往往限定其意义而使用之,即缩小解释为不是基于恶意施加于对方的暴力行为,而是基于合意的格斗竞技、游戏。(参见〔日〕冨谷至:《论出土法律资料对〈汉书〉〈晋书〉〈魏书〉"刑法志"研究的几点启示》,薛夷风译,韩延龙主编:《法律史论集》(第六卷),法律出版社 2006 年版,第 353—363 页。原文载于〔日〕内田智雄编、冨谷至补:《譯注中國歷代刑法志(補)》,创文社 2005年版,第 253—286 页。)

555 不意误犯谓之过失:不意误犯:指危害后果的发生不是出于行为人的本意。过失:在古代刑法中特指过失杀伤罪,是与表示故意杀伤罪的"贼"相对称的。在唐律中"贼"变为"故杀伤","过失"则成为与"故杀伤"相对而言的"过失杀伤"。"过失"总是与杀伤有关的罪名连在一起使用,如"过失杀人"、"过失杀伤人"、"过失杀"、"部曲奴婢过失杀主"、"过失杀伤祖父母、父母"等,即使单独使用"过失"或"以过失论"、"子孙犯过失流"等,也都无例外地限指杀伤罪。有的学者在引用张斐《律表》时,作出如下断句:"知而犯之,谓之故意,……不意误犯,谓之过失。"(程树德:《九朝律考·晋律考上》,第 228 页。)这种理解是不确切的。一方面,在中国古代刑法中,故意犯罪仅言"故"而不言"故意",在古语中,"故"即为故意。另一方面,与"故"相对言的罪过形式是"过"、"误"、"失",而不是"过失"。(前揭刘淑莲:《论我国古代刑法中的罪过》。)西田太一郎据《唐律疏议·斗讼律》规定:"诸过失杀伤人者,各依其状,

逆节绝理谓之不道，[556]陵上僭贵谓之恶逆，[557]将害未发谓

以赎论。"注曰："谓耳目所不及，思虑所不到；共举重物，力所不制；若乘高履危足跌及因击禽兽，以致杀伤之属，皆是"，认为"意以为然谓之失"与"不意误犯谓之过失"二者有区别。"故"、"失"是对称的，"失"是表示现代法学中一般"过失"的用语。张斐说的"意以为然"，即是强调犯罪的主观要件和客观要件之间的矛盾情况：主观上"想当然"，即经过思考而认为是可行的，但实际上却产生了完全相反或意想不到的结果，也包含着"错误"与"后果加重犯"的可能性。而晋律中的"过失"相当于《唐律》中"过失杀伤人"的"过失"。（参见前揭［日］西田太一郎著：《中国刑法史研究》，第111、112页。）此处应注意的是在杀人罪方面，"故"与"过失"相对，即"故杀"相对的是"过失杀"。

556　逆节绝理谓之不道：理：《唐律疏议·名例律》"谋反"条疏议曰："为子为臣，惟忠惟孝，乃敢包藏凶慝，将起逆心，规反无常，悖逆人理，故曰谋反。""恶逆"条疏议曰："五服至亲，自相屠戮，穷恶尽逆，绝弃人理，故曰恶逆。"高明士认为这两处"理"的含义是"人理"，即为人之道以及人与人相处之道即人理、情理等。（高明士：《律令法与天下法》，五南图书出版股份有限公司2012年版，第199—200页。）刘晓林则认为，"理"在唐律中的含义与用法较为复杂，但大致上可分为两类：一类为"理"在传世文献中的常见含义，虽然出现在法典中仍作通常的用法；另一类为"理"在法典中的固定含义，直接表达了司法审判的根据或理由。（刘晓林：《〈唐律疏议〉中的"理"考辨》，《法律科学》2015年第4期。）

不道：居延汉简："因坐役使流亡□户百廿三，擅置田监史，不法，不道。丞相、御史□执金吾、家属所二千石，奉捕。"（183·13）汉代经常用"大逆不道"、"罔上不道"作为维护皇帝的尊严，惩治破坏统治秩序的严重犯罪行为。如《汉书·陈汤传》："廷尉增寿议，以为：'不道无正法，以所犯剧易为臣，臣下承用失其中。'"《汉书·盖宽饶传》："宽饶奏封事曰：

'……时，执金吾议，以为宽饶指意欲求禅，大逆不道。'"具体可参见前注436。《唐律疏议·名例律》"十恶"条将"不道"列为第五，明确规定："谓杀一家非死罪三人及支解、造畜蛊毒、厌魅。"由此可见，唐律"不道"的范围小于汉律的不道罪。

557　陵上僭贵谓之恶逆：陆氏认为：恶逆，东汉时开始有这一罪名，所谓恶逆是指"穷恶尽逆，绝弃人理"。见于《后汉书·梁统附梁竦列传》："肃宗纳（梁）竦二女，皆为贵人，小贵人生和帝，窦皇后养以为子，而竦家私相庆，后诸窦闻之，恐梁氏得志终为己害。建初八年逆谮杀二贵人而陷竦等以恶逆，诏使汉阳太守郑据传考。"北齐定作重罪十条的第五。北周规定："凡恶逆，肆之三日。"（《隋书·刑法志》）是指子孙对祖父母、父母等尊长犯有殴杀的罪行。《唐律疏议·名例律》把"恶逆"列在"十恶"的第四，并规定："谓殴及谋杀祖父母、父母，杀伯叔父母、姑、兄姐、外祖父母、夫、夫之祖父母、父母。"晋律此处的陵上僭贵，是欺辱君上，陵越尊贵的意思，和唐律中的具体规定有很大的差异。（参见陆氏：《注释》，第78页。）张斐对晋律中的"恶逆"罪所作的解释，包括"陵上"与"僭贵"两种情况。唐律中的"恶逆"罪，仅指"陵上"行为，不包括"僭贵"行为。（前揭高恒：《张斐的〈律注要略〉及其法律思想》。）

之戕，[558] 唱首先言谓之造意，[559] 二人对议谓之谋，[560] 制众建计谓之率，[561]

---

558　将害未发谓之戕：即已经准备犯罪，但尚未实行称作"戕"。与现代刑法学中所说的"犯罪预备"相当。秦、汉律中都有对重大犯罪的预备行为实行惩罚的规定。不过秦汉时称犯罪预备为"谋"。睡虎地秦简《法律答问》："'臣妾牧杀主。'可（何）谓牧？欲贼杀主，未杀而得，为牧。"（第76号简）就是说，奴婢准备杀主人，没有杀就被捕获，叫作谋。汉律也有类似的规定。如《汉书·外戚恩泽侯表》载，章武侯窦常生，"元狩元年，坐谋杀人，未杀，免"。所谓"未杀"即尚未着手杀害。高恒据此认为，"秦汉时是用'谋'字表示犯罪的预备。但秦汉法律中的'谋'字有三种含义。一是表示预谋故意，即有预谋的故意杀人，区别于突然起意的故意杀伤。二是表示共同犯罪的谋议。三是表示犯罪的预备行为。《晋律》用'戕'字表示犯罪的预备，意在避免与'谋'的其他含义相混。但'戕'字本无预备的意思，因而不为晋代以后的法律所沿用。"（前揭高恒：《张斐的〈律注要略〉及其法律思想》。）西田太一郎认为，"'戕'字本意是残害、残杀，而像张斐这样地使用'戕'是以前没有出现的，或许此处'戕'系'将'字之误"。（参见前揭［日］西田太一郎著：《中国刑法史研究》，第110页。）

559　唱首先言谓之造意：唱首先言：首先提出犯罪的主谋，倡导作案。

对于造意，高恒认为"造意"指在共同犯罪中首先提出犯罪意图的行为。……现代一般讲共犯中的组织者、指挥者、主谋者定为首犯。古代仅把造意者作为首犯。（前揭高恒：《张斐的〈律注要略〉及其法律思想》。）谢氏则指出，汉代对造意的主谋有特别的处罚，并征引《汉书·孙宝传》的史料为证。（谢氏：《注译》，第137页。）水间大辅与之不谋而合，认为造意是指倡导作案的主谋。"史料上一次最古老的用例"出现在《汉书·孙宝传》："鸿嘉中，广汉群盗起。选为益州刺史。广汉太守扈商者，大司马车骑将军王音姊子，软弱不任职。宝到部，亲入山谷，谕告群盗，非本造意渠率，皆得悔过自出，遣归田里。自劾矫制。"水间氏认为："在汉代的共犯处罚中，虽然被认定为首犯，但并没有执行像首从法那样的处罚。""汉律并没有规定类似首从法的共犯处罚，并且在实施这种处罚时必须要得到皇帝的批准。""这与唐律中对共犯处罚按首从法处罚的规定有所不同。"（[日]水间大辅著：《秦律、汉律中有关共犯的处罚》，李力译，朱勇、张中秋、朱腾主编：《日本学者中国法论著选译》，中国政法大学出版社2012年版。）对于"宝到部，亲入山谷，谕告群盗，非本造意渠率，皆得悔过自出，遣归田里"这句话的句读上，水间氏的观点与程树德观点相同。（参见程树德：《九朝律考·汉律考四》，第100页。）但中华书局版的标点则有异："宝到部，亲入山谷，谕告群盗，非本造意。渠率皆得悔过自出，遣归田里。"

陆氏也注意到这一点，在引用《史记·淮南列传》和《汉书·孙宝传》的上述史料的同时，针对《唐律疏议·名例律》的记载："诸共犯罪者，以造意为首，随从者减一等；若家人共犯，止坐尊长。"疏议又载："共犯罪者，谓二人以上共犯，以先造意为首，余并为从。"认为细看这里张斐的《律表》，下文中有"欧人教令者与同罪"。按"教令"就是"唱首先言"为"造意"，仅作为"同罪"来处理，那么《晋律》似乎还不是普遍地对"造意"的罪犯加以重办。（陆氏：《注释》，第78页。）

综上，晋律应是承继汉律的规定，对共犯处罚并没有区分首从法处罚，对造意者有特别的处罚法，或从重，或同罪处罚。

560　二人对议谓之谋：高恒认为，谋，指共谋、通谋，即共犯中共同谋划犯罪的行为。秦时已将同谋作为认定共同犯罪的一个重要条件。例如，睡虎地秦简《法律答问》中有一则答问："甲乙雅不相智（知），甲往盗丙，才到，乙亦往盗丙，与甲言，即各盗，其臧（赃）直（值）各四百，已去而偕得。其前谋，当并臧（赃）以论；不谋，各坐臧（赃）。"（第12号简）所谓"其前谋，当并赃以论；不谋，各坐赃"，即有"前谋"，按共同犯论罪,无"前谋",各按一般的偷盗论罪。(前揭高恒:《张斐的〈律注要略〉及其法律思想》。)刘淑莲认为,睡虎地秦简《法律答问》:"'臣妾牧杀主。'可(何)谓牧?欲贼杀主,未杀而得,为牧。"(第 76 号简)此处张斐对"谋"的解释是:"二人对议谓之谋。"可见,谋是指二人以上共同商议犯罪。《唐律疏议·名例律》亦规定:"称'谋'者,二人以上。"但在此基础上又规定:"谋状彰明,虽一人同二人之法。"谋是行为人的主观意图,在一般情况下,只有与他人共议时方可表现出来,故法律规定须二人以上。但如果通过某种事实、情状已能判明行为人意图实施犯罪,根据唐律也可构成"谋"罪。《唐律疏议》举例释曰:"假有人持刀仗入他家,勘有仇嫌,来欲相杀,虽止一人,亦同谋法。"可见,"谋"是古代故意犯罪的预备形式,如果进一步实施犯罪并发生危害结果,则加重处罚。如《唐律疏议·贼盗律》规定:"诸谋杀人者,徒三年;已伤者,绞;已杀者,斩。"(前揭刘淑莲:《论我国古代刑法中的罪过》。)

561 制众建计谓之率:制众:胁迫驱使众人。建计:出谋划策。率:率领。高恒认为这里指犯罪集团的首领。《汉书·孙宝传》中的"渠率",即指"群盗"的大首领。对"率"的理解有助于认定犯罪集团的首领。按照张斐的解释,具有策划、组织团体犯罪活动能力的人,才可以定为首领。(参见前揭高恒:《张斐的〈律注要略〉及其法律思想》。)居延汉简中也有"渠率"的规定:"群辈贼发吏卒毋大爽,宜以时行诛,愿设购赏,有能捕斩严歆君阑等渠率一人,购钱十万,党与五万。吏捕斩强力者比三辅。""□司劾臣谨□如□言可许。臣请□□严、歆等渠率一人,□党与五万□"(503·17,503·8)《唐律疏议·贼盗律》:"诸谋叛者,绞。已上道者皆斩,谓协同谋计乃坐,被驱率者非。余条被驱率者,准此。"疏议曰:"'被驱率者非',谓元本不同情,临时而被驱率者,不坐。""若率部众百人以上,父母、妻、子流三千里;所率虽不满百人,以故为害者,以百人以上论。"

不和谓之强，[562]攻恶谓之略，[563]三人谓之群，[564]取非其物谓

562　不和谓之强：高恒认为，"强"的特征是"不和"，即违反被害者的意愿。也就是说，凡以暴力或权势迫使被害者作为或不作为的行为，即谓之"强"。（前揭高恒：《张斐的〈律注要略〉及其法律思想》。）陆氏认为下段中张斐又解释说："加威势下手取财为强盗"，那么"不和"跟"加威势下手"是同一含义，像"强盗"、"强奸"的"强"字都从这个含义使用。它同"略"的含义是有差别的。（陆氏：《注释》，第79页。）

563　攻恶谓之略：略：从陆氏注：指掠夺、抢夺。如"略人为奴婢"。《左传·襄公四年》杜预注："不以道取为略。"《唐律疏议·贼盗律》："诸略人，略卖为奴婢者，绞。"注云："不和为略，十岁以下虽和亦同略法。"又"和诱者，谓彼此和同，共相诱引"。按"略"字，通"掠"，如"略人""略卖""劫略"。又"略"字有"攻恶"的意思。《唐律疏议·贼盗律》："略人者，谓设方略而取之"，又说"因而杀伤者同强盗法：谓因略人拒斗。或杀或伤，同强盗法；既同强盗之法，因略杀伤傍人亦同。因略伤人，虽略不得，亦合绞罪"。可见"攻恶"是进行罪恶活动的意思。（陆氏：《注释》，第79页。）

内田氏认为：攻恶的意思虽不明确，但《律学指南》释为："攻行凶恶之事"。（［日］内田氏：《译注》，第130页。）

564　三人谓之群：《说文解字》："群，辈也。从羊，君声。"关于构成"群"的人数问题，睡虎地秦简《法律答问》中记载："'害盗别徼而盗，驾（加）罪之。'可（何）谓'驾（加）罪'？五人盗，臧（赃）一钱以上，斩左止，有（又）黥以为城旦；不盈五人，盗过六百六十钱，黥劓以为城旦，不盈六百六十到二百廿钱，黥为城旦；不盈二百廿以下到一钱，迁之。求盗比此。"（第2号简）"夫、妻、子五人共盗，皆当刑城旦，今中〈甲〉尽捕告之，问甲当购〇几可（何）？人购二两。"（第136号简）朱红林案："'五人为盗'可能是秦汉时期量刑的一个重要尺度。共同盗窃者在五人以

之盗，[565] 货财之利谓之赃：[566] 凡二十者，律义之较名[567]也。

（余慧萍、姚周霞注）

---

上者，法律往往从重处罚。秦简所载的这两个案例都强调了共盗者的人数为五人，可见秦律对于五人及五人以上的'攻盗'行为是从重处罚的。汉承秦律，对这种五人以上的群体攻盗行为，处罚是十分严厉的。"（朱红林：《张家山〈二年律令〉集释》，社会科学文献出版社 2005 年版，第 59—60页。）张家山汉简《二年律令·盗律》："盗五人以上相与功（攻）盗，为群盗。"（第 62 号简）但《国语·周语上》曰："夫兽三为群，人三为众，女三为粲。"本志则言"三人谓之群"，明指三人以上为群。《唐律·名例律》中亦规定："称'众'者，三人以上。"可见唐律承袭晋律的规定。

565　取非其物谓之盗：《荀子·修身》："害良曰贼……窃货曰盗。"居延新简："放以县官马擅自假借，坐藏为盗，请行法。"（EPF22：200）这是指私自放贷县官马取得非法利息即为盗。

冨谷至认为：所谓的"盗"，如据张斐的律注"取非其物谓之盗"，则是"取得没有所有权的财物"的行为。不用说，今天我们所谓的"窃盗"是"盗窃他人所有物"的犯罪行为，这在汉律中也属于"盗"，但"盗"的定义有不限于窃盗的、更为广泛的意义。《二年律令·盗律》："钱财、盗杀伤人、盗发冢、略卖人若已略未卖、桥（矫）相以为吏、自以为吏以盗，皆磔。"（六六简）《二年律令·钱律》："盗铸钱及佐者，弃市。同居不告，赎刑。正典、田典、伍人不告，罚金四两。或颇告，皆相除。尉、尉史、乡部、官。"（二零一简）《二年律令·盗律》："盗出财物于边关徼，及吏部主智而出者，皆为盗同法。弗智，罚金四两，使者所以出，必有符致。毋符致"（七四简）所谓的"盗铸钱"，就是"不属于原应铸造钱币的权利，却任意铸造钱币而夺取利益"；所谓的"盗出财物"就是"从其财物本应归属之处非合法地携带出来"。可以说，它们都是脱离应归属的场所的夺取，因此存在"不正""恶意"的理由，它们还超越了单纯的"窃盗"的具体意义，转而扩展到具有抽象性的"盗"。（参见［日］冨谷至：《论出土法律资料对〈汉书〉〈晋书〉〈魏书〉"刑法志"研究的几点启示》，薛夷风译，韩延龙主编：《法律史论集》（第六卷），法律出版社 2006 年版，第 353—363 页。原文载于［日］内田智雄编、冨谷至补：《譯注中國歷代刑法志（補）》，创文社 2005 年版，第 253—286 页。）

此外，杜正胜也认为"盗"的义涵比"贼"广，主要有三种含义。《谷梁传·哀公四年》曰："《春秋》有三盗：微杀大夫谓之盗，非所取而取之谓之盗，辟中国之正道以袭利谓之盗。""盗"字含义多端，或是窃货，或是逃亡，皆下层民众穷极无聊的下策；即使连杀伤破坏也特指下层阶级而言。古代城邦时代的政争，杀害事件一般称作"贼"，特殊场合才做"盗"。微贱小民犯上只合称"盗"，不够资格曰"贼"。（杜正胜：《编户齐民》，联经出版事业公司 1988 年版，第 245、247、248 页。）

566　货财之利谓之赃：见前注 229"赃"。滋贺秀三认为现代刑法中的赃或赃物，已是缩小的狭义之赃。古代法律以唐律为例，赃罪的犯罪对象，不仅有财物，还包括了一定的行为。（参见［日］滋贺秀三：《唐律疏議譯註篇一》名三二解説，名三六注 6，日本律令研究会编：《譯註日本律令》第 5 卷，东京堂出版 1979 年版，第 187、213 页；周东平：《唐律赃罪诸考》，杨一凡总主编：《中国法制史考证》甲编第四卷《历代法制考·隋唐法制考》，中国社会科学出版社 2003 年版。）

567　较名：从谢氏注，较：《康熙字典》中解释为："《正韵》：'著明貌'。"《汉书·孔光传》："较然甚明无可疑惑。"颜师古曰："较，明貌。"较名，律令名目的重要定义。（谢氏：《注译》译文，第 136 页。）

【今译】

此后，明法掾张斐又注释法律，并上表皇帝，其要点是说：

律文以《刑名》为开篇，是用来确定罪名之制的；最后以《诸侯》结束，是用来完备行政管理的。王政由上面颁布下来，诸侯在下面奉令施行，礼乐在中间调节，所以有三才的含义，它们相辅相成，好像是一个完善的整体。

《刑名》是用来权衡罪刑轻重的原则，确定刑罚的加减等次，阐明各篇的不同含义，补充具体条文规定的不足，大略地列举上下纲领的要点。那些犯了盗贼、诈伪、请赇的，都可以从《刑名》中找到定罪量刑的依据，那些服劳役、由水或火导致的损伤、饲养牲畜、守护防备等细小案件，都可以从中找到应得的罪名。控告审讯作《刑名》的心舌，收捕拘押作《刑名》的手足，审决案件中凭借《刑名》来定罪，用《刑名》《法例》统一法律的体制。自始至终，往复无穷，变动无常，周转流行到四面八方，或上或下没有一定的方向，但始终没有脱离法律的规定。

认识到而实施违法行为叫做"故"，在主观上认为正确但却发生了与之不同的后果称为"失"，不忠心、欺瞒上位的人叫做"谩"，背弃信用、内藏奸巧称为"诈"，违反等级制度、礼节仪式称为"不敬"，双方因争而产生对抗冲突的行为称为"斗"，两方友好互动而造成伤害称为"戏"，没有变故而故意斩杀、殴击他人称为"贼"，主观上没有犯罪意识而由过误引发的犯罪行为称为"过失"，违逆节操、绝灭伦理叫做"不道"，欺辱长上，僭越贵人尊上者，称为"恶逆"，预谋侵害他人叫做"戕"，首先倡议犯罪之事叫做"造意"，二人一起策划称为"谋"，指挥众人、提出计策称为"率"，违反他人意愿，以暴力、权威逼迫称为"强"，突行凶恶的犯罪行为称为"略"，三人称为"群"，获取不应属于自己的东西称为"盗"，非法获取的财物称为"赃"：所有这二十个项目，是关于律令名目的重要定义。

（余慧萍、姚周霞译）

【原文】

夫律者，当慎其变，审其理。[568] 若不承用诏书，无故失之刑，

―――――――――――

【注释】

568 夫律者，当慎其变，审其理：理：事理、法理。张斐律序中多次提到"律"与"理"的关系，如后文再次谈到："夫理者，精玄之妙，不可以一方行也；律者，幽理之奥，不可以一体守也。"可见张斐认为"理"是法律的灵魂，无论是立法还是司法都应该体现"理"的精神，但此处的"理"究竟指什么，难以确定，姑且译为法理。高恒认为，张斐的法律思想受魏晋玄学的影响，其关于法律是"理"的体现的观点，与"名教"本于"自然"说如出一辙，也是一种先验的、凌驾一切事物之上的"规律"。（参见前揭高恒：《张斐的〈律注要略〉及其法律思想》。）可备为一说。另外，高明士在《律令法与天下法》中对唐律中的"理"做过详细考察，认为唐律中的"理"的内涵包括：人理、情理即为人之道及与人相处之道；事理即事物存在之道及处理事物之道；天秩、天常与天理。理，简单说来就是义理，讲求事物的正当性，"义者，宜也"。理为抽象的概括观念，所以必须藉由行事来考量，因而常与"情"字联称曰：情理。理呈现于外在的规范性即是礼，所以说："礼者，理也。"故以唐律为代表的固有法特质可归纳为：理贵原情，原情入理，纳礼入法。即情、理、法的互用。（参见高明士：《律令法与天下法》，五南图书出版股份有限公司 2012 年版，第193—235 页；前注 556。）

当从赎。[569] 谋反之同伍，实不知情，当从刑。[570] 此故失之变也。卑与尊斗，皆为贼。斗之加[571] 兵刃水火中，不得为戏，戏之重

---

569　若不承用诏书，无故失之刑，当从赎：譬如不承用诏书，处刑不分"故"与"失"，都应当依赎刑处置。本志前文云："汉氏施行有小愆之〈乏〉反〈及〉不如令，辄劾以不承用诏书、乏军要斩，又减以《丁酉诏书》。"可知汉魏对不承用诏书的行为处以腰斩之刑，而晋朝改为正刑之赎刑。

570　谋反之同伍，实不知情，当从刑：同伍：古时军队五人为伍，户籍五家为伍。《管子·牧民》："十家为什，五家为伍，什伍皆有长焉。"《汉书·王莽传》："敢盗铸钱及偏行布货，伍人知不发举，皆没入为官奴婢。"颜师古曰："伍人，同伍之人，若今伍保者也。"当从刑：高氏将此处的"从"释为胁从，将全句译为应按胁从受处罚。（高氏：《注译》，第94页。）但从行文的一致性上看，"当从刑"的结构应与"当从赎"一样，并且将"从"释为依从、取法，亦不影响文句的理解。故此处不宜将"从"译为胁从，但宜将隐含的信息补充进去，将全句译为：谋反之人的同伍邻居，（即使）实在不知情，也要（因为受连坐）处以刑罚。可见，此处受牵连的人主观上也无所谓故意和过失，但还是要处以刑罚，与上面的"不承用诏书，无故失之刑"一起说明了适用刑法要懂得经权之道，适当处理故意与过失的变通。

571　卑与尊斗，皆为贼。斗之加：按：此处中华书局版句读为"卑与尊斗，皆为贼。斗之加兵刃水火中，……"句读疑误。斗：见前注552。贼：见前注318、342、554。此处按中华书局版的句读，"加"即施加、加入，陆氏、高氏、张氏、谢氏均作如是解。（参见陆氏：《注释》，第80页；高氏：《注译》，第94页；张氏：《注释》，第85页；谢氏：《注译》，第138页。）邱汉平旧版《历代刑法志》句读与此相同（第51页）；新版"卑与尊斗皆为贼"之后的句号改为逗号而已（第147页）。与此不同，内田氏认为此处的"加"乃"'斗'的加重"，应句读为："卑与尊斗，皆为贼，斗之加。兵刃水火中，不得为戏，戏之重也。"解释为：卑者与尊者发生"斗"的场合，均视作"贼"，因为是"斗"罪之上的行为……（［日］内田氏：《译注》，第131页。）

　　对此，冨谷至申论："'贼'是单方面的恶意侵害，在侵害人与被害人的关系中，意味着被害人原则上没有过错的状态。与此同时，相互间具有敌意而诉诸暴力，结果造成伤害、杀害的场合，属于'斗'。"（参见［日］冨谷至：《论出土法律资料对〈汉书〉〈晋书〉〈魏书〉"刑法志"研究的几点启示》，薛夷风译，韩延龙主编：《法律史论集》（第六卷），法律出版社2006年版，第353—363页。原文载于［日］内田智雄编、冨谷至补：《譯注中國歷代刑法志（補)》，創文社2005年版，第253—286页。）似可认为"贼"比"斗"性质更恶劣的原因之一是被害人原则上不存在过错，侵害人属于无端杀伤被害人；而"斗"是有争执的双方相互斗殴，彼此都实施了侵害行为，都存在过错。一般来说，双方发生争执而互相斗殴，应该属于"斗"，但如果双方的地位有尊卑之差，那么即使过错是相互的，此时也只追究卑者一方，则其行为性质由"斗"上升为"贼"。这是"斗"和"贼"在特殊情况下的变通。内田氏大概立足于此意来句读和阐释的吧。

　　按：考察"斗之加"与前后文联系的句读法，若与后文连读为"斗之加兵刃水火中，不得为戏，戏之重也"，在逻辑上难以圆通。因为"斗"本身就是比"戏"要严重的行为，如果再"加兵刃水火"，只会是比"斗"更严重的行为，自然不得为"戏"，其性质也自比"戏"更为严重，不存在疑难之点，张斐也就无需在此特意说明了。故宜采内田氏观点，将句读放置"斗之加"后，与前句一起表明"卑与尊斗"是"斗"的加重行为，应为"贼"。

也。<sup>572</sup>向人室庐道径射，不得为过，失之禁也。<sup>573</sup>都城人众中走
马杀人，当为贼，贼之似也。<sup>574</sup>过失似贼，戏似斗，斗而杀伤傍

572　兵刃水火中，不得为戏，戏之重也：戏：见前注553。"戏"本为
"两和相害"的情形，行为双方本无伤害对方的故意，但是在戏玩的过程
中持兵器刀刃或者将对方置于水火这样的危险环境中，明显有致人伤亡之
虞，所以这样的行为在法律上不再被看成"戏"，而是比"戏"更严重的
行为。《唐律疏议·斗讼律》："诸戏杀伤人者，减斗杀伤二等；虽和，以刃，
若乘高、履危、入水中，以故相杀伤者，唯减一等。"疏议曰："'虽和，以
刃'，礼云：'死而不吊者三，谓畏、压、溺。'况乎嬉戏，或以金刃，或乘
高处险，或临危履薄，或入水中，既在险危之所，自须共相警戒，因此共
戏，遂致杀伤，虽即和同，原情不合致有杀伤者，唯减本杀伤罪一等。"

573　向人室庐道径射，不得为过，失之禁也：室庐：居室，房舍。《管
子·山国轨》："巨家美修其宫室者服重租，小家为室庐者服小租。"道径：
道路。《后汉书·南蛮列传》："蛮氏知（武威将军刘）尚粮少入远，又不晓
道径，遂屯聚守险。"《唐律疏议·杂律》："诸向城及官私宅，若道径射者，
杖六十；放弹及投瓦石者，笞四十；因而杀伤人者，各减斗杀伤一等。"疏
议曰："'向城'，谓城中有人；'及官私宅'，亦谓宅中有人住。'若道径射
者，杖六十；放弹及投瓦石者，笞四十。'即因射，若弹及投瓦石而杀伤人
者，各减斗杀伤一等。"向人居室和道路上投射物品，可能本非出于恶意
要伤害他人，而仅为好玩的恶作剧之类，但因为居室是人安身之所，道路
亦是人通行的必经场所，在居室和道路上投射物品很容易致人伤害，本属
显然事理，不应疏忽大意，也不容许自信不会造成伤害而违反之。所以这
种行为不属于过失行为，是"失"所特别予以禁止的。

574　都城人众中走马杀人，当为贼，贼之似也：走马：骑马疾走；驰
逐。《诗经·大雅》："古公亶父，来朝走马。"这句话的意思是：在都城或
人群中骑马快跑而杀伤人的，按照"贼"治罪，这是与"贼"相似的行
为。这与"向人室庐道径射"的行为一样都极易招致杀伤人的后果，所以

人，又似误，盗伤缚守似强盗，<sup>575</sup>呵人取财似受赇，<sup>576</sup>囚辞所连似

相对于行为人的主观心理来说，刑律更关注行为本身，并认为其与"无变斩击"的"贼"相似。《唐律疏议·杂律》："诸于城内街巷及人众中，无故走车马者，笞五十；以故杀伤人者，减斗杀伤一等。"疏议曰："有人于城内街衢巷陌之所，若人众之中，众谓三人以上，无要速事故，走车马者，笞五十。以走车马，唐突杀伤人者，减斗杀伤一等。"

575 盗伤缚守似强盗：缚：捆绑。强盗：见本志后文"加威势下手取财为强盗"，指凭借暴力或其他使人难以抗拒的方式取人钱财。这句话的意思是，盗窃被发现后为抗拒抓捕而伤害捆绑控制他人的行为与强盗相似。《二年律令·盗律》："群盗及亡从群盗，殴折人枳（肢），胅体，及令仳（跛）（塞），若缚守将人而强盗之，及投书、县（悬）人书，恐猲人以求钱财，盗杀伤人，盗发冢（塚），略卖人若已略未卖，桥（矫）相以为吏，自以为吏以盗，皆磔。"（第65、66号简）

576 呵人取财似受赇：呵：大声呵斥，《说文解字》："诃，大言而怒也。从言，可声，字亦作呵。"呵人取财，是指疾言厉色使人心生畏惧而交与财物。受赇：枉法取得财物。《说文解字》："赇，以财物枉法相谢也。从贝求声。"段玉裁《说文解字注》："枉法者，违法也。法当有罪而以财求免，是曰赇。受之者亦曰赇。"《汉书·王子侯表》元鼎三年葛魁嗣侯戚"坐缚家吏，恐猲受赇，弃市"。本志后文又云："将中有恶言为恐猲，不以罪名呵为呵人，以罪名呵为受赇"，可见，呵人取财与受赇的相似点在于行为方式上都是威胁恐吓他人以取得财物，区别在于犯罪主体和恐吓的内容不同，受赇是官吏以出入人罪相威胁获取他人钱财，而呵人取财不以官吏身份为前提，任何人都可以实施。

告劾，<sup>577</sup>诸勿听理似故纵，<sup>578</sup>持质似恐猲。<sup>579</sup>如此之比，皆为无常之格也。<sup>580</sup>

---

577　因辞所连似告劾：辞：口供，证词。《汉书·刑法志》："今遣廷史与郡鞫狱。"如淳曰："廷史，廷尉史也。以因辞决狱事为鞫，谓疑狱也。"告劾：见前注 380。这句话的意思大概是：未决犯的口供牵涉他人的犯罪事实时与告劾相似。

578　诸勿听理似故纵：勿听理：不受理裁断。故纵：汉有"见知故纵"之例，见前注 413。

579　持质似恐猲：持质：见前注 373。恐猲：见前注 372。"持质"是以人的生命威胁其亲属取得钱财，"恐猲"是抓住人的弱点威胁取得钱财，都是以威胁他人的方式取得财物，所以相似。

580　如此之比，皆为无常之格也：比：等同；类似。格：法式；标准；规范。《礼记·缁衣》："言有物而行有格也。"这句话的意思是：诸如这些类似的情况，法律都没有恒定不变的规定。

五刑不简，正于五罚，五罚不服，正于五过，[581] 意善功恶，以金赎之。[582] 故律制，生罪不过十四等，死刑不过三，[583] 徒加不过六，

---

581　五刑不简，正于五罚，五罚不服，正于五过：语出《尚书·吕刑》："两造具备，师听五辞。五辞简孚，正于五刑。五刑不简，正于五罚。五罚不服，正于五过。"简：审核。正：依法制裁、办理。《周易·蒙》："利用刑人，以正法也。"王弼注："以正法制，故刑人。""五刑"、"五罚"与"五过"同是《吕刑》刑罚体系的组成部分。五刑：见前注83之"流宥五刑"。五罚：即罚出铜赎罪的五个等级，与"五刑"相对应。《尚书·吕刑》："墨辟疑赦，其罚百锾，阅实其罪。劓辟疑赦，其罪惟倍，阅实其罪。剕辟疑赦，其罚倍差，阅实其罪。宫辟疑赦，其罚六百锾，阅实其罪。大辟疑赦，其罚千锾，阅实其罪。"即规定：如果依准五刑定罪量刑仍有疑问，就要罪犯出铜赎罪，罚铜分五等，故称"五罚"。五过：赦免。《尚书·吕刑》："五罚不服，正于五过。"孔安国传："不服，不应罚也；正于五过，从赦免。"即如果以"五罚"惩处仍有疑问者并且是过失犯罪，则可以相应赦免。

582　意善功恶，以金赎之：《史记·武帝本纪》裴骃《集解》引马融曰："意善功恶，使出金赎罪，坐不戒慎者。"汉简中对非故意犯罪的处罚亦有相关规定，《二年律令·囚律》："其非故也，而失不审，各以其赎论之。"（第95、96号简）可见，对于主观上非故意的犯罪，汉律可以金赎罪，盖晋律亦相差不大。

583　生罪不过十四等，死刑不过三：关于晋朝的刑制问题：《唐六典·尚书刑部》云："其刑名之制，大辟之刑有三：一曰枭，二曰斩，三曰弃市。髡刑有四：一曰髡钳五岁刑，笞二百；二曰四岁刑；三曰三岁刑；四曰二岁刑。赎死，金二斤；赎五岁刑，金一斤十二两；四岁、三岁、二岁各以四两为差。又有杂抵罪，罚金十二两、八两、四两、二两、一两之差。弃市以上为死罪，二岁刑以上为耐罪，罚金一两以上为赎罪。"（韩国磐认为末句有误，罚是罚金十二两至一两者，赎谓赎死者金二斤至赎二岁

囚加不过五，[584]累作不过十一岁，[585]累笞不过千二百，[586]刑等不过一

---

刑者金一斤，罚金与赎罪不是一回事。参见韩国磐：《中国古代法制史研究》，人民出版社1993年版，第263页。）根据这一史料可知，晋刑制包括大辟、髡刑、赎刑、杂抵罪和罚金五种刑罚，归为死罪、耐罪和赎罪三大类。张斐表文云："刑杀者是冬震曜之象，髡罪者似秋雕落之变，赎失者似阳悔吝之疵。五刑成章，辄相依准，法律之义焉。"所以，也许晋人眼中的"五刑"就是死刑、髡刑和赎刑三种，此处的"五"并非确数。张建国也认为晋修律只着眼于刑罚的简化，而不大计较所谓古制中的五刑。肉刑之废，已无法使现实和古义两相对应，这是显而易见的。张斐似乎想对此做一番新的解释，也许他把刑杀、髡罪、赎失概括为五刑便属于"变通之体"。（参见前揭张建国：《魏晋五刑制度略论》。）生罪：死刑之外的刑罚，依上述《唐六典》的记载，包括髡刑四等，赎刑五等，罚金五等，此即"生罪不过十四等"。（杂抵罪"殆除名夺爵之类"，学界通常不将其视为刑罚。）死刑不过三：《唐六典》所谓之枭、斩、弃市。

584　徒加不过六，囚加不过五：《太平御览·刑法部八》引张斐《律序》："徒加不过六，囚加不过五。"注曰："罪已定为徒，未定为囚。"

按：据《唐律疏议·名例律》："即累流、徒应役者，不得过四年。若更犯流、徒罪者，准加杖例。"可知唐朝对流、徒刑累加处罚的上限是四年。如将此句理解为在本刑基础上最多只能加六年，则晋朝对徒刑的累加处罚最长可达十一年，这与唐律未免悬殊过大。所以此句的大概意思应该是：已决徒犯加刑后最多只能到六年，已被囚禁但尚未被判刑的囚犯加刑后最多只能到五年。

585　累作不过十一岁：《太平御览·刑法部八》引张斐《律序》："累作不过十一岁。"注曰："五岁徒犯一等加六岁，犯六等加为十一岁作。"

586　累笞不过千二百：《太平御览·刑法部八》引张斐《律序》："累笞不过千二百。"注曰："五岁徒加六等笞一千二百。"

岁，金等不过四两。[587] 月赎不计日，日作不拘月，岁数不疑闰。[588]

———————

按：据《汉书·刑法志》的记载，文帝以笞刑代替肉刑之后，景帝又于公元前 156 年和前 144 年先后下诏："笞五百曰三百，笞三百曰二百"，"减笞三百曰二百，笞二百曰一百。"可见，汉景帝时笞刑最高刑为二百下。若按《太平御览》的记载，笞刑作为髡钳五岁刑的附加刑累加可至一千二百下，则笞刑由汉至晋的过渡未免太大，并且很难想象正常人在被笞千余下之后还能保全性命。所以这里的"笞"宜作他解。对此，宁汉林的观点是：《律表》中所讲的"累笞不过千二百"，应是讯囚时，以笞作为刑具进行拷讯，累加不能超过一千二百，拷满不承，取保释放。（参见李光灿主编，宁汉林著：《中国刑法通史》第四卷，辽宁大学出版社 1989 年版，第 178 页。）但是，即使讯囚之"笞"与笞刑之"笞"标准不同，以唐律"拷囚不得过三度，数总不得过二百"的标准为参照来看，讯囚累笞达一千二百下后囚犯还能生存，也是难以想象的。所以这种观点亦缺乏说服力，此问题暂且存疑。

587 刑等不过一岁，金等不过四两：前注已提到晋髡刑有四等刑期，分别是五岁刑、四岁刑、三岁刑、二岁刑，故"刑等不过一岁"。对应的以金赎髡刑亦有四等，分别是赎五岁刑，金一斤十二两，四岁刑一斤八两，三岁刑一斤四两，二岁刑一斤，四两为一等，故"金等不过四两。"

588 月赎不计日，日作不拘月，岁数不疑闰：从陆氏注："这是说法律上规定赎刑按月计算的，就不管月大月小，一律不按日数计算。法律上对作刑（服劳役），按服役日数计算，就不论跨月份与否。岁数不疑闰，是指按年数计算的，那就不管碰上或不碰上闰年，按实足年份计算。"（陆氏：《注释》，第 82 页。）另，《唐律疏议·名例律》："诸称'年'者，以三百六十日。"疏议曰："在律称年，多据徒役。以此计日，不以十二月称年。"盖唐律之岁数计算方式亦与晋律相似。

不以加至死，并死不复加。<sup>589</sup> 不可累者，故有并数；不可并数，乃

---

589　不以加至死：《唐律疏议·名例律》："加者，数满乃坐，又不得加至于死。"疏议曰："'又不得加至于死'者，依捕亡律：'宿卫人在直而亡者，一日杖一百，二日加一等。'虽无罪止之文，唯合加至流三千里，不得加至于死。"晋律之"不以加至死"或可以此为参照来理解，即只要刑律没有规定本罪可以判处死刑，纵使有某些加重情节，也不能加至死刑。

并死不复加：《唐律疏议·名例律》："本条加入死者，依本条。"疏议曰："依斗讼律：'殴人折二支，流三千里。'又条云：'部曲殴伤良人者，加凡人一等。加者，加入于死。'此是'本条加入死者依本条'。"注曰："加入绞者，不加至斩。"疏议曰："部曲殴良人，折二支，已合绞坐；若故殴折，又合加一等。今既加入于绞，不合更加至斩。"唐律规定的是在一罪的情况下已经被判入于死刑，即使还有加重情节，也不能再在死刑内部加重。但是，还可能存在另一种情形，即在行为人实施多个犯罪行为构成数罪，而死罪包含在其中或数罪皆为死罪时，按照汉律和唐律，一般会采取重罪并合轻罪的原则"以重论之"。所以，在这种情况下，只选择其中的一个死罪论处就够了，其他罪名不再作为加刑依据。

累其加。<sup>590</sup> 以加论者，但得其加；与加同者，连得其本。<sup>591</sup> 不在

---

590　不可累者，故有并数；不可并数，乃累其加：并数：合并计算。《二年律令·具律》："一人有数□罪殿（也），以其重罪罪之。"（第99号简）又《唐律疏议·名例律》："诸二罪以上俱发，以重者论。等者，从一。"注曰："谓非应累者，唯具条其状，不累轻以加重。"此处的"不可累者，故有并数"疑与上述规定相似，是指在多个行为触犯数个罪名的情况下，不能累加各个罪名应处的刑罚，而应选择刑罚最重的一罪处置。而"不可并数，故累其加"疑与唐律中赃罪"频犯者"和"一事分为二罪"的情况相似。《唐律疏议·名例律》："即以赃致罪，频犯者并累科；若罪法不等者，即以重赃并满轻赃，各倍论。其一事分为二罪，罪法若等，则累论；罪法不等者，则以重法并满轻法。"可见，唐律对赃罪"频犯者"和一行为触犯数罪名的人，在"罪法等"的情况下，是按照"累科"来处置的。西田太一郎认为：张斐的"不可累者"，与《唐律》"二罪以上俱发"条注文的"谓非应累者"完全相同，指那种不应采取相加原则，而应按照吸收主义原则，"止从重"即只处罚数罪之中一个最重罪的情况。那么，与"累"、"累其加"对称的"并数"，自然是指数罪的相加了。张斐的"累"、"累其加"，也就是《唐律》中的"累科"、"累论"，都是指数字式的相加。（参见前揭［日］西田太一郎：《中国刑法史研究》，第175—190页。）

591　以加论者，但得其加；与加同者，连得其本：祝总斌以刘颂所奏情况为例对此句进行说明：一种情况如正在服徒刑之犯人本有刑期（假定四年），现在逃亡抓回，原来刑期不用说必须继续服满，而且还要增加刑期（假定一年）。这就是"以加论"。因为原来刑期不动，仅仅增加一年刑期，二者毋需连算，所以叫"但得其加"。另一种情况如三犯。假定初犯、再犯窃盗各判徒刑两年，这是本刑，已刑满释放，今三犯窃盗，当加重惩罚，如果加刑为一年，连同原来应判的本刑两年，共判徒刑三年，这在晋律上叫"与加同"，张斐把它注释为"连得其本"。（参见前揭祝总斌：《晋

次者，不以通论。[592] 以人得罪与人同，以法得罪与法同。[593] 侵生害死，不可齐其防；亲疏公私，不可常其教。[594] 礼乐崇于上，故

---

律考论》，第389—392页。）唐律有关于"更犯"的规定，但亦难据之推断此句的含义。

592　不在次者，不以通论：此句含义难以确定，祝总斌解释为：不属这一次揭发的问题，不能合并论处。（参见前揭祝总斌《晋律考论》，第392—393页。）然内田氏认为此处的"次"是序列的意思，是指本罪与加罪不在同种刑之序列的，不依通行的原则论处。（［日］内田氏：《译注》，第135页。）

593　以人得罪与人同，以法得罪与法同：因他人犯罪而自己被牵连时，罪名与他人相同；自己的行为触犯刑律的，依法律规定的罪名论处。

594　侵生害死，不可齐其防；亲疏公私，不可常其教：侵生害死：侵犯人身和伤害人致死。齐：相同，等同。防：防范。常：一般。这句话的意思是：侵犯人身的行为和伤害人致死的行为有区别，不可等同防范；人有亲疏，事有公私，法律的引导、防范也不能用同一标准对待。谢氏注释同此：加害于他人或杀死他人之行为，因轻重不一，当不能用同一标准来防范。（谢氏：《注译》，第142页。）

降其刑；刑法闲于下，故全其法。[595] 是故尊卑叙，仁义明，[596] 九族

---

595　礼乐崇于上，故降其刑；刑法闲于下，故全其法：崇：推崇。闲：《说文解字》："阑也。"段玉裁《说文解字注》："阑也。引申为防闲。古多借为清闲字。又借为娴习字。"全：周全。这句话或与"礼不下庶人，刑不上大夫"的观念有关，可解释为：贵族主要通过推崇礼乐进行管理，所以减轻了他们的刑罚；而对于下层平民，则用刑法来防范他们，所以需周全地制定法律。

596　尊卑叙，仁义明：叙：等级次第。《说文解字》："叙，次弟也"。经传多以"序"为之。意思是说尊卑贵贱有其顺序，仁义得以辨明。

亲，⁵⁹⁷ 王道平也。

（白超、崔超注）

------

597　九族亲：《左传·桓公六年》："故务其三时，修其五教，亲其九族，以致其礼祀。于是乎民和而神降之福。"杜预注："九族谓外祖父、外祖母、从母子及妻父、妻母、姑之子、姊妹之子、女子之子、并己之同族，皆外亲有服而异族者也。"孔颖达正义："汉世儒者说九族有二，《异义》：'今《礼》戴、《尚书》欧阳说九族乃异姓有属者，父族四：五属之内为一族，父女昆弟适人者与其子为一族，己女昆弟适人者与其子为一族，己之女子子适人者与其子为一族；母族三：母之父姓为一族，母之母姓为一族，母女昆弟适人者与其子为一族；妻族二：妻之父姓为一族，妻之母姓为一族。《古尚书》说九族者，从高祖至玄孙凡九，皆同姓。'"因此，对于九族的理解，有古文和今文两说。古文家认为九族是指高祖、曾祖、祖父、父亲、己身、子、孙、曾孙、玄孙；今文家认为九族指父族四、母族三、妻族二。《明律》以及《大清律例》所谓九族，直系亲是从己身上推至父、祖父、曾祖父、高祖父，下推至子、孙、曾孙、玄孙；旁系亲是从己身横推至兄弟、堂兄弟、再从兄弟、族兄弟为止。

【今译】

　　对待律之规定，应当审慎地注意变通，审察其中的法理。譬如不承用诏书，不分"故"与"失"，都应当依赎刑处置。谋反之人的同伍邻居，（即使）实在不知情，也要（因为受连坐）处以刑罚。这是对"故"与"失"的变通。卑者与尊者斗殴，都按照"贼"来处罚，这是"斗"的加重情况。游戏时持刀刃兵器或者将人置于水火之中而致人伤亡的，不得视为"戏"，这是比"戏"更严重的行为。向人的居室以及行人街道射箭，不得视为"过"，这是"失"所禁止的行为。在都城或人群中骑马快跑而杀伤人，要按照"贼"来处理，这是与"贼"相似的行为。有时候"过失"与"贼"相似，有时候"戏"与"斗"相似，"斗"的过程中杀伤第三人又和"误"相似。盗窃时（为抗拒抓捕）伤害捆绑控制他人，与"强盗"相似。以恐吓的方式取人钱财与"受赇"相似。囚犯的口供牵扯出其他人的犯罪事实，又与"告劾"相似。不受理裁断告发的案件，与"见知故纵"相似。劫持人质取人钱财又与"恐猲"相似。诸如这些类似的情况，法律都没有恒定不变的规定。

　　经审核有疑，不适用五刑的罪犯就按照五罚来处理，五罚依然存疑的则依五过处理。动机善良，却招致严重的后果，则以金赎罪。所以刑律规定，生罪不超过十四等，死罪不超过三等。对徒犯加刑后刑期不得超过六年，对囚犯加刑后刑期不得超过五年。劳作累加不得超过十一年，笞之累加不得超过一千二百下。徒刑一等不得超过一年，赎刑一等不得超过四两。赎刑按月计算的，一律不按日数计算；作刑按服役日数计算，就不论跨月份与否；按年数计算的，就不管闰年与否，都按实足年份计算。对生罪的加刑不能加至死刑，并合论罪至死刑的，不再加刑。不能累加计算刑罚的，就（按照重罪吸收轻罪的原则）并合论决；不能并合的，则累加计算刑罚。（因为再犯）加刑的，只算加刑本身，（三犯）与复加之罪相同的罪，要连同本刑一起计算所要加的刑罚。加刑与本刑不在同一等次的，不依前述原则处理。因他人犯罪而自己被牵连时，罪名与他人相同；自己的行为触犯刑律的，依法律规定的罪名论处。侵犯人身的行为和伤害人致死的行为有区别，不可等同防范；人有亲疏，事有公私，法律的引导、防范也不能用同一标准对待。贵族主要通过推崇礼乐进行管理，所以减轻了他们的刑罚；而对于下层平民，则用刑法来防范他们，所以需周全地制定法律。故此，尊卑贵贱有其顺序，仁义得以辨明，九族亲和，王道太平。

（白超、崔超译）

【原文】

律有事状相似而罪名相涉者，[598] 若加威势下手取财为强盗，[599]

---

【注释】

598　律有事状相似而罪名相涉者：法律规定之中，因犯罪之事实状态颇为相似，且罪名具有关联性的情形。下文的前六例是"名殊"，后五例是罪"相似"，都是有关联的事物。

599　若加威势下手取财为强盗：势：《说文解字》："势，盛力权也"，引申为暴力。"威势"就是指以暴力使人畏惧。此句意为以暴力、胁迫等方式攫取他人财物的行为，被定性为强盗。强盗罪是从盗罪中分离出来的，是盗罪中最为严重的犯罪，因其既侵犯了人身，又劫取了财物。高恒认为张斐没有从行为人犯罪手段的角度来说明"强"，而着眼于是否违反被害者的意愿，从而概括出了一切与"强"有关罪名的特点。如《晋律》中的强取、强奸、强盗等违法犯罪行为，无不是违反被害者意愿的行为。（参见前揭高恒：《张斐的〈律注要略〉及其法律思想》。）

不自知亡为缚守[600]，将中有恶言为恐猲[601]，不以罪名呵为呵人，以罪名呵为受赇，[602]劫召其财为持质。[603]此六者，以威势得财而

---

600　缚守：指捆绑他人并予看管之意。《说文解字》："缚，束也。"

601　恐猲：见前注 372。

602　呵、受赇：均见前注 576。

603　劫召其财为持质：劫：《说文解字》："劫，人欲去，以力胁止，曰劫。"召：《说文解字》："召，呼也。从口，刀声。以言曰召，以手曰招。"持质：见前注 373。

　　名殊者也。[604] 即不求自与为受求，所监求而后取为盗赃，[605] 输入呵受为留难，[606] 敛人财物积藏于官为擅赋[607]，加欧击之为戮

---

　　604　此六者，以威势得财而名殊者也：上述六种罪名即"强盗"、"缚守"、"恐猲"、"呵人"、"受赇"、"持质"，虽然都是以"威势得财"，但情节不同，因而罪名也不同。在适用法律时，要区分其中的差异。

　　605　不求自与为受求，所监求而后取为盗赃："不求自与"是指行为人主动向官吏给予财物，"所监求而后取"则为官吏向所监临的百姓或下属索求财物。前者予受同科，后者罪在求者，计赃论罪。前半句类似于《唐律疏议·职制律》"有事以财行求"条："诸有事以财行求，得枉法者，坐赃论，不枉法者，减二等。"后半句类似于《唐律疏议·职制律》"监临受财枉法"条："诸监临主司受财而枉法者，一尺杖一百，一疋加一等，十五疋绞。不枉法者，一尺杖九十，二疋加一等，三十疋加役流。无禄者，各减一等：枉法者二十疋绞，不枉法者四十疋加役流。"

　　606　输入呵受为留难：输入：将租税送予官府。留难：刁难、阻扰，即故意吹毛求疵，借此敛财。《唐律疏议·卫禁律》"关津留难"条："诸关、津度人，无故留难者，一日主司笞四十，一日加一等，罪止杖一百。""留难"这一罪名首见于张斐《律表》，《唐律疏议·职制律》的"挟势乞索"与此类似，但又不相同。

　　607　擅赋：官员在国家法令之外，擅自向百姓征税的行为。《汉书·王子侯表》："祚阳侯仁，初元五年，坐擅兴縣赋，削爵一级，为关内侯。"同书《西域传》则曰："当今务在禁苛暴，止擅赋，力本农，修马复令，以补缺，毋乏武备而已。"居延汉简中也有这类记载："坐簿书贵直为擅赋臧二百五十以上……"（E. P. T43：55）擅赋是擅赋敛还是擅加益？此处不明。唐律中两种情况都包括在内。《唐律疏议·户婚律》"差科赋役违法"条规定："诸差科赋役违法及不均平，杖六十。若非法而擅赋敛，及以法赋敛而擅加益，赃重入官者，计所擅坐赃论；入私者，以枉法论，至死者加役流。"

辱。<sup>608</sup> 诸如此类，皆为以威势得财而罪相似者也。<sup>609</sup>

夫刑者，司理之官；理者，求情之机；<sup>610</sup> 情者，心神之使。心

---

608　欧：通"殴"，捶打。戮：亦写作"僇"或"剹"。《广雅》："戮，辱也。"戮辱：《汉书·贾谊传》："廉耻节礼以治君子，故有赐死而无戮辱。是以黥劓之罪，不及大夫。"此处是指在擅赋等过程中，如遇反抗，官吏加以殴打，即为戮辱。

609　诸如此类，皆为以威势得财而罪相似者也：上述"受求""盗赃""留难""擅赋""戮辱"五个罪名，都是凭借官吏的职位和权势取得财物，所以这几个罪名是相似的，但在具体情节上又各不相同，其法定刑也有所不同，因此在适用法律时，务求明确其界限。

610　夫刑者，司理之官；理者，求情之机：既然适用刑罚是为了实现"理"，那么在"求情"，即在审理案件时，就应当以"理"作为准绳，按照"理"的精神进行。

理：见前注556、568。机：事物的关键、要领。《说文解字》："主发谓之机。"

感则情动于中，而形于言，畅于四支，发于事业。[611] 是故奸人心愧而面赤，内怖而色夺。[612] 论罪者务本其心，审其情，精其

---

611　畅于四支，发于事业：出自《周易·坤》："美在其中而畅于四支，发于事业，美之至也。"孔颖达疏："所营谓之事，事成谓之业。"

612　愧：《尔雅》："慙也。"《小尔雅》："不直失节谓之慙。"所以，愧即理不直。色夺：实为夺色，意为改变了脸色。

事，近取诸身，远取诸物，然后乃可以正刑。[613] 仰手似乞，俯手似夺，捧手似谢，拟手似诉，拱臂似自首，攘臂似格斗，矜

---

613　论罪者务本其心，审其情，精其事：高恒认为，心，即心神，这里指行为人的心理状态。所谓"本其心"，即定罪量刑务必要以行为人对其行为的危害结果所持的心理状态（故意、过失，目的、动机等）为根据。正如张斐《律表》云："喜子杀怒子当为戏，怒子杀喜子当为贼。"同样是杀人，由于嬉戏而误杀人，应当定为"戏杀人"；由于忿怒而有意杀人，则定为"贼杀人"。目的、动机不同，所定的罪也就不同。张斐该说渊源于西汉董仲舒的"原心定罪"论，《春秋繁露·精华》："春秋之听狱也，必本其事，而原其志，志邪者不待成，首恶者罪特重，本直者其论轻。"情，指行为人的表情、表现。所谓"审其情"，即观察行为人的表情，并据此判断他的心理状态。正如上文张斐说："情者，心神之使。心感则情动于中，而形于言，畅于四支，发于事业。"就是说，行为人的表情是由其心理状态所促使的，他的心理活动必然会表现于言谈举止之中，"喜怒忧欢，貌在声色。奸真猛弱，候在视息"。张斐认为根据表情，就可以断定行为人的心理状态。因而要"本其心"，先应"审其情"。《周礼·秋官·小司寇》已有"五听之说"："以五声听狱讼，求民情。一曰辞听，二曰色听，三曰气听，四曰耳听，五曰目听。"郑玄注曰："观其出言，不直则烦"，"观其颜色，不直则赧然"，"观其气息，不直则喘"，"观其听聆，不直则惑"，"观其牟子视，不直则眊然"。《周易·系辞下》："将叛者其辞惭，中心疑者其辞枝，吉人之辞寡，躁人之辞多，诬善之人其辞游，失其守者其辞屈。"张斐就是根据上述判断是非的逻辑提出他的"本其心，审其情"之说。事，指犯罪的客观事实。"精其事"，即详细查明案情。张斐引用《周易·系辞下》"近取诸身，远取诸物"，来解释判断犯罪者的心理状态，查明犯罪事实，不仅要观察行为人的表情，所谓"近取诸身"，而且还要收集一切与此相关的证据，即"远取诸物"。只有这样，才可以"正刑"。（参见前揭高恒：《张斐的〈律注要略〉及其法律思想》。）

庄似威，怡悦似福，喜怒忧欢，貌在声色。奸真猛弱，候在视息。[614] 出口有言当为告，[615] 下手有禁当为贼，喜子杀怒子当为

---

614　仰手似乞，俯手似夺，捧手似谢，拟手似诉，拱臂似自首，攘臂似格斗，矜庄似威，怡悦似福，喜怒忧欢，貌在声色。奸真猛弱，候在视息：是上文"近取诸身"的具体化，考察嫌疑人的内心世界，从疑犯身上取得证据。仰：《集韵》："举首观望。"乞：《广韵》："乞，求也。"俯：《集韵》："俛也。"捧：《集韵》："两手承也。又掬也，或作拜也。"拱：《尔雅》："执也。"注："两手合持为拱。"格：《说文解字》："格，击也。"斗：《律表》云："两讼相趣谓之斗"，见前注552。真：中华书局版校勘记〔二四〕指出："《通典》一六四、《通考》一六四'真'作'贞'。"

自首：自行投案，承认罪责，是中国传统刑事政策之一。早在《尚书·康诰》就规定："人有小罪，非眚，乃惟终，自作不典；式尔，有厥罪小，乃不可不杀。乃有大罪，非终，乃惟眚灾：适尔，既道极厥辜，时乃不可杀。"秦时作"自告"，睡虎地秦简《法律答问》："司寇盗百一十钱，先自告，可（何）论？当耐为隶臣，或曰赀二甲。"（第8号简）《汉书·衡山王传》："孝先自告反，告除其罪。"薛允升在《唐明律合编》卷五中指出："汉律云：先自告除其罪。"又"诸葛孔明治蜀，服罪输情者，虽重必释"。可见，以"服罪输情"作为自首的前提条件。又《唐律疏议·名例律》"犯罪未发自首"条："其于人损伤，于物不可备偿，即事发逃亡，若越度关及奸，并私习天文者，并不在自首之例。"可知，只有能够中止的犯罪行为，始在"自首之例"。（参见李光灿主编，宁汉林著：《中国刑法通史》（第四卷），辽宁大学出版社1989年版，第70页；程树德：《九朝律考》，第204页。）

615　出口有言当为告：晋时，告发罪犯，只需言辞告发便可受理。唐朝则规定鞫狱需以告状为准。《唐律疏议·断狱律》"依告状鞫狱"条："诸鞫狱者，皆须依所告状鞫之，若于本状之外别求他罪者，以故入人罪论。"

戏，[616]怒子杀喜子当为贼[617]。诸如此类，自非至精不能极其理也。

（雷桂旺、崔超注）

---

616　子："子"的含义很广。睡虎地秦简《法律答问》："甲取（娶）人亡妻以为妻，不智（知）亡，有子焉，今得，问安置其子？"（第168号简）此处的"子"意为其子女。《法律答问》："'父盗子，不为盗。'今叚（假）父盗叚（假）子，可（何）论？当为盗。"（第19号简）此处特指儿子。《战国策·魏策》："此三子者，皆布衣之士也，怀怒未发，休祲降于天，与臣而将四矣。"此为古代对人的尊称。在此句中，"子"的意思为对人的通称。

戏：见前注553。

617　贼：见前注554。

【今译】

在晋律规定中有案情相似，罪名又相关联的情况。如果用暴力、胁迫等方式攫取他人财物，叫强盗；使物主处于不能自觉行动的状态中丧失财物，叫缚守；用恶言来索取财物，叫恐吓；不通过罪名而怒斥（以取财的），叫呵人；用罪名怒斥（以取财的），叫受赇；用劫持人质的方法使人交纳财物的，叫持质。这六种情况，都是用威势取得财物，而罪名不同。若（官员）没有主动索取，而自愿给予的，叫受求；（官员）主动向所监临的百姓或下属索取而得财物的，叫盗赃；对交纳租税的人，故意呵责刁难取得财物的，叫留难；官员聚敛他人财物，积藏于官府的，叫擅赋；（在擅赋过程中）如再无故加以殴打的，叫戮辱。这种种类似情况，都是用威势取得财物，罪名不同而情节相似。

刑罚是用来实现义理的；理是探究罪犯心理状态的关键；心理状态受思想支配。内心有所感，则心情波动，然后表现于语言，通达乎四肢，并通过行为表现出来。所以做坏事的人，内心惭愧而面部发红，内心恐惧就变脸失色。断罪的人，务必根据罪犯的心理，审察罪犯的表情，细心考察案情，近者要从罪犯本身取证，远者要从种种客观事物取证，然后才可以正确定罪量刑。手掌向上，像是乞求；手掌向下，像是抢夺；捧起手，像是致谢；用手指指向对方，像是起诉；双臂合于胸，像是自首；捋袖出臂，像是格斗；矜持庄重，像是威严；愉快和悦，像是有喜事。喜悦、愤怒、忧伤、欢乐，均表现在声音和表情上。奸诈真诚，凶猛怯弱，征象显露在眼神和气息上。只要讲出口而涉及他人之罪时，就可视为"告"，只要动手实施触犯禁令的事，就可视为"贼"。嬉戏的人杀死愤怒的人，应当认定为戏杀；愤怒的人杀死嬉戏的人，应当认为是贼杀。如此种种，除非精心判断，否则不能彻底弄清其中的道理。

（雷桂旺、崔超译）

【原文】

　　律之名例，非正文而分明也。⁶¹⁸若八十，非杀伤人，他皆勿

────────────

【注释】

　　618　律之名例，非正文而分明也：此处的"名例"当指《泰始律》二十篇中的前两篇《刑名》《法例》。据前文"告讯为之心舌，捕系为之手足，断狱为之定罪，名例齐其制"，后文又有"若无正文，依附名例断之，其正文名例所不及，皆勿论"，且末句有"以例求名"之语，可知名例对正文的统领作用，《刑名》《法例》作为总则性规定，与后面分则性的正文相互区别。而《唐律疏议·断狱律》："诸断罪，皆须具引律令格式正文。"唐律所说的"正文"似是指所有的律文，也包括《名例》在内。

论，即诬告谋反者反坐。[619] 十岁，不得告言人；[620] 即奴婢捍主，主得谒杀之。[621] 贼燔人庐舍积聚，盗赃五匹以上，弃市；即燔官府积

---

619　若八十，非杀伤人，他皆勿论：《周礼·秋官·司刺》郑玄注引郑司农云："幼弱、老耄，若今时律令：年未满八岁、八十以上，非手杀人，他皆不坐者。"《魏书·刑罚志》："世祖即位……年十四以下，降刑之半，八十及九岁，非杀人不坐。"

诬告谋反者反坐：参见前注447"囚徒诬告人反"。

620　十岁，不得告言人：告言：控告、告发。《二年律令·具律》："吏民有罪当笞，谒罚金一两以当笞者，许之。有罪年不盈十岁，除；其杀人，完为城旦舂。"（第86号简）《二年律令·告律》："年未盈十岁及毄（系）者、城旦舂、鬼薪白粲告人，皆勿听。"（第134号简）可知在汉律，曾规定未满十岁者，除杀人外皆不予问罪。但汉朝曾多次改变免刑标准，并非一直是未满十岁。与免刑相应，未满十岁者，也不得控告他人请求处刑。《唐律疏议·斗讼律》"囚不得告举他事"条的"疏议"也指出，限制老小告发的理由之一为"犯法即得勿论"。

621　捍：通"悍"，凶狠强悍。在秦汉律中，"悍"常用于表述妻对夫，或奴婢对主人的不恭。如睡虎地秦简《法律答问》："妻悍，夫殴治之，夬（决）其耳，若折其支（肢）指、胅膿（体），问夫可（何）论。当耐。"（第79号简）《二年律令·贼律》："妻悍而夫殴笞之，非以兵刃也，虽伤之，毋罪。"（第32号简）谒杀：指向官府禀告请求予以杀戮。秦律规定，对于凶悍的奴婢可向官府禀告请求卖给官府，见睡虎地秦简《封诊式·告臣》："爰书：某里士五（伍）甲缚诣男子丙，告曰：'丙，甲臣，桥（骄）悍，不田作，不听甲令。谒买（卖）公，斩以为城旦，受贾（价）钱。'"（第37—38号简）《二年律令·贼律》："□母妻子者，弃市。其悍主而谒杀之，亦弃市；谒斩止（?）若刑，为斩、刑之。其臭诟詈主、主父母妻……"（第44号简）《史记·田儋列传》："田儋详为缚其奴，从少年之廷，欲谒杀奴。"

聚盗，亦当与同。[622]欧人教令者与同罪，即令人欧其父母，不可

622 贼燔人庐舍积聚，盗赃五匹以上，弃市；即燔官府积聚盗，亦当与同：积聚：积聚之物，指财物。《管子·轻重甲》："为人君不能散积聚，调高下，分并财，君虽彊本趣耕，发草立币而无止，民犹若不足也。"句读上，诸注释本皆从中华书局本作"贼燔人庐舍积聚，盗赃五匹以上，弃市"，邱汉平新、旧版《历代刑法志》亦同。但内田氏作"贼燔人庐舍积聚盗，赃五匹以上弃市"。（[日] 内田氏：《译注》，第138页。）

按：内田氏观点可从。首先，后句"即燔官府积聚盗，亦当与同"句读明晰，若将"盗"附于"燔……积聚"之后表示"故意纵火并实施盗取财物的行为"，赃五匹以上，与"即燔官府积聚盗"相对应，有一定道理。其次，从"贼燔"与"燔"来看，湖南张家界古人堤遗址出土的东汉简牍"贼律"残篇有"贼燔烧宫"，指故意纵火焚烧宫室。《二年律令·贼律》："贼燔城、官府及县官积冣（聚），弃市。贼燔寺舍、民室屋庐舍、积冣（聚），黥为城旦春。其失火延燔之，罚金四两，责（债）所燔。"（第5号简）贼燔即故意焚烧，若行为对象为城、官府等国家机关，应处弃市；若对象是寺舍、民室等私产，处黥为城旦春；过失焚烧处罚更轻。故此处"贼燔"与"燔"外延不同，前者强调故意纵火，而后者"延燔"即"失火"。即使"贼燔"，其对象为私人的房屋财物与官府的房屋财物，亦区分处罚力度，显然出于对官方财物更加有力保护的法律设计。因此，普通人应该更加小心谨慎，犹如卑幼对尊长应尽更多注意义务一样。再联系到《唐律疏议·贼盗律》："诸故烧人舍室及积聚之物而盗者，计所烧价减，并赃以强盗论。"疏议曰："十匹绞。"综上，此句可解释为故意纵火焚烧私产并且实施盗窃的，赃值五匹以上，弃市。失火焚烧官府财产并且实施盗窃的（不问财产损失多寡），也应当与前面的处罚相同。

与行者同得重也。[623]若得遗物强取强乞之类，无还赃法随例畀之文。[624]

---

623 欧：同"殴"，殴打。即令人欧其父母：《二年律令·贼律》云："子牧杀父母，殴詈泰父母、父母、叚（假）大母、主母、后母，及父母告子不孝，皆弃市。"（第35号简）《太平御览·刑法部六》所引《董仲舒决狱》云："殴父也，当枭首。"教令：一指教化，命令，如"子孙违犯教令"；二是教唆，即唆使、指使他人违法犯罪，而自己不动手实施具体犯罪行为；或唆使他人与自己一同犯罪，含有共同犯罪之义。此处取教唆意。传世晋律中尚未见到对教唆罪的具体规定。在唐律中，一般情况下，教唆有责任能力之人时，教唆者与实行者处同等刑罚，但在殴打父母这种情况下，殴打父母者触犯的是"十恶"中的"恶逆"等罪，处刑极重；而教唆者因与被殴打者无亲属关系，处刑比实行者轻。重：死刑的别称，见前注230。

624 得：拾得。遗物：遗失物，指属他人之物，自己无所有权。畀：还，给予。此处句读，内田氏认为是"无还赃法，随例畀之。文法律中，诸不敬……"，"文"字未作说明。（[日]内田氏：《译注》，第138页。）沈家本认为此处句读为"无还赃法，随例畀之。"无"文"字。沈家本按："张斐所注虽是晋律，汉法当亦如是。唐律诸以赃入罪，正赃见在者还官，此即还赃畀主之法。唐律乞索之赃并还主，则与斐言稍有不同，当是唐所改者。"（沈家本：《历代刑法考·汉律摭遗二·盗律》，第1409页。）无还赃法：晋律中或没有与之相关的返还赃物的明文规定。秦时对赃之追征与免征已有具体规定，睡虎地秦简《法律答问》："盗盗人，买（卖）所盗，以买它物，皆畀其主。今盗盗甲衣，买（卖），以买布（衣）而得，当以衣及布畀不当？当以布及其它所买畀甲，衣不当。"（第23—24号简）又《二年律令·盗律》："盗盗人，臧（赃）见存者皆以畀其主。"（第59号简）可见秦时以盗赃所买他物亦视为盗赃而须还主。《唐律疏议·名例律》："若乞索之赃，并还主。"疏议曰："强乞索、和乞索，得罪虽殊，赃合还主。"又："诸以赃入罪，正赃见在者，还官、主；（转易得他物，及生产蕃息，皆为见在。）"或渊源于此。

法律中诸不敬[625]，违仪失式[626]，及犯罪为公为私[627]，赃入身不入身[628]，

---

625　不敬：见前注 551 "亏礼废节谓之不敬"。

626　违仪失式：即违失仪式。仪式，前文有 "亏礼废节谓之不敬"，又有 "礼乐崇于上，故降其刑；刑法闲于下，故全其法。是故尊卑叙，仁义明，九族亲，五道平也"，可知其与 "礼乐" 具有相同的内涵，指尊卑亲疏贵贱等儒家纲常伦理及维护统治秩序的制度礼仪。

627　为公为私：分别指与因公的职务或私情私事有关的犯罪，约略同于后世的公罪与私罪。相类似概念有：①秦律中的 "公室告" 与 "非公室告"。睡虎地秦简《法律答问》："公室告可（何）也？非公室告可（何）也？贼杀伤、盗它人为公室；子盗父母，父母擅杀、刑、髡子及奴妾，不为公室告。"（第 103 号简）"非公室告，勿听。"（第 104 号简）但秦的 "公室告" 与 "非公室告" 与晋律中 "公" 与 "私" 指代不同。②唐律中的 "公罪" 与 "私罪" 或由 "为公为私" 演变而来（但公罪、私罪之名早已有之，公罪如荀悦曰："贯高首为乱谋，杀主之贼；虽能证明其王，小亮不塞大逆，私行不赎公罪。《春秋》之义大居正，罪无赦可也。"（荀悦《汉纪》卷四）私罪如《谷梁传·文公十四年》"齐人执单伯私罪也。"《汉书·陈汤传》："贰师将军李广利……其私罪恶甚多。"）《唐律疏议·名例律》："'私罪'，谓不缘公事，私自犯者；虽缘公事，意涉阿曲，亦同私罪。" 又 "公罪，谓缘公事致罪而无私、曲者。" 公罪与私罪的区分，是针对官员犯罪而言的，平民犯罪并无公私之分。

628　入身：一指没入己身，《列女传·齐太仓女》："妾愿入身为官婢，以赎父罪，使得自新。" 非本条之义。二指赃物到手或未到手，不入身即指未到手，高氏、张氏、谢氏均取此义。（高氏：《注译》，第 98 页；张氏：《注释》，第 93—94 页；谢氏：《注译》，第 149 页。）唐律中赃物有 "入己"、"入私" 和 "不入己"、"入官" 的区分，其处刑亦有轻重之差，或渊源于此。《唐律疏议·职制律》："赃重入己者，以枉法论，至死者加役流；入官

皆随事轻重取法，以例求其名也。[629]

夫理[630]者，精玄之妙，不可以一方行也；律者，幽理之奥，不

---

者，坐赃论。"又："'入私者，以枉法论'，称'入私'，不必入己，但不入官者，即为入私。"入私包括入己、不入己（即入他人）两种情形。据此，"赃入身不入身"句的意思应指：赃物入身即为自己所得，不入身即非为自己而为他人所得。理由如下：若意指"入手与否"，则宜表达为"入身未入身"而非"入身不入身"；且仅具有犯罪"既遂"、"未遂"之意，与前句"为公为私"欠缺对应与联系，未能体现均为职务犯罪时的轻重之分。而释为赃物"为己所得"、"非为己而为他人所得"，才与犯罪"为公"、"为私"一样，均指官员犯罪的情况，且处刑上有轻重之差，故才特别提出。后文"皆随事轻重取法"正是对此类情况的总结。

相比之下，陆氏释为："指官吏已违法取得赃物，还是取得的赃物已经还界原主或者由官府没收。"（陆氏：《注释》，第 87 页。）可能有失原意，不取。

629　随事轻重取法：依情节的轻重适用法律，或"举重以明轻"或"举轻以明重"。"轻重相举"乃隋代确立的重要立法技术，并为唐律继承。《唐律疏议·名例律》："诸断罪而无正条，其应出罪者，则举重以明轻；其应入罪者，则举轻以明重。"该原则的确立，使得隋以来的法律条文大为简化。（参见周东平：《"舉重以明輕，舉輕以明重"之法理補論——兼論隋律立法技術的重要性》，《東方學報》（京都）第八十七册，2012 年。）

以例求其名：高氏释为"依据先例，确定罪名"。（见高氏：《注译》，第 99 页。）但参考前文"其犯盗贼、诈伪、请赇者，则求罪于此"，当指以《刑名》、《法例》中的规定推究其罪名。

630　理：法理。见前注 556、568。

可以一体守也。或计过以配罪，或化略以循常，或随事以尽情，或趣舍以从时，或推重以立防，或引轻而就下。[631]公私废避之宜，除

---

631　计过：检讨、衡量过错。《国语·鲁语下》："士朝受业，昼而讲贯，夕而习复，夜而计过无憾，而后即安。"化略：精到简要。《三国志·魏书·刘劭传》："制度之士贵其化略较要，策谋之士赞其明思通微，凡此诸论，皆取适己所长而举其支流者也。""推重"与"引轻"相对，分别指推行重罚与引用轻法。就下：前文有"礼乐崇于上，刑法闲于下"，"上"、"下"分别指代统治阶层与平民百姓，"就下"即体恤百姓。此句呼应后文"变通之体"、"化而裁之为之格"、"变无常体"，强调要根据变化的具体情况，在符合"礼"的精神的原则下，可以进行一些变化，以维护统治秩序，体现张斐注律受到《周易》的影响。

削重轻之变，皆所以临时观衅，使用法执诠者幽于未制之中，采其根牙之微，致之于机格之上，称轻重于豪铢，考辈类于参伍，然后乃可以理直刑正。[632]

夫奉圣典者若操刀执绳，[633] 刀妄加则伤物，绳妄弹则侵直。枭

---

632　观衅：窥伺间隙。《左传·宣公十二年》："会闻用师，观衅而动。"诠：事理，事物的规律。《淮南子·兵略训》："发必中诠，言必合数。"幽于……之中：在……阶段。牙：同"芽"，根牙比喻事物的本质和表现出来的迹象。格：置物的架子。豪：同"毫"，一厘九毫。铢：《小尔雅》："二十四铢曰两。"豪、铢皆为古时衡制单位，此处指微小的差别。辈类：同类事物。参伍：又作"参五"，指错综复杂。《周易·系辞上》："参伍以变，错综其数。"

633　夫奉圣典者若操刀执绳："奉圣典者"即前文"用法执诠者"，指掌管律令刑狱的官吏。绳：绳墨，匠人用以画直线的工具。

首者恶之长，斩刑者罪之大，弃市者死之下，髡作者刑之威，赎罚者误之诫。[634]王者立此五刑，所以宝君子而逼小人，故为敕慎之

634　枭首者恶之长，斩刑者罪之大，弃市者死之下，髡作者刑之威，赎罚者误之诫：参见前文《律表》云："生罪不过十四等，死刑不过三。"见前注 428、583。

经，皆拟《周易》有变通之体焉。[635] 欲令提纲而大道清，举略而王法齐[636]，其旨远，其辞文，其言曲而中，其事肆而隐。[637] 通天下之志

---

635　逼：威慑。敕：告诫，嘱咐。《史记·乐书》："余每读虞书，至于君臣相敕。"经：常道，准则。《左传·昭公十五年》孔颖达疏："经者，纲纪之言也。"皆拟《周易》有变通之体焉：变通，《周易·系辞下》："变通者，趣时者也。"指按时势变化，灵活运用。《周易》的基本思想之一，是认为宇宙间的万事万物无时无刻不在发展着、变化着。由此，张斐认为法律也并不是僵化不变的，法律条文虽是固定的、外在的，其中精神则是精深微妙的。因此，不能片面、生硬地理解法律条文，还要重视制定法律的目的及其内在精神，根据具体情况对法律条文进行变通处理。

636　提纲：提纲挈领，要言不烦。清：使清晰明朗。举略：举出概要。

637　其旨远，其辞文，其言曲而中，其事肆而隐：此句出自《周易·系辞下》："其旨远，其辞文，其言曲而中，其事肆而隐。"孔颖达疏："其辞放肆显露而所论议理深而幽隐也。"此处引用《周易》来称颂晋律。

唯忠也，断天下之疑唯文也[638]，切天下之情唯远也，弥天下之务唯大也，变无常体唯理也[639]，非天下之贤圣，孰能与于斯[640]！

---

638　志：内心的倾向，意愿。《论语·公治长》："盍各言尔志。""忠"与"文"：此处具有特殊意义，《史记·高祖本纪》："太史公曰：夏之政忠。忠之敝，小人以野，故殷人承之以敬。敬之敝，小人以鬼，故周人承之以文。文之敝，小人以僿，故救僿莫若以忠。三王之道若循环，终而复始。周秦之间，可谓文敝矣。秦政不改，反酷刑法，岂不缪乎？故汉兴，承敝易变，使人不倦，得天统矣。"裴骃《集解》引郑玄曰："忠，质厚也"，"文，尊卑之差也。"本志前文有传曰："殷周之质，不胜其文。"《礼记·表记》："虞夏之质，殷周之文，至矣。虞夏之文，不胜其质；殷周之质，不胜其文；文质得中，岂易言哉？"忠，侧重内心情感，质朴淳厚之意。文，原意指花纹、文理，后衍生出文饰、文章、外在修饰、礼仪仪式、典章制度等字义。此处即指礼法制度。

639　切：契合，与之相一致。情：道理，情理，实情。远：《论语·雍也》："樊迟问知。子曰：'务民之义，敬鬼神而远之，可谓知矣。'"敬而远之，尊重但远离，此处取远离之意，指要切合全天下的情理，只有高瞻远瞩，作出原则性的规定。弥：满，此处取囊括之意。务：事业、事务。大：古代哲学概念，《庄子·天下》："至大无外，谓之大一；至小无内，谓之小一。"

640　孰能与于斯：有谁能做到呢。《周易·系辞上》："圣人以此洗心，退藏于密，……其孰能与于此哉！"

夫形而上者谓之道，形而下者谓之器，化而财之谓之格。[641]刑杀者是冬震曜之象，髡罪者似秋彫落之变[642]，赎失者是春阳悔吝之疵

---

641　夫形而上者谓之道，形而下者谓之器，化而财之谓之格：语出《周易·系辞上》：“是故形而上者谓之道，形而下者谓之器，化而裁之谓之变，推而行之谓之通，举而错之天下之民谓之事业。”财：通“裁”，裁成、裁制。《周易·上经泰传第二》：“天地交泰，后以财成天地人道。”（“财”，诸本皆如此，但武英殿本光绪十年上海同文书局景本作“裁”。[日]内田氏：《译注》，第141页。）格：改正，变化。《论语·雍也》：“道之以德，齐之以礼，有耻且格。”张斐在此将“礼”与“法”的关系比为“道”与“器”的关系，认为“礼”是超越于现实的绝对精神，而法律则是这一精神的外在体现与实现工具。二者互为表里、相辅相成。“礼”是根本性的，但必须依靠法才能实现。在传统中国法律的“礼法结合”进程中，汉董仲舒以来“引经决狱”的盛行，使儒家精神渗透到法律中，却尚未重视到法律本质的重要性。而张斐的注律思想，既肯定“礼”的至高地位，又强调法的不可替代，并以《周易》变通的哲学思想解决了礼刑（法）如何结合，“礼”如何指导法律实践的问题。为唐律的“一准乎礼”和传统法律的定型起到重要作用。

642　刑杀：指上述三种死刑：枭首、斩刑、弃市。震曜：雷鸣电闪，比喻刑杀。《尚书·大诰》孔颖达正义：“王者征伐刑狱，象天震曜杀戮，则征伐者，天之所威用，谓诛恶是也。”《汉书·刑法志》：“刑罚威狱，以类天之震曜杀戮也。”彫落：同“凋落”，指草木凋谢。《礼记·月令》：“孟秋之月……命有司修法制，缮囹圄，具桎梏，禁止奸，严断刑。”又：“季秋之月……草木黄落……乃趣狱刑，毋留有罪。”

也 [643]。五刑成章，辄相依准，法律之义焉。[644]

（李萌、崔超注）

---

643　悔吝：悔恨之意。《周易·系辞上》："悔吝者，言科其小疵也。"又："悔吝者，虞之象也。"疵，过失。

644　五刑成章，辄相依准，法律之义焉：五刑形成完整的体例，相辅相成，作为判决的依据和准则，法律的意义就在于此。

【今译】

按照律文《刑名》《法例》中所体现的原则，即使并未明确规定于正文中的情况，也可据之定罪量刑。八十岁的老人除犯杀伤人罪外，其他都不予论处，倘使诬告他人谋反则要反坐，十岁及以下者不得控告他人；倘使奴婢对主人态度强悍，主人可向官府禀告请求予以杀戮。故意焚烧并偷盗私人房屋财物，赃值五匹以上，则处以弃市；至于失火并偷盗官方房屋财物，则可据之类推处理。教唆他人殴打别人，教唆者与殴打者处同样的罪刑，倘使教唆他人殴打父母，则不应与实行殴打者同处以死刑。至于拾得遗失物、强行索取他人财物等行为，律中虽无返还此类赃物的规定，也应该随通例予以返还。法律中规定的各种不敬行为，违反礼仪制度，以及因公或因私犯罪，赃物入己身或非入己身，都应依事实的轻重来适用法律，据《法例》中的规定推究其罪名。

法理的精深玄妙，不能仅以一种方法去实施；律令的深邃奥妙，不能仅从一种体例来掌握。有时要衡量过错来适用刑罚，有时要精到简要以循常理，有时要依据具体事实以符合常情，有时要有所取舍以顺从时宜，有时要推行重罚进行预防，有时要引用轻法来体恤人民。公罪、私罪、废除、规避的权宜手段，免罪、减罪、重罚、轻刑的变化运用，都需依当时情形充分考量观察，使刑罚的运用者和法律的解释者在定罪的初始阶段，寻觅事物的本质及其外露的迹象，将其置于法律的框架中，毫厘必较地观察其细微的轻重之差，于错综复杂中考察同类的事例，然后才能法理正当而刑罚公正。

掌管律令刑罚者，如同操持刀刃或手执绳墨，任意用刀会伤害事物，随意弹绳则会损害直线。枭首是对罪犯最严厉的处罚，斩刑是较严厉的刑罚，弃市是死罪中的最轻刑，髡作体现刑罚的威严，赎罚是对过误的惩诫。王者确立这五种刑罚，是为了珍爱君子而威慑小人，所以是告诫谨慎的准则，这都是效法《周易》中变通的哲理体系。意在提纲挈领而能使大道清明，举出要点而能使王法齐一。其意义深远而又富于文采，说理婉转含蓄却能切中事理，论事明晰透彻而又隐秘深奥。能会通天下人之心志的只有"忠"，能决断天下疑难案件的只有"文"，能契合全天下之情理的只有"远"，能囊括天下之事务的只有"大"，变幻而无一定形体的只有"理"，若非天下贤圣之人，谁又能悟到呢？

所谓形而上之抽象者为"道"，形而下之具体者为"器"，二者变化交感裁正事物即为"格"。刑杀是顺应冬之雷鸣电闪的象征，髡罪似顺应秋季草木凋谢的变化，赎过失罪则像春日阳光一般挽救犯过失而愿意悔改之人。五种刑罚组成完整的体系，相辅相成作为量刑准则，才合于法律的本义。

（李萌、崔超译）

【原文】

是时侍中卢珽<sup>645</sup>、中书侍郎张华<sup>646</sup>又表："抄《新律》诸死罪条目,

---

【注释】

645 侍中:古官名,战国时期似已出现。如应劭《汉官》:"侍中,周官也。秦始皇破赵,得其冠以赐侍中。"《史记·李斯列传》:"赵高对秦二世云:'且陛下深拱禁中,与臣及侍中习法者待事,事来有以揆之。'"两汉沿置。《汉官仪》:"侍中,左蝉右貂,本秦丞相史。往来殿内,故谓之侍中。分掌乘舆服物,下至裹器虎子之属。"从汉武帝开始,侍中除了侍帝左右,掌管乘舆服物等事务外,因接近皇帝,渐渐成为朝廷中的实权人物,地位渐形重要。(参见徐杰令:《两汉侍中考》,《中华文化论坛》2006 年第 1 期。)魏晋时与三公共同参政,直接侍奉皇帝左右。晋代的侍中为三品,《北堂书钞》卷五十八引晋《官品令》:"职掌摈威仪,尽献纳,纠正补过。文乐若有不正,皆得驳除;书表章奏,皆掌除也。"

卢珽(生卒年不详):字子笏,西晋范阳涿(今湖北涿县)人,父卢植曾任尚书仆射。卢珽曾任卫尉卿,后任侍中,参与朝政,掌章奏谏议等事。晋武帝时任尚书仆射,加侍中。(参见《晋书·卢钦列传弟卢珽附传》。)

646 中书:职官机构的名称。李文才认为"中书"一名最早出现于西汉,当时的"中书"只是"中尚书"的简称,属于尚书的一个组成部分,因其全部由宦官担任,并在禁中工作,故名"中书"。而此处的"中书"是指创始于曹魏而发展于两晋时期的中书机构,与西汉由宦官充任的"内职"机构不同,它参与政治运作且全部以士人充任职掌而属于朝官序列。(参见李文才:《论中枢机构在魏晋之际的发展变化》,《贵州社会科学》2012 年第 5 期。)

中书侍郎:官名,晋代始置,为中书省长官中书监、令之副。《晋书·职官志》:"魏黄初初,中书既置监令,又置通事郎,次黄门郎。黄门郎已署事过,通事乃署名。已署,奏以入,为帝省读,书可。及晋,改曰中书侍郎,员四人。中书侍郎盖此始也。"

悬之亭传，以示兆庶。"[647]有诏从之。及刘颂为廷尉[648]，频表宜复肉刑，不

---

张华（公元 232—300 年）：字茂先，西晋范阳方城（今河北省固安县）人。晋初任中书令、散骑常侍。惠帝时，历任侍中、司空，后被赵王伦和孙秀所杀。传世著作有《张茂先集》、《博物志》等。见《晋书·张华列传》。

647　亭：原是秦汉时期设立在乡下最基层的行政组织，主要职能在于抓捕盗贼，维护辖区的治安，也负责邮驿方面的事务。因邮驿之事也建设了房舍，具备官营旅舍性质。应劭《风俗通义》："汉家因秦，大率十里一亭。亭，留也，盖行旅宿会之所馆。"传：传舍。传舍之名始见于《战国策·魏策四》："楚人恶其缓而急之，令鼻之入秦之传舍，舍不足以舍之。"亭传：古代官营旅舍的一种，供旅客和传递公文的人途中歇宿的处所。《三国志·魏书·张鲁传》："诸祭酒皆作义舍，如今之亭传。"张积认为，亭传主要分布在乡村，虽属于官营旅舍，但普通人也能在此留宿。（参见张积：《汉代旅舍探析（下）》，《北京联合大学学报（人文社会科学版）》2008 年第 2 期。）所以，此处以《新律》悬以亭传，或许能达到使百姓知晓的效果。曹旅宁认为这种制度当是继承秦汉而来。根据西北地区的悬泉置所出在泥墙上公布的汉哀帝时的《月令诏条》，可以看到，当时法令初颁，为了让人民周知，写在板上挂在里门及亭传公布是一种普遍的做法。（参见前揭曹旅宁：《玉门花海所出〈晋律注〉初步研究》，第 267 页。）

兆庶：也称作兆民，泛指众民，百姓。《后汉书·崔骃列传》："济此兆庶，出于平易之路。"兆：数量词，古代指万亿。庶：平民，百姓。

648　刘颂（公元？—300 年）：字子雅，西晋广陵（今江苏扬州）人，晋武帝时曾任尚书三公郎、中书侍郎、廷尉、内太守等职。他曾多次上书论刑政、狱讼诸事，主张恢复肉刑；还提出了"又律法断罪，皆当以法律令正文，若无正文，依附名例断之；其正文名例所不及，皆勿论"等颇具司法独立与援法定罪意味的主张，是一位在法史上有着很高地位的法律思

见省 <sup>649</sup>，又上言曰：

　　臣昔上行肉刑，从来积年，遂寝不论。臣窃以为议者拘孝文之

────────────

想家。(参见《晋书·刘颂列传》。)

　　廷尉：见前注 171。

　　649　省：省察、考察。《论语·学而》："吾日三省吾身。"

小仁[650]，而轻违圣王之典刑[651]，未详之甚[652]，莫过于此。

今死刑重，故非命[653]者众；生刑轻，故罪不禁奸。所以然

---

650　孝文之小仁：指汉文帝废肉刑，详见前注38。文帝废肉刑意欲怜悯百姓，结果反而加重了笞刑，增加了死刑的适用，所杀犯人比未废除之前反而更多，因此是"小仁"。（参见张建国：《汉文帝除肉刑的再评价》，《中外法学》1998年第3期。）

651　圣王之典刑：圣王：陆氏认为是远古三王（夏禹、商汤、周文王）。（陆氏：《注释》，第92页。）高氏则认为圣王泛指夏商周各代君主。（高氏：《注译》，第103页。）此处宜认为是指上古时期德才超群达于至境之帝王，具体指尧、舜、禹、汤、文、武（及周公）。如柳宗元就是这样解释圣王："彼封建者，更古圣王尧、舜、禹、汤、文、武而莫能去之；盖非不欲去之也，势不可也。"（《河东先生集·封建论》）

典刑：从张氏注："典范的刑制。这是说肉刑是圣王的典范刑制。"（张氏：《注释》，第99页。）

652　未详之甚：最不审慎的。

653　非命：因意外的灾祸而死，此处指因死刑过重而死。《后汉书·荀彧列传》："（彧）阻董昭之议，以致非命，岂数也夫！"

者，肉刑不用之所致也。今为徒者[654]，类性元恶不轨之族也，[655]去家悬远，作役山谷，饥寒切身[656]，志不聊生，[657]虽有廉士介者[658]，苟虑

---

654　为徒者：指判处徒刑、服劳役之人。

655　类性元恶不轨之族也：类：大抵、大都。《文选》卷42曹丕《与吴质书》："观古今文人，类不护细行。"

元恶：大恶、首恶。《尚书·康诰》曰："元恶大憝，矧惟不孝不友。"

不轨：有两种含义：第一种指超越常轨，不遵守礼法制度。《左传·隐公五年》："不轨不物，谓之乱政。"杨伯峻注："轨谓举事不合礼制法度。"第二种指叛乱。《史记·秦始皇本纪》："有狡猾之民，无离上之心，则不轨之臣无以饰其智，而暴乱之奸弭矣。"此处应指第一种意思，盖因对叛乱之人所处刑罚往往是死刑，而非徒刑。

族：品类、种类、类型。

656　切身：迫身，身体为外界所迫。《晏子春秋·杂上》："不免冻饿之切吾身，是以为仆也。"

657　志不聊生：志：心志、意志。《说文解字》："志，意也。"聊：依赖、依靠。聊生：有所依赖以维持生活。《战国策·秦策四》："百姓不聊生，族类离散，流亡为臣妾。"此句意为被处劳役刑者内心认为无法生活下去。

658　廉士介者：廉士：有节操、不苟取之人。《孟子·滕文公下》："陈仲子岂不诚廉士哉？"赵岐注："陈仲子，齐一介之士，穷不苟求者。"《庄子·刻意》："众人重利，廉士重名。"

介者：也称介士，指耿直有操守之人。《孟子·尽心上》："柳下惠不以三公易其介。"刘熙注："介，操也。"

不首死<sup>659</sup>，则皆为盗贼，岂况本性奸凶无赖之徒乎！又令徒富者输财，解日归家<sup>660</sup>，乃无役之人也。贫者起为奸盗，又不制之虏<sup>661</sup>

---

659　首：内田氏认为"首"是主动之意。（[日]内田氏：《译注》，第142页。）此处宜解为是自首、服罪。《后汉书·西域列传》："虽有降首，曾莫惩革，自此浸以疏慢矣。"不首死：此处应指廉士介者若仅以小罪而受死刑，必然不打算投案自首而受死之意。

660　解日归家：解日：内田氏认为是解除服役日数。（[日]内田氏：《译注》，第144页。）此处指按照被处徒刑者缴纳的钱财折算服役日数，释放其归家之意。

661　不制之虏：虏：指叛逆、作乱之人。此处意指（贫穷者起来作乱偷盗）又成为难以制伏的罪犯。

也。不刑，则罪无所禁；不制，则群恶横肆。为法若此，近不尽善也。是以徒亡日属，[662]贼盗日烦，[663]亡之数者至有十数[664]，得辄加

---

662　徒亡日属：亡：逃离，逃亡。《史记·蔺相如列传》："乃使从者衣褐，怀其璧，从径道亡。"属：继续、接连不断。《史记·魏公子列传》："冠盖相属。"此处指罪犯逃亡每天都在发生，持续不断。

663　贼盗日烦：烦：繁多、增多。《商君书·算地》："小人不避其禁，故刑烦。"此句意指作乱或者偷窃财物的情况一天比一天增多。

664　十数：指十几、十多，表示较多之意。

刑，日益一岁，此为终身之徒也。自顾反善[665]无期，而灾困逼身，其志亡思盗，势不得息，[666]事使之然也。

---

665　反善：回心向善。《三国志·魏书·何夔传》："承等非生而乐乱也，习于乱，不能自还，未被德教，故不知反善。"

666　志亡思盗，势不得息：内心想要逃跑、打算去偷盗，这种势头不能平息。

　　古者用刑以止刑[667]，今反于此。诸重犯亡者，发过三寸辄重髡之，此以刑生刑；加作一岁，此以徒生徒也。亡者积多，系囚猥

---

667　古者用刑以止刑：此句当源自《尚书·大禹谟》："汝作士，明于五刑，以弼五教，期于予治，刑期于无刑。"

畜[668]。议者曰囚不可不赦，复从而赦之，此为刑不制罪，法不胜[669]奸。下知法之不胜，相聚而谋为不轨，月异而岁不同。故自顷

---

668　猥畜：猥：即"杂猥"，繁杂地、杂乱地。《左传·隐公五年》："若夫山林川泽之实，器用之资。"杜预注："言取此杂猥之物，以资器备。"畜：收容、畜养。《左传·襄公二十六年》："获罪于两君，天下谁畜之？"杜预注："畜，犹容也。"猥畜意即杂乱关押。

669　胜：克制、制伏。《管子·重令》："凡令之行也，必待近者之胜也。"《论语·子路》："善人为邦百年，亦可以胜残去杀矣。"

年[670]以来，奸恶陵暴[671]，所在充斥[672]。议者不深思此故，而曰肉刑于名

---

670　顷年：近年。《后汉书·明帝纪》："自汴渠决败，六十余岁，加顷年以来，雨水不时，汴流东侵，日月益甚，水门故处，皆在河中。"

671　陵暴：欺凌迫害。陵：通"凌"，欺凌、欺压。《史记·仲尼弟子列传》："子路性鄙，好勇力，志伉直，冠雄鸡，佩猳豚，陵暴孔子。"

672　充斥：众多、随处可见。《左传·襄公三十一年》："敝邑以政刑之不修，寇盗充斥。"杜预注："充满斥见，言其多。"

忤听[673]，忤听孰与贼盗不禁[674]？

（钟晓玲、崔超注）

---

673　忤：《汉书·金日磾传》："日磾自在左右，目不忤视者数十年。"颜师古注："忤，逆也。"忤听：难听、不顺听。

674　忤听孰与贼盗不禁：孰与：比对方怎么样，表示疑问反问，用于比照。《墨子·耕柱》："巫马子谓子墨子曰：'鬼神孰与圣人明智？'"此句意指肉刑之名不顺听与无法防止贼盗相较，哪一种好呢？

【今译】

这时候侍中卢斑、中书侍郎张华又向皇帝上表:"抄写《新律》各项死罪条文,悬挂于亭传,以便告示天下百姓。"皇帝下诏按照他们的建议办理。

到了刘颂担任廷尉,频频上表皇帝,主张应当恢复肉刑,其建议未被采纳。于是又上书说:

臣曾经上书建议施行肉刑,从那时起已经事过多年,都将其搁置而没有再议论。臣私自认为,议论此事之人是拘泥于孝文帝之小仁,而轻率地违背了古代圣王的典范刑制,如此的不明事理,没有比这个更严重的了。

如今,死刑过重,因此丧失生命的人多;生刑过轻,因此判罪定刑也不能禁止作奸犯科。之所以这样,是因为不施行肉刑带来的。如今被判处徒刑之人,大都是本性凶恶、不遵守礼制法度之徒,身在离家遥远之处,服劳役于山谷之中,饥寒交迫,内心已不抱生存之希望。即便廉洁耿直之士,若考虑到不自首而受死,都落草为盗贼。更何况本性奸邪凶恶的无赖之徒!再者,允许被处徒刑的富人缴纳钱财折算服役日数,让其释放回家,就像没有服过劳役一样。被处刑的贫穷者起来作乱偷盗,再次成为难以制伏的罪犯。不用刑罚,就无法禁止犯罪;不加节制,则众多凶恶之徒横行无忌。如果制定出来的法律是这样的,那大概是不完善的了。因此,囚徒逃亡的情况每天都在发生,作乱或者盗窃财物的案件一天比一天增多。有的囚徒逃亡次数甚至达到十多次,一旦抓到就要加刑,逃亡一天加刑一年,这等于是终身的徒刑了。这些囚徒考虑到改恶从善遥遥无期,而灾难困苦紧逼,于是想要逃跑、打算盗窃的势头不能平息,这是现实情况迫使他们这样做。

古时候想通过用刑罚达到停止用刑之目的，如今则与古时恰恰相反。那些一再逃亡的罪犯，头发长过三寸就重新施以髡刑，这是用旧刑罚催生新刑罚；增加劳作一年，这是用旧徒刑催生新徒刑。逃亡的犯人逐渐增多，关押的囚犯被杂乱收容。此时议论者又主张应当赦免囚犯。皇帝又根据这种意见大赦囚犯，这使得刑罚不能遏止犯罪，法律不能制伏奸邪。百姓因知道法律无力遏止违法作乱，于是相聚在一起图谋不轨，随岁月推移而日益严重。因此近年以来，奸邪逞凶、欺凌迫害的行为，随处可见。议论之人不深思造成此局面的原因，反而说肉刑之名不顺听，但是不顺听与盗贼不禁相比较，哪一个更好呢？

（钟晓玲、崔超译）

【原文】

圣王之制肉刑，[675]远有深理，其事可得而言，非徒惩其畏剥割[676]

---

【注释】

675　圣王之制肉刑：从陆氏注："《汉书·刑法志》：'禹承尧舜之后，自以德衰而制肉刑，汤武顺而行之者，以俗薄于唐虞故也。'《周礼·秋官·司圜》疏引《孝经纬》：'五帝画象，三王肉刑。'这是本篇的依据。"（陆氏：《注释》，第95页。）

676　剥割：割削，此处指施用肉刑。《后汉书·宦者列传序》："皆剥割萌黎，竞恣奢欲。拘害明贤，专树党类。"

之痛而不为也，乃去其为恶之具[677]，使夫奸人无用复肆其志，止奸绝本，理之尽也。亡者刖足，无所用复亡。盗者截手，无所用复盗。

---

677　具：用具，器械。《史记·货殖列传》："皆中国人民所喜好，谣俗被服饮食奉生送死之具也。"此处转指下文的手、足、势等。本志后文还有"今行肉刑，非徒不积，且为恶无具则奸息"之"具"，同此用法。

淫者割其势，理亦如之。除恶塞源，莫善于此，非徒然也。此等已刑之后，便各归家，父母妻子，共相养恤[678]，不流离于涂路[679]。有今之

---

678　共相养恤：共同抚养照顾。相：表示一方对另一方有所施为，此处指父母妻子相互共同抚养照顾被施以肉刑的人。

679　流离：居无定所，到处逃难。《后汉书·孝和孝殇帝纪》："今春无澍雨，黎民流离，困于道路。"涂路：道路。《后汉书·庞参列传》："遂乃千里转粮，远给武都西郡。涂路倾阻，难劳百端。"

困，创愈可役[680]，上准古制，随宜业作[681]，虽已刑残，不为虚弃，而所患都塞，又生育繁阜之道自若也。[682]

---

680　创愈可役：创伤痊愈后便可役使劳作。

681　上准古制，随宜业作：从张氏注："按照古代的制度，随情况之所宜，安排一定的业务或劳作。"（张氏：《注释》，第 102 页。）古制：《周礼·秋官·掌戮》："墨者使守门，劓者使守关，宫者使守内，刖者使守囿，髡者使守积。"

682　而所患都塞，又生育繁阜之道自若也：从张氏注："而且所忧虑的问题统统堵塞了，可是生长养育、繁荣富庶的渠道，象原来一样。"（张氏：《注释》，第 102 页。）

自若：依然如故。《国语·越语下》："自若以处，以度天下，待其来者而正之，因时之所宜而定之。"

今宜取死刑之限轻，及三犯逃亡淫盗，悉以肉刑代之。其三岁刑以下，已自杖罚遣，又宜制其罚数，使有常限，不得减此。其有宜重者，又任之官长。应四五岁刑者，皆髡笞，笞至一百，稍行，使各有差，悉不复居作[683]。然后刑不复生刑，徒不复生徒，而残体

---

[683] 今宜取死刑之限轻……悉不复居作：遣：放逐。《说文解字》："遣，纵也。"《后汉书·光武帝纪上》："辄平遣囚徒，除王莽苛政，复汉官名。"居作：罚令犯人服劳役。《旧唐书·刑法志》："乃与八座定议奏闻，于是又除断趾法，改为加役流三千里，居作二年。"此处刘颂建议的"三岁刑以下"、"应四、五岁刑者"，大概是指《晋律》的四种髡刑来说的。参见前注427、583。陆氏认为刘颂似乎是"想用杖罚代替三岁刑，用髡笞代替四、五岁刑。想用杖、笞来代替居作。刘颂对杖、笞的办法，只是'制其罚数；使有常限'和'使各有差'。"（陆氏：《注释》，第96页。）

为戮[684]，终身作诫。人见其痛，畏而不犯，必数倍于今。且为恶者随发被刑[685]，去其为恶之具，此为诸已刑者皆良士也，岂与全其为奸之

---

684  戮：羞辱、耻辱。

685  随发被刑：随着罪恶被发现就受到肉刑处理。

手足，而蹴居<sup>686</sup>必死之穷地同哉！而犹曰肉刑不可用，臣窃以为不识务之甚也。

---

686　蹴居：从陆氏注："局促不安地居住。"（陆氏：《注译》，第 96 页。）

臣昔常侍左右，数闻明诏，谓肉刑宜用，事便于政。愿陛下信独见之断[687]，使夫能者得奉圣虑，行之于今。比填沟壑[688]，冀见

---

687　信独见之断：信：相信、坚信。独见之断：指皇帝见解独到的判断。

688　比填沟壑：比：及，等到。填沟壑：对自己死的谦称。《战国策·赵策四》："虽少，愿及未填沟壑而托之。"

太平。《周礼》三赦三宥[689]，施于老幼悼耄[690]，黔黎[691]不属逮者[692]，此非为恶之所出，故刑法逆舍[693]而宥之。至于自非此族，犯罪则必刑而无

---

689　三赦三宥：分别见前注 106、105。

690　悼耄：指幼孩和老人。《礼记·曲礼上》：“八十九十曰耄，七年曰悼。悼与耄，虽有罪，不加刑焉。”

691　黔黎：黔首、黎民，指百姓。黔：《说文解字》：“黔，黎也。从黑今声。秦谓民为黔首，谓黑色也。周谓之黎民。”汉应劭《风俗通义·城阳景王祠》：“死生有命，吉凶由人，哀哉黔黎，渐染迷谬，岂乐也哉？”

692　不属逮者：不在逮捕囚禁范围内的人。《汉书·刑法志》：“孝景三年复下诏曰：‘高年老长，人所尊敬也；鳏寡不属逮者，人所哀怜也。其著令：年八十以上，八岁以下，及孕者未乳，师、朱儒当鞠系者，颂系之。’”颜师古注：“颂，读曰容，容，宽容之，不桎梏。”

693　逆舍：逆：预先。舍：《正字通》：“舍，与赦通”，即宽免应得的刑罚。《荀子·荣辱》：“忧忘其身，内忘其亲，上忘其君，是刑法之所不舍也，圣王之所不畜也。”逆舍：从陆氏注：“逆舍：预先赦免。”（陆氏：《注释》，第97 页。）此外，高氏认为：“舍，同捨，除外。”（高氏：《注译》，第 106 页。）

赦，此政之理也。暨至后世，以时崄[694]多难，因赦解结，权以行之，又不以宽罪人也。至今恒以罪积狱繁，赦以散之，是以赦愈数而狱

---

694　时崄：时世险恶。崄：同"险"，艰难，困难。《说文解字》："险，阻难也。"

愈塞[695]，如此不已，将至不胜[696]。原其所由，肉刑不用之故也。今行肉刑，非徒不积，且为恶无具则奸息。去此二端，狱不得繁，故无取

---

695　赦愈数而狱愈塞：指君主实施赦免越来越频繁，而监狱却越来越拥挤。谢氏认为，晋代常赦免罪犯，刘颂以为不宜常行赦免。《后汉书·王符列传》中（载王符）也有相同的见解："为国者，必先知民之所苦，祸之所起，然后为之禁，故奸可塞而国可安也。今日贼良民之甚者，莫大于数赦赎。赦赎数，则恶人昌而善人伤矣。"（谢氏：《注译》，第169页。）

696　胜：禁受，禁得起。《管子·入国》："士民有子，子有幼弱不胜养为累者。"

于数赦，于政体胜矣。

疏上，又不见省。

（林汝婷、崔超注）

## 【今译】

圣王之所以制定肉刑，有深远的道理，其事理是可以理解而且充分说明的：不仅是惩治罪犯使其害怕剥皮割肉的痛苦而不敢违法犯罪，而是要除掉他作恶的工具，使那些奸人无法再实现其违法犯罪的意图。遏止奸邪，断绝其作恶的根本，这就是最合于道理之事。对逃亡的罪犯即砍掉他的脚，让他无法再次逃亡。对盗窃者即砍断他的手，让他无法再盗窃。对奸淫者即割掉他的生殖器官，道理也是一样的。除恶就要堵住源头，没有比这方法更好的了，并不是徒劳。这些人经受肉刑之后，便各自回家，由父母妻儿共同抚养照顾他，不至于流落在外。当时虽然受了苦痛，一旦创伤痊愈就可以参加劳役，依循古制，随情况不同而使其从事适当的工作，虽说已是刑残之人，但也并没有被抛弃，而所担心的祸患全都杜绝，又使得生育繁盛之道依然如故。

如今应该选择死刑范围内其罪较轻者，以及三犯逃亡、奸淫、盗窃之罪者，全都用肉刑代替。对于处三年以下徒刑的罪犯，已经予以杖罚后放回，但应该规定杖罚的数目，使之有一定的限度，不能少于这个限度。其中有应该重罚的，委任官长处置。对于处四年或五年徒刑的，全都处以髡刑和笞刑，笞打到一百下，视情况逐渐减少，使得各有差别等级，都不再罚令服劳役。这样以后，刑罚就不再产生新的刑罚，徒役不再催生新徒役，而残缺不全的肢体作为刑辱，成了终身的惩诫。人们看见那痛苦的样子，心中害怕而不敢犯罪，其效果一定会比现在高出数倍。而且作恶的人，其行为一旦被发觉便立即处以肉刑，除去作恶的工具，这样各个受过肉刑的人都会成为良民，岂能与保全罪犯作恶的手脚，而使其处于必死的绝望境地相同！但是还有人说肉刑不可施行，臣私下认为这是很不识时务的。

臣从前常常侍奉在陛下身边，多次听到圣明的诏令，认为肉刑应当采用，便于治理国政。希望陛下坚信自己独到的判断，使那些贤良的人能够遵奉圣明的谋虑，在今日施行。在臣下将死之前，希望见到天下太平。《周礼》有三赦三宥之法，施惠于幼童和老年人，他们属于不在逮捕囚禁范围内的百姓，这些人都不是存心作恶的人，因此刑法预先宽宥了他们。至于原本不属于这一类的人，犯了罪一定处以肉刑而不能赦免，这是处理政事的道理。到了后世，因为时世多难，以赦免的方式来解除冤结，只是一种权宜之策，并非用来宽宥罪人。至今常常因为犯罪案件积聚太多，牢狱人满为患，以赦免来疏散犯人，因此赦免越来越频繁而牢狱却越来越拥挤，这种情况不停止，将导致不能承受的结果。推究其原因，是不用肉刑的缘故。现在施行肉刑，不但不会增加案件，而且作恶的人失去作恶的手脚，奸恶就会停息。如果除去这两个方面，监狱不会人满为患，因此就不用常常赦免，这样对政治体制颇有助益。

疏文奏上，又没有被省览答复。

（林汝婷、崔超译）

【原文】

至惠帝<sup>697</sup>之世，政出群下，每有疑狱，各立私情，刑法不定，狱

---

【注释】

697　惠帝：西晋第二个帝司马衷（公元259—306年），字正度，痴呆昏庸，理政乏术。《晋书·惠帝纪》载："及居大位，政出群下，纲纪大坏，货赂公行，势位之家，以贵陵物，忠贤路绝，谗邪得志，更相荐举，天下谓之互市焉。"在位期间发生了八王之乱。

讼繁滋。尚书[698]裴頠[699]表陈之曰：

夫天下之事多涂[700]，非一司之所管；中才之情[701]易扰，赖恒制

---

698　尚书：据《晋书·惠帝纪》与《资治通鉴》卷八十三《晋纪五》"晋惠帝元康九年八月条"的记载，元康九年八月裴頠任尚书仆射，其年裴頠有此上表。根据表中所载"去八年"与"今年八月"之事，可见该表当在元康九年八月之后。另外，据《晋书·裴秀列传子裴頠附传》所载当时裴頠"迁尚书左仆射，侍中如故"，可见裴頠并未兼任尚书，故上该表时裴頠极有可能已经是尚书仆射，此处当有误。

699　裴頠：（公元 267—300 年），河东闻喜（今山西省闻喜县）人。晋武帝太康二年征为太子中庶子，迁散骑常侍，惠帝即位后任国子祭酒兼右军将军，累迁侍中、尚书、尚书左仆射等职，著有《崇有论》名重一时。见《晋书·裴秀列传子頠附传》。

700　涂：通"途"，道路。《孟子·梁惠王上》："商贾皆欲藏于王之市，行旅皆欲出于王之涂。"

701　中才之情：才华一般的人的思维。《后汉书·王符列传》载："孔子曰：'听讼吾犹人也。'从此言之，中才以上，足议曲直，乡亭部吏，亦有任决断者，而类多枉曲，盖有故焉。"《论语·阳货》：孔子曰："唯上智与下愚不移。"可见只有中才之性最容易受影响。董仲舒《春秋繁露·实性》谓中人"性待渐于教训而后能为善"即本文中"中才之情易扰，赖恒制而后定"之意。

而后定。先王知其所以然也，是以辨方分职[702]，为之准局[703]。准局既立，各掌其务，刑赏相称，轻重无二，故下听有常，群吏安业也。

---

702　辨方分职：方：四方。《周礼·天官·冢宰》："惟王建国，辨方正位，体国经野，设官分职。"此处当指设定官员的职责范围。

703　准局：职责范围。准：箭靶，引申为标准。《梁书·钟嵘传》："喧哗竞起，准的无依。"局：部分。《礼记·曲礼上》："左右有局，各司其局。"

旧宫掖陵庙[704]有水火毁伤之变，然后尚书[705]乃躬自奔赴，其非此也，皆止于郎令史[706]而已。刑罚所加，各有常刑。

---

704　宫掖陵庙：宫掖，见前注 59。陵庙：指晋朝皇帝的山陵、宗庙。

705　尚书：此处当指某一专曹尚书，详见前注 178。

706　郎：见前注 534。令史：见前注 502。

去[707]元康四年[708]，大风之后，庙阙[709]屋瓦有数枚倾落，免太常荀寓[710]。于时以严诏所遣，莫敢据正[711]。然内外之意，佥[712]谓事轻

---

707　去：过去了的。

708　元康：晋惠帝年号，自公元 291—299 年，共九年。元康四年是公元 294 年。

709　阙：古代宫殿、祠庙或陵墓前的高台，通常左右各一，台上起楼观。二阙之间有道路。段玉裁《说文解字注》卷十二篇上："阙门观也者，谓门有两观者称阙。"徐锴曰："以其阙然为道，谓之阙。以其上可远观，谓之观。"（徐锴：《说文解字系传·通释（卷 23）》。）

710　太常：官名，九卿之一，掌管宗庙礼仪。秦代称为奉常，汉代改为太常，官名历代多有改动，但均有其官秩。（参见《通典·职官典七·诸卿上》。）

荀寓：寓字为籀文宇字。《世说新语·排调第二十五》有荀寓，其传与《三国志·魏书·荀彧传》裴松之注引《荀氏家传》所述荀寓相同，寓字，《通典·刑法四·杂议上》亦作"寓"。故荀寓可能为荀寓之误。按裴松之注所引载，其为荀彧之孙，荀俣之子，字景伯，颍川颍阳人，少有才名，为晋官，累迁至尚书。

711　莫敢据正：没有人胆敢按照法律，加以申辩、矫正。

712　佥：皆，都。《尚书·尧典》："佥曰于鲧哉。"孔安国疏："佥，皆也。"

责重，有违于常。会五年二月有大风，主者[713]惩[714]惧前事。臣新拜尚书始三日，本曹尚书有疾，权令兼出，按行兰台。[715]主者乃瞻望

---

713　主者：当指尚书中专门管理宗庙、建筑的官员，后述两个主者应该指的是同一个人。从兰台瓦片问题的发现来看，主者是作为发现者，如果说兰台主者自我发现，然后禁止太常，可能性不高，反而是内部进行修葺的可能性更高些。所以主者应该指的是外在主管者。从后文来看，兼任本曹尚书的裴頠开始时能够对主者权力进行一定的制约，说明主者职权在尚书之下。且主者极有可能为本曹之人，因为可以看出他的职权与裴頠存在一定重叠。

714　惩：担忧。《楚辞·离骚》："虽体解吾犹未变兮，岂余心之可惩。"

715　本曹尚书：据段玉裁《说文解字注》解释，曹原为狱的原告与被告，意指分类。古代又以之为官名。秦时已经有左右曹，但没有固定的职事。（参见安作璋、熊铁基：《秦汉官制史稿》，齐鲁书社 2007 年版，第272—273 页。）后来尚书分曹而治，曹开始成为尚书组成机构的名称，并在后世逐渐演化为部。本曹尚书指的是晋代列曹尚书中与本案职权相关的该曹的长官。

权：姑且、暂且，可引申为代理、摄守官职。《文选》载西晋左思《魏都赋》："权假日以余荣。"李善注曰："权，尤苟且也。"此处当指令裴頠暂时兼任该曹尚书。

按行：巡视，巡查。《汉书·盖宽饶传》："宽饶初拜为司马……冠大冠，带长剑，躬案行士卒庐室，视其饮食居处。"

兰台：西汉时设立，为藏书之所，汉成帝时由御史中丞主管。其为藏书处至魏晋不改，又多为著作点校之所，也为秘书处发源。后多以兰台代指秘书省、御史台、史官等。此处兰台当指具体地点而不是御史台等机构。

阿栋[716]之间，求索瓦之不正者，得栋上瓦小邪[717]十五处。或是始瓦时邪，盖不足言，风起仓卒，台官更往[718]，太常按行，不及得

---

716　阿：房屋的曲檐。段玉裁《说文解字注》："室之当栋处曰阿。"栋：房梁。段玉裁《说文解字注》："栋，极也。极者，谓屋至高之处。"阿栋：指房屋上的曲檐和屋脊。

717　邪：通"斜"，斜的。《诗经·小雅·采菽》："邪幅在下。"

718　台官更往：从陆氏注："汉代的制度将尚书称作'中台'，御史称作'宪台'，谒者称作'外台'。见应劭《汉官仪》。总称台官。这里说'台官更往'指当时的三台官吏都多次前往查看，太常是主管部门，责任就更大了。"（陆氏：《注释》，第100页。）

周[719]，文书[720]未至之顷，便竞相禁止[721]。臣以权兼暂出，出还便罢，不复得穷其事。而本曹据执[722]，却问无已。[723]臣时具加解遣[724]，而

719　不及得周：还没来得及考察清楚。周：遍及，周遍。《周易·系辞下》："知周乎万物。"

720　文书：古代行政的主要方式之一，从文书传达的角度来讲有上行文书、平行文书和下行文书，从文书的层级设计来说各层级政府均有文书。《史记·李斯列传》载："李斯者，楚上蔡人也。年少时，为郡小吏。"司马贞索引："乡小史，刘氏云'掌乡文书'。"

721　禁止：限制被弹劾官吏的行动自由，意即不得出入宫廷和台省。《汉书·韩延寿传》："延寿劾奏，移殿门禁止望之。"

722　据执：执：逮捕罪人。段玉裁《说文解字注》："执，捕罪人也。"据执：指坚持己见，监禁太常。

723　却问无已：反复问个不休。却：反复。《鬼谷子·权》："难言者却论也，却论者钓几也。"陶弘景注："言或不合，反覆相难，所以却论前事也。"

724　具：全都。《诗经·小雅·南山》："民具尔瞻。"解遣：解送遣返。《晋书·乐广列传》："司隶校尉满奋敕河南中部收缚拜者送狱，广即便解遣。"

主者畏咎，不从臣言，禁止太常，复兴刑狱。

昔汉氏有盗庙玉环者，文帝欲族诛，释之但处以死刑，曰：

"若侵长陵一抔土，何以复加？"文帝从之。[725]大晋垂制[726]，深惟经

---

725　释之：张释之，字季，西汉堵阳（今河南方城县）人。曾事汉文帝、汉景帝二朝，官至廷尉，以执法公正不阿闻名。

长陵：汉高祖刘邦的陵墓，位于今陕西省咸阳市秦都区正阳镇毛庞村。

一抔土：从陆氏注："抔，用双手捧。指一捧的泥土，形容挖取的泥土很少，暗指陵墓被人发掘，是讳称。"（陆氏：《注释》，第 101 页。）

此乃引历史上廷尉张释之以盗掘汉高祖陵墓为喻，劝说汉文帝停止对盗窃高祖庙中玉环的窃贼重行族诛而最终按律处罚的史实。事见《史记·张释之列传》："其后有人盗高庙坐前玉环，捕得，文帝怒，下廷尉治。释之案律盗宗庙服御物者为奏，奏当弃市。上大怒曰：'人之无道，乃盗先帝庙器，吾属廷尉者，欲致之族，而君以法奏之，非吾所以共承宗庙意也。'释之免冠顿首谢曰：'法如是足也。且罪等，然以逆顺为差。今盗宗庙器而族之，有如万分之一，假令愚民取长陵一抔土，陛下何以加其法乎？'久之，文帝与太后言之，乃许廷尉当。"

726　垂：下垂，引申为留给后代。《尚书·微子之命》："功加于时，德垂后裔。"垂制：留给后代的法度。此处当指魏晋时代留下的丧葬制度。《晋书·礼志中》载魏文帝有诏："礼，国君即位为椑，存不忘亡也。寿陵因山为体，无封树，无立寝殿，造园邑，通神道。夫葬者藏也，欲人之不得见也。礼不墓祭，欲存亡不黩也。皇后及贵人以下不随王之国者，有终没，皆葬涧西，前又已表其处矣。"垂为魏制。晋宣帝则"豫自于首阳山为土藏，不填不树，作顾命终制，敛以时服，不设明器"。可知晋代亦相沿不改。

远<sup>727</sup>，山陵不封<sup>728</sup>，园邑<sup>729</sup>不饰，墓而不坟<sup>730</sup>，同乎山壤，是以丘阪存其陈草，使齐乎中原矣。<sup>731</sup>虽陵兆<sup>732</sup>尊严，唯毁发<sup>733</sup>然后族之，此古典也。

---

727　深惟：见前注 298。经远：做长远谋划。《三国志·魏书·毛玠传》："今袁绍、刘表，虽士民众彊，皆无经远之虑，未有树基建本者也。"

728　山陵：古代天子的陵寝。《水经注·渭水》："秦名天子冢曰山，汉曰陵，故通曰山陵矣。"《唐律疏议·名例律》"十恶"条谋大逆疏议曰："山陵者，古先帝王因山而葬，黄帝葬桥山即其事也。或云，帝王之葬，如山如陵，故曰山陵。"

封：堆土成坟。《礼记·檀弓上》："吾见封之若堂者也。"郑玄注："封，筑土为隆。"不封：从张氏注：不堆土为坟。《易经·系辞下》："古之葬者，……不封不树。"疏："不积土为坟，是不封也。"（张氏：《注释》，第 107 页。）

729　园邑：汉代为守护陵园所置的县邑。《后汉书·清河孝王庆列传》："高皇帝尊父为太上皇，宣帝号父为皇考，序昭穆，置园邑。"

730　墓而不坟：从张氏注："《礼记·檀弓上》：'古也墓而不坟。'按古代凡葬，不堆土植树的，叫做墓；堆土而高起的，叫做坟。"（张氏：《注释》，第 108 页。）

731　丘阪存其陈草，使齐乎中原矣：丘阪：丘：小土山。阪：山坡。丘阪：指墓地。齐乎中原：从张氏注："象原野一样。《吕氏春秋·安死》：'先王之葬，必俭、必合、必同。何谓合？何谓同？葬于山林，则合乎山林；葬于阪隰，则同乎阪隰。'这里'同乎山壤''齐乎中原'，也即此意。"（张氏：《注释》，第 108 页。）

732　兆：墓地。《左传·哀公二年》："无入于兆。"

733　毁发：毁坏、发掘。先秦时，盗发冢已经是重罪。张家山汉简《二年律令·盗律》规定："盗杀伤人，盗发冢（塚），略卖人若已略未卖，桥（矫）相以为吏，自以为吏以盗，皆磔。"（第 66 号简）后历代对盗发冢皆有规定，罪重至斩、加役流等。（参见王子今：《中国盗墓史》，中国广播电视出版社 2000 年版，第 301—311 页。）

若登践犯损，失尽敬之道，事止刑罪<sup>734</sup>可也。

去八年<sup>735</sup>，奴听教加诬周龙烧草<sup>736</sup>，廷尉遂奏族龙，一门八口

---

734　刑罪：内田氏释为"一般的刑罪"，并引《隋书·刑法志》载北齐律将刑罪释为耐罪，与死刑、流刑、鞭刑、杖刑构成五刑。（内田氏：《译注》，第152页。）联系前文"刑等不过一岁"、"髡作者刑之威"，则此处刑罪或指徒刑。高氏也认为是徒刑（高氏：《注译》，第110页）。在用法上，刑罪又或指肉刑。《史记·淳于意列传》："文帝四年中，人上书言意，以刑罪当传西之长安。"后因为淳于意之女缇萦上书，汉文帝废肉刑者三，黥、劓与斩左右趾。则刑罪很可能指黥、劓和斩左右趾等肉刑。谢氏释为"刑罚之罪"（谢氏：《注译》，第173页），较含混，不取。

735　去八年：指在元康八年。《通典·刑法四·杂议上》作"去年八月"。

736　听教：听从他人教唆。加诬：虚构陷害。

奴听教加诬：秦代奴婢无权为子盗父母，父母擅杀、刑、髡子及奴妾的"非公室告"，如坚持控告，官府勿听且要加罪于奴婢。汉代亦是如此。但对于贼杀伤、盗他人的则奴婢有权为"公室告"。（参见文霞：《秦汉奴婢法律地位及其比较研究》，首都师范大学（博士学位论文），2007年，第101—104页。）《唐律疏议·斗讼律》则规定奴婢对主人的控告权仅限制在谋反、谋大逆、谋叛等方面。从此处虽看不出晋代对奴婢告主的具体规定，但在此案中，周龙开始时被判处族诛的刑罚，估计奴婢是告主谋大逆（谋毁山陵），官府因而受理。

烧草：从陆氏注："很可能是烧火延及'山陵兆域'的草，认为是对皇陵的亵渎，大不敬，案情十分重大，否则不至于判处族罪。"（陆氏：《注释》，第102页。）唯"大不敬"当为"谋大逆"，这样理解较妥。

并命[737]。会龙狱翻，然后得免。考之情理，准之前训[738]，所处实重。今年八月[739]，陵上荆一枝围七寸二分者被斫[740]，司徒太常，奔走道路，虽

---

737　并命：一家八口全部被判处死刑。

738　前训：先君的教诲。《国语·晋语四》："臣闻之，亲有天，用前训，礼兄弟，资穷困，天所福也。"

739　今年八月：内田氏指出：前文"去八年"如为元康八年，则"今年八月"当为元康九年八月。从而裴頠的该上奏文应该是元康九年八月以降的事。但是，裴頠在元康九年八月迁尚书左仆射，故上奏文之前的"尚书裴頠表陈之曰"的表述或许不正确。参见内田氏：《译注》，第 154 页。

740　七寸二分：西晋尺长约 24.2 厘米，故七寸二分约为 17.424 厘米。（参见曾武秀：《中国历代尺度概述》，《历史研究》1964 年第 3 期。）

斫：劈，用刀斧砍。

知事小，而案劾难测[741]，搔扰驱驰[742]，各竞免负[743]，于今太常禁止未解[744]。近日太祝署[745]失火，烧屋三间半。署在庙北，隔道在重墙之内，又

---

741　案劾难测：审理判决的结果令人难以揣测。案：按察，查办。《史记·魏其武安侯列传》："灌夫家在颍川，横甚，民苦之。请案。"劾：审理，判决。《尚书·吕刑》孔颖达正义："汉世问罪谓之鞫，断狱谓之劾。上其鞫劾文辞也。"

742　搔扰：动荡喧扰，不宁静。搔：同"骚"。《汉魏六朝一百三家集》卷二十三《魏武帝集》："今军征事大，百姓骚扰"。驱驰：策马奔跑。《史记·绛侯周勃世家》："将军约，军中不得驱驰。"

　　骚扰驱驰：形容相关官吏不得安宁，为避免承担责任而奔走的情形。

743　竞：追逐比赛。《说文解字》："竞，逐也。"

　　各竞免负：指相关官吏各自竞相奔走，避免承担责任。

744　禁止未解：从陆氏注："禁止，派人看守，不准任意出入。未解，没有解除禁令。宋郑樵《通志》：'禁止，谓禁入殿省也，符所属行之。'元胡三省引盘洲洪氏曰：'魏晋以来，三台奏劾，则符光禄勋加禁止，解禁止亦如之。禁止者，身不得入殿省，光禄勋主殿门故也。'"（陆氏：《注释》，第102页。）

745　太祝：古代官名，掌祭祀祈祷，起于殷代，在《周礼》为春官宗伯的属官。《礼记·曲礼下》："天子建天官，先六大：曰大宰、大宗、大史、大祝、大士、大卜，典司六典。"汉代太祝为太常属官，设太祝令、丞。汉景帝中六年更名太祝为祠祀，汉武帝太初元年更名为庙祀。东汉太常有太祝令，而又有祠祀令一人，可见东汉时太祝令与祠祀令同时存在。（参见《汉书·百官公卿表上》、《后汉书·百官志二》。）《唐六典·太常寺》注曰："魏、晋有太祝令、丞。宋有明堂令、丞，掌宗祀五帝之事。齐有大祝及明堂令、丞。梁太常卿统明堂、太祝等令、丞。北齐太庙令、丞兼领郊祠、崇虚二局丞，郊祠掌五郊群神，崇虚掌五岳、四渎神祠。后周有司郊上士一人、中士一人，又有司社中士一人、下士一人。隋大常统郊社署令，又置门仆、斋郎，皇朝因之。"之后历代均曾设置，至清代废。

即已灭，频为诏旨所问。主者以诏旨使问频繁，便责尚书不即案行，辄禁止，尚书免，皆在法外 [746]。

---

746　皆在法外：这些处置都在法律规定之外。

刑书之文有限，而舛违[747]之故无方，故有临时议处之制，诚不能皆得循常也。至于此等，皆为过当，每相逼迫，不复以理，上替[748]

---

747　舛：违背、违反。《汉书·贾谊传》：“本末舛逆”。舛违：过错违反。

748　替：废弃、丢弃。《楚辞·离骚》：“謇朝谇而夕替”。

圣朝画一⁷⁴⁹之德，下损崇礼大臣之望。臣愚以为犯陵上草木，不应乃用同产异刑⁷⁵⁰之制。按行奏劾，应有定准，相承务重，体例

---

749　画一：整齐一致。《史记·曹相国世家》："百姓歌之曰：'萧何为法，顜若画一。'"

750　同产：此处指同母同父、同母异父、同父异母的兄弟姊妹。同产的概念在历史上变化较大。《汉书·元后传》张晏注："同父则为同产，不必同母也。"《后汉书·明帝纪》李贤注："同产，同母兄弟也。"杨鸿年认为同母同父、同母异父、同父异母的兄弟姊妹均可以成为同产，但曹魏开始出嫁女子不再作为连坐对象，东晋明帝后甚至女子都不再作为连坐对象。因此，晋惠帝时同产应还是古义，但在实行连坐时要排除出嫁女。（参见杨鸿年：《汉魏"同产"浅释》，《法学评论》1984 年第 1 期。）马瑞、李建平、朱红林亦持此说。（参见马瑞、李建平：《"同产"词义考辨》，《汉字文化》2011 年第 2 期；前揭朱红林：《张家山汉简〈二年律令〉集释》，第 6—7 页。）许道胜、冨谷至则认为属于是同父的兄弟姐妹。（参见许道胜：《张家山汉简〈二年律令·贼律〉补释》，《江汉考古》2004 年第 4 期；[日] 冨谷至：《秦汉刑罚制度研究》，广西师范大学出版社 2006 年版，第 174 页。）从文献来看，秦汉律中的同产主要用于继承、族刑以及奸罪等几个方面：第一，从继承来看，同产主要指的是同父的兄弟姐妹，如《二年律令·置后律》载："为县官有为也，以其故死若伤二旬中死，皆为死事者，令子男袭其爵。毋爵者，其后为公士。毋子以女，毋女以父，毋父以母，毋母以男同产，毋男同产以女同产，毋女同产以妻。"（第 369、370 号简）说明县官死事者的爵在一定情况下可以传给"男同产"，没有"男同产"则传给"女同产"；第二，从族刑来看，同产主要指同父的兄弟姐妹；第三，从奸罪来看，同产也可能同时指代同母的兄弟姐妹，秦简《法律答问》载："同母异父相与奸，可（何）论？弃市。"（第 172 号简）张家山汉简《二年律令·收律》载："同产相与奸，若取（娶）以为妻，及所取（娶）皆弃市。其强与奸，除所强。"（第 191 号简）

**遂亏。或因余事，得容浅深。**

---

"异"字，据陆氏解释，其他各本皆做"毕"。(陆氏：《注释》，第 103 页。) 内田氏、高氏、谢氏、张氏亦做"毕"。([日] 内田氏：《译注》，第 152 页；高氏：《注译》，第 111 页；谢氏：《注译》，第 179 页；张氏：《注释》，第 109 页。) 故此处也做"毕"字解读。同产异（毕）刑：此处指的是族诛的连坐刑罚。

颁虽有此表，曲议<sup>751</sup>犹不止。

（李勤通、崔超注）

———————————

751　曲议：歪曲法条来论罪。《资治通鉴》卷八十三《晋纪五》"晋惠帝元康九年八月"条有"曲议"一词，胡三省注："谓曲法而议。"该文同载，裴颁上书后"然亦不能革也"。

**【今译】**

到了晋惠帝在位的时候，政令由诸臣子作出。每当有疑难案件的时候，大臣们都徇私情来处理。刑罚与法律都没有一定的准则，导致狱讼繁衍滋生。于是尚书裴頠上表陈情：

现在国事纷繁复杂，并非一个部门就能管理妥当。而才情一般的官吏的思想很容易被扰乱，这就需要确定统一的标准来管理国事。先王洞察这些事情，所以根据国事差异确定不同的职能机构，并为他们确定职责范围。一旦职责范围确定之后，官吏各自管理分内的事务，那么刑罚与赏赐就能够与其行为相称，轻重统一。因此臣下办事就有恒常的准则，各个官吏也能够谨守本分。从前只有当皇宫和陵墓、宗庙发生火灾水患而有毁损的变故时，尚书才亲临现场主持大局。如果不是这种情况，只需相关分曹的郎与令史参加就可以了。应该承担什么样的刑罚，都有统一的标准。

在元康四年，大风过后，庙阙上的屋瓦刮落好几块，结果罢免了太常荀寓。当时皇帝颁布严厉的诏书予以谴责，没有人敢根据法律为荀寓说话。但朝廷内外的意见都认为这样做属于轻罪重判，违背常法。到了元康五年二月恰好刮大风，主事者害怕前事重演而惴惴不安。我当时刚刚被任命为尚书才三天，正好遇到主管这件事的本曹尚书生病，就暂时被命令兼任该曹尚书，于是我就到兰台去巡视。主事者就瞻望房屋上的曲檐和屋脊，查看是否有位置歪斜的瓦片，结果发现屋上有十五处瓦片出现轻微歪斜。这可能是建造的时候就存在了，大概因为问题不大就没有被指出来，而大风仓促而起，不能分辨原因，却导致台官们你来我往地前来巡查，太常也不得不来巡视，在还没来得及考察清楚、文书也没有到达尚书处的时候，相关官员便先后被监禁。我是以暂时兼任的身份处理这件事的，出任结束后就离职了，没有再彻底查清楚这件事。但是本曹却坚持认为应当关押，反复审问不止。我当时把被关押的人全都加以解散遣返，但主事者却害怕被追究责任，并没有听从我的话，又把太常关押起来，再次发起刑事狱讼。

从前汉代有人偷盗宗庙里的玉环，汉文帝想要对他处以族诛之刑。张释之只主张处以死刑，并且说："如果有人从汉高祖的长陵挖掘一捧土的话，那又该增加什么刑罚来与之对应呢？"结果汉文帝听从他的劝谏。大晋朝所立的祖制乃是深谋远虑的，帝陵不加封土使其增高，也不设置守护帝陵的封邑，只造墓不加土，与山野丘陵融为一体，因此丘陵斜坡上长满野草，与原野没什么区别。虽然帝陵范围应是尊贵神圣，但只有毁坏发掘才会被判处族刑，这是自古以来的制度。如果登到陵墓上践踏毁损草木，仅是失去尽礼崇敬的道理，只需科处一般的刑罚就够了。

在元康八年的时候，有奴婢被教唆诬陷周龙烧毁陵域内的草木。廷尉于是上奏要对周龙处以族刑，一家八口都要被处死。恰逢周龙的冤狱被推翻，才得以幸免。考虑到这件事的常情常理，根据先君的教诲，周龙一案所处的刑罚实在太重。今年八月，帝陵上一棵树围七寸二分的荆树被砍了，结果司徒太常等官员不断奔走于道路。他们觉得这件事情虽然小，但是案件的审理将会带来的后果难以预料。于是官署之内动荡不安，奔走请托，人人都争着与之脱离干系。直到现在，太常还被监禁着。最近太祝署失火，烧掉三间半的房屋。太祝署在宗庙以北，中间有道路相隔，而且被重墙环绕。虽然火马上被扑灭，但却频频被诏旨追问。主事者因为被宣诏旨的使者频频追问，于是就指责尚书没有马上巡视，立即把尚书监禁起来，尚书遂被免职，这些处置都在法律规定之外。

刑法之内的条文是有限的，而违背刑法的情况却没有固定的情形。因此产生了根据事情的不同临时议定刑罚的制度，实在是不能一概遵循通常的法典。但是上述这些情况，都是处罚过当。每每被上级逼迫而不能遵照刑法行事，不能再遵循常理。在上，废弃了朝廷刑法统一的圣德；在下，减损了尊崇礼教的大臣的威望。我认为，侵害帝陵上的草木，不应该使用罪及兄弟姊妹的刑罚。巡视后奏明实情、确定刑罚应该有固定的准则。承接前例一味地迷信重刑治国的思想，只不过会使刑法体例受到损害罢了。而且应该参考案件的其他相关情况，来确定刑罚的轻重。

裴頠虽然上奏了这个表章，但曲法议罪的情况仍然没有断绝。

（李勤通、崔超译）

【原文】

时 <sup>752</sup> 刘颂为三公尚书，<sup>753</sup> 又上疏曰：

---

【注释】

752　按：此处中华书局版直接紧跟前文，但为阅读方便，特另起一段。此"时"乃承接前文，即尚书裴頠上表之时。"该表当在元康九年八月之后"（详见前注698）。

又按：本志此处时间记载恐或混乱。因为本志后文载刘颂上疏之后，"诏下其事。侍中、太宰、汝南王亮奏以为……"而汝南王亮为太宰是在元康元年（公元291年）三月，卒于元康元年六月。（据《晋书·惠帝纪》记载，元康元年三月"征大司马、汝南王亮为太宰。……六月，贾后矫诏使楚王玮杀太宰、汝南王亮，太保、菑阳公卫瓘。"此事可在《晋书·汝南文成王亮列传》和《晋书·卫瓘列传》中得到印证。）同时，《晋书·刘颂列传》记载："元康初……会诛杨骏，颂屯卫殿中，其夜，诏以颂为三公尚书。又上书论律令事，为时论所美。"即刘颂担任三公尚书又上疏论律令之事在元康初。各处史料相互印证，可见刘颂上疏应当在元康元年三月至六月之间，早于裴頠上表的时间。

753　刘颂：见前注648。

三公尚书：即三公曹尚书。据《晋书·职官志》述"列曹尚书"：西汉成帝建始四年（公元前29年）设尚书五人，一人为仆射，而四人分为四曹，开始分曹办事。后成帝又置三公曹，主断狱，是为五曹。东汉光武以三公曹主岁尽考课诸州郡事，二千石曹主辞讼事，中都官曹主水火盗贼事，改常侍曹为吏部曹，主选举祠祀事，民曹主缮修功作盐池园苑事，客曹主护驾羌胡朝贺事，合为六曹。三国魏改选部为吏部，主选部事，又有左民、客曹、五兵、度支，凡五曹尚书。晋置吏部、三公、客曹、驾部、屯田、度支六曹。咸宁二年，省驾部尚书。四年，省一仆射，又置驾部尚书。太康中，有吏部、殿中及五兵、田曹、度支、左民为六曹尚书，又无驾部、三公、客曹。惠帝世又有右民尚书，止于六曹，不知此时省何曹也。及渡江，有吏部、祠部、五兵、左民、度支五尚书。则西晋太康（公元 280—289 年）之后，并无三公尚书一职，《唐六典·尚书刑部》同样记载："晋初，依汉置三公尚书，掌刑狱；太康中，省三公尚书，以吏部尚书兼领刑狱。"然而，据本志及《晋书·刘颂列传》的记载，刘颂的确在元康元年（公元 291 年）任三公尚书。另，《晋书·高光列传》载高光"元康中，拜尚书，典三公曹"。可见，元康年间，确实置三公尚书。此矛盾之处何解？李俊芳认为：太康时省三公尚书，元康初年后相当长时间里恢复了三公尚书的设置，后来又省。（参见李俊芳：《晋朝法制研究》，人民出版社 2012 年版，第 255—257 页。）

自近世以来<sup>754</sup>，法渐多门，令甚不一。<sup>755</sup>臣今备掌刑断<sup>756</sup>，职思其

---

754　近世以来：联系后文刘颂批评说"法渐多门，令甚不一"，讲法律适用上的不一致，这种情况自春秋决狱以后就逐渐存在，则此处之"近世"疑指西汉中期以来。

由董仲舒提倡并盛行于此后的春秋决狱，是指以《春秋》的"微言大义"作为司法审判的依据，特别是作为决断疑难案件的重要依据，其最重要的原则是"论心定罪"。在法律繁琐而又不完备的当时及此后相当长的时间里，春秋决狱不失为司法原则的发展和审判上的一种积极的补充，是法律儒家化的重要途径之一，也是对当时酷吏政治的矫正。但是，其以主观动机的善恶，判断有罪无罪或罪轻罪重，在运作中容易产生流弊，在某种程度上又为司法"擅断"提供了途径。后来的批评者也大多是指责春秋决狱任意比附，加大了司法的随意性，使其成为统治者任意出入人罪的工具。章太炎在《原法》指出："独董仲舒为春秋折狱，引经附法，异夫道家儒人所为，则佞之徒也。……仲舒之折狱二百三十二事……上者得以重秘其术，使民难窥；下者得以因缘为市，然后弃表享之明，而从参游之荡，悲夫经之虮虱，法之秕稗也。"刘师培在其《儒学法学分歧论》中也说，春秋决狱"缘饰儒术，外宽内深，睚眦必报……掇类似之词，曲相符合，高下在心，便于舞文，吏民益巧，法律以歧，故酷吏由之，易于铸张人罪，以自济其私"。

755　法渐多门，令甚不一：后文有"法之不一，是谓多门"。此处"法"、"令"是泛称。此句意指法律的适用逐渐缺乏统一性，命令的适用则欠缺一致性。

756　备掌刑断：备：备位，谦词，表示自己是勉强充数，不能称职。《汉书·萧望之传》："吾尝备位将相。"

刑断：处理刑狱判决的事务。关于三公曹的职能，据《晋书·职官志》和《唐六典·尚书刑部》，西汉成帝始设三公曹，主管断狱。但东汉时三

忧<sup>757</sup>，谨具启闻。

臣窃伏惟<sup>758</sup>陛下为政，每尽善<sup>759</sup>，故事求曲当，则例不得直<sup>760</sup>；尽

---

公曹的职责有变化。光武帝令三公曹负责岁尽考课诸州郡事，另有二千石曹主管辞讼，中都官曹主管水火盗贼事。晋时三公曹职责为何？《唐六典·尚书刑部》："晋初，依汉置三公尚书，掌刑狱；太康中，省三公尚书，以吏部尚书兼领刑狱。"

757　职思其忧：源于《诗经·唐风·蟋蟀》："无已太康，职思其忧。"郑玄笺："职，主也。"高氏据此译为：主思即主管者当思，即身居其职，有责任考虑某方面的事。（参见高氏：《注译》，第112页。）按：职或解为虚字，犹"尚"也。（参见裴学海：《古书虚字集释》，上海书店1935年版，第773页。）忧：忧患，此处具体指法多门、令不一将造成的弊端。

758　伏惟：俯伏于地而思惟。古代文书中臣下对君上的敬语。

759　尽善：极其完善。有"尽善尽美"一词。《论语·八佾》："子谓《韶》：'尽美矣，又尽善也。'谓《武》：'尽美矣，未尽善也。'"

760　事求曲当，则例不得直：曲当：曲折变通，以求恰当。《荀子·儒效》："其言有类，其行有礼，其举事无悔，其持险应变曲当。"例：法律的规程条例。直：后文有"然咸弃曲当之妙鉴，而任征文之直准"，又有"忍曲当之近适，以全简直之大准"，可见直等同于"直准"、"简直"。《诗经·小雅·大东》："周道如砥，其直如矢。"《左传·昭公十四年》载："晋邢侯与雍子争鄐田，久而无成。士景伯如楚，叔鱼摄理，韩宣子命断旧狱，罪在雍子。雍子纳其女于叔鱼，叔鱼蔽罪邢侯。邢侯怒杀叔鱼与雍子于朝。宣子问其罪于叔向，叔向曰：'三人同罪，施生戮死可也。雍子自知其罪，而赂以买直，鲋也鬻狱。邢侯专杀，其罪一也。已恶而掠美为昏，贪以败官为墨，杀人不忌为贼。《夏书》曰：昏、墨、贼，杀。皋陶之刑也。请从之。'乃施邢侯而尸雍子与叔鱼于市。仲尼曰：'叔向，古之遗直也。'"此句指事事追求依据实际情况和人情世故细致灵活地处理，法律就得不到正常适用，就无法保持简朴质直。陆氏认为"这里刘颂是委婉地对朝廷

善，故法不得全。何则？夫[761]法者，固以尽理[762]为法，而上求尽善，则诸下牵文就意[763]，以赴主之所许，是以法不得全。刑书征

---

不遵循法制的批评。用'尽善'，这是说皇帝的用心很好，并非皇帝的过错"。（陆氏：《注释》，第 104 页。）

761　夫：中华书局版校勘记 [三三] 指出："'夫'，各本误作'失'，今从殿本及《通典》一六六。"

762　理：天理、义理。详见前注 556、568。

763　牵文就意：牵强地解释法律条文来迎合皇帝的心意。就意：内田氏、高氏认为乃"迁就己意"。（[日] 内田氏：《译注》，第 154 页；高氏：《注译》，第 112 页。）

文，[764]征文必有乖于情听之断[765]，而上安于曲当，故执平者因文可引[766]，则生二端。是法多门，令不一，则吏不知所守，下不知所避。奸伪

---

764　刑书征文：从法典中征引条文断案。

765　征文必有乖于情听之断：乖：《广雅》："乖，背也。"情：冨谷至认为：此处的"情"是指情感，处断犯罪行为时，比起行为结果，更注重考虑对犯罪行为的情感而予以判决。这种注重情感的动机主义来源于作为儒教原理的"春秋之义"。"原心定罪"（《汉书·薛宣传》）、"原情定过"（《后汉书·霍谞传》）是从西汉时期开始在处断犯罪时经常提出的主张，并被后世所继承。（参见［日］冨谷至：《从汉律到唐律——裁判规范与行为规范》，薛夷风译，《法律史译评》2014年卷，中国政法大学出版社2015年版，第138—144页。原文为"漢律から唐律へ——裁判規範と行為規範——"，《東方學報》（京都）第八十八册，2013年。）听：决断；审理。《周礼·秋官·小司寇》有"以五声听狱讼，求民情，一曰辞听；二曰色听；三曰气听；四曰耳听；五曰目听"，则此处的"情听"指依据犯罪人的动机做出裁决，此句意为遵照法律作出的判决一定与依据犯罪人的动机作出的判决不相符合。情听的另一解释是常人的私情、视听，则此句意为遵照法律得出的判决一定与按照常人的私情作出的判决不相符合。

766　执平者：审判官。《后汉书·蔡茂列传》："宜敕有司案理奸罪，使执平之吏永申其用。"因文可引：顺随近似的法令条文，按需要而选择引用。这虽符合皇上之意，但却易使同一条文产生不同的解释。

者因法之多门，以售[767]其情，所欲浅深，苟断不一，则居上者难以检下，于是事同议异，狱犴[768]不平，有伤于法。

---

767　售：《说文解字》："售，卖出手也。"引申为推行、施展。

768　狱犴：见前注 40"犴"。

　　古人有言："人主详，其政荒；人主期，其事理。[769]"详匪他，尽善则法伤，故其政荒也。期者轻重之当，虽不厌情，苟入于

---

　　769　人主详，其政荒：《荀子·王霸》："故明主好要，而暗主好详。主好要则百事详，主好详则百事荒。"指君主如果事无巨细，什么都管，政事就会荒废。

　　人主期，其事理：期：《说文解字》："期，会也。"《礼记·曲礼上》："百年曰期颐。"郑玄注："期，犹要也。"即会要、举要，与"详"意义相对。此句意为君主如果只制定纲领，然后等待贤臣采取具体措施来达成目标，那么国家政事就能治理得好。《荀子·王霸》："君者，论一相，陈一法，明一指，以兼覆之，以观其盛者也。"

文，则循而行之，故其事理也。<sup>770</sup> 夫善用法者，忍违情不厌听之断<sup>771</sup>，轻重虽不允人心，经于凡览<sup>772</sup>，若不可行，法乃得直。又君臣

---

770　期者轻重之当，虽不厌情，苟入于文，则循而行之，故其事理也：当：指判决的适当。《史记·张释之列传》："廷尉奏当。"司马贞索隐引崔浩云："当，谓处其罪也。"厌：通"餍"，满足，见前注 160。文：刑法条文。《史记·汲黯列传》："而刀笔吏专深文巧诋，陷人于罪。"此句意为"期"就是指判决的轻重得当与否尽管不能满足私情，但只要符合法律条文，就要按照法律来执行，这样政事才会处理恰当。

771　忍违情不厌听之断：忍：忍心。《论语·八佾》："孔子谓季氏，'八佾舞于庭，是可忍也，孰不可忍也！'"此句意为忍心违背一般人的私情和一般人所不满意的听讼而做出裁决。

772　凡览：普通人的看法。因普通人不明法理，所以在他们看来，善用法者的决断"若不可行"。

之分，各有所司。法欲必奉，故令主者守文<sup>773</sup>；理有穷塞，故使大臣释滞<sup>774</sup>；事有时宜，故人主权断。<sup>775</sup>主者守文，若释之执犯跸

---

773　主者守文：主者：主司官吏。守文：遵守法律条文办事。《史记·外戚世家》："自古受命帝王及继体守文之君，非独内德茂也，盖亦有外戚之助也。"司马贞索隐："守文犹守法也。"

774　理有穷塞，故使大臣释滞：判案时对有关的事理分析不清楚，遭受困扰阻塞，因此需要大臣释滞解疑。

775　事有时宜，故人主权断：碰到当时的情势需要另外作特殊处理的事情，君主可以机动作必要的处理。时宜：指时势适宜，应当适当改变常法。权断：机动灵活地进行裁决。

之平也<sup>776</sup>；大臣释滞，若公孙弘断郭解之狱也<sup>777</sup>；人主权断，若汉祖

776　释之执犯跸之平也：释之：即张释之，见前注725。跸：《周礼·夏官·隶仆》："掌跸宫中之事。"郑玄注："跸，谓止行者清道，若今时警跸。"《玉篇》："同趣。"此句所述之事见《史记·张释之列传》："上（汉文帝）行出中渭桥，有一人从桥下走出，乘舆马惊。于是使骑捕，属之廷尉。释之治问。曰：'县人来，闻跸，匿桥下。久之，以为行已过，即出，见乘舆车骑，即走耳。'廷尉奏当，一人犯跸，当罚金。文帝怒曰：'此人亲惊吾马，吾马赖柔和，令他马，固不败伤我乎？而廷尉乃当之罚金！'释之曰：'法者，天子所与天下公共也。今法如此而更重之，是法不信于民也。且方其时，上使立诛之则已。今既下廷尉，廷尉，天下之平也，一倾而天下用法皆为轻重，民安所措其手足？唯陛下察之。'良久，上曰：'廷尉当是也。'"

777　公孙弘断郭解之狱也：公孙弘（公元前200—前121年），字季，菑川薛（今山东省滕县）人。西汉大臣，武帝时曾担任御史大夫，官至丞相，封平津侯。见《史记·平津侯列传》、《汉书·公孙弘传》。郭解，字翁伯，河内轵（今河南省济源市东南）人，西汉时期游侠。此句所述之事见《史记·游侠·郭解列传》："及徙豪富茂陵也……解家遂徙。诸公送者出千余万。轵人杨季主子为县掾，举徙解。解兄子断杨掾头。由此杨氏与郭氏为仇。……已又杀杨季主。杨季主家上书，人又杀之阙下。上闻，乃下吏捕解。解亡，置其母家室夏阳，身至临晋。临晋籍少公素不知解，解冒，因求出关。籍少公已出解，解转入太原，所过辄告主人家。吏逐之，迹至籍少公。少公自杀，口绝。久之，乃得解。穷治所犯，为解所杀，皆在赦前。轵有儒生侍使者坐，客誉郭解，生曰：'郭解专以奸犯公法，何谓贤！'解客闻，杀此生，断其舌。吏以此责解，解实不知杀者。杀者亦竟绝，莫知为谁。吏奏解无罪。御史大夫公孙弘议曰：'解布衣为任侠行权，以睚眦杀人，解虽弗知，此罪甚于解杀之。当大逆无道。'遂族郭解翁伯。"

戮丁公之为也。[778] 天下万事，自非斯格重为，故不近似此类，不

---

778　汉祖戮丁公之为也：丁公，即丁固（公元前？—前202年），薛川薛（今山东省滕县）人。此句所述之事见《史记·季布列传》："季布母弟丁公，为楚将。丁公为项羽逐窘高祖彭城西，短兵接，高祖急，顾丁公曰：'两贤岂相厄哉！'于是丁公引兵而还，汉王遂解去。及项王灭，丁公谒见高祖。高祖以丁公徇军中，曰：'丁公为项王臣不忠，使项王失天下者，乃丁公也。'遂斩丁公，曰：'使后世为人臣者无效丁公！'"

俞荣根认为，刘颂在张斐和裴頠主张罪刑法定与非法定的和合的基础上进一步提出如何和合。首先是立法上君主拥有立法权，"群吏"必须在"成制"之内"行之信如四时，执之坚如金石"。其次是此处的司法上三个层次的区分："主者"指主司官吏，他们执法断狱必须严守律文；"大臣释滞"，是说像刘颂这样的廷尉、三公尚书才有权"议事以制"，运用法理、经义解决疑难案件；"人主权断"，即皇帝有任心裁量、生杀予夺的擅断之权。这样就形成了一个法吏实行严格的罪刑法定主义、"大臣"实行罪刑非法定主义、"人主"实行罪刑擅断主义三者互补互济的执法体制。（参见俞荣根：《罪刑法定与非法定的和合——中华法系的一个特点》，倪正茂主编：《批评与重建——中国法律史研究反拨》，法律出版社2002年版，第130—131页。）俞氏论文有助于理解此处的记载，然其对"主者"、"大臣"的分类模糊而不确切。刘颂认为张释之（廷尉）是"主者"，公孙弘（御史大夫）才是"大臣"。即在他看来，廷尉（《汉书·百官公卿表上》载："廷尉，秦官，掌刑辟，……景帝中六年更名大理，武帝建元四年复为廷尉。……哀帝元寿二年复为大理。王莽改曰作士。"）之类的"执平者"只是"守文"的"小吏"，御史大夫（《汉书·百官公卿表上》载："御史大夫，秦官，位上卿，银印青绶，掌副丞相。……成帝绥和元年更名大司空，金印紫绶，禄比丞相，……哀帝建平二年复为御史大夫，元寿二年复为大司空……"）级别的官吏才是有权"释滞"的"大臣"。

得出以意妄议，其余皆以律令从事。<sup>779</sup> 然后法信于下，人听不惑，吏不容奸，可以言政。人主轨斯格以责群下，大臣小吏各守其局，

---

779　天下万事，自非斯格重为，故不近似此类，不得出以意妄议，其余皆以律令从事：自非：假使不是。格：格式、式例。此句意为天下万事，除非这几类事情重新出现，只要不类似上面的这些情况，就不能任由己意胡乱议论，而要严格依照法律办理。

另，内田氏据《资治通鉴》卷八十三《晋纪五》"晋惠帝元康九年八月"条记载"自非此类，不得出意妄议"和《通典·刑法四·杂议上》"自非此格，不得出法以意妄议"，疑此处"重为故"三字间有脱误。并句读为："天下万事，自非斯格，重为故，不近似此类，……"（参见〔日〕内田氏：《译注》，第159页。）

则法一矣。

古人有言："善为政者，看人设教。[780]"看人设教，制法之谓

---

780　看人设教：即"观民设教"。王符《潜夫论·浮侈》："王者统世，观民设教，乃能变风易俗，以致太平。"《周易·观》："先王以省方，观民设教。"孔颖达疏："以省视万方，观看民之风俗，以设于教。"

也。<sup>781</sup>又曰"随时之宜<sup>782</sup>"，当务之谓也。然则看人随时，在大量也，而制其法。<sup>783</sup>法轨既定则行之，行之信如四时，执之坚如金

---

781　看人设教，制法之谓也：观察民情来施行教化，就是所谓的制定法令。之所以说"看人设教"是"制法之谓"，是因为"制法"的目的就是为了施行教化，前文论述制定泰始律令时云"施行制度，以此设教"，与此处呼应。

782　随时之宜：随应时势采取与之相宜的措施。《周易·随》："随时之义大矣哉。"孔颖达疏："特云随时者，谓随其时节之义，谓此时宜行元亨利贞。""随时之义，言随时施设，唯在于得时。若能大通利贞，是得时也。"

783　看人随时，在大量也，而制其法：这句话的歧异点在于对"大量"一词理解的不同。解释一：大：重要，重大。《三国志·蜀书·诸葛亮传》载诸葛亮《出师表》："故临崩寄臣以大事也。"量：分也。《礼记·礼运》："故圣人作则，必以天地为本……月以为量。"郑玄注："'月以为量'者，量，犹分限也。天之运行，每三十日为一月，而圣人制教，亦随人之才分，是法月为教之限量也。"陆氏认为为了观察民情，随从时势，需要对各种情形做出重大区分，然后制定相应的法律。（陆氏：《注释》，第108页。）解释二：大：大量，数量多。为观察百姓情况与顺应时代需要，当君主掌握大量实际情况后，即应制定法律。（谢氏：《注译》，第186页。）解释三：大量：指极需酌情度量，权衡多寡短长。高氏认为为了观察民情与顺应时势，需要认真度量分析，从而制定出与之相适应的法律。（高氏：《注译》，第115—116页。）解释四：张氏将"在大量也"解释为应当做的事务大量存在时。（张氏：《注释》，第114页。）解释五：内田氏认为所谓看人随时是君主基于宏大的思量来制定法律。（［日］内田氏：《译注》，第157—158页。）

按：既然前云"善为政者，看人设教"等，可见"看人随时"是"善为政者"即君主的权力。同时"善为政者"需要"省视万方，观看民之风俗，"还需要"随时之宜"，前三种解释正侧重于君主掌握、分析各种情况而制其法，较可取。第四种解释只客观描述事务大量存在，第五种解释重在强调君主个人应有宽广的胸怀与视野，均不太可取。

石[784]，群吏岂得在成制之内，复称随时之宜，傍引看人设教，以乱政典哉！何则？始制之初，固已看人而随时矣。[785] 今若设法未尽

---

784　法轨既定则行之，行之信如四时，执之坚如金石：此句与贾谊论政之一段类似："若夫庆赏以劝善，刑罚以惩恶，先王执此之政，坚如金石，行此之令，信如四时，据此之公，无私如天地耳，岂顾不用哉？"（《汉书·贾谊传》）意为法律规范既然已经制定了就要实施，执行法律就应如四季变换一样可靠，掌管法律就应如金石一样坚定。

785　始制之初，固已看人而随时矣：开始制定法律的时候，就已经观察民情、顺应时势了。

当，则宜改之。若谓已善，不得尽以为制，而使奉用之司公得出入以差轻重也。[786] 夫人君所与天下共者，法也。[787] 已令四海，

---

786　若谓已善，不得尽以为制，而使奉用之司公得出入以差轻重也：奉用之司：执行法律的官吏。此句意为如果认为法律已经完善，却又不能完全将其当作成法来遵行，就会促使执行法律的官员公然出入人罪，随意选择判处轻罪或重罪。

787　夫人君所与天下共者，法也：此语渊源于《史记·张释之列传》所载张释之之言"法者，天子所与天下公共也"。

不可以不信以为教，方求天下之不慢，不可绳以不信之法。[788] 且先识有言，人至愚而不可欺也。[789] 不谓平时背法意断，不胜百姓

---

788　已令四海，不可以不信以为教，方求天下之不慢，不可绳以不信之法：已经下令颁布天下，就不可以不将其当作教令，现在正要求百姓不轻慢法律，那么就不可用没有信誉的法来约束他们。

789　先识：古代有先见远识的人，也称先知。《孟子·万章下》："天之生斯民也，使先知觉后知，使先觉觉后觉。"

人至愚而不可欺也：贾谊所著《新书·大政上》云："夫民者，至贱而不可简也，至愚而不可欺也，故自古至于今，与民为仇者，有迟有速，而民必胜之。"《汉书·王吉传》载王吉上疏有言："民者，弱而不可胜，愚而不可欺也。"所以此处"先识"应是泛指古代贤者。

愿也。<sup>790</sup>

（姚周霞注）

---

790　不谓平时背法意断，不胜百姓愿也：内田氏、谢氏均认为"不谓"之"不"是衍字，应删除。全句意为官吏如平时违背法律，凭私意断案，最终辜负了百姓的愿望。（[日]内田氏：《译注》，第159页；谢氏：《注译》，第188页。）《说文解字》："胜，任也。"引申为能承受，能满足。陆氏、高氏释"胜"为"承担"之意，全句意为不能认为官吏平时可以违背法律，任意断案，而不管（不满足）百姓的愿望。（陆氏：《注释》，第108页；高氏：《注译》，第115—116页。）张氏释"胜"为"压制"，全句意为不要以为平时的违背法律、任意判罪，不会压制老百姓的愿望的。（张氏：《注释》，第115页。）联系上句"人至愚而不可欺也"，倾向采纳张氏注解。

**【今译】**

当时刘颂担任三公尚书，又呈递奏章说：

从近代以来，法律的适用颇缺乏统一性，命令的适用则欠缺一致性。臣现在掌管刑狱，就应当考虑这些值得忧虑的事情，因此谨慎地上表阐述自己的意见。

臣俯伏于地而思惟，陛下处理政事，总想做到尽善尽美，所以曲折变通以求得当，但是这样法律就（得不到正常适用）无法保持简朴质直。亦即如要尽求完善，则法律将不能保持完整性。原因为何？因为法本来要以符合天理为目标，而圣上要追求完善的效果，那么臣下就会强引法律条文来迎合圣上的心意，以达到圣上所期许的效果，如此法将不能够保持完整。从法典中征引条文判案，如此以律文为依据，必然会违背常人的私情，而圣上以处事适当为满足，因此掌管狱讼的官吏就会有选择地引用法条，以至于相同法律条文会产生不同的适用结果。如此，法令的实施就欠缺统一性，官吏就不知据何执法，老百姓也不知如何守法以避免犯罪。诡诈的人就会利用法令适用上的不统一来徇私情，随心所欲地轻判或重判。如果裁断标准不统一，那么上级官吏便难以监督下级，于是同样的案情却有不同的处罚，造成狱讼不公平，有损法律的权威。

古人曾说："君主的管理如果事无巨细，政事反而会荒废；君主如果只提举纲要，那么政事就能治理得好。""详"不是指其他的，而是指若要求所有的都妥善，就会损坏法律，所以政事就荒废了。"期"是指判决的轻重得当与否，尽管不能满足私情，但只要在法律中已有规定，就遵照法律执行，如此，政事一定会处理得当。善于用法的人，忍心违背一般人的私情和一般人所不满意的听讼而做出裁决。判罪的轻重虽然不符合人心，甚至从一般人的视角来看，似乎不可行，但只有这样法律才能得到切实贯彻。另外，君臣之间各有自己的职责范围。法律要想得到遵行，就要执法官员根据法律断案；案件会遇到理不清的地方，就要大臣来释疑解难；判案有时要顺时应变，就由君主根据情况变动来裁断。执法者据法断案，就如张释之为犯跸者公平执法；大臣释疑解难，就如公孙弘裁决郭解的狱案；君主灵活裁判，就如汉高祖诛杀丁公的行为。天下那么多事情，自然不是上面三类事情的重演，只要不是类似上面的这些事情，就不能任由己意胡乱议论，都要严格按照法律办理。然后法才能取信于臣民，人们的视听才不会被迷惑，官吏才不会容忍奸邪，从而可以谈论政事的治理。君主遵循这样的标准以要求群臣，大臣小吏各自守好自己的职责，那么法令就能统一了。

古人曾说："善于理朝政的人，要观察民情以设立教令。"观察民情以设立教令，说的就是制定法令。古人又说"要顺随时势以采取适当措施"，说的就是要适合当时政务。这样的话，观察民情，顺随时宜，就要君主基于宏大的思量来制定相应的法律。法律一旦制定了就要实施，遵行法律应如四季变换一样可靠，执行法律应如金石一样坚定，群臣官吏怎么能够在成文法律之内，再声称要顺应时势以采取恰当行为，要观察民情以施行教化，以此扰乱政治典章！为什么这么说呢？因为制定法律之初，本来已经观察民情，并顺应时代的需要了。现在如果说已经制定的法律并不完全恰当，那就应该修改。如果认为已经很完善了，却不能将它们完全当作成法来遵守，就会使得执法官吏公然出入人罪，选择判处轻罪或重罪。君主与天下臣民应共同奉用的，就是法律。法既然已经颁布于天下，不可以不认真地将其当作教令，现在正要求百姓不轻慢法律，那么就不可用没有信誉的法来约束他们。况且古代贤者说，民众即使最愚蠢也不可以欺骗他们。这是说，不能认为平时可以违背法律凭私意断案，而不满足百姓的愿望。

（姚周霞译）

【原文】

　　上古议事以制，不为刑辟。<sup>791</sup>夏殷及周，书法象魏<sup>792</sup>。三代

──────────────

【注释】

　　791　上古议事以制，不为刑辟：《左传·昭公六年》："叔向使贻子产书曰：'昔先王议事以制，不为刑辟，俱民之有争心也。'"《汉书·刑法志》中也记载："昔先王议事以制，不为刑辟。惟民之有争心也，犹不可禁御，是故闲之以谊，纠之以政，行之以礼，守之以信，奉之以仁；制为禄位以勤其徒，严断刑罚威其淫。"上古：结合后一句的"夏殷及周，书法象魏"，此处的上古应指夏朝之前的历史。刑辟：指刑律。辟：《说文解字》："辟，法也。"议：通"仪"，估量、度量。制：裁断。为：使用，制定。王引之《经义述闻》第十九对"议事以制"的解释为："议读为仪。仪，度也；制，断也。谓度事之轻重以断其罪，不豫设为定法也。"

　　有学者认为这一时期的"议事以制"表明当时处于秘密刑的阶段，刑名之下所统之罪，只是一个个具体的判例或古训。人们对罪与非罪的区别只能依据传统的观念及社会道德、风俗习惯等法去加以甄别。这种"以刑统罪"的立法，导致了司法中"议事以制"的特点。这种"议事以制"的制度为统治者随意轻重提供了依据。（武树臣、马小红：《中国成文法的起源》，《学习与探索》1990年第6期。）不过，杨师群批评了议事以制意味着判例法的观点。（杨师群：《中国古代法律样式的历史考察——与武树臣先生商榷》，《中国社会科学》2001年第1期。）除此之外，对于"议事以制"的解释还有"罪名公开刑罚秘密"说、"原情定罪"说、判例法说、"以礼议罪"说。（分别参见孔庆明：《铸刑鼎辨正》，《法学研究》1985年第3期；俞荣根：《儒家法思想通论》，广西师范大学出版社1992年版，第86—87页；马小红：《礼与法：法的历史连接》，北京大学出版社2004年版，第136—137页；武树臣：《中国传统法律文化》，北京大学出版社1996年版，第216页。）

　　后文"自讬于议事以制""先王议事以制"的"议事以制"，与此处的"议事以制"意同。

之君齐圣，[793]然咸弃曲当之妙鉴，而任征文之直准，[794]非圣有殊，所遇异也。今论时敦朴，不及中古[795]，而执平者欲适情之所安，自

792　书法象魏：出自《周礼·秋官·大司寇》："正月之吉，始和布治于邦国都鄙，乃悬治象之法于象魏，使万民观治象，挟日而敛之。"郑玄注："郑司农云：'象魏，阙也'。"贾公彦疏："周公谓之象魏，雉门之外两观阙高魏魏然。孔子谓之观，《左传·定公二年》：'夏五月，雉门灾及两观'是也。"《周礼》的《天官·大宰》《地官·大司徒》《夏官·大司马》也有在同一时间悬"治象之法""教象之法""政象之法"于象魏的记载。此外，俞荣根认为：象魏，本是悬挂法令的地方，久而久之，连法令本身也称作"象魏"了。《左传·哀公三年》："夏五月辛卯，司铎火。火踰公宫，恒、僖灾……季恒子至，御公立于象魏之外……命藏《象魏》，曰：'旧章不可亡也'。"杜预注："《周礼》，正月县教令之法于象魏，使万民观之，故谓其书为《象魏》。"杨伯峻《春秋左传注》哀三年传注："此象魏可以藏，非指门阙……当时象魏悬挂法令使万民知晓之处，因名法令亦曰象魏，即旧章也。"（俞荣根：《儒家法思想通论》，广西人民出版社1992年版，第70页。）本志后文所言"图像"当指此处的象刑。详见前注82"象以典刑"。

793　三代之君齐圣：三代：指夏、商、周。三代之君：从高氏注，指夏禹、商汤、周文王和武王等贤明君主。(高氏：《注译》，第117页。)齐圣：聪明圣哲。《尚书·囧命》："昔在文武，聪明齐圣。"孔颖达疏："齐，中也，每事得中；圣，通也，通知诸事。"

794　弃曲当之妙鉴，而任征文之直准：放弃委曲变通以求恰当的巧妙做法，而采取法律条文来作为直接基准。与前文所述"故事求曲当，则例不得直"、后文"忍曲当之近适，以全简直之大准""弃曲当之妙鉴，而任征文之直准"相对应。

795　中古：陆氏认为，这里的中古，指秦汉时代。《文选》载西晋左思《三都赋》："夫蜀都者，盖兆基于上世，开国于中古。"（陆氏：《注释》，第109页。）而高氏认为此指夏、商、周三代。《韩非子·五蠹》："中古之

托于议事以制。[796]臣窃以为听言则美，论理则违。然天下至大，事务众杂，时有不得悉循文如令。故臣谓宜立格[797]为限，使主

---

世，天下之水，而鲧禹决渎。"（高氏：《注译》，第117页。）谢氏认为结合前述的上古意为夏、商、周之前的历史更可印证中古应指夏、商、周三代。（谢氏：《注译》，第188—189页。）内田氏、张氏同此。（[日]内田氏：《译注》，第159页；张氏：《注释》，第116页。）故此处的中古应指夏、商、周三代。

796　而执平者欲适情之所安，自托于议事以制：可是掌管法律的官吏企图满足人情的需要，依靠估量事情的轻重来判断罪罚。

797　格：法式、标准、规格之意，《礼记·缁衣》："言有物而行有格也。"此处的格与隋唐时期已演化为一种律法形式的"格"有一定的联系。《唐六典·尚书刑部》："格以禁违止邪"。《新唐书·刑法志》："格者，百官有司之所常行之事也。"

钱元凯认为西晋为"格"的初创期，西晋的"格"的内容多属行政性质，此处的格是指百官在执行法制中所恪守的规则。北齐是"格"的发展期，隋唐时期律令格式并行，是"格"的成熟期。（钱元凯：《试述秦汉至隋法律形式"格"的递变》，《上海社会科学院学术季刊》1987年第2期。）

刘俊文追溯了格的来源："作为一种法典形式，格的出现相当晚，似始于东魏，但作为一种法令名称，格的出现并不太晚，至迟两晋文献中已有记载；而若追寻格的本源，则可由汉远溯战国。""唐代格典乃自东魏《麟趾格》经北齐格、隋格发展而来，其原形为晋之故事及汉、魏之科，而本源则当溯于战国之以王命入律。"（刘俊文：《论唐格—敦煌写本唐格残卷研究》，姜亮夫，郭在贻编纂：《敦煌吐鲁番学研究论文集》，汉语大词典出版社1991年版，第525、528页。）

马小红则勾勒了唐代以前格演变的三个阶段：北魏以格代科，中期以前的格刚从科演变而来，在内容上与汉晋之科几乎没有区别。它作为补律令的副法而行用。北魏后期至北齐初是格在唐之前演变的第二阶段，格已

者守文，死生以之，[798]不敢错思[799]于成制之外，以差轻重，则法恒全。事无正据，名例不及，大臣论当，以释不滞，则事无阂。[800]

---

由补律令的副法而上升为代律令行事的主法。北齐中后期，格退回为副法的位置，在律无正条的情况下暂时作为定刑的依据，与第一时期的别格相类似，都是补律补令而临时制定的律外条目。格是唐代的重要法律制度，武德格上承麟趾格，为代律行事的权宜政策，太宗时，格、律各行其是，互不干扰。唐后期格演变为格后敕，废立删改更为及时，内容多偏重于刑狱。（马小红：《格的演变及其意义》，原载于《北京大学学报》1987年第3期，后收入杨一凡总主编：《中国法制史考证》乙编第一卷《法史考证重要论文选编·律令考》，中国社会科学出版社2003年版。）

798　死生以之：以：因、依。意指不论生死都要严守绝不动摇。《左传·昭公四年》："子产曰：'何害？苟利社稷，死生以之。'"

799　错思：从高氏注：错意、措意，留心。错，通"措"，设置、停留。《战国策·魏策》："以君为长者，故不错意也。"（高氏：《注译》，第117页。）

800　事无正据，名例不及，大臣论当，以释不滞，则事无阂：名例：指晋律头两篇《刑名》、《法例》。此句指判案时律令正文没有规定，《刑名》、《法例》又没有涉及，则由大臣们进行商议，适当定罪量刑，以便消除疑难、疏通阻滞，那么事情就不会有阻隔。后文"又律法断罪，皆当以法律令正文，若无正文，依附名例断之，其正文名例所不及，皆勿论"，即是对这几句话的解释。

至如非常之断，出法赏罚，若汉祖戮楚臣之私己，[801]封赵氏之无功，[802]唯人主专之，非奉职之臣所得拟议。[803]然后情求傍请[804]之迹

---

801　汉祖戮楚臣之私己：见前注 778"汉祖戮丁公之为也"。

802　封赵氏之无功：从高氏注："赵氏：指赵佗。真定（今河北省正定县）人，秦时为南海郡龙川县令，后代任嚣为郡尉。汉初占据桂林、象郡等地，自称南越武王。汉十一年（公元前 196 年），刘邦派陆贾前往招抚，正式封他为南越王，"与剖符通使，和集百越"。因此本志称其无功受封。后又叛逆，与朝廷对抗，景帝时归顺。见《史记·南越列传》。谢氏、内田氏注译与高氏同。（参见高氏：《注译》，第 117 页；谢氏：《注译》，第 192 页；[日] 内田氏：《译注》，第 161 页。）

803　唯人主专之，非奉职之臣所得拟议："只有君主可以专擅为之，不是奉行职守的臣下能够拟辨议论的。"（谢氏：《注译》，第 190 页。）此处的"主者守之""大臣论当，以释不滞""唯人主专之"与前文"主者守文""大臣释滞""人主权断"相呼应。

804　傍请：即奇请，另外请求之意。《汉书·刑法志》："律令繁多，百有余万言，奇请它比，日以益滋。"颜师古注："奇请谓常文之外，主者别有所请，以定罪也。"

绝，似是而非之奏塞，此盖齐法之大准也。主者小吏，处事无常。何则？无情则法徒克，有情则挠法。[805] 积克似无私，然乃所

---

805　无情则法徒克，有情则挠法：从陆氏注："没有私情就往往一味苛刻，有私人情谊，就会徇私破坏法律。这两句是指主事者和小吏的处事无常的两种偏向而言。"（陆氏：《注释》，第 110 页。）克：与"刻"通，苛刻。《释名·释言语》："克，刻也。刻物有定处，人所克念有常心也。"徒克：只有苛刻、任意苛刻。挠法：枉法。《史记·酷吏列传·周阳由》："所爱者，挠法活之；所憎者，曲法诛灭之。"也作桡法。《新唐书·王世充传》："……有系狱者，皆桡法贷减，以树私恩。"

以得其私，[806]又恒所岨以卫其身。[807]断当恒克，世谓尽公，时一曲法，迺所不疑。[808]故人君不善倚深似公之断，而责守文如令之奏，然后

---

806　积克似无私，然乃所以得其私：从陆氏注："这是痛切深刻地分析主者和小吏积累不变的苛刻，表面上似乎毫无私心，实际上是用来获得他们的私利（即给予人依法办事、忠于职守、不讲私情等的假象）。"（陆氏：《注释》，第111页。）积：习惯的，积久渐成的。蔡邕《蔡中郎集·外传·述行赋》："常俗生于积习。"

807　又恒所岨以卫其身：从高氏注，岨同"阻"，险阻、险要。这里是指依赖苛刻断案的险要手段以显示无私，从而达到护卫自身的目的。《文选》载司马相如《上书谏猎》文中有"陛下好陵岨险"等语。《史记·司马相如列传》中岨作"阻"。（高氏：《注译》，第117页。）

808　断当恒克，世谓尽公，时一曲法，迺所不疑：公：公正，与下文"似公之断"的"公"意同。陆氏认为是"公职"（陆氏：《注释》，第111页。）迺：同"乃"，方才。《文选》载西汉杨恽《报孙会宗书》："于今迺（乃）睹，子之志矣。"此句意为：判案经常苛刻行事，世人就会认为他善尽公正职责，即使偶然发现一些歪曲法律的行径，但总的对他仍不加怀疑。

得为有检，此又平法之一端也。[809]

夫出法权制，指施一事，厌情合听，可适耳目，诚有临时当意

---

809　故人君不善倚深似公之断，而责守文如令之奏，然后得为有检，此又平法之一端也：从陆氏注："所以国君不应赞许苛刻深文似乎很公正的判案，而应责成遵守法律条文象命令所规定那种办事的奏报，这样才能说得上有法度。这又是使法律公正的一个方面。"（陆氏：《注释》，第 111 页。）

之快，胜于征文不允人心也。然起为经制，终年施用，恒得一而失十。故小有所得者，必大有所失；近有所漏者，必远有所苞[810]。故

---

810　苞：通"包"，包容、容纳。《荀子·非十二子》："恢然如天地之苞万物。"

谙事识体者，善权轻重，不以小害大，不以近妨远。忍曲当之近适，以全简直之大准。[811] 不牵[812] 于凡听之所安，必守征文以正例。每

---

811　忍曲当之近适，以全简直之大准：克制住委曲变通来获得当前安适的想法，来保全简单直接的根本准则。与前文"故事求曲当，则例不得直""弃曲当之妙鉴，而任征文之直准"呼应。

812　牵：牵制。《吕氏春秋·离俗》："不牵于执。"高诱注："牵，拘也。"

临[813]其事，恒御[814]此心以决断，此又法之大概[815]也。

又律法断罪，皆当以法律令正文，若无正文，依附名例断之，

---

813　临：遇到。《礼记·曲礼上》："临财无苟得，临难毋苟免。"

814　御：驾御、控制，这里是遵从，凭借的意思。《庄子·逍遥游》："夫列子御风而行。"《文选》载曹植《临牖御儒轩》注："御，犹凭也。"

815　大概：大格，指总则、重要原则。《史记·韩非列传》："自多其力，则无以其难概之。"索隐："概，格也。"

其正文名例所不及，皆勿论。法吏以上，所执不同，得为异议。如律之文，守法之官，唯当奉用律令。[816] 至于法律之内，所见不

---

816　法吏以上，所执不同，得为异议。如律之文，守法之官，唯当奉用律令：法吏：主管法律的官吏，《荀子·正名》杨倞注："奇辞乱实，故法吏迷其所守，偏儒疑其所习。"全句意为：法吏以上，对所依据的法律条文有不同看法的，允许存在异议。（但案件经过审查），如符合法律的规定，司法官吏只能遵行律令。

按：此句内田氏句读为："法吏以上，所执不同，得为异议，如律之文。守法之官，唯当奉用律令。"译为：法吏以上的人，若对这个主张有不同意见时，可以提出异议，但异议也要符合法律条文的规定。守法的官吏，只是经常尊奉律令而已。（［日］内田氏：《译注》，第 162—163 页。）但中华书局版的句读似更符合文意。

同，迺得为异议也[817]。今限法曹郎令史[818]，意有不同为驳，唯得论释法律，以正所断，不得援求诸外，论随时之宜，以明法官守局

---

817　至于法律之内，所见不同，迺得为异议也：解释一：陆氏注：至于法令当中，各项条文如果有不相一致的地方，方才允许提出各自的意见，这里所说，和上文所说的"所执不同"，有显明的区别。（陆氏：《注释》，第113页。）解释二：高氏将此处的"所见不同"解释为：至于对法律内的一些条文，理解不尽相同。（高氏：《注译》，第119页。）谢氏解释为：只是对于法律条文内容的看法不同，才可以表达不同的意见。（谢氏：《注译》，第194页。）此处的"所见不同"应与前文的"所执不同"有所区别。陆氏与谢氏、高氏注解有所不同，但似乎都言之有理。根据前文的"所执不同"的主体是"法吏以上"，以及后文"唯得论释法律"的表述，此处似应采解释二为宜。

又，除了上一句"所执不同"与此句"所见不同"应该有所区别外，再结合下一句"法曹郎令史……唯得论释法律，以正所断，不得援求诸外，论随时之宜"，可见法曹郎令史的释法实际上属于前文所说"主者守文"，并不是"大臣释滞"。所以"所执不同"与"所见不同"虽然应有所区别，但本质上都属于"主者守文"这一层级。所以，或可采用解释三：至于在法律范围内量刑观点不一样，才允许提出各自的意见。

818　法曹郎令史：陆氏认为魏、晋法曹掌管刑法狱讼事，中央、地方都有设置。这里是指中央机关的法曹。晋代的职官，侍御史十三曹中，有法曹。（参见陆氏：《注释》，第113页。）高氏认为虽然法曹作为司法官署，当时侍御史、太子太傅与县令下均有设置。这里实指尚书令所辖二千石曹、三公曹、比部曹，分别主刺举、断狱、辞讼等事。（参见高氏：《注译》，第119页。）张氏的看法除二千石曹、三公曹、比部曹外，还比高氏多出一个"[中]都官曹"，四者"都掌管狱讼，称法曹。"（参见张氏：《注释》，第119页。）内田氏指出，《晋书·职官志》可见到法曹之名的是侍御史十三曹中有法曹，以及县令长下的法曹，但这些法曹均非此处所指的

之分。<sup>819</sup>

（余慧萍、崔超注）

法曹。为何如此呢，从"法曹的郎、令史"这一说法可知所属有郎的必然是尚书诸曹。晋代尚书中未见法曹之名，但尚书三公曹主断狱，在此意义上，法曹当指三公曹，郎令史为三公曹下的郎令史。（［日］内田氏：《译注》，第163页。）按：高氏、张氏和内田氏都认为此处的法曹属于尚书诸曹之一，可从。那么，具体指哪个曹？据《晋书·职官志》，二千石曹主辞讼事，中都官曹主水火盗贼事，是在东汉时期。晋时，只设三公曹，职责为掌管刑狱。（详见前注753）所以，此处同意内田氏的观点。

郎：指三公郎。

令史：这里仍指尚书郎下之令史。

819　以明法官守局之分：俞荣根认为，鉴于汉代形成的各级司法官吏都可以"议事以制""原情定罪"的流弊尚存，所以刘颂在此再三强调法吏必须以法定罪量刑。（参见俞荣根：《儒家法思想通论》，广西人民出版社1992年版，第98页。）

【今译】

　　上古通过度量事理做出判决，不预先设立刑法。从夏朝、商朝到周朝，才把制定好的法律书写好悬挂在象魏上。三代的国君都是聪明圣哲的，然而都抛弃委曲婉转、妥当解释的巧妙建议，而采取以法律条文来作为引用之直接基准。这不是上古与三代圣人的德风有所不同，而是其所遭遇的时代不同之故。就现今时世的敦朴而言，比不上中古的夏、商、周三代，但执法者却想适应个人觉得满意的感情趋向，就借口自己也要度量事理进行判决。我私下认为这些言辞乍听起来很好，但细论起理来却行不通。但是天下太大了，事务繁杂，时常有不能完全遵循律令条文规定来处理的情况。因此臣下认为，应当制定一些处事法则作为限度，使执法者遵守律令条文断案，无论个人生死，都绝不敢在已有的法律令规定之外另生不当的想法，而造成判决的轻重不当，这样法律才能永远得到保全。如果案件没有足以依据之法律正文，同时《刑名律》或《法例律》中也没有相关规定，则由大臣们进行商议，适当定罪量刑，以便消除疑难、疏通阻滞，那么事情就不会有阻隔。至如不依常法的裁断，超出法令之外的赏罚，有如汉高祖处死对自己有私恩的楚臣丁固，封立无功的赵佗为南越王，这只有君主能够专断，不是奉命办事的大臣所能够议定的。这样一来，以私情相求、另请法外定罪的事情便能杜绝，以似是而非的理由判刑的奏章也得以堵塞，这就是使法律得到统一的根本准则啊。主管官员和下属官吏，处理事情反复无常。为什么呢？无私情时就一味苛刻用法，有私情时便徇私枉法。总是苛刻办案似乎没有私心，但实际上在借此获取私利，并以此作为保护自己的手段。判决案件总采取苛刻手段，世人便认为完全是奉公守法，即使有时办了些枉法之事，也不致引起怀疑。因此君主不应赞扬依恃严酷苛刻而貌似公正的审判，而应要求执法者严守律令条文规定而为上奏。如此行事才能有监督，这又是可做到公平执法的一个方法。

一旦超出法律规定的范围，以权宜裁断，如果只是专对一件事情而实施时，可以满足人情，符合世俗的听闻，讨好人们的耳目，在那种情形下，诚然令人有称心的快感，胜过那只遵循法条而不能取悦人们。但是如果将此作为永久的法制，终年施行，常常只能获得一分好处却丧失十分益处。因此在小的方面有收获的，一定在大的方面有损失；暂时虽有疏漏的，但从远期看则将来必定有更大丰收。因而识得事体的，善于权衡轻重，不会因小事妨害大的原则，不会因眼前的满足而妨害长远的利益。克制住以委曲变通的想法来获得当前安适的想法，用以保全简单直接的大准则。不受一般人认为妥当的意见的牵制，务必遵守律令条文的规定，以端正法之体例。每次遇到那些案件，经常遵照这样的思想去判断，这又是法律的基本要领啊。

而且依律令判决罪行，都应当以律令正文为依据，如果没有相应的正文可依，就依据《刑名》《法例》中的规定来决断，如果正文和《刑名》《法例》都没有涉及的，那么均不予论罪。主管法律的官吏以上的大臣，所依据的法律条文不同，允许提出不同的见解。但案件经过讨论且符合律令条文的规定，执法官员只能严格按照这些条文规定办事。至于对法律内条文各自理解不同的，仍可提出异议。现在限定只有司法官署尚书郎与令史，意见不同时可以辩驳议论，但只能对法律的内容进行解释、阐明，用来指正决断的欠妥之处，而不得在法律规定之外援引，声称是顺随时势需要。这样做，就可以明确司法官吏各守其职的本分。

（余慧萍、崔超译）

【原文】

诏下其事，侍中、太宰、汝南王亮奏以为[820]："夫礼以训世，而法

———————————

【注释】

820　侍中：见前注 645。

太宰：相传殷置大宰，周时，置冢宰为天官之长，掌建邦之六典，大宰成为属官之称。秦汉废置，晋避景帝司马师讳，置太宰以代太师。与太傅、太保合称"三公"，为"论道经邦，燮理阴阳"之要官，见《晋书·职官志》。

汝南王亮：即司马亮（？—公元 291 年），字子翼，宣帝司马懿第四子。武帝太始初为扶风郡王，后加侍中之服。咸宁三年（公元 277 年）八月徙汝南王，征为侍中、抚军大将军。后迁太尉、录尚书事、领太子太傅，侍中如故。惠帝元康元年（公元 291 年）三月加官太宰。其年六月，其弟楚王玮受贾后指使将其杀害。（参见《晋书·汝南王亮传》。）

以整俗，理化[821]之本，事实由之。若断不断，常轻重随意，[822]则王宪不一，人无所错[823]矣。故观人设教，在上之举；守文直法，臣吏之节

---

821　理化：治理与教化。《后汉书·樊宏列传》："分地以用天道，实廪以崇礼节，取诸理化，则亦可以施于政也。"

822　若断不断，常轻重随意：指该作决定时不据法断决，而总是在量刑之轻重时随心所欲。

823　人无所错：指百姓无处安放手脚，即无所适从。"错"通"措"。《论语·子路》："刑罚不中，则民无所措手足。"

也。<sup>824</sup>臣以去太康八年，随事异议。<sup>825</sup>周悬象魏之书，汉咏画一之法，<sup>826</sup>诚以法与时共，义不可二。<sup>827</sup>今法素定，而法为议，则有所开长，<sup>828</sup>以为宜

---

824　观人设教，在上之举；守文直法，臣吏之节也："观人设教"详见前注 780 "看人设教"。"在上之举""臣吏之节"与前文"主者守文""大臣释滞""人主权断"相呼应，强调大臣与主司断案均应以法律条文为据，而将权宜裁量、非常之断的权力限制在人主手中。详见前注 773、774、775。

825　以去太康八年：从过去太康八年以来。太康：晋武帝司马炎年号（公元 280—289 年），太康八年即公元 287 年。然而，司马亮卒于元康元年（公元 291 年），此处记载误，详见前注 752。

随事异议：随着具体案件提出不同意见。

826　周悬象魏之书：参见前注 792 "夏殷及周，书法象魏"。汉咏画一之法：参见前注 749 "画一"。此处强调法律应有明确准则，得到一致遵行。

827　诚以法与时共，义不可二：实是因为法律与时势共存，而其义理不会有变。此句与随后的"今法素定，而法为议，则有所开长"一同呼应前文"法轨既定则行之……岂得在成制之内，复称随时之宜，傍引看人设教，以乱政典哉""始制之初，固已看人而随时矣"等内容（见前注 784、785），强调法律制定之时宜随时势调整，而制定之后则应坚定遵守。

828　今法素定，而法为议，则有所开长：素定：预先确定。《后汉书·翟酺列传》："目见正容，耳闻正言，一日即位，天下旷然，言其法度素定也。"为议：被异议。开长：出现并滋长。《后汉书·郎顗列传》："其当迁者，竞相荐谒，各遣子弟，充塞道路，开长奸门，兴致浮伪。"

如颂所启，为永久之制。"于是门下属三公[829]曰："昔先王议事以制，自中古以来，执法断事，既以立法，诚不宜复求法外小善也。若常以善夺

---

829　于是门下属三公：门下：即门下省，官署名。东汉始设侍中寺，晋时因其掌管门下众事，始称门下省。原为皇帝顾问机构，南北朝时权力扩大，隋唐时与尚书省、中书省成为最高政务决策机构的"三省"之一，主管审查诏书、签署章奏、驳正违失，其长官初名侍中，后又有称左相、黄门监等。见《通典·职官三》及《新唐书·百官志一》。属：同"嘱"，嘱咐，通达。三公：三公尚书，见前注 753。

法，则人逐善而不忌法，其害甚于无法也。案启事，<sup>830</sup>欲令法令断一，事无二门，<sup>831</sup>郎令史已下，应复出法驳案，随事以闻也。"<sup>832</sup>

---

830　案启事：此"案"当与下文"出法驳案"之"案"意思不同，前者同"按"，按照之意，后者指案件。启：同上文"如颂所启"，指对皇帝的上表、上奏。案启事：即按照刘颂所奏的内容。

831　法令断一，事无二门：法律裁断趋于一致，同一事情的处理不会有两种结果。《后汉书·桓谭列传》："一事殊法，同罪异论，奸吏得因缘为市，所欲活则出生议，所欲陷则与死比，是为刑开二门也。"

832　出法驳案：在法律条文之外驳议定案。随事以闻：随同案件向上奏报。

及于江左[833]，元帝为丞相时，[834]朝廷草创，议断不循法律，人立异议，高下无状[835]。主簿熊远[836]奏曰："礼以崇善，法以闲非[837]，故礼有常

---

833　江左：指长江下游以东地区，同江东，此处代指东晋。西晋灭亡后，晋元帝退守江南，建都建康（今南京）。古人记载地理位置，称东面为左，西面为右。东晋及南朝宋、齐、梁、陈各代的基业都在江左。

834　元帝：即司马睿（公元276—322年），司马懿曾孙，琅琊王司马觐之子。字景文，河内温县（今河南省温县）人。曾任安东将军、都督扬州江南诸军事，出镇建康，统治长江中下游和珠江流域。西晋建兴元年（公元313年），愍帝即位，升侍中，后进位丞相、都督中外诸军事，即此处"为丞相时"。西晋灭亡后，于公元317年即帝位，都建康，史称东晋。见《晋书·元帝纪》。

835　高下无状：指轻重宽严之判没有一定的根据。无状：没有形状，引申为没有根据。《后汉书·窦武列传》："抑夺宦官欺国之封，案其无状诬罔之罪。"

836　主簿：指主管文书、簿籍、印鉴的属官，详见前注468。熊远：字孝文，豫章（今江西省南昌）人，曾任宁远护军、主簿、御史中丞、侍中等职，后拜太常卿。为官清正，屡进忠言，为晋元帝所倚重。见《晋书·熊远列传》。

837　闲：本义为门栓，《说文解字》："闲，阑也，从门中有木。"引申为防范、约束。《左传·昭公六年》："闲之以义。"非：指恶人、恶行。

典，法有常防，[838] 人知恶而无邪心。是以周建象魏之制，汉创画一之法，故能阐弘[839]大道，以至刑厝。律令之作，由来尚矣[840]。经贤智，历

838　礼有常典，法有常防：常典：指长久不变的典范制度。常防：指确定一致的防范机制。

839　阐弘：阐扬光大。《后汉书·谢夷吾列传》："阐弘道奥，同史苏、京房之伦。"

840　由来尚矣：尚：久远。《吕氏春秋·古乐》："故乐之所由来者尚矣。"

夷险[841]，随时斟酌，最为周备。自军兴以来，[842]法度陵替[843]，至于处事不用律令，竞作属命，人立异议，曲适物情，亏伤大例。[844]府立节度[845]，

---

841　历夷险：夷：平坦，引申为升平之世。险：艰难险阻，引申为战乱时代。历夷险：指经历治世与乱世。

842　自军兴以来：指战争或军事行动发生以来。但各家解释略有不同，主要有两种意见：其一，内田氏、谢氏认为：此处远指后汉末三国的争乱，近指西晋末五胡入侵或八王之乱等引发各种战乱的情形。（［日］内田氏：《译注》，第 167 页；谢氏：《注译》，第 201 页。）其二，专指晋代八王之乱、西晋覆没以后，或平定叛逆、草创东晋以来。（张氏：《注释》，第 123 页；陆氏：《注释》，第 117 页；高氏：《注译》，第 122 页。）

843　陵替：《左传·昭公十八年》：“于是乎下陵上替，能无乱乎？”因此以“陵替”称纲纪废弛，上下失序。后引申为衰落、衰败之意，《南齐书·武帝纪》：“三季浇浮，旧章陵替，吉凶奢靡，动违矩则。”

844　曲适物情，亏伤大例：曲适：委曲地适应、迁就。物情：泛指人情世故、私情私欲。亏伤：严重损伤。大例：根本的法制律例。类似前文刘颂上疏所云“故事求曲当，则例不得直”之“例”。

845　节度：从高氏注，指规则、章程。（高氏：《注译》，第 122 页。）

复不奉用，临事改制，朝作夕改，至于主者不敢任法，每辄关谘846，委之大官，非为政之体。若本曹处事不合法令，监司当以法弹违，不得

---

846　关谘：谘同咨，征询请示。《南齐书·郁林王纪》："乃谋出高宗于西州，中敕用事，不复关谘。"

动用开塞，以坏成事。[847]按法盖粗术，[848]非妙道也，矫割物情，[849]以成法耳。若每随物情，辄改法制，此为以情坏法。法之不一，是谓多

---

847　监司：负有监察之责的官吏。弹违：弹劾违法者，此处特指弹劾违法的本署官吏。开塞：一为开启和阻塞，即放纵与禁止（陆氏：《注释》，第117页）；二指打开阻塞，即开禁，对应禁之事开恩宽宥（高氏：《注译》，第122页）。此处要求监司对"不合法令"的行为严格弹劾，不得放纵。且监司"不得动用开塞"与后文"若开塞随宜，权道制物，此是人君之所得行，非臣子所宜专用"相呼应，仍是强调只有人君而非人臣才能法外开恩，故此处取开禁之意。成事：业已形成的制度。

848　法盖粗术：法原本只是粗糙的治术。

849　矫割物情：矫：纠正。割：割舍，禁止。物情：见前注844。

门，开人事之路，广私请之端，非先王立法之本意也。凡为驳议[850]者，若违律令节度，当合经传及前比故事，[851]不得任情以破成法。愚谓宜令录

---

850　驳议：驳原作駮，为汉代臣子向皇帝上书体例之一，详见前注235、253。（张氏：《注释》，第124页；陆氏：《注释》，第117页；谢氏：《注译》，第202页，都认为是上书体例。）此处"驳议"并非沿袭汉代特定的上书体例，而是与前文"今限法曹郎令史，意有不同为驳"之"驳"相同，指一般意义上的辩驳议论。（参见［日］内田氏：《译注》，第166页；高氏：《注释》，第123页。）

851　经传及前比故事：经传：见前注176。比：见前注226。故事：见前注521。

事[852]更立条制，诸立议者皆当引律令经传，不得直以情言，无所依准，以亏旧典也。若开塞随宜，权道制物[853]，此是人君之所得行，非臣子所宜

---

852　录事：官名，晋时骠骑将军及诸大将军不开府办事，属官有录事，其后刺史掌军而开府者亦置之，掌总录众曹文簿，举善纠恶。隋以后为普通州郡官，掌纠正各曹职事。见《通典·职官十五》。

853　权道：指变通之道，临时措施。《孟子·离娄上》："嫂溺，援之以手者，权也。"宋孙奭疏："夫权之为道，所以济变事也，有时乎然，有时乎不然，反经而善，是谓权道也。"制物：裁断事情。《国语·郑语》："佐制物于前代者，昆吾为夏伯矣。"韦昭注："佐，助也。物，事也。"

专用。主者唯当征文据法，以事为断耳。"

（李萌、崔超注）

————————

【今译】

　　皇帝下诏讨论这件事情，侍中、太宰、汝南王司马亮上奏认为："礼用来教导世人，而法用来整饬风俗，作为治理与教化的根本，事实的判断要依循着它。如果做决定时不据法断决，总是随心所欲来量刑之轻重，就会使帝王的法律难以统一，人民无所适从。因此，观察民俗以设立教化，是在上的君王才能做的；坚守律条直接适用法律，是人臣官吏应有的节操。臣见过去太康八年曾依据具体案件而提出不同的论议。周时将法令文书悬挂在宫门外的高楼之上，汉时人民歌咏整齐一致的法律，诚然法律与时势共存，其义理不会有变。现在法律已确定，对其进行异议的情况就已经出现并滋长，臣认为应该如刘颂所上奏的那样，将法律定为永久的制度。"于是由门下省嘱咐三公尚书说："古时帝王度量案情轻重以断罪，中古以来，用法律来断决案件，既然已经制定了法律，实在不应该再追求法律之外的小恩惠。如果总是以小恩惠来取代法律规定，就会人人追逐法外施恩而不再顾忌法律，这样做的害处比没有法律还要严重。按照刘颂上奏的内容，要使法令裁断趋于一致，处理同一事情没有两种结果，尚书郎及令史以下，应该回复超出律文规定驳议定案的情况，并随同案件向上奏报。"

　　到晋室南迁江左，东晋元帝为丞相时，朝廷刚刚创立，评议事情断决案件都未遵行法律规定，人人都有自己的不同意见，轻重宽严之判没有确定的根据，主簿熊远上奏说："礼用来推崇良善，法用来约束恶行，所以礼有确定的典范仪制，法有确定的防范手段，人民便知晓善恶而不再有邪恶想法。正因此才有周时将法令文书悬挂在宫门外的高楼之上，汉时创设整齐一致的法律，这样就能阐明并弘扬根本的道理，使刑罚闲置不用。法律条文的创制，由来已久。经历贤者与智者之手，历经升平之世与战乱时代，依据事实反复考量，已十分周全详备。自战乱以来，法律制度衰败废弛，导致案件断决不使用法律规定，竞相嘱托、命令，人人都持有自己不同的意见，委曲迁就于不同的人情世故，严重损坏了根本的法制律例。各官署都有自己的规章制度，却不再被奉行使用，遇到事情就更改制度，朝令夕改，致使主管官员不敢任用法律处事，总是要咨询请示，委托长官决定，这不是处理政事的体统。如果本署官员处理事情不符合法律，监察官员应当依法弹劾违法官吏，不得随意放纵宽宥，以致破坏已经形成的制度。法律原本是一项粗糙的治术，并不是精深玄妙的事情，不过是纠正禁止不当的人情私欲，从而形成法律罢了。如果总是随着人情，动辄改动法律制度，这是以私情破坏法制。法令不确定统一，就会有多种处事结果，将开启托人疏通的道路，扩大私情请托的端口，这不是先王订立法制的本来意图。凡是打算向君王上书驳议的，如果与法律条文、规章制度不一致，应该符合经典释传以及先前的比或故事，不允许放任私情破坏已形成的法制。臣认为应该命令录事重新制订规则，凡是各执已见者都要引用法律条文、经典释传，不得直接以私情言说，不依循一定的准则，以致破坏原本的典章制度。至于适时的开恩宽宥，以权宜之道来裁断事情，这是君主才能作为，绝非臣下能任意行为的。主管官吏只能依据法令征引律条，按事实作出断决罢了。"

（李萌、崔超译）

【原文】

是时帝以权宜从事[854]，尚未能从。而河东卫展为晋王大理，[855]考

---

【注释】

854　权宜从事：采取变通的办法从事政务。由于当时司马睿还只是西晋丞相，还未正式称帝，所以只能采取变通的办法从事政务，所以尚不能听从熊远的奏文来实施。

855　而河东卫展为晋王大理：河东：古郡名，秦代设置，在今山西省永济县东南。卫展：从陆氏注："晋安邑（今山西省夏县北）人。卫瓘的族子，字道舒。永嘉中，任江州刺史。元帝初年任廷尉，上疏，论应当恢复肉刑，不久病死。"（陆氏：《注释》，第119页。）晋王：即司马睿，建武元年三月，于建康为晋王，即帝位是在太兴元年三月。

摘[856]故事有不合情者，又上书曰："今施行诏书，有考子正父死刑，[857]或鞭父母问子所在。近主者所称《庚寅诏书》[858]，举家逃亡家长斩。

---

856　考摘：从谢氏注："考者，究也。摘者，揭发之意。《后汉书·光武帝纪下》：'听群盗自相纠摘。'考摘者，考察揭示之意。"（谢氏：《注译》，第205页。）

857　考子正父死刑：考：拷打，拷问。《后汉书·戴就列传》："幽囚考掠，五毒参至。"正：其一，正法，治罪。《周礼·夏官·司马》："贼杀其亲则正之，放弑其君则残之。"其二，通"证"，证言。此处两种解释都有道理。

相应的，此句释义可能有两种：一、拷问子女，为判处其父死刑；二、拷问子女，以证明其父为死罪。

858　《庚寅诏书》：从陆氏注："指晋武帝泰始六年的诏书。《晋书·武帝纪》这一年记载了两篇诏书，但内容很简略，没有说到'举家逃亡家长斩'的任何内容，已经难以查考是哪一篇诏书。"（陆氏：《注释》，第119页。）

若长是逃亡之主，斩之虽重犹可。设子孙犯事，将考祖父逃亡，逃亡是子孙，而父祖婴[859]其酷。伤顺破教，如此者众。相隐之道离，则

---

859　婴：遭受，遭遇。《后汉书·党锢·范滂列传》："昔叔向婴罪，祁奚救之，未闻羊舌有谢恩之辞，祁老有自伐之色。"

君臣之义废；<sup>860</sup>君臣之义废，则犯上之奸<sup>861</sup>生矣。秦网密文峻，汉兴，扫除烦苛，风移俗易，几于刑厝。大人革命，<sup>862</sup>不得不荡其秽匿，通其圮

---

860　相隐之道离，则君臣之义废：从谢氏注：本句指"父母（按：应为'父子'）相隐之道"不能背离，否则"君臣之义"会遭废弃。见《论语·子路》："叶公语孔子曰：'吾党有直躬者，其父攘羊，而子证之。'孔子曰：'吾党之直者异于是，父为子隐，子为父隐，直在其中矣。'"这在汉代已经有明文规定，晋律是沿袭汉制。《汉书·宣帝纪》："夏五月，诏曰：'父子之亲，夫妇之道，天性也。虽有患祸，犹蒙死而存之。诚爱结于心，仁厚之至也，岂能违之哉。自今，妻匿夫，孙匿大父母，皆勿坐。其父母匿子，夫匿妻，大父母匿孙，罪殊死，皆上请廷尉以闻。'"盖古代认为君臣之义是建立在伦理的基础上的，如人伦遭受破坏，君臣之义自然不会存在。故《礼记·祭统》："忠臣以事其君，孝子以事其亲，其本一也。"（谢氏：《注译》，第205页。）

861　犯上之奸：《论语·学而》："有子曰：'其为人也孝悌，而好犯上者，鲜矣；不好犯上，而好作乱者，未之有也。'"

862　大人革命：大人：德行崇高的人，这里指君主。《周易·乾》："夫大人者，与天地合其德，与日月合其明，与四时合其序，与鬼神合其吉凶。"革命：行变革以顺天命，常指以武力更换朝代。《周易·夬》："天地革而四时成，汤、武革命，顺乎天而应乎人，革之时大矣哉。"

圮滞[863]。今诏书宜除者多，有便于当今，著为正条，则法差简易。"元帝令曰："礼乐不兴，则刑罚不中，[864] 是以明罚敕法[865]，先王所慎。自元康已来，

---

863　圮滞：毁坏窒塞。圮：《说文解字》："圮，毁也。"

864　礼乐不兴，则刑罚不中：出自《论语·子路》："名不正，则言不顺；言不顺，则事不成；事不成，则礼乐不兴；礼乐不兴，则刑罚不中；刑罚不中，则民无所措手足。"

865　是以明罚敕法：敕，通"饬"，整饬。《周易·噬嗑》："'雷电''噬嗑'，先王以明罚敕法。"

事故荐臻<sup>866</sup>，法禁滋漫<sup>867</sup>。大理所上，宜朝堂会议，蠲除诏书不可用者，此孤所虚心者也。"

———————————

866　荐臻：接连来到。荐：屡次，接连。臻：到。《汉书·孔光传》："如貌、言、视、听、思失，大中之道不立，则咎征荐臻，六极屡降。"

867　滋漫：同"滋蔓"，生长繁殖，不断增多。《左传·隐公元年》："不如早为之所，无使滋蔓。"

及帝即位，展为廷尉，又上言："古者肉刑，事经前圣，汉文除之，增加大辟。[868]今人户彫荒[869]，百不遗一，而刑法峻重，非句践养胎

_____

868　汉文除之，增加大辟：见前注38。

869　彫荒：凋残荒废，此处指人口稀少。彫：通"凋"，草木衰落。《左传·昭公八年》："今宫室崇侈，民力彫尽，怨讟并作，莫保其性。"

之义也。[870] 愚谓宜复古施行，以隆太平之化。"诏内外通议。于是骠
骑将军王导[871]、太常贺循[872]、侍中纪瞻[873]、中书郎庾亮[874]、大将军谘议参军梅

---

870　非句践养胎之义也：句践：勾践，春秋末越国国君，公元前
496—前465年在位。允常之子，又名菼执。曾被吴国击败，屈服求和，后
卧薪尝胆，至公元前473年时灭吴雪耻，成为霸主。养胎之义：指鼓励生
育的措施。《国语·越语上》载勾践战败后曾下令："寡人闻古之贤君，四
方之民归之，若水之归下也。今寡人不能，将帅二三子夫妇以蕃。令壮者
无取老妇，令老者无取壮妻；女子十七不嫁，其父母有罪；丈夫二十不取，
其父母有罪。将免者以告，公医守之。生丈夫，二壶酒，一犬；生女子，
二壶酒，一豚；生三人，公与之母；生二子，公与之饩。"

871　骠骑将军：汉武帝元狩二年（公元前121年）始置，以霍去病为
之。晋时为二品武官，位在三公之下，"江左以来，都督中外"，其职权尤
重。见《晋书·职官志》。

王导（公元276—339年）：字茂弘，琅琊临沂（今山东临沂）人，历
仕晋元帝、明帝和成帝三朝。最初与琅琊王司马睿契同挚友，东晋建立后
任丞相，随即为扬州刺史、迁骠骑将军加散骑常侍，都督中外军事。元帝
司马睿称他为"吾之萧何"，德重勋高。明帝时封兴郡公，进位太保。后
辅佐成帝，升太傅，继任丞相。史书赞誉他"提挈三世，终始一心，称为
仲父，盖其宜矣"。见《晋书·王导列传》。

872　贺循（公元260—319年）：字彦先，会稽山阴（今浙江省绍兴）人。
生于魏景元元年，先后出任阳羡、武康令，司马睿镇建康，任太常、左光
禄大夫，有议"辄依经礼而对，为当世儒宗"。见《晋书·贺循列传》。

873　纪瞻（公元253—324年）：东晋官吏。字思远，丹阳秣陵（今江苏
省南京）人。徙居历阳，元康中察孝廉，不行。后举秀才，元帝招引他做
军咨祭酒，因功封都乡侯、临湘县侯。又任尚书右仆射，转领军将军，镇
武昌，常"上书谏诤，多所匡益"。见《晋书·纪瞻列传》。

874　中书郎：即中书侍郎，见前注646。

陶[875]、散骑郎张嶷[876]等议,以:"肉刑之典,由来尚矣。肇自古先,以及三代,圣哲明王所未曾改也。岂是汉文常主所能易者乎!时萧曹[877]已

---

庾亮(公元289—340年):字元规,晋颍川鄢陵(今河南省鄢陵县)人。中兴初,拜中书郎,在东宫侍讲。明帝即位,升任中书监,加左卫将军。成帝初年,为中书令,又改任都督六州诸军事、征西将军,镇武昌。见《晋书·庾亮列传》。

875　谘议参军:东晋始置,接受咨询、谋议军事,位在诸参军之上。

梅陶:字叔真,晋汝南郡西平(今河南省西平县)人,豫章太守梅赜之弟。王敦招请他任大将军谘议参军,王敦曾企图杀害陶侃,他加以劝阻。

876　散骑郎:即散骑侍郎,见前注497。

张嶷:其传不详。

877　萧曹:指萧何、曹参。萧何:见前注328。

曹参(公元前?—前190年):字敬伯,泗水沛(今江苏省沛县)人,西汉开国功臣,名将,是继萧何后的汉代第二位相国。在位一遵萧何约束,有"萧规曹随"之称。见《史记·曹相国世家》、《汉书·曹参传》。

没，绛灌[878]之徒不能正其义。逮班固[879]深论其事，以为外有轻刑之名，内实杀人。又死刑太重，生刑太轻，生刑纵于上，死刑怨于下，轻重

---

878　绛灌：指绛侯周勃、颍阴侯灌婴。

周勃（公元前？—前169年）：沛（今江苏省沛县）人，随刘邦起兵后为虎贲令，作战勇猛，继封绛侯，升太尉，讨平陈豨叛乱，惠帝时仍任太尉，与丞相陈平合谋灭诸吕，迎代王刘恒为帝，官至右丞相，不久因不胜任去职，后再任丞相，又遭罢相。见《史记·绛侯周勃世家》。

灌婴（公元前250—前176年）：睢阳（今河南省商丘南）人。本为卖丝商贩，后随刘邦转战各地，封昌文侯，任郎中、中大夫。汉朝建立，任车骑将军，封颍阴侯，击陈豨、黥布叛乱。灭诸吕，立文帝后，任太尉三岁，又代勃为丞相一岁。见《史记·灌婴列传》。周勃与灌婴均重武少文，不善治国，据《史记·淮阴侯列传》记载，韩信任淮阴侯即"日怨望，居常鞅鞅，羞与绛、灌等列"。

879　班固（公元32—92年）：史学家班彪之子，字孟坚，扶风安陵人（今陕西咸阳东北）。班彪曾著《史记后传》，但死时尚未完稿，东汉明帝即位后，他被任为兰台令史，转迁为郎，即继承父业，补撰详述，修成《汉书》数十卷。章帝时任玄武司马，又受诏撰《白虎通义》。和帝永元初随窦宪征匈奴，为中护军、中郎将，因战败受牵连入狱，和帝永元四年死于狱中。见《后汉书·班彪列传子班固附传》。

失当，故刑政不中也。且原先王之造刑也，非以过怒也，非以残人也，所以救[880]奸，所以当罪[881]。今盗者窃人之财，淫者好人之色，亡者

880　救：阻止、劝阻。《说文解字》：“救，止也。”《周礼·地官·司徒》：“救，犹禁也。以礼防禁人之过者也。”

881　当罪：罚当其罪。《荀子·君子》：“故刑当罪则威，不当罪则侮；爵当贤则贵，不当贤则贱。”

避叛之役，皆无杀害也，则加之以刑。刑之则止，而加之斩戮，戮过其罪，死不可生，纵虐于此，岁以巨计。此迺仁人君子所不忍闻，而况行之于政乎！若乃惑其名而不练[882]其实，恶其生而趣[883]其死，此畏水投舟，避坎蹈井，愚夫之不若，何取于政哉！今大晋中兴，遵复古

---

882　练：详细核查。《汉书·薛宣传》："明习文法，练国制度。"颜师古曰："练犹熟也，言其详熟。"

883　趣：同"趋"，催促。《周礼·地官·司徒》："县正各掌其县之政令征比，以颁田里，以分职事，掌其治讼，趋其稼事，而赏罚之。"

典，率由旧章，[884] 起千载之滞义，拯百残之遗黎，使皇典废而复存，黔首死而更生，至义畅于三代之际，遗风播乎百世之后，生肉枯骨，[885] 惠

---

884　率由旧章：遵循过去的制度，这里指恢复肉刑。《诗经·大雅·假乐》："不愆不忘，率由旧章。"

885　生肉枯骨：从陆氏注："使枯骨重新生肉，这是说应处死刑、受刑杖必死的罪犯，能够改处肉刑活下去。《左传·襄公二十二年》：'吾见申叔夫子，所谓生死而肉骨也。'杜预注：'已死复生，白骨更生。'"（陆氏：《注释》，第124页。）

侔造化，[886]岂不休[887]哉！惑者乃曰，死犹不惩[888]，而况于刑？然人者冥也，其至愚矣，[889]虽加斩戮，忽为灰土，死事日往，生欲日存，未以为

---

886　惠侔造化：从张氏注："恩惠与天地的创造化育万物相等。"（张氏：《注释》，第130页。）侔：齐等，相等。《说文解字》："侔，齐等也。"《墨子·小取》："侔也者，比辞而俱行也。"

887　休：美好，美善。《周易·泰》："君子以遏恶扬善，顺天休命。"

888　死犹不惩：处死刑尚且不警惕畏惧。

889　然人者冥也，其至愚矣：陆氏认为：《礼记·淄衣》郑玄注："民者，冥也，言未见仁道。"又《孝经援神契》也这样说。贾谊《新书·大政》："民之言瞑也，萌之言盲也。"《说文解字》："民，众萌也。"又"氓，民也，读若盲。"都说明民、氓，上古就是奴隶的别称，后来统治者也对百姓抱持鄙视、轻辱的态度。（陆氏：《注释》，第124—125页。）

改。若刑诸市朝，朝夕鉴戒，刑者咏为恶之永痛，恶者觌[890]残刖之长

---

890　觌：通"睹"。《说文解字》："睹，见也。"

废，故足惧也。然后知先王之轻刑以御物，显诫以惩愚，其理远矣。"

（林汝婷、崔超注）

【今译】

当时晋王（后来的元帝）采用变通的方式来处理政务，未能采纳熊远的建议。而河东郡人卫展当任晋王的大理，考察故事有不合情理的，又上疏说："现在施行的诏书中，有拷问儿子以指证其父亲犯有死罪应判处死刑，或鞭打父母审问儿子在什么地方。近来主管官吏引用所谓的《庚寅诏书》，全家逃亡，家长应斩首。如果家长是逃亡主犯，将他斩首，处刑虽重，但还说得过去。假如子孙犯逃亡之罪，将追究祖父或父亲逃亡罪，逃亡的是子孙，但父亲或祖父却因此要遭受酷刑。这就损伤孝顺之道，破坏了教化伦理，这样的情况很多。背离亲属可相互隐罪的准则，就会废弃君臣关系的礼义；废弃君臣关系的礼义，那犯上作乱的奸恶行径就产生了。秦朝法网严密、律文峻苛，汉朝建立以后，扫除烦杂苛酷的法律，社会风俗得以改变，几乎令刑罚闲置而不用。君王革新天命，必须荡涤污秽，疏通被毁损、窒塞的法制。现行诏书应当被废除的很多，如有便于目前施行的，就著录为正式的法条，这样法律也可以趋于简单明白。"晋王因此下令说："礼乐要是不兴盛，那么就会使刑罚做不到轻重适中，所以严明刑罚、整饬法律，是先王所慎重对待的事。自从元康以来，内乱外患等事故接连发生，法律禁令越来越多。大理上奏的意见，应该在朝堂上商议，删除诏书中不可施行的，这是我所虚心接受的。"

到了元帝即位，卫展被任命为廷尉，又上疏说："古代的肉刑，是遵循前代圣王而实施，汉文帝将其废除，增加很多死刑。现在人口凋零，所剩无几，而刑罚严峻残酷，不符合越王勾践养育百姓的思想。臣认为应该恢复古代的肉刑，用以隆盛太平世界的教化。"皇帝诏令朝廷内外大臣共同讨论。于是，骠骑将军王导、太常贺循、侍中纪瞻、中书郎庾亮、大将军咨议参军梅陶、散骑郎张嶷等商议，认为："肉刑之制由来已久。自从上古开始，直到夏、商、周三代，圣明的君王都没有改变过。岂能是汉文帝这样的寻常君主所能改变的呢？当时萧何、曹参已经去世，周勃、灌婴这些人不能恢复古代肉刑的义理。到了班固深入地讨论这件事，认为表面上有减轻刑罚的名声，实际上却置人于死地。而且死刑既嫌太重，生刑又嫌太轻，在上者认为以生刑宽纵罪犯，百姓却觉得死刑太多而抱怨，判罪畸轻畸重显失妥当，所以刑罚与政令无法适中、公允。而且，推究先王制定肉刑，不是用来发泄过度的愤怒，也不是用来残害百姓，而是用来禁止奸恶行为，处断犯罪。现在有贼盗偷窃他人的财物，有淫贼喜好他人的美色，逃亡的人躲避犯法应服的徭役，这些都没有杀害人的行为，就对他们施以肉刑。施加肉刑就能制止其犯罪，但却对他们施以死刑，杀戮的刑罚超过其罪责，而人死则不能复生，每年如此肆意暴虐残害百姓的数量都很庞大。这是具有仁义品德的君子所不忍听到的事，何况还要在政治上加以推行呢！如果不明事理而不去详查实际情况，憎恶能让人存活的肉刑而促使他们去死，这恰似害怕水却逼迫他去乘船，为避开坎穴而踏入水井，连愚蠢的人都不这样做，对国家政治来说有什么可取的呢！现在大晋复兴大业，应该遵循古代的典制，沿袭旧有的规章，恢复长期停滞不用的宜行准则，拯救屡遭残害而幸存的百姓，使废弃的先王典章得以恢复，使将死的百姓获得生机，使完全符合道义的肉刑畅通地比行夏、商、周三代还盛，其遗风能流传于百代之后，使枯骨重新长满肌肉，其恩惠等同天地造化万物，那不是很美好的吗？而受迷惑的人竟说，死刑还不能惩戒奸恶，何况仅用一般的肉刑？然而民众是很不明事理的，冥顽不化、愚昧至极，即使施加杀戮重刑，躯体很快就变为灰土，被处死的就随风而去，活着的欲望每天都存在，不会因此而改变。如果罪犯在街市、朝堂上被处以肉刑，能让人们日夜引为鉴戒，被肉刑者哀叹作恶带来的长久痛苦，邪恶的人看见脚被砍后永久的残废，就足够使人恐惧了。然后才知道先王之所以用轻刑来统治百姓，彰显劝诫以惩治愚顽的人，其道理是相当深远的。"

（林汝婷、崔超译）

【原文】

尚书令刁协[891]、尚书薛兼[892]等议，以为："圣上悼残荒之遗黎，[893]伤犯死

【注释】

891 刁协（公元？—322年）：字玄亮，渤海饶安（今河北省盐山县西南）人。刁协曾在成都王司马颖、赵王司马伦、长沙王司马乂下任职，后跟随东瀛公，官至颍川太守。晋元帝南渡期间，任尚书左仆射，参与制定朝廷的典章制度，后迁尚书令。见《晋书·刁协列传》。

892 薛兼（约公元255—322年）：字令长，丹杨（今安徽省宣城县）人，名儒薛综之孙。历官于晋元帝和明帝两朝，历任太子洗马、散骑常侍、怀令、安东将军、太守、尚书等职。见《晋书·薛兼列传》。

893 残荒之遗黎：残荒：遭受残害、破败荒凉。《后汉书·董卓列传》："曹操以洛阳残荒，遂移帝幸许。"

遗黎：亦作"遗鳌"，指遭遇灾变、国变等变故后苟活的人民、遗民。《尔雅·释诂》："黎，众也。"《晋书·地理志下》："自中原乱离，遗黎南渡，并侨置牧司，在广陵，丹徒南城，非旧土也。"

之繁众，欲行刖以代死刑，使犯死之徒得存性命，则率土蒙更生之泽，[894]兆庶必怀恩以反化[895]也。今中兴祚隆，[896]大命惟新，[897]诚宜设宽法

---

894　则率土蒙更生之泽：率土：是"率土之滨"之省略，指王土，即疆域之内。《诗经·小雅·北山》："普天之下，莫非王土，率土之滨，莫非王臣。"王引之《经义述闻》第六："《尔雅》曰：'率，自也。'自土之滨者，举外以包内，犹言四海之内。"

蒙：承受、承蒙，是敬词。《晋书·李密列传》："寻蒙国恩，除臣洗马。"

895　反化：反通"返"，返回。《孟子·梁惠王上》："则盍反其本矣。"反化：指原来未受教化的百姓，回转心意接受教化。

896　中兴祚隆：中兴：中途振兴、转衰为盛。《诗经·大雅·烝民序》："任贤使能，周室中兴焉。"

祚：第一种解释是福运、福祉。《说文解字》："祚，福也。"第二种解释是皇位、帝位。《文选》载班固《东都赋》："往者王莽作逆，汉祚中缺。"此处宜采第一种意思，指国运昌隆。

897　大命惟新：大命：天命。《尚书·太甲上》："天监厥德，用集大命，抚绥万方。"孔安国传："天视汤德，集王命于其身，抚安天下。"惟：通"维"。惟新：即维新，指更新。《诗经·大雅·文王》："周虽旧邦，其命维新。"

以育人。然惧群小<sup>898</sup>愚蔽，习翫<sup>899</sup>所见而忽异闻，或未能咸服。愚谓行刑之时，先明申法令，乐刑者刖，甘死者杀，<sup>900</sup>则心必服矣。古典刑不上大

---

898　群小：谓社会地位卑下的人们，一般指小民，或名门望族以外的庶民。《世说新语·容止第十四》："庾长仁与诸弟入吴，欲住亭中宿。诸弟先上，见群小满屋，都无相避意。"陆氏、谢氏则引《诗经·邶风·柏舟》："忧心悄悄，愠于群小。"郑玄笺："群小，众小人在君侧者。"但说明这里是泛指广大众多的百姓。（陆氏：《注释》，第126页；谢氏：《注译》，第216页。）

899　习：习惯、习惯于、习以为常。《商君书·战法》："民习以力攻难，故轻死。"翫：同"玩"，轻慢、忽略之意，此处有满足现状之意。《左传·昭公元年》："玩岁而愒日，其与几何？"习翫：习惯怠忽、忽视。

900　乐刑者刖，甘死者杀：此处并非刁协、薛兼等人第一次提出，《汉书》等古籍中也有类似举措的记载。如《汉书·景帝纪》："（景帝中元四年）秋，赦徒作阳陵者；死罪欲腐者，许之。"即应处死刑的罪犯若想要（申请）以宫刑代死刑的，可以允许之。内田氏认为此处当来自《汉书·刑法志》末尾的"今触死者，皆可募行肉刑"。（参见［日］内田氏：《译注》，第57页、第175页。）言之有理。

夫，<sup>901</sup>今士人有犯者，谓宜如旧，不在刑例<sup>902</sup>，则进退为允。"

---

901 刑不上大夫：语出《礼记·曲礼上》："礼不下庶人，刑不上大夫。"郑玄注："刑不上大夫，不与贤者犯法，其犯法，则在八议轻重，不在刑书。"孔颖达疏："刑不上大夫者，制五刑三千之科条，不设大夫犯罪之目也。所以然者，大夫必用有德，若逆设其刑，则是君不知贤也。"但在古典上是否真的一律"刑不上大夫"？查阅相关资料后能印证并非一律"刑不上大夫"。如夏朝时，《尚书·甘誓》："弗用命，戮于社，予则孥戮汝。"西周时，《礼记·檀弓下》："臣弑君，凡在官者杀无赦；子弑父，凡在官者杀无赦。杀其人，坏其室，洿其宫而潴焉。"又据《礼记·王制》："析言破律、乱名改作、执左道以乱政，杀。"《尚书·康诰》："元恶大憝，矧惟不孝不友……速由文王作罚，刑兹无赦。"《周礼·天官·大宰》："以八柄诏王驭群臣。一曰爵，以驭其贵；二曰禄，以驭其富；三曰予，以驭其幸；四曰置，以驭其行；五曰生，以驭其福；六曰夺，以驭其贫；七曰废，以驭其罪；八曰诛，以驭其过。"郑玄注："夺，谓臣大罪，没入家财者。废，犹放也，舜殛鲧于羽山是也。"《周礼·地官·大司徒》："以乡八刑纠万民：一曰不孝之刑，二曰不睦之刑，三曰不姻之刑，四曰不弟之刑，五曰不任之刑，六曰不恤之刑，七曰造言之刑，八曰乱民之刑。"《周礼·秋官·大司寇》："凡诸侯之狱讼，以邦典定之。凡卿大夫之狱讼，以邦法断之。凡庶民之狱讼，以邦成弊之。"正如《周礼·秋官·小司寇》"八议"条孙诒让《正义》曰，"盖凡入八议限者，轻罪则宥，重罪则改附轻比，仍有刑也"，并非一律"刑不上大夫"，士大夫阶层触犯部分特殊罪行在古典中也有处刑记载，即只在士大夫阶层所犯为不能赦免之罪时，才处以刑罚。

902 刑例：高氏解释为刑法条例。（高氏：《注译》，第129页。）内田氏解释为刑法的适用范围。（［日］内田氏：《译注》，第174页。）谢氏解释为旧有的刑法案例。（谢氏：《注译》，第215页。）陆氏解释为法律条例。（陆

尚书周顗[903]、郎曹彦[904]、中书郎桓彝[905]等议，以为："复肉刑以代

氏：《注释》，第126页。）

按：宜采高氏注，此处泛指刑法。

903　周顗（公元269—322年）：字伯仁，汝南安城（今河南省汝南县）人。历任荆州刺史、吏部尚书、尚书左仆射。见《晋书·周顗列传》。

904　郎曹彦：郎：此处"郎"指尚书郎。《晋书·职官志》："尚书郎，西汉旧置四人，以分掌尚书……郎主作文书起草，更直五日于建礼门内。尚书郎初从三署诣台试，守尚书郎，中岁满称尚书郎，三年称侍郎，选有吏能者为之。……及晋受命，武帝罢农部、定课，置直事、殿中、祠部、仪曹、吏部、三公、比部、金部、仓部、度支、都官、二千石、左民、右民、虞曹、屯田、起部、水部、左右主客、驾部、车部、库部、左右中兵、左右外兵、别兵、都兵、骑兵、左右士、北主客、南主客，为三十四曹郎……后又省主客、起部、水部，余十五曹云。"

曹彦：大司马曹真之子，大将军曹爽之弟。司马懿发动政变，曹爽曹彦兄弟被剥夺兵权，以谋反罪论，曹氏兄弟遭诛。《晋书》无传。《太平御览》有其论肉刑的记载。《太平御览·刑法部十四·论肉刑》引王隐《晋书》："曹彦议云：'严刑以杀，犯之者寡；刑轻易犯，蹈恶者多。臣谓玩常苟免，犯法乃众；黥刖彰刑，而民甚耻。且创黥刖，见者知禁，彰罪表恶，亦足以畏，所以《易》曰：'小惩大戒。'岂蹈恶者多耶？假使恶多尚不至死，无妨产育，苟必行杀，为恶纵寡而不已，将至无人，天无以神，君无以尊矣。故人宁过不杀，是以为上，宁宽得众。若乃于张听讼，刑以止刑，可不革旧。过此以往肉刑宜复。肉刑于死为轻，减死五百为重。重不害生，足以惩奸。轻则知禁，禁民为非。所谓相济，经常之法。议云不可，或未知之也。'"

905　桓彝（公元276—328年）：字茂伦，谯国龙亢（今安徽省怀远县）人，汉桓荣之九世孙。历官三朝，惠帝时为州主簿，拜骑都尉；元帝

死，诚是圣王之至德，哀矜之弘私。<sup>906</sup>然窃以为刑罚轻重，随时而作。时人少罪而易威，<sup>907</sup>则从轻而宽之；时人多罪而难威，则宜化刑<sup>908</sup>而济之。

---

时为安东将军，行逡遒令，寻辟丞相中兵属，及即位，累迁中书郎、尚书吏部郎；明帝时再任尚书吏部郎，后擢升散骑常侍。见《晋书·桓彝列传》。

906　哀矜之弘私：哀矜：哀怜、怜悯。《尚书·吕刑》："皇帝哀矜庶戮之不辜。"弘：《尔雅》："弘，大也。"段玉裁《说文解字注》卷十二篇下："弘，经传多假此篆为宏大字。"私：偏爱、恩私。《仪礼·燕礼》："寡君，君之私也。"郑玄注："谓独受恩厚。"弘私：指宽宏的恩厚、体恤。

907　少罪而易威：少：此处指犯罪的数量少。并与下文"多罪而难威"呼应。陆氏认为"少"是轻视之意。（陆氏：《注释》，第 127 页。）不赞同，此处少罪与易威是并列关系，因为如果百姓轻视犯罪，那么通常处于不容易被威服的状态，而非"易威"。

908　化刑：吴士鉴、刘承干注：《晋书斠注·刑法志》："当从《通典》一六八作'死刑'。"另，《文献通考·刑考三·刑制》与《历代刑法考·刑法分考五》均作"死刑"。谢氏则认为是转化成重刑之意。（谢氏：《注译》，第 218 页。）

肉刑平世所应立，[909]非救弊之宜也。方今圣化[910]草创，人有余奸，习恶之徒，为非未已，截头绞颈[911]，尚不能禁，而乃更断足劓鼻，轻其刑罚，使

---

909　肉刑平世所应立：平世：太平之世。《孟子·离娄下》："禹、稷当平世，三过其门而不入，孔子贤之。"陆氏引《周礼·秋官·大司寇》："一曰刑新国用轻典，二曰刑平国用中典，三曰刑乱国用重典"，郑玄注："承平守之国也，用中典者，常行之法"，认为此处的平国，相当于承平时期，所以说可以建立肉刑。又《吕刑》规定了五刑（包括多种肉刑），这也是"中典"，所以这里说，"非救弊之宜也"。（陆氏：《注释》，第127—128页。）可从。

910　圣化：一般指古圣先贤的教化，此处应指明君的教化。

911　截头绞颈：即斩首、绞刑。沈家本认为："截头者斩，绞颈者弃市。……南朝宋、齐、梁、陈，北朝魏并有弃市之名，皆谓绞刑。……绞刑之名，始见于周、齐二代。"（沈家本：《历代刑法考·刑法分考四·绞》，第135页。）冨谷至不同意此说，认为绞刑作为正刑在晋律中无法确定，没有看出晋代的死刑执行方法有绞杀的意思，在《晋书》为首的相关史料中，能够证明绞杀是晋朝法定正刑的，仅有《刑法志》中"截头绞颈"这一孤证。作为法定正刑的绞刑，目前能够在史料上得到明确确认的是从北魏时开始的。（参见［日］冨谷至：《从终极的肉刑到生命刑——汉至唐死刑考》，周东平译：《中西法律传统》（第七卷），北京大学出版社2009年版，第19—34页。原载冨谷至编：《東アジアの死刑》，京都大学学术出版会2008年版，第3—48页。）

欲为恶者轻犯宽刑，蹈罪<sup>912</sup>更众，是为轻其刑以诱人于罪，残其身以加楚酷<sup>913</sup>也。昔之畏死刑以为善人者，今皆犯轻刑而残其身，畏重之常人，

---

912　蹈：陷入。《荀子·儒效》："故无首虏之获，无蹈难之赏。"蹈罪：落入刑网、犯罪。《南史·庾仲文列传》："仲文蹈罪负恩，陛下迟迟旧恩，未忍穷法，方复有尹京赫赫之授。"

913　楚酷：痛楚。《通典·刑法六·肉刑议》"酷"写作"毒"。

反为犯轻而致囚，此则何异断刖常人以为恩仁邪！受刑者转广，而为非者日多，踊贵屦贱，[914]有鼻者丑也。[915]徒有轻刑之名，而实开长恶之源。

---

914　踊贵屦贱：语出《左传·昭公三年》："公笑曰：'子近市，识贵贱乎？'对曰：'既利之，敢不识乎？'公曰：'何贵？何贱？'于是景公繁于刑，有鬻踊者。故对曰：'踊贵，屦贱。'景公为是省于刑。"踊：古代为受过刖刑的人制作的鞋。《左传·昭公三年》记载："国之诸市，屦贱踊贵，民人痛疾。"杜预注："踊，刖足者屦。言刑多。"屦：《说文解字》："屦，履也。"段玉裁《说文解字注》："晋蔡谟曰：'今时所谓履者，自汉以前皆名屦。'"董玉芝认为，"屦"用草、麻、皮、丝制作，是一种单底的鞋，后也泛指鞋。一般夏天穿葛屦，冬天穿皮屦，《仪礼·士冠礼》："夏葛屦，冬皮屦。"（参见董玉芝：《"屦"、"履"、"鞋"的历时发展与更替》，《语言与翻译》2009 年第 2 期。）

915　有鼻者丑也：崔实《政论》："秦割六国之君，剿杀其民，于是赭衣塞路，有鼻者丑。"陆氏注曰："指受劓刑的人多，未受刑的很少，反而显得有鼻子的人特别罕见，似乎不正常，很丑陋了。"（陆氏：《注释》，第128 页。）

不如以杀止杀,[916]重以全轻,[917]权小[918]停之。须圣化渐著[919],兆庶易威之日,徐施行也。"

---

916　以杀止杀：语出《商君书·画策》："故以战去战，虽战可也。以杀去杀，虽杀可也。"

917　重以全轻：语出《商君书·靳令》："行罚，重其轻者，轻者不至，重者不来，此谓以刑去刑，刑去事成。"此处意指用重刑来防止轻罪的发生。

918　权小：权：姑且、暂且。小：暂时、稍微。《诗经·大雅·民劳》："民亦劳止，汔可小康。"

919　须：等待。《后汉书·班超列传》："今兵少不敌，其计莫若各散去，于阗从是而东，长史亦于此西归，可须夜鼓声而发。"

圣化渐著：对应前面"圣化草创"，指明君的教化逐渐显著。

议奏，元帝犹欲从展所上，大将军王敦[920]以为："百姓习俗日久，忽复肉刑，必骇远近。且逆寇未殄[921]，不宜有惨酷之声，以闻天下。"

---

920　王敦（公元266—324年）：字处仲，琅琊临沂（今山东省临沂北）人。出身琅琊王氏，历官晋武帝、元帝、明帝三朝。曾与堂弟王导（东晋名臣）一同协助司马睿建立东晋政权，成为当时权臣，但一直有夺权之心，最后亦因而发动政变，后覆亡。见《晋书·王敦列传》。

921　且逆寇未殄：从张氏注："况且叛乱的敌寇还没有消灭。按东晋初期，北有前赵，西有前蜀，当时江东称为'二寇'，所谓逆寇，大概即指此。"（张氏：《注释》，第133页。）

于是乃止。

咸康[922]之世，庾冰[923]好为纠察，近于繁细，后益矫违[924]，复存宽

---

922　咸康：东晋成帝司马衍的第二个年号（公元335—342年），共计8年。咸康八年六月晋康帝即位沿用，次年改为建元元年。

923　庾冰（公元296—344年）：字季坚，颍川鄢陵（今河南省鄢陵县）人。东晋官员，中书令庾亮之弟。在王导死后以中书监身份在内朝掌权，促成晋成帝传位给弟弟晋康帝；康帝即位后，进位车骑将军等职位。《晋书·庾冰列传》有关于庾冰对刑罚的态度："初，导辅政，每从宽惠，冰颇任威刑。"

924　矫违：矫：纠正。违：邪恶。三国魏刘劭《人物志》："是故，可与赞善，难与矫违。"刘昞注："韬谲离正，何违邪之能矫。"

纵，疏密<sup>925</sup> 自由，律令无用矣。

（钟晓玲、崔超注）

---

925　疏密：宽严。此处指用刑随意，时而严苛、时而宽松。

【今译】

尚书令刁协与尚书薛兼议论说："皇上哀怜这些遭受残害遗留至今的百姓，感伤因犯罪被处死之人众多，想要以刖刑来代替死刑，使犯死罪之人能够保全性命，这样举国将蒙受再生恩泽，百姓必将感恩戴德并重归教化。当下朝廷振兴、国运昌隆，承天命以行新政，的确应该设立宽松的法律来教化百姓。然而我们担心百姓愚昧蔽塞，习惯了不用肉刑，突然听闻重设肉刑，或许不能全部信服。因此臣等认为，在对罪犯行刑之时，需要首先申明宣示法令，如果罪犯愿意接受刖刑则再处以刖刑，愿意接受死刑则再处以死刑，这样百姓必定会心悦诚服。古代经典规定了'刑不上大夫'，现在如果士大夫犯罪了，则依然按照旧有规定，不受刑法条文的约束，这样就能进退得宜。"

尚书周顗、尚书郎曹彦和中书郎桓彝等则认为："用恢复肉刑来代替死刑，这诚然是圣明君王的至高品德与怜悯百姓的宽宏恩赐。然而，臣等认为刑罚的轻重应当依据时势来制定。如果当时百姓犯罪很少并容易被威力慑服，则可以使用轻刑从宽处理；如果当时百姓犯罪很多且难以被威力慑服，则应当使用死刑来加以处理。肉刑是太平之世所用的刑罚，不是救阻弊病的恰当方式。现在明君的教化刚刚开始推行，百姓尚存奸邪之念，惯于作恶之徒仍未停止犯罪，用斩绞等重刑尚且不能禁止，何况改为施行刖刑、劓刑，减轻其刑罚，会使想作恶的人轻易触犯宽松的刑罚，那么犯罪率必然增加，这实际是用轻刑来诱使百姓犯罪，毁伤他们的身体而增加其痛楚。过去因畏惧死刑而改恶从善之人，现在都敢触犯轻刑，因为只需遭受肉刑即可；本来惧怕重刑的普通百姓，反而因为触犯轻刑而被囚禁起来。这种做法，与对未犯罪的普通百姓割鼻断足却宣扬是施行仁爱有何区别呢？被处肉刑的人转而增多，而且为非作歹之徒日益增加，这会导致（像当初的齐国那样）很多百姓因被判处剕刑，致使断足者所穿之踊比普通百姓所穿之屦昂贵，甚至会因为有鼻子的人少而感到有鼻子的人是丑陋的。表面上空有轻刑之美名，实际却开启助长奸邪的源头。所以不如通过规定死刑来达到无需刑杀，用重刑来防止轻罪的发生，因此建议姑且暂停恢复肉刑。待明君的教化成效逐步显著，天下百姓易被慑服时，再逐步实施肉刑。"

前述各种议论禀奏皇帝后，元帝仍然打算按照卫展的意见来办理，但大将军王敦却认为："百姓的习俗已养成很长的时间，如果突然间恢复肉刑，必定使各地百姓感到害怕。况且叛乱未平，不宜使用刑残酷的名声传播开来。"元帝于是放下不提。

晋成帝咸康年间，庾冰专喜察纠吏民罪过，颇为繁杂琐碎，其后更注重纠正邪恶行为，却又保留某些宽宥犯罪的措施，用刑的宽严随意决定，律令反而被弃之不用了。

（钟晓玲、崔超译）

【原文】

至安帝元兴末<sup>926</sup>，桓玄<sup>927</sup>辅政，又议欲复肉刑斩左右趾之法，以轻死

---

【注释】

926　安帝：晋安帝司马德宗（公元 382—419 年），字安德，晋孝武帝司马曜长子，东晋的第十位皇帝，公元 397—419 年在位，共二十二年，年号为隆安、大亨、元兴、义熙。见《晋书·安帝纪》、《晋书·桓玄列传》。其中元兴元年三月，桓玄叛乱攻入京师，自封丞相，录尚书事，改元大亨。当时安帝并未被废，大亨仍为安帝年号，起止时间为公元 402 年 3 月—402 年 12 月。（参见李崇智编著：《中国历代年号考（修订本）》，中华书局 1981 年版，第 25 页。）

元兴：为晋安帝年号，自公元 402—404 年。

927　桓玄（公元 369—404 年）：字敬道，谯国龙亢（今安徽省怀远县）人。桓温的庶子，袭爵南郡公。出补义兴太守，弃官回家。安帝时，他起兵反对专擅朝政的司马道子和司马元显，任江州刺史，都督荆江等八州军事，据江陵。元兴元年举兵攻入建康，杀司马元显，迫胁安帝禅位，建号楚。刘裕、刘毅等起兵讨伐，桓玄兵败在江陵被杀。见《晋书·桓玄列传》。

刑，命百官议。蔡廓<sup>928</sup>上议曰："建邦立法，弘教穆化，必随时置制，德刑兼施。长贞一以闲其邪，<sup>929</sup>教禁以检<sup>930</sup>其慢，洒湛露以流润，<sup>931</sup>厉

---

928　蔡廓（公元 379—425 年）：字子度，济阳考城（今河南省兰考县）人。西晋末任著作佐郎，后来任御史中丞，多所纠察陈奏。元嘉初年，终于祠部尚书。《宋书》《南史》并有传。

929　长贞一以闲其邪：长：《宋书·蔡廓传》载蔡廓此处上议并没有"长"字，内田氏已专门指出。（[日] 内田氏：《译注》，第 180 页。）贞一：守正专一。《古列女传·贞顺传·鲁寡陶婴》："婴寡终身不改，君子谓陶婴贞一而思。"闲其邪：防止邪恶的事情。《周易·乾》："闲邪存其诚。"

930　检：约束。《汉书·王莽传》："德亡首者褒不检。"颜师古注："检，局也。"

931　洒湛露以流润：形容施行德化。湛露：浓厚的露水。《诗经·小雅》有《湛露》篇，是天子燕会诸侯的诗，这里语义双关。(陆氏：《注释》，第 130 页。)

严霜以肃威，[932]虽复质文迭用[933]，而斯道莫革。肉刑之设，肇自哲王。[934]盖由曩[935]世风淳，人多惇[936]谨，图像[937]既陈，则机心直戢，[938]刑

932　厉严霜以肃威：形容厉行峻刑。严霜：用凛冽的寒霜能杀死百草，比喻法律能惩治奸邪。《汉书·孙宝传》："取奸恶，以成严霜之诛。"肃威：建立威信。（陆氏：《注释》，第130页。）张氏认为此句和上一句两个比喻就是"德刑兼施"的意思。（张氏：《注释》，第135页。）

933　质文迭用：见前注109"殷周之质，不胜其文"。

934　肉刑之设，肇自哲王：见前注675"圣王之制肉刑"。

935　曩：从前，过去。《尔雅》："曩，久也。"

936　惇：敦厚，笃实。《说文解字》："惇，厚也。"

937　图像：指画像，即传说中的象刑，见前注82"象以典刑"。

938　则机心直戢：机心：巧诈之心，机巧功利之心。《庄子·天地》："吾闻之吾师，有机械者必有机事，有机事者必有机心。机心存于胸中，则纯白不备。"成玄英疏："有机动之务者，必有机变之心。"直：径直，一直。《史记·李将军列传》："敢独与数十骑驰，直贯胡骑。"戢：收敛。《小尔雅》："戢，敛也。"陆氏认为"此句意为象刑的作用很大，这是对德主刑辅思想的阐说"。（陆氏：《注释》，第131页。）

人在涂，则不逞改操，故能胜残去杀[939]，化隆无为。季末浇伪，[940]设网弥密，利巧之怀日滋，耻畏之情转寡。终身剧役，不足止其奸，况乎黥

---

939　胜残去杀：实行仁政，使残暴的人化而为善，因而可以废除刑杀。《论语·子路》："善人为邦百年，亦可以胜残去杀矣。"何晏《集解》："王曰：'胜残，残暴之人使不为恶也；去杀，不用刑杀也。'"

940　季末：末世，衰世。《盐铁论·忧边》："周之季末，天子微弱，诸侯力政。"浇伪：浇薄，虚伪。《全晋文》卷一三三《颜府君碑》："以为人神相与，何远之有？但患人心浇伪，自绝于神耳。"

劓，岂能反于善。徒有酸惨之声，而无济俗之益。至于弃市之条，实非不赦之罪，[941] 事非手杀[942]，考律同归，轻重均科，减降路塞[943]，钟陈[944] 以之抗

---

941　弃市之条，实非不赦之罪：汉文帝废除肉刑之时，将斩右趾改为弃市，实际上加重了刑罚。因此蔡廓认为应该减轻对这些犯罪的刑罚。

942　非手杀：并非亲手杀人。见前注 134。

943　路塞：道路阻塞。《文选》载曹冏《六代论》："兼亲疏而两用，参同异而并进，是以轻重足以相镇，亲疏足以相卫，并兼路塞，逆节不生。"李周翰注："并兼路塞，谓不相侵劫也。"

944　钟陈：指钟繇和陈群。魏文帝曹丕太和中，曾经下诏讨论恢复肉刑。其中钟繇、陈群极力主张恢复肉刑，减轻死刑。但是司徒王朗等人反对，魏文帝虽然支持钟繇、陈群的意见，但因吴蜀未平，遂寝不行。见本志前文和《三国志·魏书·钟繇传》、《三国志·魏书·陈群传》。

言，元皇[945]所为留愍[946]。今英辅翼赞[947]，道邈伊周，[948]诚宜明慎用刑，爱人弘育，申哀矜以革滥，[949]移大辟于支体，全性命之至重，恢繁息[950]于将

---

945　元皇：当指晋元帝。

946　留愍：关心，怜悯。愍：怜悯，哀怜。《晋书·李密列传》："祖母刘愍臣孤弱，躬亲抚养。"

947　翼赞：亦作"翼讚"，辅佐。《后汉书·张纲列传》："不能敷扬五教，翼讚日月，而专为封豕长蛇，肆其贪叨。"

948　道邈尹周：德行超越伊尹和周公旦。邈：遥远。《楚辞·九章·怀沙》："汤禹久远兮，邈而不可慕。"此处作动词"超越"。尹周：指商朝的伊尹和周朝的周公旦。张氏认为"这也许是对桓玄的明褒暗讽。伊尹辅佐太甲，周公旦辅佐成王，自己都没有政治野心"。（张氏：《注释》，第137页。）

949　申哀矜以革滥：指怜悯百姓的痛苦来革除死刑或重刑的滥用。申：伸张。《礼记·郊特牲》："大夫执圭而使，所以申信也。"

950　繁息：繁衍生长。《白虎通·封禅》："九妃得其所，子孙繁息也。"

来。"而孔琳之[951]议不同，用王朗、夏侯玄之旨。[952]时论多与琳之同，

---

951　孔琳之（公元369—423年）：字彦琳，会稽山阴（今浙江省绍兴）人。祖沈，晋丞相掾。父廞，光禄大夫。琳之强正有志力，好文义，解音律，能弹棋，妙善草隶。郡命主簿，不就，后辟本国常侍。桓玄辅政为太尉，以为西阁祭酒。迁尚书吏部郎。后为刘裕长史，大司马琅琊王从事中郎，累迁侍中。宋建立后历任宋国侍中、吴兴太守、本州大中正、祠部尚书。景平元年卒，时年五十五岁。见《宋书·孔琳之列传》。

952　用王朗、夏侯玄之旨：从张氏注："采用王朗和夏侯玄的意见。这是说，孔琳之不主张恢复肉刑。"（张氏：《注释》，第137页。）

故遂不行。

（李勤通、崔超注）

———————————

【今译】

　　到了晋安帝元兴末年，桓玄辅佐朝政，又提出恢复斩左右趾等肉刑来作为部分死刑的替代刑罚，并让百官议论这件事。蔡廓上奏说："建立国家创设新法，弘扬教化，应该根据时代的变化创立制度，德教与刑罚同时并举。弘扬守正专一的品格来防止邪恶，用教化与禁令来抑制放纵不羁，洒上仁德的厚露来广布恩德，实行严刑酷法来树立威严，就算是质朴和文华的治国之道交替使用，这些道理也不会改变。肉刑之设始自古代贤君。因为此前民风淳朴，百姓大都敦厚谨慎，象刑施行之后，巧诈之心就已经收敛了。在路上看到受刑之人，心存邪恶之人就不敢轻易犯罪，因此能够使残暴的人化而为善，教化深厚却好似无为而治。衰世的百姓往往浅薄虚伪，朝廷设立的刑网愈密集，则愈发导致人们投机取巧心理的增长，羞耻畏惧的心理也变得更少。即使终身背负繁重的劳役，也不足以遏止奸恶，又怎么能指望依靠黥刑、劓刑能够使人向善呢。徒然听到身被肉刑之人的凄惨之声，却对救济风俗没有裨益。至于改斩右趾为死刑的条款，那些受刑的罪人并非犯了不能赦免之罪，不是亲手杀人的罪犯却依律科处同样的刑罚，这样减轻刑罚的道路就被阻塞，钟繇、陈群因此慷慨陈词，元帝也为之深感怜悯。现在贤明的大臣辅佐朝政，德行教化直追伊尹、周公旦，实在应该明刑慎罚，关爱百姓，推广教化，怜悯百姓的苦难而革除滥用酷刑的弊端，用肉刑替代死刑，保全罪犯的性命，让他们能够在将来繁衍后代。"但孔琳之却更推崇王朗、夏侯玄的观点，对蔡廓提出反对意见。当时人的意见更多地倾向于孔琳之，所以恢复肉刑的意见又没有实行。

（李勤通、崔超译）

责任编辑：李春林
装帧设计：汪　阳
责任校对：吕　勇

**图书在版编目（CIP）数据**

《晋书·刑法志》译注／周东平主编．—北京：人民出版社，2017.11
ISBN 978 - 7 - 01 - 017734 - 2

I.①晋…　II.①周…　III.①刑法 - 法制史 - 中国 - 晋代②《晋书》- 译文
　③《晋书》- 注释　IV.① D924.02 ② K237.042

中国版本图书馆 CIP 数据核字（2017）第 122415 号

**《晋书·刑法志》译注**
JINSHU XINGFA ZHI YIZHU

周东平　主编

人民出版社 出版发行
（100706　北京市东城区隆福寺街 99 号）

北京新华印刷有限公司印刷　新华书店经销

2017 年 11 月第 1 版　2017 年 11 月北京第 1 次印刷
开本：710 毫米 ×1000 毫米 1/16　印张：31.5
字数：310 千字

ISBN 978 - 7 - 01 - 017734 - 2　定价：80.00 元

邮购地址 100706　北京市东城区隆福寺街 99 号
人民东方图书销售中心　电话（010）65250042　65289539